GAYDON

CHANSON DE GESTE

Publiée pour la première fois d'après les trois manuscrits de Paris

PAR

MM. F. GUESSARD ET S. LUCE

PARIS

LIBRAIRIE A. FRANCK

ALB. L. HEROLD, SUCCESSEUR

Rue de Richelieu, 67

A. Franck'sche Verlags-Buchhandlung in Leipzig

—

MDCCCLXII

LES
ANCIENS POETES
DE LA FRANCE

La première partie du recueil des *Anciens Poëtes de la France* renfermera le cycle carlovingien, et formera quarante volumes semblables à celui-ci.

L'examen des questions auxquelles peut donner lieu la publication de ce recueil a été confié, sous la haute direction de S. Exc. M. le Ministre d'État, à une Commission composée de MM. :

Le Marquis DE LA GRANGE, sénateur, membre de l'Institut, *Président* ;

F. GUESSARD, professeur à l'Ecole impériale des Chartes, *délégué de la Commission pour la direction du Recueil* ;

Francis WEY, inspecteur général des archives départementales ;

Henri MICHELANT, membre de la Société des antiquaires de France, employé au département des manuscrits de la Bibliothèque impériale.

Ce volume est le *septième* dans l'ordre de publication.

GAYDON

CHANSON DE GESTE

Paris. — Imp. par JOUAUST père et fils, rue S.-Honoré, 338.

PRÉFACE.

On se rappelle le dénouement de la chanson de Roland : le retour de l'empereur à Aix-la-Chapelle, la lâcheté des juges qui n'osent condamner le traître Ganelon ; la douleur de Charlemagne, ainsi abandonné par les siens, et le noble dévouement de Thierry, ce jeune chevalier qui, seul entre tous, veut que justice soit faite, s'offre à prouver par les armes la félonie de Ganelon, sort vainqueur de cette épreuve, et par là venge la mort de Roland et de ses compagnons.

C'est ce même Thierry qui, sous le nom de Gaydon, est le héros de notre poëme. Gaydon, c'est-à-dire le chevalier au geai ou au *gay*, comme on prononçait au moyen âge en certaines contrées et comme on prononce encore dans le parler populaire de quelques pays. L'auteur anonyme de cette chanson a pris soin de nous expliquer l'origine du nouveau nom ou plutôt du surnom de Thierry, et par la bouche même du chevalier au geai :

Quant je ocis Pinabel le felon,

Gaydon.   *a*

PRÉFACE.

> *A icelle hore oi je Thierris à non ;*
> *Mais por .I. jay* (1) *m'appelle on Gaydon,*
> *Qui sor mon hiaume s'assist, bien le vit on* (2).

Après le signalé service qu'il lui avait rendu, Gaydon devait être bien cher à l'empereur. On assiste, dans la chanson de Roland, aux premiers témoignages de cette reconnaissance. Avec quelle effusion de joie Charlemagne presse dans ses bras le vainqueur de Pinabel, le vengeur de Roland, et quel empressement délicat il met à lui essuyer le visage avec ses grandes peaux de martre!

> *Quant Tierris ad vencue sa bataille,*
> *Venuz i est li emperere Carles*
> *Ensembl' od lui de ses baruns quarante :*
> *Naimes li dux, Oger de Danemarche,*
> *Geifrei d'Anjou et Willalme de Blaive.*
> *Li reis ad pris Tierri entre sa brace,*
> *Tert lui le vis od ses granz pels de martre* (3)...

A partir de ce moment, Thierry ou Gaydon, devenu duc d'Angers, a pris la place de Roland dans l'affection de Charlemagne. Il est l'un de ses plus privés amis, l'un de ses conseillers intimes, et, à la guerre, la tente du duc se dresse toujours près de la tente impériale. Il n'en est devenu que plus odieux aux parents de Ganelon qui ont réussi à se maintenir à la cour, mais sans pardonner ni à Charlemagne ni à Gaydon les scènes

---

1. Le manuscrit *b* donne *gay*.
2. Cette explication est répétée deux fois dans le poëme.
3. *Chanson de Roland*, tirade CCLXXXIX, éd. Fr. Michel.

sanglantes d'Aix-la-Chapelle, dont le cruel souvenir les poursuit partout. A leur tête est Thibault d'Aspremont, et par sa puissance, et par la vivacité de ses ressentiments, et par les liens étroits qui l'unissaient au traître de Roncevaux. — Ganelon était son frère. — Thibaut ne songe qu'à tirer vengeance de l'empereur et de Gaydon ; il se reproche comme une honte de les avoir laissés vivre, s'en ouvre un jour aux siens, et, d'accord avec eux, forme le projet de mettre à mort Charlemagne et après lui son fidèle vassal.

C'est par le poison que les traîtres comptent faire réussir leur complot. Thibaut, qui se destinait d'abord à être d'église, a reçu de son oncle, l'abbé de Saint-Denis, une instruction étendue ; il sait les secrets de la nécromancie, il connaît les vertus des plantes et en tient une en réserve dont le suc vénéneux est d'un effet soudain et terrible. Il s'en sert pour empoisonner trente pommes qu'il envoie à l'empereur au nom de Gaydon et comme un présent du duc. Le présent est agréé, et le but serait atteint si la protection divine ne détournait le coup sur un jeune chevalier qui reçoit l'une des pommes de la main de Charlemagne, y goûte et tombe frappé de mort.

Aux effets du mal, l'empereur en reconnaît la cause. Les fruits qu'on vient de lui apporter sont empoisonnés, et c'est le duc d'Angers, ce Gaydon qu'il chérissait tant, qui est l'auteur du crime ! Tel est le courroux de Charlemagne, qu'il ne mangera ni ne boira, il en fait le serment, avant de tenir dans sa main le cœur du coupable. Sa colère redouble lorsque, le lendemain, Gaydon, qu'il croit en fuite, vient sous ses yeux prendre place parmi les seigneurs de la cour. C'est une preuve d'innocence, mais Charles n'y voit qu'un excès d'audace. Il éclate, il accuse devant ses barons celui que la veille il préférait à tous, et rien ne le détrompe, rien ne le désarme, ni les protestations éloquentes de Gaydon, ni le témoignage du vieux Riol, fidèle vassal et conseiller du duc, ni le silence des preux barons, qui seraient les premiers à crier vengeance si le forfait leur semblait croyable.

Une seule voix se fait entendre contre le chevalier au geai, et c'est celle de Thibaut d'Aspremont; l'occasion lui paraît belle pour renouer sa trame et il ne la laisse pas échapper. « Oui, Gaydon est coupable! oui, c'est un empoisonneur! » dit Thibaut. Il le sait, il l'atteste, il est prêt d'ailleurs à le prouver par les armes. Ce défi est pour Gaydon un trait de lumière et un moyen de salut. Il l'accepte avec joie Le duel a lieu : Thibaut est vaincu, avoue son crime, et en reçoit le châtiment. Il a la tête tranchée de la main de Gaydon, et, pour comble de honte, sur l'ordre de l'empereur, son corps est pendu par les épaules.

Le crime est puni, l'innocence triomphe. Mais le duc d'Angers ne se contente pas de sa victoire et du supplice ignominieux de son ennemi; il veut encore que ceux qui se sont portés cautions pour Thibaut soient brûlés. C'est une satisfaction qu'il n'obtiendra pas. Charlemagne est avide : il se laisse gagner par un riche présent que lui offrent les parents de Thibaut et met en liberté deux traîtres qu'il avait fait jeter en prison pour avoir porté la main sur le vieux

Riol, conseiller de Gaydon. A cette nouvelle, le duc fait serment d'envoyer un défi à Charlemagne. Voilà la guerre allumée entre le vassal et son suzerain. Elle commencera bientôt, pour ne cesser qu'au dénouement du poëme. Mais d'ici là que d'incidents compliqueront l'action, d'abord assez simple! C'est en Espagne que la scène se passe jusqu'à la mort de Thibaut d'Aspremont; c'est à Angers que le drame se dénoue; c'est un peu partout, entre ces deux points extrêmes, qu'ont lieu les événements dont l'imagination de notre auteur a enflé son récit.

Au moment d'entrer en lice avec Thibaut, Gaydon avait pris le soin prudent de faire charger tous ses bagages et de les acheminer sur Angers. Le convoi était parti avec bonne escorte sous la conduite de deux neveux du duc, Ferraut et Amaufroi. Mais les traîtres, informés de ce départ, avaient fait à l'avance embusquer sur la route une bande des leurs. Le convoi est attaqué, et vaillament défendu. Bientôt, cependant, les gens du duc, moins nombreux que leurs ennemis, vont être accablés et périr jusqu'au dernier, lorsque Gaydon, averti par un messager, arrive à temps pour les secourir. Au même instant on vient annoncer aux traîtres que Charlemagne rentre en France et s'approche avec son armée. C'est fait d'eux si l'empereur les surprend en flagrant délit de trahison; ils le savent et renoncent à leur entreprise. Gaydon, de son côté, se hâte de regagner Angers avec le reste de sa troupe, emmenant avec lui un curieux personnage, du nom de Gautier, qui vient d'entrer en scène pour la première fois et qui sera désormais pour le duc un fidèle compagnon, un dévoué serviteur.

De retour à Angers, Gaydon déclare la guerre à Charlemagne. Il lui dépêche un messager chargé de le défier, s'il ne peut obtenir de lui le supplice des traîtres qui ont servi de cautions à Thibaut d'Aspremont. C'est Ferraut, l'un des neveux du duc, qui est porteur de ce message ; et son voyage, aller et retour, d'Angers à Orléans, où il trouve l'empereur, n'est qu'une longue suite d'aventures dont quelques-unes se rattachent assez bien à l'action, mais dont d'autres n'ont pour but évident que d'en prolonger la durée et d'en diversifier l'intérêt. Le récit de ces aventures remplit près de soixante pages de notre poëme (1). Lorsqu'elles sont enfin terminées, lorsque Ferraut est rentré à Angers, Charlemagne, à la tête d'une nombreuse armée, arrive sous les murs de la ville.

Les hostilités s'ouvrent bientôt, et le principal résultat de la première journée est de faire tomber Ogier le Danois aux mains du duc d'Angers, et Ferraut au pouvoir de l'empereur. C'est de part et d'autre un grand deuil, et des deux côtés on songe aussitôt à l'échange des prisonniers. Le duc en fait le premier la proposition ; l'empereur y consentirait avec joie, mais il ne peut rendre Ferraut. Le neveu de Gaydon a été accusé de meurtre ; il a relevé le défi de son accusateur. L'affaire doit se vider par une bataille dont les gages sont reçus.

La bataille a lieu, en effet, entre Ferraut et

---

1. De la page 87 à la page 143.

Gui d'Hautefeuille, l'un des traîtres du lignage de Thibaut d'Aspremont. Elle se terminerait par la défaite de Gui, si, au moment où il va recevoir le coup mortel, il n'était sauvé par une bande des siens embusquée non loin de là. Ferraut, à son tour, est en danger de mort; mais des gens du duc ont secrètement surveillé le combat : ils accourent et délivrent le neveu de leur seigneur. Une mêlée générale s'ensuit, à laquelle viennent prendre part, avec leurs armées, et Gaydon et Charlemagne lui-même. L'issue de la lutte n'est pas favorable au duc. L'empereur le force à la retraite. Gaydon s'en console en rentrant à Angers avec son neveu Ferraut.

Ferraut est libre, mais le duc a laissé aux mains de l'ennemi un serviteur qui lui est devenu bien cher, ce Gautier qu'il a désormais attaché à sa fortune. Il se dispose à le racheter en échange d'Ogier. C'est d'ailleurs le désir de Ferraut que le Danois soit délivré ; sinon, il se croit obligé à redevenir lui-même prisonnier pour faire honneur à la parole de ses cautions. Ogier est donc remis en liberté et escorté jusqu'au camp de l'empereur par Ferraut et par Amaufroi.

Cependant les traîtres, à l'insu de Charlemagne, se sont saisis du prisonnier Gautier, qu'ils ont grand sujet de haïr; ils sont près de le pendre, lorsque le supplice est interrompu par Ferraut et Amaufroi, qui, en retournant à Angers, passent d'aventure non loin du lieu où sont dressées les fourches. Gautier échappe à la mort, mais pour retomber bientôt, avec Ferraut et Amaufroi, aux mains de ses cruels ennemis. Il parvient néanmoins à leur échapper encore, laissant en danger de mort ses deux libérateurs.

Ils sont perdus si Dieu ne leur vient en aide ; mais, par fortune, Gautier dans sa fuite rencontre tout à point une belle damoiselle avec nombreuse suite. C'est Claresme, c'est l'héritière du royaume de Gascogne, qui vient rendre hommage à Charlemagne et recevoir de lui l'investiture. Dès longtemps Claresme a entendu parler de Gaydon et s'est éprise de lui sur sa seule renommée. Grâce à elle et à ses gens, Ferraut et Amaufroi sont rendus à leur oncle, qui s'inquiète déjà de ne les point revoir.

Alors aussi commence en pleine guerre un roman d'amour enté sur la chanson de geste, et qui se dénoue par le mariage de Gaydon et de Claresme. Quant à la guerre entre Charlemagne et son vassal, elle se termine par une réconciliation où l'empereur joue, comme ailleurs, un rôle passablement ridicule. Il s'avise, un jour, de vouloir pénétrer dans la cité d'Angers sous le costume d'un pèlerin, accompagné du duc Naimes, son fidèle et inséparable conseiller. Tous deux sont reconnus, malgré leur déguisement, et Charlemagne, pris dans son propre piége, est contraint d'accorder la paix à Gaydon. Bientôt après il lui doit la vie et lui rend de bonne grâce son ancienne amitié.

Tels sont les principaux éléments de ce poëme, où l'action, très simple au début, est à la fin comme écrasée sous les accessoires dont elle s'est successivement chargée dans sa marche. Non que l'auteur anonyme de cet ouvrage manquât de talent ; il nous semble, au contraire, en avoir montré plus que d'autres poëtes de son temps ; mais il lui fallait plaire évidemment à un public que cessait de satisfaire l'antique simplicité de la chanson de geste ; il lui fallait rivaliser avec les jongleurs d'une nouvelle école, qui cherchaient et trouvaient le succès dans des récits d'aventures sans fin, où la force se mettait au service de l'amour et où les violences de la guerre se mêlaient aux douceurs de la galanterie. Le commencement et la fin du poëme de Gaydon marquent bien, selon nous, par une opposition tranchée, et les habitudes de la vieille école et les tendances de la nouvelle ; la comparaison des deux parties extrêmes de cet ouvrage fait bien sentir aussi et les qualités naturelles à notre poëte et les défauts que lui imposait, pour ainsi dire, le goût de ses auditeurs. A son grand avantage, l'auteur de Gaydon ne s'écarte pas trop d'abord des vieux errements de la chanson de geste ; il ne tente pas de forcer son talent, et paraît rester dans sa nature, dans sa veine. La première partie de son récit, jusqu'à la mort de Thibaut d'Aspremont, renferme les éléments d'un drame complet, avec unité d'action, unité de temps, unité de lieu. La mort de Thibaut en est le dénouement moral. Si l'auteur de Gaydon avait pu s'arrêter là, il nous eût laissé un poëme très-simple, très-court et très-bien conçu, sauf la donnée un peu faible et un peu naïve des pommes empoisonnées. C'est ici le cas de répéter après Voltaire : « Il n'y a, de toutes les histoires de pommes, que celle de Pâris qui ait fait fortune (¹): » Mais si l'invention n'est pas forte en ce point, c'est un défaut qui, à nos yeux, est bien racheté par l'exécution. Elle nous semble vraiment belle, à commencer par la scène qui forme l'exposition et qui est d'un grand effet théâtral. Depuis ce tableau jusqu'à la mort de Thibaut, notre poëte, selon nous, a fait preuve de beaucoup d'art et s'est montré tout au moins un habile dramaturge. C'est un mérite qu'on ne saurait lui dénier sans injustice.

Dans la dernière partie du poëme, au contraire, à compter de l'instant où il introduit si inopinément en scène la jeune reine de Gascogne, sauf le rôle assez divertissant qu'il fait jouer au vavasseur Gautier, il oublie son art, il faiblit, ébauche à peine ses tableaux d'une main impatiente et peu exercée à retracer les mouvements de la passion qu'il s'est cru obligé de mettre en jeu. Il précipite les évenements sans prendre la peine de les amener, brusque les situations, et ne semble avoir souci que de s'acquitter au plus vite de la tâche qu'il s'est donnée.

Entre ce début si bien réussi et cette fin si peu achevée, notre poëte s'est montré moins inégal ; mais, selon le caractère des événements qu'il raconte, selon qu'il s'attache aux traditions de son art ou qu'il tombe dans la *nouvelerie*, pour lui emprunter cette expression, on s'apercevra sans doute que son talent s'élève ou fléchit, et accuse tantôt l'assurance d'un maître, tantôt l'embarras et la maladresse d'un imitateur. Par-

---

1. A propos du *Guillaume Tell* de Lemierre (1766).

tout où une lutte s'établit entre deux écoles, dans la littérature ou dans l'art, il se rencontre toujours des esprits mitoyens, des talents modérés qui visent à la conciliation, qui cherchent des compromis, qui s'ingénient enfin à satisfaire tout le monde et ne réussissent souvent qu'à ne contenter personne. Tel nous apparaît notre poëte, dont l'ouvrage ne semble avoir obtenu de son temps ni un succès notable, ni même peut-être celui qu'il aurait mérité. Nous ne voyons pas, du moins, qu'il y soit fait allusion nulle part (1) ou qu'il ait jamais passé de vers en prose; et nous n'en connaissons aucune traduction ou imitation dans les langues étrangères. Tout ce qu'on peut dire de plus favorable sur ce point, c'est qu'il nous reste trois manuscrits du poëme, les deux premiers du XIIIe siècle, et le dernier du XVe, époque à laquelle il n'était pas entièrement oublié, puisqu'on le transcrivait encore.

En bonne justice, la chanson de Gaydon était digne d'une meilleure fortune, soit qu'on la considère en elle-même et pour sa propre valeur, soit surtout qu'on la compare à d'autres ouvrages du même genre qui lui sont inférieurs, selon nous, et n'en ont pas moins eu une vogue aussi durable qu'étendue. Tels sont, par exemple, les deux poëmes d'Aye d'Avignon et de Gui de Nanteuil,

---

1. V. cependant l'*Histoire de la langue et de la littérature provençales*, par Emile de Laveleye. Bruxelles, 1845, in-8º. L'auteur (p. 151) parle des romans provençaux perdus de *Gaydon d'Angers* et d'*Elie de Toulouse*, mais sans indiquer le texte sur lequel il s'appuie pour attester l'existence ancienne de ces romans.

auxquels nous préférons de beaucoup celui que nous publions aujourd'hui.

Déjà le poëme de Gui de Bourgogne, évidemment antérieur à celui de Gaydon, n'avait pas eu, selon toute apparence, un retentissement beaucoup plus grand, malgré son incontestable valeur. On peut croire qu'au temps où furent composées ces deux chansons de geste, qui se rattachent l'une et l'autre à la conquête légendaire de l'Espagne par Charlemagne, l'intérêt qu'avait excité ce sujet s'était singulièrement amoindri et comme épuisé. En littérature aussi, il y a des modes auxquelles on est tenu de se soumettre si l'on ne veut encourir cette espèce de mépris dont la malice humaine accable tout ce qui lui semble suranné.

Notre auteur, cependant, n'avait rien négligé pour rajeunir le vieux thème sur lequel il essayait de nouvelles variations. La meilleure preuve, la marque la plus heureuse de ses efforts en ce sens, est assurément la création d'un personnage épisodique que nous avons déjà nommé, et qui tient une place considérable dans cette composition. Nous voulons parler du vavasseur Gautier, figure héroï-comique, d'un caractère très-original, d'un relief très-saillant et qui fait contraste avec les types un peu usés, un peu effacés, qu'avait trouvés notre poëte dans l'héritage de ses devanciers.

Gautier est un petit gentilhomme qui, banni d'Angers par le duc Geoffroi en punition du meurtre d'un bourgeois, a vécu pendant sept ans dans les bois. Il s'y est construit une habitation ; il y a défriché et mis en culture ce cu'il lui fallait de terre pour vivre de la vie rustique avec sa femme et ses sept fils. Le hasard veut qu'une rencontre ait lieu aux abords de sa demeure, entre Alori, l'un des traîtres ennemis de Gaydon, et Ferraut, neveu du duc. Dès le commencement du combat qui s'engage entre ces deux chefs, Alori tente de s'emparer de la maison du vavasseur et de la faire occuper par ses gens. Mais il a compté sans le courage de Gautier et de ses fils, qui deviennent pour Ferraut des auxiliaires précieux et inattendus. Malgré leur petit nombre, ils se mettent en devoir de défendre leur demeure et leur bétail, et de repousser les envahisseurs avec des armes improvisées et des chevaux de labour qu'ils montent à cru. La lutte est terrible : Gautier y perd quatre de ses fils ; il succomberait lui-même, si Ferraut ne lui venait en aide. C'est un service qu'il lui rend bien, un peu plus tard, en délivrant Gaydon assailli par ses ennemis et en péril de mort. Ainsi sauvé et sauveur tour à tour, Gautier s'attache par ce double lien au parti du duc, qu'il suit à Angers pour ne plus le quitter, avec sa femme et les trois fils qui lui restent.

Le personnage de ce proscrit, de cet *outlaw*, est assurément le plus intéressant, le plus curieux et le mieux dessiné de ceux qui figurent dans ce poëme. Courage indomptable, rude honnêteté des mœurs, brutale franchise du langage : tels sont les principaux traits du caractère de Gautier, et le trouvère en a tiré bon parti tantôt pour émouvoir, tantôt pour égayer ses auditeurs, en les faisant passer de l'intérêt sévère de la chanson de geste à l'agrément un peu libre du fabliau. Partout brave et de mœurs pures, le vavasseur agit souvent en chevalier, mais il parle toujours en rustre. S'il n'est pas précisément du tiers-état par sa naissance, c'est une simple précaution de forme que notre poëte a cru devoir prendre ; c'est une concession qu'il a faite aux idées du temps et aux habitudes de la chanson de geste, qui ne choisissait jamais ses personnages, même secondaires, que dans les rangs des nobles hommes. Au fond, Gautier est vilain et très-vilain par sa vie, par ses armes, par ses idées et par son langage (1). Comme Robastre, dans la chanson de Gaufrey, c'est un héros plébéien, populaire, et, pour tout dire, démocratique. Robastre non plus n'est pas entièrement obscur, puisqu'il est le fils d'un lutin ; mais il a débuté dans la vie par être charretier, et ne combat qu'avec l'arme d'un vilain. Le seul personnage du même ordre qu'on n'ait point pris soin de relever un peu par le sang, c'est Varocher, dans le poëme de Macaire. Celui-là, et celui-là seul, à notre connaissance, n'est rien de plus qu'un bûcheron, et il ne doit qu'à lui-même le rang auquel il parvient.

Ce seul trait suffirait à prouver, selon nous, que le poëme de Macaire est postérieur à celui de Gaydon. Le personnage de Varocher n'a pu être conçu qu'à l'époque où le mouvement com-

---

1. Ses ennemis ne manquent pas de le lui répéter ; mais il a réponse à cette injure :

. . . . *Par Deu, le fil Marie,*
Cil est vilains qui fait la vilonnie.

(P. 213.)

munal avait produit son effet et permis à la littérature de se montrer plus hardie. Elle était encore un peu circonspecte, à ce qu'il semble, au temps où fut composé notre poëme, puisque le trouvère a jugé à propos de faire de Gautier un vavasseur exilé et déchu. Mais, à cette différence près, on sent la même influence dans la création de rôles comme ceux de Robastre, de Gautier et de Varocher. C'est à la fin du XIIe siècle seulement ou dans le siècle suivant qu'ils purent se produire.

En ce qui concerne notre poëme, quelques indices seulement semblent permettre d'en indiquer la date d'une manière un peu moins vague, sans qu'il soit possible de la préciser. Le début du poëme nous fournit un de ces indices :

> *Qui or voldroit entendre et escouter*
> *Bonne chanson, qui moult fait à loer,*
> *C'onques traïtres ne pot nul jor amer,*
> *Ne li fu bel qu'il en oïst chanter,*
> *C'est de Gaydon, qui tant fist à loer,*
> *Dou duc Naynmon, qui tant fist à amer,*
> *Et dou Danois, qui fu nés outremer;*
> *Aprez, de Charle, nostre emperere ber,*
> *Qui en Espaingne fu tant por conquester*
> *Qu'aprez les peres convint les fiuls aler.*

Ces deux derniers vers renferment, selon nous, une allusion évidente au poëme de Gui de Bourgogne. Cette chanson de geste est, en effet, le récit d'une expédition des fils des barons de France marchant en Espagne au secours de leurs pères. Et c'est bien au poëme, non à une légende qui lui aurait donné naissance, que l'allusion se réfère, puisqu'on ne retrouve aucune trace de la légende non plus que du poëme, ni dans la *Chronique de Turpin*, ni dans la *Spagna Istoriata*, ni dans les *Reali di Francia*, ni enfin dans la compilation islandaise intitulée : *Saga Karlamagnusar og Kappa Hans* (1). La chanson de Gui de Bourgogne est une invention tardive, en dehors de la tradition suivie par les premiers trouvères, en dehors des légendes dont ils s'étaient sans doute inspirés. Selon toute apparence elle ne date guère que de la fin du XIIe siècle.

A cet indice il en faut joindre un deuxième, qui ferait descendre au siècle suivant la composition du *Gaydon* : c'est la mention des cordeliers et des jacobins qui se rencontre dans ce vers :

Et cordeliers et jacobins batez (2).

Sans doute il se pourrait, à la rigueur, que ce fût là une addition, une interpolation ; mais rien n'autorise à le croire, rien ne l'indique. Deux manuscrits sur trois contiennent ce vers, et le troisième manuscrit est incomplet à l'endroit où il se trouvait sans doute.

Les derniers éditeurs du poëme de *Parise la Duchesse* ont signalé l'emprunt, à peine dissimulé, qu'a fait, suivant eux, l'auteur de ce poëme à la chanson de Gaydon, qui lui a fourni tout au long l'histoire de la tentative d'empoisonnement à laquelle Parise échappe comme par miracle.

« A comparer les deux récits, ajoutent-ils, on

---

1. V. la préface de *Gui de Bourgogne*, p. x, xi.
2. P. 195.

s'aperçoit que c'est l'auteur de *Parise* qui est le plagiaire, tant la copie est inférieure à l'original, tant la reproduction est grossière et maladroite (¹). » Disons, de plus, que la chanson de Parise est écrite en vers de douze et celle de Gaydon en vers de dix syllabes. Personne n'ignore que ce dernier mètre est le plus ancien, et c'est encore une présomption en faveur de l'antériorité du Gaydon. Au jugement des mêmes éditeurs, le poëme de Parise a dû être composé aux environs de l'an 1200, mais plutôt en avant qu'en arrière, en suivant le cours du temps. C'est une date qui n'a rien de fixe, comme on le voit. Il ne faut pas trop la rapprocher de 1200, si l'on veut laisser place à notre poëme, qui ne peut dater que du XIII siècle, au cas où l'allusion ci-dessus rapportée ne semblerait point une addition.

Toujours dans cette même hypothèse, qui nous paraît fondée, le poëme de Gaydon serait postérieur à celui de Gui de Nanteuil, quoique celui-ci soit écrit en vers alexandrins. Le poëme de Gui de Nanteuil était certainement composé en 1207 et probablement auparavant. Il y a donc grande apparence que l'auteur de Gaydon lui a emprunté le personnage de sa jeune reine de Gascogne. Dans tous les cas, il y a une ressemblance frappante entre Claresme et Eglantine, toutes deux reines du même pays, toutes deux éprises par avance du héros de chacun des poëmes où elles figurent, toutes deux introduites dans l'action et y prenant part sans plus de rai-

---

1. *Parise la Duchesse*, préface, p. vii.

son l'une que l'autre, toutes deux, enfin, après de grandes traverses, épousant celle-là Gui de Nanteuil, celle-ci Gaydon.

Ce qui résulte surtout de ce rapprochement, c'est qu'au temps où furent composés les deux ouvrages, l'amour était devenu un élément indispensable de la chanson de geste sur son déclin. Nous insistons sur ce point curieux d'histoire littéraire, et en même temps sur la maladresse avec laquelle les poëtes de l'ancienne école maniaient le nouvel engin. L'auteur de Gui de Nanteuil ne s'y montra guère expert, on peut le dire malgré le succès qu'il obtint. Mais notre trouvère fut encore moins habile que lui. Voyez quel amoureux il a fait de Gaydon, et comme il l'a mal disposé à répondre aux plus gracieuses avances. C'est le vieux Riol, son conseiller, c'est Gautier lui-même, le strict observateur de la foi conjugale, qui lui font honte de sa réserve, de sa prudence, de son peu d'empressement à courir les aventures galantes. Rien n'est plus plaisant que l'ardeur de Claresme pour ce héros qu'elle n'a jamais vu opposée à la sérénité d'âme avec laquelle il reçoit le message d'amour de la jeune reine. C'est là peut-être la cause principale du médiocre succès de *Gaydon*, tandis que l'amour mieux partagé d'Eglantine rendit célèbres son nom et celui du valet de Nanteuil.

A cela près, nous le répétons, *Gaydon* est une composition de beaucoup supérieure à *Gui de Nanteuil* et pour le fond et surtout pour la forme, qui est remarquable et ne le cède en rien à celle de *Huon de Bordeaux*, par exemple, si même elle ne lui est préférable. Le texte de Gaydon, à

PRÉFACE. xix

notre avis, comme au sentiment de M. Paulin Paris, est l'un des meilleurs textes à consulter pour l'étude du français du XIIIe siècle.

Nous avons dit qu'il nous reste trois manuscrits de ce poëme. Ils sont conservés tous les trois à la Bibliothèque impériale. En voici la notice dans l'ordre de leur importance :

I. Le meilleur manuscrit, à notre gré, celui que nous avons choisi pour type, est le n° 860 du fonds français (*olim*, Colbert, 7227-5). C'est un volume in-folio, relié en parchemin, d'une écriture à deux colonnes de l'an 1250 environ.

Ce manuscrit, de 275 feuillets en vélin, contient :

1° Du fol. 1 au fol. 36, la chanson de Roland ou de Roncevaux, incomplète par le commencement ;

2° Du fol. 37 au fol. 92, la chanson de Gaydon ;

3° Du fol. 93 au fol. 133, la chanson d'Amis et Amiles ;

4° Du fol. 134 au fol. 275, le poëme d'Auberi le Bourguignon, incomplet par la fin.

Ce manuscrit, que nous désignons par *a*, nous a paru préférable à *b*, d'abord parce qu'on y rencontre moins de lacunes, et en second lieu parce que la langue y est généralement plus correcte. C'est un clerc qui a écrit ce texte, un scribe lettré qui savait le latin et qui a voulu montrer son savoir. Aussi a-t-il parfois une orthographe pédante dont on ne s'attendrait pas à trouver des traces à cette époque. C'est ainsi qu'il écrit *rompt* (1) (rumpit); *rompte* (2), au sens de *rompue*; *empoingt* (3) (impingit); *escrips* (4) (scriptus), et autres mots qui sentent leur étymologie un peu plus que de raison. A côté de ces raffinements, il a laissé échapper quelques erreurs que les manuscrits auxiliaires nous ont permis de corriger. Nous avons aussi, à l'aide des mêmes manuscrits, comblé les lacunes dont on trouvera l'indication à la fin de ce volume, aux *Notes et variantes*.

II. Le manuscrit que nous désignons par *b* est le N° 2510 du supplément français, acquis en 1837 à la vente de la bibliothèque de Rosny. C'est un petit volume in-8°, relié en parchemin. L'écriture de ce manuscrit est au moins aussi ancienne que celle du manuscrit *a*. Il se compose de 159 feuillets de parchemin et ne contient que le poëme de Gaydon, incomplet par la fin, sans compter plusieurs lacunes intérieures, dont on trouvera l'indication aux *Notes*.

C'est encore un bon manuscrit, qui renferme une version à peu près semblable à celle de *a*, à l'exception de quelques tirades en plus ou en moins. La principale différence entre les deux

---

1. P. 288, v. 10.
2. P. 203, v. 7.
3. P. 204, v. 32.
4. P. 236, v. 29.

manuscrits est celle que l'on remarque au commencement.

Voici le début du manuscrit *b* :

> SEGNOR, *oés, que Dex vos benéie*
> *Li glorieus, li filz seinte Marie!*
> *Bone chancon plaist vos que je vos die?*
> *Ce n'en est pas* (1) *d'orguel ne de folie*
> *Ne de mençonge atraite ne fornie,*
> *Ainz est de Challe le roi de Seint Denise,*
> *Qui tant estut en Espaigne la riche*
> *Qu'il i ot Bascle et Navarre conquise. Etc.*

Le reste de cette première tirade, qui ne se trouve pas dans *a*, est presque entièrement illisible.

La deuxième tirade rappelle le désastre de Roncevaux et ajoute :

> *De la bataille n'en eschapa vif pié,*
> *Fors Gondebuef, .1. gentil chevalier.*
> *Awec celui en vint .1. escuier,*
> *Gaydon ot non, filz fu au cuen d'Angier.*
> *Nostre emperere en fist puis chevalier,*
> *Et li dona et armes et destrier,*
> *Por Pinabel où il se conbatié.*
> *Il le vainqui, voiant maint chevalier,*
> *Gane fist il destruire et essillier,*
> *Dont si parent furent moult correcié*
> *S'en orent duel et mortel anconbrier.*
> *Huimais comence chançon à anforcier*
> *De vraie estoire, de verté le sachiez,*
> *Ce est de Challe, l'amperere au vis fier,*
> *Et de Gaydon, le riche duc d'Angiers,*
> *Et de Thiebaut qui tot Apremont tient,*

---

1. Leçon fort douteuse. Il faudrait : *Celle n'est pas d'orguel*, etc.

Si com il volt Challemainne angignier
Et le franc duc par traïson boisier;
Mais Dex de glore qui tot a à jugier
L'en mist au droit par la soie pité.

SEIGNOR baron, oiez bone chancon;
Que Dex grant pais et grant joie vos dont!
A grant mervoilles par fu Challes prodom;
Quant ot perdu les .XII. conpaignons,
Tot droit à Blaives s'en repaira .I. jor,
S'i enterra Rolant, son chier nevou,
Et Olivier, le riche poignéor;
Et adoba .I. escuier baron :
Nel saurez hui se nos nel vos disons.
Filz fu au duc qui tint Angiers et Tors,
Et Vermendois, et tot le val Guion;
En la cort Challe l'apela l'en Gaydon.
Filz fu Joifroi l'Angevin au baron.
Cil prova Gane la mortel traïson
Qu'an Roncevaus traï les conpaignons,
S'en conbati Pinabel le felon.
Il l'en vainqui, voiant maint haut baron,
Et fist destruire le conte Guenelon,
Et traïner com .I. autre larron.
Li parent Gane en furent en iror,
S'en orent duel ja ne verroiz grignor.
.VII. en i ot qui moult furent felon,
Et de ces .VII. vos sai dire les nons :
C'est Auboïns et li contes Milons,
Et Ermuins et li contes Forcons,
Auloriez et ses frere Guions,
Et [li] settimes danz Thebauz d'Apremont.
Cil estoit frere au conte Ganelon,
Et s'estoit filz d'Autefuelle Griphon
Qui fist en France mainte grant traïson.
Et dist Thiebaus : « Seignor, quel la ferons
« Dou millor home que nos perdu avons,
« C'est Pinabiax, qui cuer ot de baron?

« Voiant noz ielz, le nos a mort Gaydon,
« Gane mon frere a fait metre en prison.
« Challes en jure seint Pou et seint Simon,
« Et seint Denise, et son flori grenon
« Qu'il n'en panra avoir ne raançon
« Nel face pandre com .I. autre larron;
« Mais, par l'apostre c'on quiert en pré Noiron,
« Mielz i metroie an .II. les ielz del front
« Ne face Challe boivre de tel poison
« Dont il morra, n'aura confession.
« Puis panrons France, entre nos la partons,
« Que ja n'i soit .I. droiz oirs se nos non,
« Et puis après si ocirrons Gaydom,
« Le fil Joifroi l'Angevin au baron. »
Dit Auloriz : « Por Deu, car en pansons. »

Dit Auloriz : « Biax sire, or' en pansez
« Con faitement nos les porrons meller. »
Et dit Thiebauz : « Se je n'en puis ovrer,
« Dont sui je fox qui tant en ai parlé!
« Quant je fui jones petiz, je fui letrez,
« Dedanz Ravanne en fui tanpre portez,
« En l'abaïe fui mis auvec l'abé.
« Je n'i oi pas .XIIII. anz conversé,
« Quant fui bons clers de lire et de chanter,
« Tondrent me vorent et les noirs dras doner;
« Je ne le poi sofrir ne andurer :
« Chevalerie voloie mielz amer.
« Ganes mes freres vint por moi fors giter,
« Prist l'abaïe et chaça hors l'abé.
« Je fui de l'abe ses druz et ses privez,
« Je li anblai .I. livre mecinel;
« Dex ne fist mal c'on n'i poïst trover,
« Et traïson, qui la voudroit mener.
« Encor ai je tex herbes en mon tref
« Que je trovai en livre mecinel.
« Je les coilli à mi mai en esté;
« Ainz de plus fieres nen oïstes parler.

« Qu'an .I. mortier les auroit fait tribler,
« A .I. froit vin les féist destranper,
« Dex ne fist home qui de mere soit nez,
« Ainz qu'en éust .III. foiz le col passé
« Que ja li lut confesse demender,
« Si li seroient li oil del chief volé,
« Li cuers del vantre partiz et dessevrez. »
Dit Auloriz : « Se ce est veritez,
« En tel maniere les cuit Challe doner
« Que nus de nos n'en sera ancorpez. »
Et dit Thiebauz : « C'est fine veritez. »
Atant s'en tornent li gloton defaé ;
Ainz ne finerent tant que au Thiebaut tref.
Son chanbellain a Thiebauz apelé :
« Amis, biax frere, fai moi voidier ce tref,
« Qu'il n'i remaigne home de mere né ;
« Et tu méimes t'en va por deporter.
« N'i revenir si soies rapelez,
« Que nos volons d'autre chose parler,
« De noz afaires dont nos avons assez. »
Et cil respont : « Si com vos conmendez. »
Inelement a fait voidier le tref,
Qu'il n'i demore home de mere né,
Fors que li .VII., que Dex puist vergonder !
L'.I. des traîtres garderent l'uis del tref
Car il n'i soient par nul home avisé.
Et Thiebauz cort les herbes aporter,
En .I. mortier les a faites tribler
Et d'un froit vin les a fait destranper ;
En une juste les a faites coler.
.XXX. paumains fist Thiebauz aporter,
.XX. des plus biax a si anpoisonez
Dex ne fist home qui de mere soit nez,
Ainz qu'an éust .III. foiz le col passé,
Que li .II. oil ne li fussent volé,
Li cuers del vantre partiz et dessevrez.
Dit Auloriz : « .I. petit m'antandez. »
Inelement est issuz fors del tref.

DIT *Auloriz* : « *Seignor, or faites pes*...

A partir de cette tirade, la version de *b* est conforme à celle de *a*, sauf des différences de détail. C'est ainsi que le personnage nommé *Ferraus* dans *a* est toujours appelé *Ferranz* dans *b*. Il y a aussi dans *b* un certain nombre d'incorrections qui ne se retrouvent pas dans *a*; par exemple, ce vers de notre texte :

Quant li dus Gaydes entent le messaigier(1),

se lit dans *b* :

Quant dus Gaydons...

On trouvera aux *Notes et variantes* l'indication de beaucoup d'autres différences du même genre qui ne touchent en rien au fond du récit.

III. Le manuscrit désigné par *c* est le N° du fonds français 1475 (*olim* 7551). C'est un petit in-folio relié en maroquin rouge aux armes de France et au chiffre de Charles IX. Il se compose de 160 feuillets de papier, et ne renferme que le poëme de Gaydon. L'écriture est du XVe siècle.

Ce manuscrit, à raison de sa date, ne pouvait être choisi pour type, bien qu'il soit moins incomplet que les deux autres. Il a été transcrit sur un bon texte, mais avec les modifications orthographiques habituelles au XVe siècle. De plus,

1. P. 146, v. 9.

la langue en est souvent fort altérée, et l'on y trouve des fautes graves. En voici un échantillon : ce vers de *a* :

Des tentes issent li traïtor felon (1),

se lit dans *b* :

Des traistres *issent ly* traistre *felon*,

fautes aisées à corriger, sans doute, quand on n'aurait que ce manuscrit ; mais on ne retrouverait pas partout la vraie leçon aussi facilement.
Voici le début du manuscrit *c* :

SEIGNEURS *et dames, vous plaise à escouter* (2)
Bonne chançon qui moult fait à louer :
C'est de Gaydon, qui moult fut preux et bel,
Et de Naymon qui moult fist à aymer,
Et du Danois qui fu né oultre mer,
Après de Kalle, nostre emperere ber.
Qui en Espaigne fut tant pour conquester
Qu'après les peres convint les filz aler.
Ne là pot toute prendre ne conquester ;
La mort Rolant le fist moult reculer
Et mains conquerre, et mains le fist doubter.
Huimais orrés del mal glouton parler,
Le fel Thibault d'Apremont sur la mer,
Du fel Guenel (3) *dont cy orrez parler,*
Qui en Espaigne tray li .XII. per.
Et cil Thibault reffist moult à doubter :
Sien fust Moultaspre (sic) *qui moult fist à loer,*

1. P. 207.
2. Ms. : *plaise vous à escouter*, leçon qui rompt la mesure du vers. On peut corriger aussi : plaist *vous à escouter*.
3. Il faut lire sans doute : *Frere Guenel*.

PRÉFACE.

Et haute fut ille (1), *celle noble cité.*
De par sa femme, ce saichez sans doubter;
En tint tielz quatre qui moult ont richetez
Et dix chasteaulx et autretant festez. Etc.

Vers le milieu du manuscrit se trouve un appel du jongleur à ses auditeurs et une sorte de résumé des événements déjà racontés, qui nous fait penser que le poëme se récitait en deux journées. On trouvera ci-après ce passage aux *Notes et variantes*, p. 342.

Le poëme, incomplet par la fin, se termine ainsi :

Karle de France, le roys de Saint Denis,
Gist à son tref de soye cordéis.
Blanche ot la barbe, si ot le poil flouris.
Tout ly baron ont à ly congié pris,
Chascun s'en va, n'y ont plus terme quis,
Alumé ont les grant cierges tortis.
Karles remest ly roys de Saint Denis.

Un propriétaire du manuscrit, vers la fin du XVe ou le commencement du XVIe siècle, voulant dissimuler sans doute ce qui manquait à son volume, s'avisa de coller une bande de papier sur la réclame du dernier feuillet, laquelle indiquait les premiers mots du feuillet suivant. Ce feuillet perdu, il le remplaça par un autre et y écrivit ce qu'il prenait sans doute pour des vers :

Dont chascun pleure et en est marris

1. Lisez : *Hautefeuille.*

> *Et prient à Dieu que lui doint Para[d]is*
> *Auquel nous veuille mectre cellui*
> *Qui vit lassus au trosne divin.*
>   *Deo gratias.*

Par cette supercherie, il espérait probablement vendre comme complet le manuscrit qui ne l'était pas.

Rappelons en terminant que M. Paulin Paris a consacré à notre poëme l'une des nombreuses et savantes notices que lui doit le tome XXII de l'*Histoire littéraire de la France* (p. 425-434), et que l'un des éditeurs du présent volume a fait de la chanson de Gaydon l'objet d'une thèse soutenue devant la Faculté des lettres de Paris, sous ce titre : *De Gaidone, carmine gallico vestustiore, disquisitio critica, auctore Siméon Luce. Lutetiæ Parisiorum*, 1860, in-8 (¹).

Ajoutons enfin que la première et la dernière tirade du texte même que nous publions étaient déjà publiées depuis longtemps par M. Fr. Michel, en tête de son édition de la *Chanson de Roland* (Paris, 1837, p. XXIV-XXIX).

1. Librairies A. Franck et A. Durand.

SOMMAIRE.

Pour conquérir l'Espagne, Charlemagne y resta longtemps, si longtemps que les fils des barons de France y durent aller après leurs pères, et encore la conquête ne put-elle être achevée. La mort de Roland força l'empereur à la retraite, lui fit perdre du terrain et le rendit d'autant moins redoutable. Son armée était campée sous les murs de Nobles, lorsqu'un jour Thibaut d'Aspremont, le frère du fameux Ganelon, le puissant seigneur de Montaspre et d'Hautefeuille, sortit du camp avec sept des siens pour examiner les remparts de la ville. Ils s'arrêtèrent près d'un petit bois, sur une hauteur d'où le regard s'étendait au loin, et là l'armée de France se développa sous leurs yeux. De toute part à plus de trois lieues on n'apercevait que tentes et pavillons. A cette vue, Thibaut devint pensif et changea de couleur. « Sans doute vous songez, lui dit Alori, que l'empereur est bien puissant ? — L'empereur! répondit Thibaut, je ne saurais l'aimer, il m'a trop fait souffrir. Il a couvert notre famille de honte en faisant brûler mon frère Ganelon et écarteler mon neveu Pinabel. Nous ne méritons pas d'être de si haut parage pour ne l'avoir point encore mis à mort, quand le plus pauvre des nôtres pourrait conduire à la guerre deux mille hommes bien armés et bien montés. — Ce n'est pas l'empereur qu'il faut accuser, dit Alori, c'est Gaydon, notre ennemi mortel; c'est le duc Naimes, son oncle; c'est le Danois, que Dieu confonde! Ils sont ses conseillers si privés que rien ne se fait sans eux. Voyez leurs tentes, comme elles sont près de la tente impériale! Si quelqu'un de nous savait un bon moyen de faire perdre à Gaydon l'amitié de Charlemagne, qu'il le dise, au nom du Ciel! — Eh bien! reprend Thibaut, écoutez-moi. Dans mon jeune âge, je fus mis aux lettres de bonne heure, et je reçus les leçons de l'abbé de Saint-Denis, qui était mon oncle et m'aimait beaucoup. C'était l'homme le plus sage de la chrétienté et le plus habile qui se pût voir dans l'art de la nécromancie. Il me fit part de son savoir, et avec grand succès, pensant que je deviendrais abbé après lui ou que je serais évêque de Paris. Mais mon frère Ganelon ne l'entendit point ainsi; il me manda près de lui, m'arma chevalier et me donna les domaines de Montaspre et d'Hautefeuille. Toujours est-il que je n'ai point oublié ma science. J'ai conservé et j'ai ici dans ma tente telle herbe médicinale qui, pilée dans un mortier et détrempée dans du vin blanc, pourrait servir à empoisonner des pommes, de façon que celui qui en goûterait tant soit peu n'aurait pas le loisir de demander un confesseur avant que les yeux lui sortissent de la tête et les entrailles du ventre. Mon dessein est d'envoyer de ces fruits à l'empereur, comme un présent de Gaydon. Charlemagne n'hésitera point à en manger, tant est grande son amitié pour le duc et sa confiance en lui. S'il en mange, il est mort. Alors, vous me couronnez roi de France, je vous donne les riches domaines d'Orléans, de Reims et de Beauvais, et c'en est fait de nos ennemis : Ogier et Naimes sont brûlés, Gaydon est écartelé. — Bien parlé! s'écrient les traîtres, il faut mettre en œuvre ce projet. » A ces mots, ils rentrent au camp, se renferment dans la tente de Thibaut, préparent avec lui le poison et en pénètrent trente pommes, qu'un garçon de cuisine, un méchant Provençal, est chargé de porter à l'empereur. P. 1-6.

Le messager, richement vêtu, se rend à la tente de Charlemagne, où il arrive au moment du coucher de l'empereur. Il est introduit malgré l'heure tardive, et s'acquitte de son message. « Grand merci, lui dit Charles, j'attache beaucoup de prix aux présents de Gaydon; naguère encore il me donna vingt destriers. Par saint Denis, il en sera récompensé. Pour vous, ami, revenez demain à mon lever : si vous suivez la carrière des armes, je vous ferai chevalier; si vous êtes d'un autre métier, je vous donnerai assez d'or pour que toute votre parenté s'en ressente. » P. 6-7.

Comme le garçon revient à la tente de Thibaut, Alori accourt au devant de lui, et lui passant un bras autour du cou : « Eh bien, l'ami, quelle réussite? — Par Dieu, sire, très-bonne. J'ai vu distribuer les pommes aux chevaliers et passer de main en main le claret qui les accompagnait. — A merveilles ! dit Alori. Tiens, frère, voici une pomme que je t'ai réservée. » — Le messager la prend sans défiance et en mange. A peine en a-t-il goûté que les yeux lui sortent de la tête et que ses entrailles se déchirent. Il tombe mort aux pieds d'Alori, qui s'écrie dans sa joie : « Allons, notre poison vient à bien. Si l'empereur et les princes en tâtent, avant l'heure de complies Ganelon sera vengé. » — Mais Dieu aimait trop Charlemagne pour permettre qu'il lui arrivât mal. Voici venir dans la tente de l'empereur un jeune damoiseau qui s'agenouille devant lui. Charles, qui l'avait en grande amitié, lui dit courtoisement : « Jeune homme, c'est avec grand plaisir que je vois en vous le fils de ce vaillant duc Gaifier qui à Roncevaux se laissa tailler en pièces avec Roland et Olivier. J'aimais le père, le fils ne me sera pas moins cher. Pour vous le prouver, j'accrois votre fief de deux cents hommes. » En même temps il lui présente amicalement une pomme qu'il tenait à la main. Le jeune homme la prend, y goûte et tombe frappé de mort. L'empereur, hors de lui, le relève, le regarde attentivement, s'étonne de lui voir les yeux hors de la tête et le visage sain d'ailleurs, sans autre altération. Il devine alors ce que recèle le présent qu'il vient de recevoir, et s'écrie : « Seigneurs, vous êtes empoisonnés, tous tant que vous êtes qui avez mangé du fruit ! — O bonheur! répondent les barons, aucun de nous n'y a encore goûté. » Et d'une commune voix ils en rendent grâces à celui qui règne dans la gloire du ciel. P. 7-9.

Charlemagne, en grand courroux, prend Dieu à témoin qu'il ne mangera pas avant de tenir dans sa main le cœur du coupable. Il fait mander Girart de Roussillon, Gui de Beaufort et Aymon de Dordonne. Quand ils apprennent ce qui vient d'arriver, les trois barons sont saisis de stupeur et font le signe de la croix.

« Juste empereur, dit Girart, qu'avons-nous à faire ?
— Combien êtes-vous, barons ? demande Charles. —
Deux mille, sire, répond Girart; sommes-nous assez?
— Oui, dit l'empereur, car vous êtes tous des preux.
Vous savez comme m'a servi le fils de Geoffroi l'Angevin, ce Gaydon que j'aimais plus que personne de
ma maison. Il m'a voulu faire périr traîtreusement en
m'envoyant des fruits empoisonnés. Que Dieu me confonde si je mange ou bois avant de l'avoir fait brûler
sur des charbons ardents ! Comme il ne sait si je suis
mort ou non, et qu'il connaît bien les chemins, il va
s'enfuir cette nuit; mais, par l'apôtre qu'on invoque
aux prés de Néron, si vous ne me le livrez demain au
jour, avant prime, faites peu de compte de votre vie !
— A ce prix, répond Girart, nous aurions trop à perdre. Vous pouvez dormir en paix, sire, nous ferons
bonne garde. » — Puis ils vont s'embusquer sur la rivière qui coule non loin de là pour couper le passage
du pont. P. 9-10.

Cependant Gaydon, qui n'a soupçon de rien, dort
paisiblement dans sa couche d'ivoire, sous sa tente, où
brillent des escarboucles d'un tel éclat qu'au milieu
de la nuit la plus obscure on y voit clair comme à la
première heure du jour. Un rêve vient troubler son
sommeil. Il songe qu'il est égaré dans sa forêt de Valie sans pouvoir retrouver son chemin. Un grand aigle à tête rouge vient fondre sur la tête de son cheval
qu'il met en pièces. Des sangliers l'assaillent lui-même, dont l'un lui fait au flanc quatre blessures mortelles ; d'un coup d'épée Gaydon l'abat à ses pieds.
Alors, saisi d'effroi, il se réveille en sursaut et s'écrie :
« Sainte Marie, soyez-moi en aide ! » Revenu à lui,

il appelle ses chambellans, se lève à la hâte, et après avoir entendu la messe annonce à ses barons qu'il va se rendre à la tente impériale pour y jouer une partie d'échecs avec son seigneur. P. 10-12.

Il part, et l'instant d'après arrivent à sa tente les barons qui l'ont guetté toute la nuit. « Où est ton maître? demande Girart au maréchal de Gaydon. — Seigneur, il est allé à la tente de l'empereur. — Est-il bien vrai? — Oui, seigneur. — Il faut que le duc ait perdu le sens, se disent entre eux les barons, pour aller à la cour après ce qu'il a fait. Comment a-t-il osé concevoir pareille trahison? Il a mérité d'avoir tous les membres coupés, d'être brûlé ou jeté à la mer. — Ne vous hâtez pas de le condamner, dit Girart; maint gentilhomme est parfois accusé à tort. » A ces mots, ils retournent à leurs tentes, se désarment et se rendent au pavillon de l'empereur, où Gaydon vient d'arriver et est allé s'étendre, appuyé sur son coude, entre les jambes du duc Naimes, au milieu des chevaliers assis de tous côtés sur les nattes et sur les tapis. P. 12-13.

L'empereur regarde cette nombreuse assemblée et aperçoit en face de lui le fils de Geoffroi l'Angevin. A cette vue, il change de visage, se colore et devient noir comme un charbon. Il tient à la main un long couteau d'acier poitevin; il va en frapper Gaydon, mais il se retient, et s'adressant à Naimes : « Beau sire duc, lui dit-il, demandez donc à votre neveu Gaydon s'il réclame en France quelque château, quelque donjon ou bourg, quelque ville, forteresse ou maison, ou quoi que ce soit qui vaille seulement un éperon. Nous sommes prêt, en ce cas, à faire droit à sa demande. — Non certes, sire, répond Gaydon qui s'est levé à ces mots. Je m'estimerais assez riche rien qu'avec le don que je reçus de vous le jour où je tuai le traître Pinabel. Je m'appellais Thierry alors; on m'a donné depuis le nom de Gaydon en souvenir du geai qui à ce moment vint se poser sur mon heaume. Sire, ce n'est pas en vain que vous m'avez fait riche ; je vous aime plus que personne au monde, et serai toujours prêt au besoin à vous amener trente mille compagnons qui vous serviront avec moi. — Tais-toi, lâche, dit Charles, et que Dieu te maudisse! Comme tu sais bien couvrir ta trahison ! » Puis se levant et s'adressant à l'assemblée : « Écoutez-moi, Allemands et Lorrains, Normands et Français : dois-je souffrir qu'il vienne s'asseoir à mes côtés, ce duc qui m'envoya hier en présent de tels fruits que, pour en avoir à peine goûté, le fils d'un comte eut les entrailles déchirées? Voilà ce qu'a fait Gaydon que je vois ici devant moi! Si je mange tant qu'il sera vivant, que le vrai Dieu me confonde! » P. 13-14.

Gaydon a entendu ces paroles. Quelle douleur pour lui! « Juste empereur, qu'avez-vous dit? et comment votre cœur s'est-il ainsi changé envers moi? La trahison dont vous m'accusez, je m'en défends sur ma vie. Je ne l'aurais jamais conçue. Nourri par le duc Roland, je l'ai servi de cœur durant sept ans. Au désastre de Roncevaux, nous n'étions plus que trois survivants : Roland, l'archevêque et moi. Je venais de voir mon père taillé en pièces sans pouvoir lui porter secours, épuisé que j'étais par trois blessures. Roland me serra dans ses bras après avoir trois fois sonné de son cor, et je fus inondé du sang qui jaillissait de ses veines rompues. Puis, quand il se vit à la mort et que tout secours lui devenait inutile, il m'envoya sur un coursier du Nord, il m'envoya vers vous, bon roi, pour vous rapporter la trahison de Ganelon. Il n'y eut alors autour de vous ni Lorrain, ni Français, ni Normand, ni Breton, ni Anglais qui osât lever la main sur le traître. Ce fut moi qui mis à mort Pinabel, ce fut moi qui vous fis justice de Ganelon le maudit, le renégat. Est-ce donc ainsi que vous m'en récompensez? ai-je mérité ce serment que vous venez de faire de ne point manger avant ma mort? Par le Seigneur qui siége haut et voit loin, prenez garde, beau sire, de vous attirer ainsi le blâme de vos Français! — Tais-toi, répond Charles, et maudit sois-tu! Comment espères-tu m'abuser de la sorte quand tous ceux qui étaient près de moi hier soir ont vu le présent qui m'était adressé et qui me venait de ta part? » P. 14-16.

A ces mots se lève Riol, le duc du Mans. Il n'en est point de plus sage dans toute la France et qui sache mieux discerner le tort du droit. Sa barbe et sa chevelure sont blanches comme neige. Il fend la presse et s'avance près de l'empereur. « Juste empereur, lui dit-il, je suis le vassal de Gaydon : si je pensais que vous ayez dit vrai, je serais d'avis qu'on l'allât brûler sur l'heure; mais je crois que nul n'osera se lever qui se déclare prêt à soutenir que mon seigneur a manqué à sa foi envers vous. — Tais-toi, dit Charles, et maudit sois-tu! Tais-toi et fuis de devant mes yeux; ta vue m'est odieuse. C'est par toi peut-être que le crime fut conseillé. Quelle preuve m'as-tu donnée de ta foi jusqu'à présent? Quel service ai-je reçu du Mans? Fidèle le matin, l'as-tu été le soir? — Et de sitôt je ne le serai, répond Riol. Si vous voulez venir faire le siége du Mans, faites-le-moi savoir et vous aurez chance d'y rester deux ou trois ans. — Vous l'entendez, barons, s'écrie Charlemagne en courroux, Riol du Mans me provoque; il ose soutenir l'innocence de Gaydon! Ne se trouvera-t-il donc pas un baron dans ma cour pour convaincre le traître de son crime? » — Ogier le Danois et Sanson de Bourgogne s'efforcent vainement d'apaiser l'empereur. « Si Gaydon, s'écrie-t-il, s'en va ainsi sans bataille, je puis bien dire que dans ma cour il n'y a pas un homme de cœur. » P. 16-17.

A ces mots se lève le traître Thibaut. Il n'est point en faveur, dit-il, à cause de son frère Ganelon; il ne laissera pas, cependant, de montrer son dévouement au service de l'empereur. Il dira ce qu'il sait sur le compte de ce fameux Gaydon, tant aimé de Charlemagne. « Hier soir, ajoute-t-il, comme j'accompagnais le duc Sanson du côté de mon pavillon, en passant devant toutes les tentes, je vis Gaydon quitter un valet qui portait une serviette et une boîte. La boîte était-elle vide ou non? je l'ignore. Mais toujours est-il que le valet, empressé de s'acquitter de sa commission, donna une pomme à l'un de mes gens qui y goûta, et aussitôt les yeux lui sortirent de la tête. Il est encore gisant devant mon pavillon. Je prends à témoin du fait et Amboin, et Milon, et Guillemer, et Gautier d'Avallon. Si d'aventure Gaydon me démentait, je suis tout prêt à le convaincre. » — Gaydon l'a entendu et sourit de pitié. C'est une trame ourdie pour le perdre dans l'esprit de l'empereur; il le voit bien et en sait la cause. Le défi de Thibaut le comble de joie : « Juste empereur, dit-il, je suis prêt aussi, prêt à me défendre, à prouver que Thibaut a menti et que jamais je n'ai été coupable, même par la pensée, du crime dont je suis accusé. » Aussitôt Thibaut se dépouille de son manteau et s'avance près de l'empereur pour lui remettre son gage. — Portrait de Thibaut. — Quatorze comtes de son lignage se lèvent et se rendent cautions pour lui. « Sire vassal, dit Charlemagne à Gaydon, donnez-moi des otages. Sans otages vous ne sortirez point d'ici et vous perdrez le poing. » — Le duc regarde les barons qui l'entourent; il n'en voit aucun disposé à se lever, il baisse la tête et devient pensif. « Eh bien, vassal, lui dit Charles, que tardez-vous ? Par saint Denis! vous courez risque de perdre la main qui tout à l'heure a remis votre gage dans la mienne, et tel aussi peut s'offrir à vous servir d'otage à qui je ferai couper les membres, et dont je ferai jeter les cendres au vent après l'avoir fait brûler. » P. 17-20.

Quand les Français entendent ainsi parler leur seigneur, ils demeurent tous silencieux. Le vicomte de Thouars (1), Rispeus de Nantes, Geoffroi, Gui de Beaufort et Riol se lèvent seuls, s'approchent du roi et lui disent : « Sire, nous répondons de lui sur nos biens et sur nos membres. S'il est vaincu, nous consentons à ne les point remporter. — Arrière! barons, leur répond Charles; vous êtes tous ses hommes et ses vassaux; c'est de lui que vous tenez vos domaines, bourgs, villes, châteaux et cités, et quand on est ac-

---

1. Nous traduisons le vicomte, quoique le texte porte *l'evesques*. V. la note sur ce vers.

cusé de trahison, on n'est point admis à donner ses hommes pour otages. C'est parmi ses pairs qu'on en doit trouver. C'est son propre avoir que l'on doit engager. Par saint Denis, quand vous prendrez congé de moi, il vous faudra chanter sur un autre ton ! » Puis il appelle Ogier : « Danois, lui dit-il, faites-les-moi garder jusqu'à demain au lever du soleil. Par l'apôtre qu'on invoque aux prés de Néron, s'ils bougent et que je l'apprenne, je vous retire mon amitié. — A vos ordres, sire, » répond Ogier, qui n'obéit qu'à regret. P. 20-21.

Le courroux de l'empereur est à son comble. « Sire vassal, dit-il encore à Gaydon, pourquoi ces délais ? pourquoi tant tarder à me livrer vos otages? » Et il répète les menaces qu'il vient de lui adresser. Personne dans l'assistance n'ose lever la tête; les barons s'éloignent. A cette vue, Gaydon verse des larmes et implore celui qui a tout à juger. « Père de gloire, où ai-je commis le crime qui me réduit à cette humiliation de ne pas trouver un parent qui ait pitié de moi ? Hélas ! je croyais par mes services avoir conquis l'amitié de Charles ; mais les traîtres me l'ont aliéné au point qu'il me menace de me faire trancher la tête. Ah ! Roland, noble chevalier, si vous viviez encore, on ne me traiterait pas ainsi à la cour! — Gardez-vous de le croire, répond Charles ; il vous ferait couper les membres, brûler sur un bûcher ou tirer à quatre chevaux. » — Gaydon éperdu regarde autour de lui, aperçoit Naimes de Bavière, va s'agenouiller devant lui et lui dit : « Sire, pourquoi ne me servez-vous point d'otage? avez-vous oublié que je suis votre neveu, le fils de votre sœur? » Naimes entend ces paroles et s'en émeut. « Certes, dit-il, j'ai agi en homme sans cœur, en couard, en chevalier failli. C'était de crainte de courroucer mon seigneur; mais maintenant, dût-on me couper les membres, rien ne m'empêchera d'être l'otage de mon neveu. » Il tombe aux pieds de Charlemagne : « Juste empereur, lui dit-il, s'il vous plaît de m'agréer, je me porte caution pour lui sur tout ce que je possède, sur mes châteaux, sur mes fiefs et enfin sur ma vie. — Naimes, dit Charles, comme il vous plaira, mais sachez bien une chose, c'est ce, que s'il est vaincu, vous en porterez la peine. — Comme il vous plaira, sire, répond Naimes; mais je serai jugé d'abord. » A ces mots, il s'évanouit trois fois aux pieds du roi avant de se relever, et il n'y eut personne à la cour qui ne fondit en larmes à cette vue. P. 21-23.

Ogier à son tour se présente devant Charlemagne : « Juste empereur, lui dit-il, on doit aimer les siens. Le duc Naimes s'est porté caution pour son neveu ; si je pensais ne vous point déplaire, je m'offrirais aussi comme otage de ces hommes dont vous m'avez confié la garde. » Charlemagne y consent, pourvu qu'Ogier les ramène le lendemain matin un peu avant la bataille. — « Je m'en vais, dit à l'empereur Thibaut d'Aspremont ; quand voulez-vous que la bataille ait lieu ? — Thibaut, répond Charles, ne pensez pas qu'un traître puisse faire long séjour près de moi, et soyez ici dès demain matin. Par ce Seigneur qui trône haut et voit de loin, si vous ne m'avez point menti, vous en serez bien récompensé. Vous serez désormais mon sénéchal et porterez l'oriflamme de France. Il sera bien aimé celui que vous aimerez, et qui encourra votre haine n'y pourra tenir. — Dieu soit en aide au bon droit, » répond Thibaut. Puis il ajoute tout bas : «' Mal m'en prendrait. » — « Juste empereur, dit le duc Ogier, n'accordez point votre confiance à la race d'Alori, à cette engeance qui ne fit jamais le bien, et trahit à Roncevaux votre neveu et ses vingt mille compagnons. — Ogier, répond Charles, c'est merveille de vous ouïr. Me pensez-vous ébaubir par vos paroles, quand tous ceux qui étaient ici hier soir ont vu le présent qui m'était apporté ? » P. 23-24.

L'assemblée se sépare. — Gaydon retourne à sa tente encore tout ému des menaces de l'empereur. « Il faudra que je sois bien empêché, dit-il à ses compagnons, si je ne lui tire le sang du corps! — Ah! félon, s'écrie Riol, que dis-tu? si tu frappais ton seigneur légitime avant de l'avoir défié, jamais personne en cour ne voudrait plus te reconnaître; jamais chevalier ne te tiendrait ton écu. Veux-tu ressembler à cet insensé Girbert qui guerroya contre Dieu lui-même? Notre Seigneur ne lui laissa ni château, ni cité, ni donjon, ni ville, ni bourg, ni forteresse, puis il le fit entrer dans le creux d'un arbre et l'en tira ensuite d'un coup de foudre qui l'aveugla (¹). Je vous ai élevé tout enfant, Gaydon, et jusqu'au jour où je vous donnai pour compagnon au duc Roland en Aspremont, où il fut armé chevalier. Eh bien, je ne laisserais point pour cela, mon seigneur légitime de qui je tiens tous mes domaines, bourgs, villes, châteaux et cités, de vous frapper de ce bâton que voici à terre! — Grâce, beau sire, s'écrie Gaydon, grâce au nom de Dieu; ja-

---

1. Est-ce, comme il semble, une allusion à quelque poëme aujourd'hui perdu?

mais je ne donnerai suite à ma menace. » Le comte du Perche a entendu ces paroles; il en est tout assombri et courroucé. Il s'approche de Gaydon et lui dit : « Sire, n'ayez donc nul souci de Riol et laissez le vieillard retourner au Mans boire ses vins et dîner de ses paons. Il ne demande pas autre chose, si ce n'est le sommeil et le repos.» Riol, transporté de colère, court vers le comte et lui dit : « Sire vassal, si j'ai des paons, vous n'avez pas le droit de me les reprocher; je les ai conquis quand j'étais bachelier avec des armes fourbies et de bons destriers, et j'ai encore quatre mille hommes à mon service. » A ces mots il le frappe de la main au visage et lui en fait jaillir le sang. — Gaydon met fin à la lutte qui commence, en menaçant de faire pendre à un arbre quiconque oserait en venir aux mains avant qu'il ait lui-même vidé sa querelle avec Thibaut. Sur l'issue du combat, il n'est point inquiet; il se fie à son bon droit ; mais Thibaut mort, comment retourner à Angers ? — « Sire, dit Riol, voici le conseil que je vous donne. A minuit, nous ferons plier nos tentes, charger coffres et malles sur les sommiers, en ne retenant que les armes. Nous enverrons ce convoi en avant jusqu'à Angers et nous prendrons la même route après la bataille. Vous adresserez alors un défi à Charles, et le cœur vous manquera si vous ne lui faites payer cher la vilenie dont il vous charge. » — Gaydon adopte l'avis de Riol. P. 24-28.

Mais Thibaut est instruit du projet par un de ses espions qui a tout entendu. Il donne l'ordre à Alori, l'un des siens, de prendre avec lui deux mille chevaliers, d'aller les embusquer en deux bandes sur la route que doit suivre le convoi, et de mettre à mort, à leur passage, ceux qui l'escorteront. — Avant que le coq eût chanté trois fois, les embûches étaient dressées. P. 28-30.

Dans le même temps, Gaydon charge ses deux neveux, Ferraut et Amaufroi, de la conduite du convoi, avec une escorte de sept cents chevaliers. Ils obéissent, font charger les bagages et prennent le chemin d'Angers. P. 30-31.

Pendant qu'ils cheminent ainsi, tout s'apprête pour le combat de Gaydon et de Thibaut; de part et d'autre, les gens des deux adversaires vont prier Dieu pour leur seigneur. Après avoir entendu la messe, Thibaut se revêt de son armure, ceint l'épée de son père, Griffon d'Hautefeuille, monte sur son destrier Bausant, richement enharnaché, et l'écu au cou, la lance au poing, se dirige vers la tente de Charlemagne. Il y entre l'épée au côté, s'assied dans un fauteuil préparé pour lui et demande à l'empereur où est le duc d'Angers. « Il devrait déjà être à cheval, dit-il, et me fait grand tort, car il est midi et demi ; mais, par l'apôtre qu'on invoque à Rome, ce retardement ne lui servira guère. Si je le tiens une fois en champ clos devant moi, cette lame d'acier lui infligera, je pense, un tel châtiment que de sa vie il n'aura plus recours au poison. — Thibaut, dit Charles, qu'il te soit en aide celui qui se laissa martyriser sur la croix ! tout l'or du monde ne me rendrait pas plus joyeux. »

— Le comte du Perche n'y peut tenir ; il parle ainsi à Thibaut : « Sire vassal, c'est une injustice et un péché que de calomnier ainsi le duc d'Angers. Il est là-bas qui entend la messe avec ses chevaliers ; mais vous l'aurez bientôt en armes sur son destrier. Ce n'est pas son dessein de vous faire attendre, car, lui donnât-on Étampes et Orléans pour renoncer au combat, il ne les prendrait pas, j'en suis sûr. Le duc n'est ni couard ni lâche; ce n'était pas non plus le défaut de Geoffroi son père, qui de sa vie n'aima ni les lâches ni les traîtres, tandis que Ganelon, le félon renégat, vendit à Marsile et Roland, et Olivier, et Turpin, et enfin tous les douze pairs avec vingt mille chevaliers, et c'est une honte qui sera à jamais reprochée à votre lignage. » — Thibaut l'entend et baisse la tête au grand contentement des Français, qui se disent entre eux : « Thibaut a reçu son compte. » P. 31-36.

Cependant Gaydon, au lever du soleil, a entendu la messe, puis il rentre dans sa tente pour se préparer à la bataille. Parmi les pièces de son armure, la plus précieuse est son heaume fait dans une île de mer par des fées, et doué par elles d'une telle vertu qu'aucune arme ne pourrait l'entamer. Son épée Hauteclaire fut celle d'Olivier. Son cheval Clinevent est le meilleur de la chrétienté. — Origine, histoire et description de Clinevent. — Le duc monte sur ce destrier richement enharnaché, et suivi de cent chevaliers, s'achemine vers la tente impériale. Riol y entre le premier et salue en ces termes : « Que le Dieu de gloire qui a tout créé, ciel, terre, mer, poissons et oiseaux, sauve le roi qui règne sur la France et avec lui tous ses barons; mais puisse-t-il confondre nos mortels ennemis, tous tant qu'ils sont autour de nous et à nos côtés ! — Tais-toi, glouton, dit Charles, et maudit sois-tu. Si Dieu m'aide et que j'aie le dessus, tu me le payeras cher. — Sire, répond Riol, elle n'est pas encore commencée l'année qui verra mon seigneur convaincu de trahison ! » — A ces mots se lève un des traîtres, Amboin de la Neuve-Ferté. Il s'approche de Riol et lui dit : « Vassal, tu es atteint et convaincu de folie ; toi et ton seigneur vous vous êtes gouvernés de telle sorte que vous ne devriez plus avoir entrée à la cour ni liberté d'aller et de venir. — Vous en avez menti ! répond Riol ; je ne suis pas de votre parenté, je ne suis pas du lignage de Hardré et de Ganelon. Vous n'avez point oublié leur métier, vous ! malheur à vous et aux vôtres ! » — A ces paroles Amboin, hors de lui, porte la main à la barbe de Riol, en arrache cent poils, en fait couler le sang. Riol, transporté de colère, lève le poing qu'il avait gros et carré, baisse le coude et laisse aller le coup. Amboin tombe, et Riol lui assène encore trois coups de poing. Alors se lèvent et Guichart et Hardré et au moins soixante des leurs. Ils feraient à Riol un mauvais parti si le vicomte de Thouars, le duc Gui et Ogier le Danois ne se levaient aussi. Le vieux duc Naimes, un bâton à la main, s'écrie : « Arrière, gloutons ! par le Seigneur et par sa Sainte-Trinité, pour un seul coup il vous en sera rendu soixante. » Les traîtres reprennent leur place. Amboin seul s'approche de l'empereur : « Sire, lui dit-il, Riol m'a malmené. — Tais-toi, répond Charles, et que Dieu te confonde ! Qu'avais-tu affaire de lui tirer la moustache ? Tu en seras puni. Danois, ajoute-t-il, mettez-le en prison pour avoir commencé la mêlée dans ma tente. — A vos ordres, » répond Ogier ; puis il se saisit d'Amboin et lui attache si étroitement les jambes qu'il en fait jaillir le sang. P. 36-40.

L'empereur, pour recevoir les serments des deux adversaires, fait apporter son épée, Joyeuse, dont le pommeau d'or enserre de précieuses reliques du corps de saint Honoré et du bras de saint Georges, avec quantité de cheveux de Notre-Dame. Thibaut, en face de l'arme sainte, renouvelle son accusation. Mais ce n'est point un serment. — « Les mots essentiels y manquent, dit Riol, vous devez jurer. » — L'empereur reconnaît que la réclamation de Riol est fondée. — Thibaut se reprend et jure. — Gaydon lui donne un démenti, repousse par un serment solennel chacun des chefs de l'accusation, s'agenouille devant les reliques et les baise. — « Gaydon, dit Charlemagne, vous en avez beaucoup dit: il ne manque rien à votre serment. — Sire, fait le duc, j'ajoute que, même par la pensée, je n'ai pas été un instant coupable. — Voici ma décision, reprend l'empereur : c'est que l'un de vous deux mourra. » — Thibaut chancelle en baisant à son tour les reliques ; mais il monte à cheval d'un bond. Gaydon, au contraire, se sert de l'étrier. Grande douleur pour le duc Naimes ! En ce moment il voudrait mourir ; à voir ce manque d'assurance de son neveu, il craint qu'il ne soit coupable. Il s'agenouille en se tournant vers l'Orient, et invoque celui qui ne mentit jamais et la grande dame dont il fit sa mère. « Dame de paradis, s'écrie-t-il, implore ton fils, ô reine qui souffris les douleurs de l'enfantement et ouvris en toi la source du ciel ! Vrai Dieu de gloire, père de paradis, sous les pieds de qui se fendit le marbre vert le vendredi où tu souffris la mort ; toi qui sauvas Jonas au ventre de la baleine et le mis à terre sous les murs de Ninive ; toi qui confondis le faux témoin qui accusait sainte Suzanne, qui assistas aux noces du saint Architriclin et y changeas l'eau en vin; toi qui servis tes apôtres à la Cène et leur lavas les pieds un jeudi; toi qui permis que Judas te vendît trente deniers (gain chétif, hélas! pour prix d'un tel trésor!), tu fus saisi par les Juifs et mis en croix le vendredi saint. Ce fut alors que Longis, qui jamais n'y avait vu, prit une lance et t'en frappa de sorte que ton sang découla jusque sur ses doigts. Il essuya ses yeux, recouvra soudainement la vue, battit sa coulpe et implora ta miséricorde. Comme il est vrai, père, que de grand cœur tu lui accordas son pardon, de même accorde aujourd'hui ta merci à mon neveu; et s'il est coupable de la trahison dont on l'accuse, beau roi de gloire, de grâce, Seigneur, laisse-moi mourir pour que je ne voie pas sa honte et sa confusion! ». P. 40-43.

En priant ainsi, le duc Naimes pleure et ses larmes mouillent sa pelisse d'hermine. A cette vue, Charlemagne non plus ne peut retenir ses pleurs. Il prend à part Ogier et le comte Richart, Gui de Beaufort et le fier Erart : « Barons, leur dit-il, depuis l'heure où je montai à cheval et où je sus discerner le mal du bien, je n'ai pas ressenti de douleur pareille à celle que j'éprouve, si ce n'est au désastre de Roncevaux, et cela à cause du duc Naimes, mon conseiller, mon noble vassal, que je vois là pleurant. N'était la crainte que tout le monde en fît bruit et que mes barons le tinssent à mal, certes, la bataille en resterait là et je ferais la paix entre le duc et Thibaut. » — Ce n'est pas l'avis d'Ogier : la paix faite, ce serait à recommencer le lendemain. « Laissez le duc, dit-il, combattre avec Thibaut. Le duc a le droit pour lui ; il vaincra. — Ogier, répond Charles, vous êtes loyal et de vos conseils jamais mal ne m'advint. La bataille aura lieu et ne cessera qu'à l'heure de la victoire. Mais c'est un grand deuil pour moi que de voir Naimes ainsi pleurer et de penser que Gaydon ait pu agir de la sorte. » P. 43-44.

Par ordre de l'empereur, les deux adversaires entrent au champ et sont mis aux prises. — Combat à cheval. — Combat à pied. — Gaydon est blessé et l'herbe verte est toute rougie de son sang. « Rends-moi ton épée, lui dit Thibaut, et va-t'en vers Charles lui crier merci. Il te pardonnera. Tout mon lignage et moi-même nous le prierons en ta faveur jusqu'à ce que tu aies la paix. — Malheur à qui eut telle pensée ! répond Gaydon. C'est le mauvais sang qui s'échappe de mon corps. J'en ai besoin : il y a longtemps que je ne fus saigné. En garde ! car je vais te frapper. » — La bataille continue avec acharnement. Thibaut perd un bras, donne encore un dernier coup d'épée à son adversaire ; mais frappé lui-même de l'épée sainte de Gaydon, dont le pommeau d'or renferme des reliques du bras droit de saint Georges et du corps de saint Denis, il tombe sur le pré et fait l'aveu de sa trahison : « Oui, dit-il, c'est par mes mains que le poison fut préparé et le présent envoyé à Charles. Je pensais devenir roi de France et de Laon, mais Dieu ne l'a pas permis. Si j'en fais l'aveu, ce n'est pas que je veuille obtenir mon pardon ni me confesser à aucun prêtre, car ma place est en enfer avec mon frère, le comte Ganelon. » P. 44-55.

En apprenant l'issue du combat, Charlemagne devient noir comme charbon, il se lève, se signe et s'écrie : « Dieu ! que de mal m'ont fait les parents de Ganelon ! » Dans le même temps, Ogier dit au duc : « Que tardez-vous, Gaydon ? prenez la tête du félon ! — Volontiers, » répond le duc. Puis il délace le heaume de Thibaut, lui coupe la tête, la met dans le heaume, et dressant Hauteclaire devant lui : « Ah ! bonne épée, s'écrie-t-il, quelle lame je possède en toi ! béni soit celui auquel tu appartins avant moi ! béni soit Olivier le chevalier courtois ! » A ces mots il prend l'épée de Thibaut, la met en croix avec la sienne et les couche ainsi sur la poitrine de son adversaire. « Que de courtoisie ! » s'écrie Charlemagne. « Maître Garin, ajoute-t-il en s'adressant à l'un de ses meilleurs médecins, allez voir si le duc aurait besoin de votre aide. » Garin obéit. Mais en le voyant, Gaydon lui dit : « Maître Garin, allez. Ce sera pour une autre fois. Je ne suis nullement disposé à voir personne qui vienne de la part de Charles. » — Garin rapporte ces paroles à l'empereur : « Il a pardieu raison, dit Charles ; de sa vie il ne doit m'aimer. » P. 55-56.

Cependant Gaydon, agenouillé auprès du corps de Thibaut, rend grâce à Dieu d'avoir pu vaincre un tel adversaire. Il se promet, s'il vit, de faire repentir l'empereur de son injuste courroux. Puis il se relève et dresse fièrement son épée. Naimes le regarde et appelle Ogier, Richard, Riol le barbu et tous ceux de son puissant lignage. Ils sont bien cent comtes ou vassaux qui se rendent près de Gaydon et l'environnent. Le vieux Riol alors interpelle Charlemagne, et lui montrant Thibaut : « Sire, dit-il, le voilà, votre avoué. Pressez-lui donc les flancs, à cet ami qui en si peu de temps vous était devenu si cher. Il portera votre oriflamme cet été, quand vous irez venger la mort de Fourré! Dieu me pardonne, les traîtres vous ont mis à mal et aveuglé par leurs présents. Mais s'il plaît à celui qui a tout créé, ils vous ont aussi préparé bien des peines. » Charles l'entend, hoche la tête et dit en lui-même : « Thibaut était coupable : la déloyauté est toujours punie. » P. 56-58.

Gaydon s'est assis, tout décoloré du sang qu'il a perdu. Les barons de son lignage l'entourent et le gardent en se tenant par la main comme pour danser une ronde. Leur émoi est grand de le voir si pâle. Ils l'emmènent dans sa tente, le désarment, le couchent dans un lit d'ivoire et bandent ses plaies, qui lui causent de vives souffrances. Ils s'attendrissent et pleurent sur le sort du jeune preux. C'est le duc qui les réconforte : il guérira, dit-il, s'il plaît à Dieu. Mais il veut qu'on fasse justice du traître et que ses otages soient pendus ou brûlés. Si Charlemagne accepte d'eux un denier, il l'en fera repentir. P. 58-59.

Sur l'ordre de l'empereur, justice est faite de Thibaut. Son corps est pendu par les épaules, la tête étant coupée. C'est un grand deuil pour Hardré et pour ses proches. Ils sont trente comtes, tous seigneurs d'une cité souveraine, qui jurent qu'avant de retourner dans leur domaine, ils se vengeront de Charlemagne par la mort. Gaydon aussi mourra. Ferraut, qui conduit à Angers les bagages de son oncle, aura sous peu le même sort : Alori sera le vengeur de Thibaut. Pour Amaufroi, ils le mettront dans de telles chaînes qu'il n'en sera jamais hors. Leur crainte, en voyant Thibaut pendu, c'est que Charles ne fasse pendre aussi Sanson et Amboin qui sont en prison. Hardré dit aux siens : « Prenez deux forts mulets que vous ferez charger de votre or et offrez-les sans retard à l'empereur; il est avide; nos neveux nous seront rendus. » L'avis est adopté, le présent offert et accepté. En apprenant la délivrance d'Amboin et de Sanson, Gaydon fait serment d'envoyer un défi à Charlemagne. P. 59-60.

Cependant Ferraut et Amaufroi s'acheminent vers Angers avec le convoi dont le duc leur a donné la conduite. Arrivés au val de Glaye, où les traîtres les attendent, sur l'indice d'un vilain qui vient d'être malmené par les gens d'Alori, ils se doutent à temps du danger qui les menace et se mettent sur leurs gardes. Bientôt après Ferraut aperçoit deux barons en armes qui font le guet. Il court à eux et leur demande qui ils sont. « Nous sommes, répondent-ils, des hommes d'Alori, et c'est vous que nous attendons. » Ferraut se précipite sur eux et les réduit à appeler à leur aide Alori et ses gens. — Combat de Ferraut et d'Alori. — Mêlée générale des deux troupes. — Celle de Ferraut, moins nombreuse que la bande des traîtres, soutient à grand'peine une lutte inégale. Une tour s'offre aux regards de Ferraut; il cherche à s'emparer de cet abri; mais les gens d'Alori l'ont devancé. Il se rabat alors vers un manoir qu'il aperçoit non loin de là; mais Alori lui coupe le chemin, et le manoir est bientôt occupé par plus de quarante des traîtres, qui jurent que Ferraut n'y mettra jamais le pied. P. 60-72.

Dans la cour de ce manoir se voyaient nombre

de vaches et de bœufs élevés par un vavasseur qui vivait là depuis sept ans au milieu des bois avec sa femme et sept fils qu'il aimait tendrement. C'était un gentilhomme banni de son pays par le duc Geoffroi pour avoir tué un bourgeois d'Angers. Il s'était construit cette demeure et travaillait dans le bois, où il n'avait de terre que ce qu'il avait pu en défricher. Grande fut sa colère en voyant sa maison envahie par les gens d'Alori. Il appelle ses fils : « Nous allons voir, leur dit-il, qui défendra le mieux notre bétail. Malheur à celui qui en laissera tomber aux mains de ces larrons ! » A ces mots, il s'arme d'un vieux gambison tout enfumé, couvre sa tête d'un chapeau non moins vieux, mais si dur qu'il ne redoute aucune arme, prend sa massue et monte sur une jument. Chacun des fils a en main une grande et lourde hache au tranchant affilé. « Fils de putain, s'écrie le vavasseur, vous allez me laisser mes bêtes, car je saurai bien les défendre ! » Il prend sa massue, la lève à deux mains, frappe le premier qu'il rencontre, lui casse la tête et du même coup abat en un monceau l'homme et le cheval. « Allons, beaux fils, s'écrie-t-il, frappez aussi ! par le corbleu, il n'en échappera pas un ! » — Le vavasseur et ses fils s'évertuent si bien qu'en un instant la place est couverte des traîtres tombés sous leurs coups. Ferraut les voit à l'œuvre et en ressent une grande joie. Il rallie les siens et les pousse en avant pour mettre à profit cette aide inattendue. Mais dans le même temps il advient malheur au vavasseur; quatre de ses fils sont tués à sa vue. Presque fou de douleur, il prend sa massue et dit aux trois survivants : « Allons, mes enfants, suivez-moi pour Dieu, et vengez la mort de vos frères! » A ces mots, il pique sa jument et à coups de massue brise les têtes, les poitrines et les flancs. — Ses fils l'imitent et plus d'un traître reçoit la mort de leurs mains. P. 72-75.

Alori le voit et pense en perdre la raison. Il excite les siens et les lance contre le vavasseur, qui est serré de bien près lorsque surviennent Ferraut et Amaufroi. Quatre chevaliers tombent sous leurs coups; quatre destriers sont en leurs mains. Ils les donnent au vavasseur et à ses trois fils qui, hors d'état de résister plus longtemps, prennent la fuite et s'enfoncent dans le bois voisin, le père d'un côté, les fils d'un autre. Ferraut continue la lutte; mais les traîtres ont le dessus. « Gaydon, s'écrie Ferraut, tu ne nous reverras plus! Peu m'importe mon sort si tu survis; si tu es vaincu par Thibaut, j'aime mieux la mort. Mais avant de mourir, je vendrai cher ma vie à ces traîtres prouvés. » Alors, il conduit les siens près d'une haie, les adosse à un fossé et là se défend comme un sanglier. P. 75-77.

A ses yeux tombe mort Élinant, un cousin de Gaydon. Alors il appelle en pleurant Seguin : « Gentilhomme, lui dit-il, vous avez un cheval rapide ; pour Dieu, allez en toute hâte vers le camp de Charlemagne et sachez le sort de Gaydon. S'il a vaincu le traître Thibaut, dites-lui de nous venir en aide; s'il est mort, je n'irai pas plus loin, mais je me vendrai cher ici avec mon épée. » Séguin obéit et s'acquitte de son message. A la nouvelle du guet-apens où sont tombés Ferraut et Amaufroi, le duc oublie ses blessures. Il s'arme et part avec les siens. En arrivant au val de Glaye il rencontre dans un champ le vavasseur qui fait mine de fuir à son approche; mais Gaydon le rassure, le retient, l'interroge, et le vavasseur, qui trouve en lui un vengeur, le guide jusqu'aux lieux où Ferraut et Amaufroi font encore une résistance désespérée. P. 77-81.

Gaydon les voit et rend grâce au ciel d'être arrivé à temps pour les secourir. Il pique son cheval et, la lance en avant, renverse les premiers qu'il rencontre, mais sans leur donner le coup de la mort, au grand déplaisir du vavasseur, qui, les voyant se relever, s'écrie: « Sont-ce là les coups que vous savez donner? Ils ne sont guère à craindre, et j'ai bien regret de n'avoir pas rencontré meilleur compagnon. Vous allez voir comment je m'y prends, moi, et si je sais tirer parti de mes coups. » Il prend sa massue, la lève, en frappe un chevalier et lui brise la tête jusqu'aux dents. Il en frappe un second et le met en pièces. « Voilà, dit-il à Gaydon, comme je les sais châtier; mais vous, vous ne faites qu'émoucher vos ennemis! » P. 81-83.

En reconnaissant leur oncle, Ferraut et Amaufroi ont retrouvé toute leur vigueur. « Dieu qui me donnas la vie, dit Ferraut, père de gloire, bénis sois-tu pour avoir protégé mon oncle contre le traître Thibaut. Ils ne tiendront pas, les gloutons sans foi! » Et, l'épée à la main, il s'élance dans la mêlée. P. 83-85.

Gaydon, qui n'a fait que rire des propos du vavasseur, lui conseille doucement de se revêtir d'une bonne armure et réussit à lui faire abandonner son gambison. Il lui met un heaume en tête et à la main une solide lance carrée. Mais le vavasseur ne renonce point à sa massue ; il la pend à sa gauche pour y recourir au besoin. Ainsi équipé, il devient plus fier qu'un lion, pique son cheval et s'en va jouter contre Ferraut, qu'il ne reconnaît point. Si violent est le choc que les deux adversaires en vident les arçons et tombent rudement à terre. « Quels diables l'ont amené ici ! » s'écrie Ferraut en se relevant. Et le vavasseur, qui a le cœur gros, s'écrie de son côté : « Allons, c'était folie à moi que de jouter ; s'il eût tâté de ma massue, il aurait les os brisés. » — Ferraut tout honteux met l'épée à la main, tandis que le vavasseur vient sur lui en levant sa massue. La lutte va continuer lorsque Gaydon survient : « Ferraut, beau neveu, que fais-tu ! dit le duc. Personne au monde ne m'a servi aujourd'hui mieux que cet homme. » A ces mots les deux adversaires reconnaissent avec joie leur erreur et remontent à cheval, l'un brandissant son épée, l'autre tenant en main son bâton noueux. P. 85-87.

La mêlée continue. Les traîtres ont reconnu Gaydon, et par là appris la défaite de Thibaut. Leur fureur s'en accroît. « Si nous ne le tuons, dit Alori, de notre vie nous n'aurons joie. » — Assailli de toutes parts, le duc va être pris ; mais il fait entendre son cri de guerre : « Valie ! » Le vavasseur l'entend et, suivi de ses fils qui l'ont rejoint, accourt près de lui et le délivre. Dans le même temps, Alori reçoit la nouvelle que Charlemagne arrive avec son armée. Il réunit ses hommes : « Nos affaires vont mal, leur dit-il, l'armée de France revient, le roi est derrière nous. S'il nous atteint, chacun de nous aura la hart au col. Fuyons par cette vallée ! » — Sans la nouvelle du retour de

Charlemagne, Gaydon eût eu fort à souffrir, car il n'avait amené avec lui que peu de monde. — Les traîtres ne tiennent pas plus longtemps, et laissent Gaydon maître du terrain. Les prisonniers délivrés, les morts relevés et enterrés, le duc s'achemine vers Angers avec ses compagnons. Il emmène le vavasseur, qu'il récompensera bien, et dont il n'oublie ni la femme ni les fils.

Gaydon arrive à Angers un dimanche après la messe. Il se rend d'abord au moutier pour prier Dieu de dissiper sa douleur, en lui accordant de tirer vengeance de Charlemagne. Rentré dans son palais, il appelle près de lui Riol du Mans, son sage et loyal conseiller. « Sire gentilhomme, lui dit-il, j'ai besoin de vos conseils. Je veux déclarer la guerre à l'empereur; je veux qu'il chasse les traîtres de France ou qu'il les envoie à ma cour pour que je les fasse brûler, écorcher ou traîner à la queue d'un cheval; car c'est par la mort qu'on doit punir la trahison. Par le corps de saint Riquier, si Charles n'y consent, je lui écourterai si bien ses marches qu'il perdra plus d'un bon château. » Riol l'entend, hoche la tête et dit en lui-même : « Voilà le duc prêt à la guerre; Dieu veuille qu'il la commence à son honneur et qu'on ne lui puisse rien reprocher. Pour moi, je lui aiderai de tout mon pouvoir, car, tort ou droit, l'homme lige doit aide à son seigneur, je l'ai toujours entendu répéter. — Sire, dit-il à Gaydon, écoutez mon sentiment. C'est mal en user que de chercher noise ou querelle à son seigneur, si l'on n'en a juste raison, et par là on ne fait dire de soi que des vilenies. Mandez à l'empereur de bannir cette race félonne qui a ourdi la trahison dont Thibaut a porté la peine, et s'il la chasse du royaume, vous requerrez de lui paix et accord. C'est votre sire ; vous êtes son homme et ne devez rien faire envers lui qui soit à blâmer. Que s'il garde cette engeance près de lui en dépit de vous, défiez-le et reprenez votre hommage. Mais je ne sais qui sera votre messager. — Ferraut, mon neveu, dit Gaydon : je le tiens pour très-sage ». P. 87-94.

A ces mots, Ferraut lève la tête et jure qu'il ne reviendra pas avant d'avoir humilié Charlemagne. — Il s'arme et part. — Chemin faisant, il rencontre un beau chevalier monté sur un destrier de prix. C'était Renaut, marquis d'Aubépin. Ferraut lui demande d'où il vient, où il va si bien armé, si richement équipé. — « Je vais à Angers, répond Renaut, de la part de Charlemagne, qui mande au puissant duc Gaydon de le venir trouver à Reims ou à Paris, la hart au col, pour implorer sa merci et lui faire réparation de l'outrage dont il s'est rendu coupable envers lui en abandonnant sa cour sans son congé et en tuant ses hommes au val de Glaye, ainsi qu'Alori l'a rapporté à l'empereur. — Par Dieu, s'écrie Ferraut, il faut que Charles ait perdu le sens. Aux preux qui l'ont toujours loyalement servi il préfère les traîtres. Le vieillard en portera la peine : c'est merveille s'il ne périt de leurs mains. Mais si ce Dieu qui pardonna à Longis est favorable à Gaydon et à ses amis, on servira à Charles un régal qui causera la mort de plus de mille chevaliers. » P. 94-96.

Quand il entend Ferraut parler ainsi, Renaut change de couleur. « A qui êtes-vous ? demande-t-il. — Au duc Gaydon, répond Ferraut, et je vais de sa part porter un message à Charlemagne. Il faut que l'empereur lui livre les traîtres pour être écorchés ou pendus, car à un traître nul ne doit donner asile ; mais les félons, grâce à leurs richesses, ont si bien aveuglé Charlemagne qu'un homme loyal n'a qu'à perdre auprès de lui. » — Tant en dit Ferraut, que le messager de l'empereur entre en courroux et défie le neveu du duc. — Combat de Ferraut et de Renaut. — Après de terribles coups de lance et d'épée, après s'être désarçonnés l'un l'autre, les deux adversaires, couverts de blessures, tombent épuisés et s'évanouissent. Revenus à eux, ils se relèvent et se disposent à recommencer la lutte, quand ils sont séparés par un chevalier qui survient avec sa suite. Le chevalier veut savoir la cause du combat. Ferraut lui en apprend toutes les circonstances. « Sans vous, ajoute-t-il, il m'eût donné le coup de la mort. — Beau sire, dit à son tour Renaut, c'est lui qui m'aurait eu à sa merci lorsque vous êtes survenu et m'avez sauvé. » Ému de tant de courtoisie, le chevalier leur persuade de mettre fin à leur querelle et de poursuivre chacun leur voyage. P. 96-101.

En route, Ferraut s'informe à des marchands qu'il rencontre du lieu où il pourra trouver l'empereur. « Il est à Orléans, » répondent les marchands. Ferraut s'y rend, entre dans la ville, où une foule nombreuse admire sa belle contenance, et va droit au palais, dont la porte était dans ce moment fermée. Il appelle le portier, qui d'abord ne lui répond pas tant il était grossier. On n'en eût point trouvé de pire jusqu'à Capharnaüm. A la fin, cependant, il ouvre le guichet, voit le baron et lui dit : « Arrière, glouton ! Par saint

Simon, tu ne mettras le pied ici que lorsque Charles aura mangé tout à son aise. — Beau frère, répond Ferraut, je viens de loin pour affaire pressante : je suis messager. Tu ne perdras pas à me laisser entrer ; je te donnerai ma pelisse d'hermine. — Point de sermon, dit le portier ; je fais autant de cas de ce que tu me dis que d'un bouton. Tu n'entreras point, et je n'ai que faire de ton présent. — Beau doux ami portier, continue Ferraut, ouvre-moi la porte, au nom du Dieu de justice. Je suis messager, il faut que sans retard j'aille près de l'empereur m'acquitter de mon message ; ton maître te saura gré de m'avoir laissé entrer. C'est une vilenie que de faire attendre si longtemps à la porte d'un roi un vaillant chevalier. — Assez plaidé, dit le portier ; vous n'entrerez pas, par le corps de saint Riquier ! Charles va se mettre à table. — Si tu m'ouvres, ajoute Ferraut, tu auras mon manteau pour récompense et je ferai en sorte que le duc Naimes t'en sache gré. — Tu ne sermonnes pas mal, fait le portier. N'es-tu point prêcheur ? Tu n'entreras pas aujourd'hui. Va-t'en à l'auberge ; va te reposer, toi et ton destrier ; tu entreras demain, et encore si je le veux bien. Allons, arrière, sire musard, ou sinon tu me le payeras cher. » Ainsi malmené, Ferraut se contient ; mais, une fois entré, il se promet bien, quoi qu'il en puisse advenir, de tirer vengeance du malotru. P. 101-104.

Au même instant sortait de chez l'empereur l'abbé de Cluny. Il arrive près du portier, dont il remplit la bourse de sterlings blancs. La porte lui est ouverte. Ferraut en profite pour entrer. Le portier, en fureur, s'arme d'un gros et grand bâton et en assène un coup sur la tête de Ferraut, qui le pare avec son écu. Le coup glisse, n'atteint que le cheval du baron et lui fait fléchir les jambes. Le cheval se redresse, Ferraut tire son épée et de sa lame d'acier fait voler la tête du portier à plus de sept pieds de là jusque sur le froc de l'abbé de Cluny, qui en est tout ensanglanté. « *Nomini Dame!* (1) s'écrie l'abbé, il ne fait pas bon ici. » Pendant qu'il prend la fuite avec ses moines, Ferraut met pied à terre, attache son cheval à un olivier, se désarme, se signe et se dirige vers le donjon. P. 104-106.

Charles est à table avec ses barons. Près de lui sont assis le puissant duc Naimes, Thierry, Salomon, le preux Ogier, Gautier de Dijon, Eudes de Langres et Girard de Laon, avec bon nombre des parents de Ganelon. Ferraut s'avance sans crainte devant l'empereur, monte sur un perron et parle ainsi à haute voix : « Que le Dieu de gloire qui s'incarna en la sainte Vierge, souffrit la passion pour son peuple et fut martyrisé par les Juifs, sauve et protége le puissant duc Gaydon, le plus loyal chevalier qui jamais ait chaussé l'épéron ; qu'il sauve le duc Naimes et le preux Huidelon, le duc Garnier et Milon son fils, et Sanson, le noble duc de Valence ! Que tous leurs amis soient bénis ! Mais que maudits soient et confondus Alori et Fouques avec tout leur lignage ! Puissent-ils recevoir en ce monde et en l'autre le loyer dû aux traîtres ! Roi, écoutez maintenant ce que nous avons à vous dire : Gaydon vous mande de lui envoyer Guimart et Alori, Milon et Haguenon, et Fouques et Gui, et

1. Au nom du Seigneur.

Amboin et Haton, et toute cette engeance qui ne fit jamais que le mal. Il pendra chacun d'eux par la nuque pour les punir de la grande trahison dont Thibaut d'Aspremont a été l'instrument. Ou livrez-lui tous ces coupables, ou faites-les brûler vous-même. Si vous n'y consentez, Gaydon a juré par saint Simon de n'être plus jamais ni votre ami ni votre homme et de mettre à feu et à sang tout votre royaume. » Charles entend ces paroles et se tait, tant est grand son étonnement. « Sire, fait le duc Naimes, ne soyez point marri de ce langage; laissez-le dire tout ce que bon lui semble. Nous répondrons sur le même ton. Je le connais bien; son nom est Ferraut; il est parent de Gaydon et c'est un chevalier de grand renom. Si vous le permettez, je vais lui parler. » P. 106-107.

De l'aveu de l'empereur, le duc Naimes quitte la table, court embrasser Ferraut, puis lui dit : « Sire cousin, il faut que vous sachiez que Charles, mon seigneur, a envoyé un messager à Gaydon pour lui mander de venir sans tarder. Si l'on a fait tort au duc il obtiendra justice de l'empereur aussi complète qu'il la pourra désirer. — Point de débat, répond Ferraut; si Charles refuse d'envoyer les traîtres à Gaydon, qu'il les fasse brûler, ou tout au moins qu'il les bannisse du royaume. Il n'a pas d'autre parti à prendre. » A ces mots, l'empereur se borne à hocher la tête. Mais les traîtres sont en grand courroux et ne songent qu'à se venger. De l'avis d'Alori, cinq d'entre eux quittent sans bruit le palais pour aller s'embusquer sur la route d'Angers : ils surprendront Ferraut à son retour et le mettront à mort. Ferraut, cependant, continue à parler haut et à menacer le fils de Pepin.

« Gaydon vous mande, lui dit-il enfin, qu'il a cessé d'être votre homme et ne tient plus de vous la valeur d'un angevin. » Puis il se baisse, prend à terre un rameau de pin et le jette au roi en signe de défi. Le rameau tombe sur la coupe de Charles, qui était remplie de vin empoisonné, et le vin se répand sur l'hermine impériale. L'empereur ne dit mot, mais sa colère est grande. Il tient à la main un couteau acéré ; il le serre en branlant la tête et va le lancer sur Ferraut, quand le duc Naimes et Ogier lui rappellent qu'un messager est inviolable. Il se calme, rend justice à la fermeté de Ferraut, et ne laisse pas non plus de regretter l'amitié de Gaydon. P. 107-110.

Parmi les traîtres qui n'ont pas quitté la table est Hardré, neveu d'Alori et de Guirré, celui-là même qui tout à l'heure, sur l'ordre d'Alori, a rempli de vin empoisonné la coupe de l'empereur, dont la mort était assurée sans le défi de Ferraut. Le vil coquin ose lever la tête et poursuivre de ses outrages le messager de Gaydon. Ferraut s'apprête à le châtier ; mais son épée est retenue dans le fourreau par le duc Naimes et par Ogier. « Mauvais serf racheté, lui dit Ferraut, ce n'est pas Charles qui t'eût sauvé. N'étaient Ogier et Naimes, je t'aurais fendu jusqu'au nœud du baudrier. » Puis s'adressant à Charles : « Roi, je ne te cacherai pas mon nom : je suis Ferraut, neveu du preux Gaydon ! » A ces mots, il salue courtoisement Ogier et Naimes, défie de nouveau le roi et sort du palais.

Ce n'est pas sans regret que Charlemagne voit partir si librement ce messager au langage outrageux. Alori s'offre à le poursuivre ; mais « ce serait une grande vilenie, » dit le duc Naimes. En ce moment, l'un des traîtres vient à grands cris dénoncer Ferraut comme un meurtrier : le portier est mort; c'est lui qui l'a tué. « Aux armes ! » s'écrie Charles, transporté de colère. « Qu'on coure après lui et qu'on me le ramène. Il sera pendu! rien ne pourra le sauver. » P. 110-113.

Pendant qu'on s'élance à sa poursuite, Ferraut tombe dans l'embuscade que les traîtres lui ont dressée. De cinq il en tue deux, coupe un bras au troisième, met en fuite les deux autres et reprend sa route. — Il rencontre bientôt un chevalier suivi d'un écuyer qui avait au poing un autour et menait un cheval d'une beauté sans pareille. Ferraut regarde le destrier d'un œil de convoitise, s'approche du chevalier et lui demande où il mène cette belle bête. « Au roi de France, répond le chevalier, en acquit d'une rente que lui doivent les Toulousains. Je lui porte aussi cet autour pour aller en rivière. Ce message me vaut cent marcs. — Il vous faut, reprend Ferraut, m'abandonner et le cheval et l'autour; je veux faire présent de l'oiseau à un mien cousin, et quant au cheval, Charlemagne ne lui fera jamais mettre ni selle ni étrier. Il est à moi. Retournez chez vous et vivez-y en paix de vos rentes. — Ce ne sera pas sans combat, » répond le chevalier. Ferraut accepte le défi, met l'épée à la main, coupe le poing gauche à son adversaire, s'empare du cheval et de l'autour et part au galop. P. 113-118.

Plus loin, à la lisière d'un grand bois, il arrive près d'un manoir sans tour ni château. Sur la motte s'élevait un seul bâtiment carré, entouré de fossés nouvellement creusés. Une belle jeune fille, sans cotte ni manteau et vêtue seulement d'un bliaut, était assise devant la porte. Elle se lève en voyant Ferraut. Il la salue et s'arrête : « Dame, lui demande-t-il, à qui est ce manoir ? — A mon père, seigneur, » répond la jeune fille. La nuit s'approche; elle lui offre l'hospitalité. Son père, dit-elle, est en rivière; il sera de retour avant complies. Il chasse à l'oiseau et vit de cette chasse, lui et les siens. Il n'ose avoir de chiens courants, bien qu'il en ait grande envie ; mais l'empereur le lui défend. « C'est une race maudite qui en est cause; c'est Alori, c'est Guimar et toute leur lignée qui ont dépouillé mon seigneur, dit la pucelle, et lui ont fait enlever le droit de chasser à courre. » A ces mots, elle pleure et, les larmes aux yeux, prie doucement Ferraut d'accepter l'hospitalité qu'elle lui offre. Il sera bien accueilli et rien ne lui manquera, ni pour lui ni pour ses chevaux. Ferraut la remercie. Il s'arrêterait volontiers, car le soleil est sur son déclin ; mais il craint d'être poursuivi et la maison lui paraît faible. Il ira donc plus loin, mais non sans reconnaître l'offre gracieuse de la belle. « Tenez, pucelle, lui dit-il en lui présentant son autour, quand votre père sera revenu, dites-lui que celui qui vous donna cet oiseau lui rendra sa terre et détruira Alori avec tout ce qu'il y a de traîtres à la cour. » La jeune fille s'incline profondément. Ferraut prend congé d'elle et poursuit son chemin à travers la forêt. Il y trouve asile chez un bûcheron, où il passe la nuit. P. 118-121.

Le lendemain, il rencontre chemin faisant un écuyer, auquel il demande d'où il vient, où il va. L'écuyer a peur, le voyant armé; il lui répond : « Seigneur, vous saurez la vérité. Je suis écuyer du vaillant Isoré, sire de Mayence. Mon maître envoie à Charlemagne quatre sommiers chargés d'argent. Il est proche parent d'Alori et de Hardré, auxquels il doit venir en aide, et mande à l'empereur que, l'été prochain, ils iront prendre Gaydon dans sa cité d'Angers pour le mettre à mort lui et les siens. C'est Alori qui a préparé le coup, et Charles, aveuglé par les présents de mon maître, y donne son assentiment. Je devance quatre barons qui escortent le riche convoi, et s'en viennent secrètement par cette vallée. » Ferraut l'entend et rend grâce à Dieu. Il dirige son cheval du côté où viennent les barons, s'arrête un instant à un prieuré où il confie au portier le destrier qu'il a conquis, et presse si bien sa monture qu'il ne tarde pas à rencontrer les quatre barons et leur convoi. « Vous n'irez pas plus loin, leur crie-t-il ; j'aurai votre trésor sans vous en savoir gré et je le donnerai au preux Gaydon. » A ces mots, il s'élance sur eux, tue le premier qu'il atteint, est blessé par les trois autres, mais réussit à les mettre hors de combat, s'empare de leurs chevaux, pousse les sommiers vers le prieuré, où il a laissé son beau destrier ; le reprend, donne à la maison l'un des quatre chevaux que montaient les barons, en envoie deux autres, par un moine, à la pucelle qu'il a déjà gratifiée de son autour, et le quatrième au bûcheron, son hôte de la dernière nuit. Il prend en main le destrier, et précédé des sommiers dont il hâte la marche, il s'achemine vers Angers. P. 121-124.

Cependant Renaut, le messager de Charlemagne, est arrivé à Angers ; il a sommé Gaydon de comparaître à Laon, pour se soumettre au jugement des barons. Mais le duc ne l'entend point ainsi : il veut que les traîtres lui soient livrés ; c'est son dernier mot. Renaut est congédié si rudement qu'il craint d'être poursuivi, mais bien à tort. S'il n'a que Gaydon à redouter, il peut s'en retourner en sûreté. P. 124-125.

Ferraut continue fièrement à chevaucher ; mais son cheval commence à chopper. Il s'est déjà abattu trois fois, au grand déplaisir du baron, qui ne l'a jamais vu plier ainsi. Vers le soir, il aperçoit un château dont il s'approche et voit sur le pont un chevalier qui revenait de la chasse. Mais il n'y alla jamais que pour épier l'occasion de mal faire. Il était neveu de Hardré, de Ganelon et de Rahier, cousin de Macaire, d'Amboin et de Manessier, le plus fieffé coquin qui se pût voir au monde. Hertaut était son nom ; que Dieu le maudisse ! Le traître avait pour femme une fille du duc Bérenger, cousine de Gaydon, de Naimes et d'Ogier. Elle lui avait donné un fils digne de toute estime, car il ne pouvait trouver grâce aux yeux de son père, qui le haïssait au point de lui accorder à grand'peine sa nourriture. Hertaut voit venir Ferraut et se prend aussitôt à convoiter le destrier qu'il a en main et les sommiers qu'il pousse devant lui. Il va à sa rencontre avec trois des siens et l'aborde courtoisement : « Seigneur, lui dit-il, faites-moi la grâce de m'apprendre où vous allez ainsi. Par le Dieu de justice, j'ai grand sujet de m'étonner de vous voir sans écuyer. » Ferraut ne lui cache pas qu'il est messager de Gaydon, qu'il revient de porter un défi à Charles de France, qu'il est tombé à son retour dans une embuscade, mais qu'il a bien châtié ceux qui pensaient le mettre à mort. Hertaut ne peut l'entendre de sang-froid, il le couperait en morceaux s'il osait; mais il se contient et se promet d'en tirer vengeance par trahison : « Seigneur, lui dit-il, voici le soleil qui se couche : il est temps de prendre gîte. J'aurai plaisir à être votre hôte pour l'amour du duc Gaydon, à qui jadis j'ai été très-cher. » En lui-même il se dit : « Dieu me damne si ce soir, à l'heure du coucher, je ne te fais couper tous les membres. » Puis il ajoute : « Je puis bien vous assurer que depuis longtemps je n'ai eu un hôte qui me fût plus agréable. » Ce qu'il en dit est pour le mieux tromper. Si celui qui doit juger le monde n'y pourvoit, Gaydon ne reverra jamais son messager. Ferraut descend. Il ne manque pas de gens pour lui tenir l'étrier. Chevaux et sommiers sont mis à l'écurie; le trésor est déposé en lieu sûr par les soins de Hertaut. Ferraut ne sut pas se tenir sur ses gardes : il se dépouilla de ses armes. Mieux valait les conserver; mais on l'a dit souvent : de trahison nul ne se peut garder. P. 125-128.

Hertaut introduit son hôte dans le château, dont la dame le salue courtoisement. « Asseyez-vous, beau sire, » dit le traître au baron; puis tout bas il dit à sa femme : « Prenez à part ce chevalier, faites-lui passer le temps, devisez et contez-lui des histoires jusqu'à ce que je sois armé. C'est Ferraut, mon ennemi mortel; il est neveu de Gaydon, qui a tué mon oncle Thibaut : je ne mangerai pas qu'il ne soit démembré. » La dame l'entend et change de visage. « Sire, dit-elle, ce serait déloyauté que de lui faire aucun mal après l'avoir accueilli comme un hôte; vous seriez à tout jamais proclamé traître. Faites mieux : rendez-lui son armure, congédiez-le et le défiez quand il sera dehors.

Alors, si vous le tuez, vous serez sans reproche. — Vous vous moquez, répond Hertaut; une fois armé et monté, il m'échapperait. Mais c'est pour m'outrager que vous me parlez ainsi, je le vois bien, et mal vous en a pris, par ma moustache grise ! » A ces mots, il lui donne du poing par le nez si rudement que le sang en jaillit. La dame se soumet : « Sire, dit-elle, faites votre plaisir. » Hertaut emmène avec lui dix chevaliers dans une chambre, les fait armer et leur confie son dessein de mettre Ferraut à mort. P. 128-129.

Cependant, la bonne dame est venue s'asseoir près de Ferraut. Elle soupire et pleure. « Qu'avez-vous, madame ? » lui demande Ferraut tout ému. Elle l'informe du danger qui le menace. « Si j'avais mes armes, dit Ferraut, je saurais me défendre ; mais j'ignore où on les a mises. — Vous les aurez, » répond la dame. Elle appelle Savari, son fils : « Ce chevalier, lui dit-elle, est trahi par ton père qui l'a reçu comme un hôte et s'apprête à lui donner la mort. » Le damoiseau va en hâte chercher les armes de Ferraut, qui s'en saisit, se retire sous l'arc d'une voûte et s'y assied, son épée sur les genoux.— Voici venir Hertaut; que Dieu le maudisse ! Il trouve Ferraut en armes et pense en crever de rage. « Ah ! vilaine salope, s'écrie-t-il, vous vous repentirez de m'avoir joué ce tour ! — Père, lui dit Savari, de grâce, ne faites rien à votre honte. Vous êtes l'hôte de ce chevalier; épargnez-le ou sinon vous ne serez jamais écouté en haute cour. C'est le vassal du duc Gaydon, c'est son neveu. Si vous lui faites mal, vous en porterez la peine : la trahison finit toujours par être punie.» A ces paroles, Hertaut devient tout rouge de colère : « Tais-toi, dit-il à son fils, et puisse Dieu te confondre ! Je te renie : jamais tu ne fus à moi ! — Par le Dieu de paradis, répond Savari, c'est un deuil pour moi que vous soyez le mari de ma mère. Puisse le Dieu qui pardonna à Longis défendre ce chevalier contre vous et lui donner l'avantage ! — Noble damoiseau, dit Ferraut, si Dieu permet que je sorte d'ici, tu seras un jour récompensé comme tu le mérites. » A ces mots, Ferraut est assailli par les traîtres. Il en tue deux et se défend contre les autres comme un sanglier contre les chiens ; mais il va tomber entre leurs mains, lorsque Savari accourt à son aide. A eux deux ils viennent à bout des traîtres et les chassent du château. P. 129-133.

« Aux armes ! s'écrie Hertaut, aux armes ! mes hommes. » A cet appel, tous les bourgeois se sont armés et sont accourus au nombre de plus de quinze cents. Hertaut les anime de sa colère et les lance à l'assaut de son château. — Défis et menaces des deux parts. — Ferraut sort jusqu'à l'entrée ; grand nombre des traîtres courent à lui et montent sur le pont. Mauvaise affaire pour ceux qu'il atteint. A l'un il coupe le poing ; il en tue d'autres, puis saisit la chaîne du pont, la tire, et plus de trente de ses ennemis tombent dans le fossé, qui n'en sortiront jamais, si on ne les y repêche. « Ne vous échauffez pas, leur crie Ferraut, mais prenez votre bain doucement, à longs traits. — Père, dit Savari, tire-les de là, ce serait vilenie que de les laisser noyer. » Hertaut, furieux, jure qu'ils le lui payeront. Le fossé est franchi sur des claies ; les échelles sont dressées contre le donjon, et plus de trente assaillans sont déjà parvenus jusqu'aux créneaux, au grand effroi de la châtelaine qui pleure et s'arrache les cheveux, lorsque Ferraut, aidé de Savari, jette sur eux une poutre qui les précipite au fond du fossé. « Qu'ils boivent, dit Ferraut, il ne leur en coûtera rien. — Père, ajoute Savari, ils nous ont accordé trêve. Puisse-t-il en être ainsi de tous ceux qui nous veulent mal. » P. 133-135.

La nuit est venue. Les traîtres font le guet autour du château pour recommencer l'assaut le lendemain. Cependant, Ferraut dit à Savari : « Sire damoiseau, par saint Marcel, nous sommes en mauvaise passe, car nous ne pouvons espérer aucun secours. Si Gaydon le savait, avant demain soir on verrait ici bien des lances. » Savari s'offre à partir pour Angers. — Il part, réussit à se frayer passage à travers les assiégeants, arrive le lendemain matin au palais du duc et le conjure d'accourir en toute hâte au secours de Ferraut. A la nouvelle du danger qui menace son neveu, Gaydon fait armer ses hommes, monte à cheval et s'élance à la suite du jeune Savari qui le guide. P. 135-138.

A l'aube du jour, Hertaut a donné le signal d'un nouvel assaut. Les échelles sont dressées contre le château. Ferraut en saisit une, chargée de vingt assaillants, la renverse dans le fossé et s'écrie : « L'eau n'est point salée, buvez-en à discrétion ; on ne vous la portera pas en compte. » Hertaut, furieux, jure de se venger et fait miner le donjon. Ses gens y pénètrent et la dame du château tombe entre leurs mains. Ferraut veut la délivrer et tombe lui-même au pouvoir de ses ennemis. Il sera pendu comme un larron ; Hertaut l'a juré, et le traître jure aussi de faire brûler sa femme. Des fourches sont dressées, un bûcher est allumé. « Pendons d'abord celui-ci, dit Bérenger, et puis nous brûlerons votre femme. — J'y consens, » dit Hertaut; et déjà Ferraut a le pied sur l'échelle, déjà Hertaut a saisi le cordon lorsque Gaydon arrive à une portée d'arc en avant des siens, la lance à la main et piquant son cheval des éperons dorés. En un instant, les traîtres sont mis en fuite et Ferraut est délivré. C'est Amaufroi qui lui débande les yeux et le dégage des liens qui l'étreignent. « Cousin, dit-il, vous avez eu le frisson ? — Oui, sur ma tête, dit Ferraut; je ne me suis jamais vu si près de la mort; mais j'en tirerai vengeance, si je puis. » Il aperçoit près de lui ses armes et son destrier, s'en saisit et, plus terrible que tigre ni lion, se précipite sur ses ennemis. Il atteint Hertaut près du donjon où il cherche un refuge, le saisit par le heaume et le conduit à Gaydon. Le traître est pendu sur l'heure. « Père, lui dit Savari, voilà le prix de la trahison. Si vous étiez un homme loyal, votre mort serait pour moi un grand deuil; mais je n'en fais pas plus de compte que d'un bouton. » A ces mots, le damoiseau court à sa mère et la délie : « Dame, lui dit Gaydon, ne regrettez point votre époux; nous vous marierons bien, et de votre fils nous ferons un chevalier. — Et nous, dit Savari, nous vous ferons bon service. » — Ainsi fit-il plus tard, comme le dit la chanson. P. 138-141.

Ferraut retrouve dans le château et son beau cheval et ses sommiers chargés d'or. Il rend compte au duc de son message. Dieu! comme chacun admire le destrier qu'il a conquis! « Sur ma foi de chrétien, dit Amaufroi, si j'avais ce cheval rapide, quelles peines endurerait le roi Charles, et Alori, et Fouques, et Hardré, et tous les traîtres de cette race de félons, que Dieu maudisse! — Eh bien, dit Ferraut, c'est ce qu'on verra à l'épreuve. Vous aurez le cheval à cette condition que, si nous combattons contre les traîtres, vous me livrerez le destrier d'Alori. » Amaufroi accepte, et la gageure met en gaieté les barons; mais plus tard elle sera payée cher. — Le château et le bourg sont détruits et livrés aux flammes. Gaydon rentre à Angers avec ses compagnons, et la nuit suivante se passe en fêtes et en jeux. P. 142-143.

Cependant Charlemagne, déjà courroucé par le meurtre du portier que Ferraut lui a tué, entre en un courroux plus grand encore lorsque Amboin et Fouques lui rapportent les corps de ceux de leurs compagnons qui ont péri de la même main. L'empereur jure, par saint Denis, que de sa vie il n'aura joie si on ne lui livre Gaydon mort ou captif. Le duc Naimes lui répond tout bas: « Puisse Dieu l'en préserver et lui permettre de recouvrer votre amitié! » P. 143-144.

Notre empereur a le cœur triste et sombre; mais avant la fin du jour il sera encore plus dolent. Le chevalier à l'autour arrive à Orléans. Il raconte à Charles comment Ferraut lui a ravi et l'oiseau et le cheval de si grand prix qui lui était destiné. Il lui montre son bras où manque le poing que Ferraut a abattu sous le tranchant de son épée. Charles l'entend et grand est son émoi. — Puis voici venir ceux qui lui amenaient les sommiers chargés de richesses; ils lui apprennent la perte qu'il a faite. Ce n'est pas de sang-froid que Charles les entend; il jure par le Dieu tout-puissant qu'il ira assiéger le duc Gaydon. Malheur à lui s'il est pris : son orgueil sera bientôt rabattu ; et pour Ferraut, Charles n'en fera point son héritier. — Enfin arrive le messager que l'empereur a dépêché à Angers ; il lui rapporte la fière réponse de Gaydon. Charles l'entend et peu s'en faut qu'il n'en devienne enragé. Il mande ses barons ; il mande Gaifier et Othon de Pavie, Huon de Valence, fils d'Elie, Thierry d'Ardenne, Richard de Normandie, et le roi Loth d'Angleterre, et Gilemer d'Ecosse. Il n'oublie pas le frère de Naimes, le duc Beuve sans barbe. Enfin il ordonne à Naimes lui-même et à Ogier de rassembler leurs vassaux. Autant en dit-il aux traîtres, que Dieu maudisse. Ils rassemblent tant de gens, chacun de leur côté, que la cité d'Orléans en est toute remplie. On n'avait jamais vu pareille armée. Elle campe dans les prairies qui entourent la ville. Que de tentes on y peut voir ! que d'écus tout brillants d'or, que d'enseignes de soie d'Almerie, que de destriers et de mulets de Syrie ! que de chevaliers, que de vassaux qui ont engagé leurs terres ! que de grands ribauds à la panse brûlée, à l'accoutrement hideux, que de jongleurs, que de filles de joie qui auraient bientôt vidé la plus grande bourse ! Pareilles gens n'ont guère souci de la paix ; ils n'ont l'oreille ouverte qu'aux cris de guerre et les préfèrent aux chants de none et de complies. Ils ont tôt fait de prendre une charrue ou de brûler un manoir, et aiment mieux une ville en flammes que deux cités qui se rendent sans assaut. — Que Dieu protége Gaydon ! S'il n'a pour lui le fils de sainte Marie, le duc a fait grande folie de guerroyer contre le roi. P. 144-146.

Un espion vient lui annoncer à Angers qu'on n'a

jamais vu d'armée comme celle que vient d'assembler Charles de Saint-Denis. A cette nouvelle, il mande Gui d'Anjou, seigneur de Nantes, et Gautier, et Hugues d'Auvergne, et Morant de Riviers. Tous viennent sans se faire prier. Dans le même temps, Bertrand, fils du duc Naimes, dit à son frère Richier : « Frère, nous ne pouvons voir sans peine le roi Charles porter la guerre et la destruction dans le duché de Gaydon. Appelons à nous, avec leurs vassaux, Berart de Montdidier, Estout de Langres, et le fier Vivien, et Milon, et Regnier, et Girart de Nevers, puis avec eux allons secourir Gaydon. C'est notre cousin, il doit nous être cher, et nous ne tenons rien de Charlemagne. » Richier est du même sentiment. A l'appel des deux frères se rendent les barons qu'ils ont fait mander, suivis de maints vaillants chevaliers. Celui qui en amène le moins en a deux mille à sa suite, bien armés et bien montés. Ils s'assemblent à Tours et de là se rendent à Angers, où Gaydon les reçoit à bras ouverts. — Ici va s'accroître l'intérêt de la chanson qui raconte la lutte des fils contre leurs pères. P. 146-147.

Arrivée de Charles sous les murs d'Angers. — C'est Alori qui commande l'avant-garde et porte l'oriflamme du roi de Saint-Denis. Il est accompagné de Sanson et d'Amauguin, de Guimar, de Hardré, de Fouques et de Gui. Tous ces traîtres maudits ont bien avec eux vingt mille des leurs. Alori apprend qu'Amaufroi s'est vanté de lui enlever son cheval pour le livrer à Ferraut. « Folle entreprise, dit-il aux siens ; si Amaufroi a affaire à vous, n'ayez garde de lui laisser la vie. » — En apercevant l'armée de Charles,

Gaydon sort d'Angers à la tête de la sienne. Parmi ses compagnons est Gautier, le gentil vavasseur, revêtu d'un haubert aux fortes mailles. — Le duc fait prendre position à son armée. Amaufroi met en bataille ceux qu'il commande. Il porte une manche plissée à petits plis que lui envoya naguère son amie. Il n'oubliera pas la promesse qu'il a faite à Ferraut. Gaydon lui accorde la faveur de frapper le premier coup. C'est un coup mortel pour l'un des traîtres, un neveu de Hardré, un frère de Macaire. Amaufroi le transperce et l'étend roide mort. Alori s'en venge en tuant un parent de Gaydon; puis Amaufroi et lui se défient et commencent une terrible joute. Amaufroi s'acquitte de sa promesse; il désarçonne son ennemi, lui enlève son cheval et l'envoie à Ferraut. Ferraut en fait don au fils de Hertaut, au jeune Savari qui l'a bien mérité. Aux cris de rage d'Alori, les traîtres se jettent sur Amaufroi. et, si Dieu n'en a pitié, il ne reverra jamais ni parents ni amis. Il est désarçonné à son tour; deux de ses neveux sont faits prisonniers, et lui-même va tomber aux mains de ses ennemis, lorsqu'il appelle à son aide et Ferraut et Gaydon. Ferraut accourt avec quatre mille des siens. Amaufroi est délivré et remonte sur son destrier, prêt à faire payer cher aux traîtres les transes par où il vient de passer. Ferraut et lui s'escriment à qui mieux mieux. Ils sont blessés tous deux et en grand danger d'être pris, lorsque Riol, Estout de Langres et Morant de Riviers, avec dix mille des leurs, viennent les dégager, et livrent un combat qui laissa mainte dame sans mari et maint enfant orphelin. — Récit du combat. — Mort du traître Guinemant, l'empoisonneur, tué par Hugues d'Auvergne. — Les malins esprits viennent se saisir de son âme, se la jettent l'un à l'autre et la vont ainsi ballottant l'espace de plus d'un arpent; ce que voyant, les traîtres disent : « Seigneurs barons, réjouissez-vous, ce sont les anges qui l'emportent en chantant. » Mais Hardré, l'un d'eux, ne peut s'empêcher d'ajouter : « Je m'en étonne fort ; si c'étaient des anges, on les verrait voler. » P. 147-160.

La bataille continue. — Épisodes divers. — Charles menace de son courroux le duc Naimes et les autres barons du lignage de Gaydon, s'il les voit faiblir dans cette lutte contre un des leurs. — Noble réponse du duc Naimes. : « C'est une vaine crainte, dit-il : la loyauté avant la parenté ! et jamais notre lignage n'a failli à sa foi. » Gaydon adresse à l'empereur de durs reproches : « C'est folie, lui dit-il, que de soutenir les traîtres qui ont couvert la France de honte ; c'est vendre la mort de votre neveu Roland que d'accepter une part de leurs richesses. Un jour viendra où vous les maudirez. » A ces mots, Gaydon pique son cheval, court vers ses deux neveux Ferraut et Amaufroi, qui sont serrés de près par leurs ennemis, les délivre et s'écrie en poussant son cri de guerre : « Frappez, francs chevaliers ! que Charlemagne, le vieux roi assoté, ne puisse pas dire ce soir dans sa tente qu'il n'a trouvé en nous que des valets. » Charles l'entend et fond sur lui. Tous deux brisent leurs lances sans se blesser et sans perdre les arçons, puis ils mettent l'épée à la main ; mais Charles n'est pas seul en face du duc : les traîtres entourent Gaydon et le serrent de si près qu'il tombe de cheval. Il se relève, se couvre de son écu et appelle à son aide en poussant trois fois son cri de guerre : « Valie ! » A sa voix accourent les deux fils du duc Naimes, Bertrand et Richier, et Estout de Langres, et Bernard et Vivien. Bertrand ne veut pas jouter contre son père qu'il reconnaît; il va frapper Ogier. — Joute de Bertrand et d'Ogier. — Le Danois reçoit un terrible coup de l'épée que fit jadis forger Hérode pour le massacre des Innocents. Son écu, son heaume ni sa coiffe n'y peuvent résister, et lui-même, sans un mouvement de retraite, était pourfendu jusqu'à la ceinture. A cette vue le duc Naimes et maint autre baron se précipitent au secours du brave Danois. Mais de l'autre part accourent aussi et Bérart de Montdidier, et Richier, le frère de Bertrand, et Estout de Langres, et Milon et Regnier, et Vivien d'Aigremont, et Savari, et Guiart. Autant de fils qui vont jouter contre leurs pères dont aucun ne reconnaît son héritier, car les enfants avaient fait changer leurs armes. Ils n'épargnèrent point leurs pères, mais il advint comme à souhait que leurs lances se brisèrent dans la rencontre et que les pères furent seulement désarçonnés par la violence du choc. Il n'en demeura pas un à cheval, et chacun perdit son destrier. « Quels diables nous ont envoyé pareils soudards ? » s'écrie le duc Naimes, à la grande joie des enfants qui l'entendent. Ils rendent à leurs pères les chevaux qu'ils viennent de leur prendre et s'en vont en riant sans pousser les choses plus loin. Gaydon, hors de danger, est remonté sur son destrier. La nuit approche; il donne le signal de la retraite et rentre à Angers, emmenant le Danois prisonnier. Lui et Bertrand ont si longtemps combattu, que leurs heaumes sont en pièces et qu'il ne leur reste pas assez de leurs écus pour en faire usage. Mais, s'il a pris Ogier, le duc a laissé son neveu Ferraut aux mains de Charlemagne, qui fait dresser sa tente et camper son armée sur les prés qui entourent la ville. P. 160-167.

En arrivant au palais du duc, les jeunes chevaliers qui ont pris Ogier l'enferment dans une chambre pour qu'il ne puisse les reconnaître, mais ils le font servir avec honneur. Les barons se dépouillent de leurs armures et se lamentent de ne plus voir Ferraut parmi eux. Le vieux Riol prend la parole pour les admonester : « On ne guerroie pas, dit-il, sans le payer cher parfois, et il ne fait jamais bon entrer en lutte avec son seigneur. Charles vous a fait dire naguère qu'il entendrait tous vos griefs et y ferait droit volontiers. Je vous ai vus répondre par un refus orgueilleux et vous ne daignâtes point écouter son messager. L'orgueil ne va pas loin. Et ce que j'en dis n'est pas par couardise, veuillez le croire, car si l'on en vient aux mains, vous me verrez jouter au premier rang. Mais c'est votre honneur qui me touche, et c'est pourquoi je vous conseille de vous livrer aux ris et aux jeux, car j'aperçois ici nombre de jeunes bacheliers qui ne demandent que la joie et la danse. S'ils vous voient courroucés et troublés, ils en perdront courage. L'empereur a pris Ferraut, mais vous avez le Danois ; livrez l'un en échange de l'autre et vous le rachèterez facilement. » Gaydon accueille avec joie cette espérance et se jette au cou de son conseiller. Les tables sont mises et le dîner servi. P. 167-169.

De son côté, Charlemagne est en grand souci d'avoir laissé Ogier aux mains de ses ennemis ; mais la capture de Ferraut adoucit sa douleur. Autour de l'empereur se pressent les traîtres; sa tente en est toute pleine. Ils voient Ferraut assis sur un tapis, et près de lui le duc Naimes, Thierry, Hugues de Langres et Geoffroi de Senlis. Hardré ne peut se contenir : « Par Dieu, roi, dit-il à Charles, il m'est avis qu'il vous faut faire du mal pour être chéri de vous, témoin Ferraut que voici, qui vous a outragé, qui a tué votre portier, qui a fait tomber dans un guet-apens Haguenon, Rahier et Henri, et a coupé le poing à mon neveu Fouques. Mais, par celui qui pardonna à Longis, si vous m'en croyez, il sera pendu demain à midi. » A ces mots, Ferraut bondit et s'écrie : « Traître, vous en avez menti ! par le Dieu de paradis, je ne fus jamais coupable de trahison ; ce que j'ai fait, je l'ai fait seul, sans guet-apens et pour ma défense. » Il dit, se jette sur Hardré, lui arrache plus de cent poils de la moustache, et d'un coup de poing en pleine poitrine le renverse tout étourdi. Assailli par les traîtres, Ferraut ramasse un bâton et se défend vaillamment ; mais c'en serait fait de lui si Charles ne mettait fin à cette mêlée. — L'empereur demande conseil au duc Naimes ; le duc est d'avis de rendre Ferraut et de demander Ogier en échange. « Si vous y réussissiez, dit Charles, sachez que je m'en réjouirais fort. » Mais ce n'est pas le compte de Hardré ; il met la main sur l'épaule de Gui d'Hautefeuille et lui dit : « Beau neveu, tu dois être le chef de mon lignage; tu es jeune, grand, beau, fort et bien taillé; tu vois là Ferraut qui m'a tiré la moustache : je n'aurai jamais de joie que je n'en sois vengé. Va donc l'appeler en combat singulier; car si tu pouvais le tuer ou le blesser, Ogier serait mis à mort par représailles et ensuite ta paix serait bientôt faite. Nous nous délivrerions par la mort de Charlemagne, du duc Naimes et de Thierry, et je serais consolé de la perte de Ganelon et de Thibaut. » Gui d'Hautefeuille se rend à la prière de son oncle ; il s'approche de Charlemagne, accuse Ferraut de trahison et remet à l'empereur son gage de bataille. — Démenti de Ferraut. — Il livre aussi son gage. L'empereur demande à chacun ses cautions. Quatre comtes du lignage de Hardré se présentent pour Gui d'Hautefeuille. « Sire, dit Ferraut à Charlemagne, faites-moi pendre haut et court si je ne contrains ce traître à retirer son accusation. — Ce n'est point assez, dit l'empereur, il me faut des cautions. » A ces mots, voici venir Renaut d'Aubépin. Il dit à Charles : « Sire, quand j'allais porter votre message au duc Gaydon, je rencontrai ce chevalier seul et sans écuyer ; il m'entendit outrager son seigneur et me courut sus l'épée à la main. Un combat terrible commença entre nous où je crois que j'aurais laissé la vie, si Dieu n'eût envoyé là un chevalier qui nous sépara. Alors mon adversaire se montra si courtois envers moi, qu'il me sera cher à jamais. Je veux lui rendre aujourd'hui le prix de cette courtoisie : je vous conjure de m'agréer comme sa caution. — Et moi avec lui, ajoute Naimes de Bavière. — J'y consens, répond Charles, à condition que vous me le ramènerez demain avec le jour. » — Échange de menaces et de défis entre les deux adversaires. — Le duc Naimes emmène Ferraut dans sa tente. Gui d'Hautefeuille rentre dans la sienne avec Amboin, Hardré et cent autres traîtres. Là, ils forment le projet d'embusquer le lendemain mille hommes d'armes dans un fourré près de la ville pour courir au secours de Gui s'ils le voient en danger. — Le matin, au lever du soleil, les embûches étaient dressées. P. 169-175.

À la même heure, Gaydon se lève et, entouré des siens, va entendre la messe au moutier Saint-Vincent. Au sortir de l'église, il tient conseil et propose à ses hommes de se remettre aux champs pour recommencer la bataille. Si son neveu ne lui est rendu sain et sauf, il fera périr Ogier. Tous s'accordent à le suivre, excepté le vieux Riol. Il conseille au duc de dépêcher à l'empereur un messager pour lui offrir l'échange des deux prisonniers et lui demander la paix. Son avis est adopté. C'est le jeune Savari, le sauveur de Ferraut, qui est choisi pour porter ce message. — Il s'arme et part. Arrivé devant Charlemagne, il commence par appeler la colère de Dieu sur les traîtres qui ont allumé la guerre entre le duc et l'empereur. Hardré ne peut l'entendre de sang-froid; il détache aussitôt cinq des siens et leur ordonne d'aller s'embusquer sur le chemin du messager pour le mettre à mort, lorsqu'il retournera à Angers. — Savari propose l'échange des prisonniers. « J'y consentirais volontiers, dit Charles, et je renverrais Ferraut avant la nuit, si je n'avais reçu de lui hier un gage de bataille. Gui d'Hautefeuille l'a accusé de meurtre; il doit s'en défendre l'épée à la main; mais, si je puis, je les amènerai à composition. Le Danois est votre prisonnier; pour rien au monde je ne voudrais que sa vie fût en danger, et je sais que Gaydon ne manquerait pas de le faire mettre à mort s'il arrivait malheur à Ferraut. » — Hardré entend ces paroles et pense en perdre le sens: Il dépêche l'un des siens pour hâter l'arrivée de Gui d'Hautefeuille. — Gui arrive et requiert le combat. L'empereur l'adjure de l'ajourner jusqu'au moment où Ogier sera rendu. « Voulez-vous donc ma honte? » répond Gui. Comme il dit ces mots arrivent Naimes de Bavière et Renaut d'Aubépin, qui amènent Ferraut devant l'empereur. « Sire, dit Naimes, voici Ferraut prêt à se défendre. — Naimes, répond Charles, j'ai déjà prié Gui et je le prie encore de consentir à une remise. — Sire, dit Gui, vos instances sont vaines; je n'y consentirai à aucun prix. Si je ne viens à bout de lui avant ce soir, je ne fais pas plus de cas de moi que d'un balai. — Par saint Eloi, dit Savari, si Ferraut veut le permettre, c'est moi qui combattrai contre vous, et si avant la nuit je ne vous ai défait, que Charles me fasse pendre et Ferraut avec moi. — Non, répond Ferraut, aucun autre que moi ne mettra fin à ce combat, et cependant, je le dis tout haut, nul chevalier plus hardi que vous n'entra jamais en lice. » Ferraut prie Savari de retourner près de Gaydon, de le rassurer et de lui recommander Ogier. Savari insiste pour que Ferraut soit délivré sans retard : mais Gui d'Hautefeuille s'y oppose. « Vassal, dit-il à Savari, pour une tour pleine d'or, Ferraut ne partirait pas sans avoir combattu; car avant ce soir j'espère bien lui couper la tête avec mon épée. » Ferraut lui rend menace pour menace. Mais l'empereur fait taire les deux adversaires, ordonne que la bataille ait lieu sans plus tarder et décide que le vaincu sera pendu. « Malheur à Ogier, s'écrie Savari, si la trahison s'attaque à Ferraut ! » Il dit et part sans prendre congé du roi, mais après avoir deux fois embrassé Ferraut. — Il tombe, à son retour, dans l'embuscade qui l'attend, joute contre les traîtres, réussit à leur échapper et rentre blessé à Angers. P. 175-189.

Il rend compte à Gaydon de son message et lui donne l'espoir que Ferraut lui sera rendu dès qu'il aura vidé sa querelle avec le traître qui l'accuse. Gaydon a écouté son messager; il lève la tête et le voit couvert de sang. « D'où vient ce sang ? demande-t-il. — Sire, répond Savari, après avoir quitté le pavillon de l'empereur, j'ai eu affaire à cinq traîtres qui me guettaient; ils m'ont blessé, mais, par saint Simon, ils n'y ont rien gagné, car en dépit d'eux je m'en suis tiré la vie sauve. — Aux armes! s'écrie le duc, et courons sus à l'ennemi. Je n'aurai plus de joie que nous n'ayons repris Ferraut. » Mais Riol calme ce transport; il veut que le duc écoute sa raison et non sa colère. Gaydon s'incline devant la sagesse de son vieux conseiller. — Riol appelle Bertrand, le fils du duc Naimes, et six de ses jeunes compagnons; il leur ordonne de monter à cheval et d'aller au plus tôt avec deux mille hommes en armes s'embusquer près du champ où doit avoir lieu le combat pour porter secours à Ferraut, s'il était menacé par d'autres que son adversaire. Les jeunes damoiseaux obéissent et vont se poster non loin de l'embuscade des traîtres, sans que de part ni d'autre ils se voient ni s'entendent. En même temps s'arment Gaydon et le vieux Riol, et le preux Thyorin, et Rispeus de Nantes, et le comte Gui de Beaufort. Hugues d'Auvergne, Morant et Amaufroi sont avec eux. Le vavasseur Gautier y est aussi, accompagné de ses trois fils. Il jette avec mépris une lance que lui offre Savari. La lance tombe et se brise en deux tronçons. Gautier s'arme de sa massue, et jure par le roi de paradis que, s'il en peut assener un coup sur la tête de l'empereur, le heaume de Charles ne l'empêchera pas d'avoir la tête fracassée jusqu'à la poitrine. Les barons entendent ce propos et en rient aux éclats. P. 189-192.

Pendant que dans la cité s'arment Gaydon et les siens, l'empereur ordonne à Gui et à Ferraut de se préparer à la bataille. Le duc Naimes et Renaut d'Aubépin emmènent Ferraut, qui va entendre la messe au moutier Saint-Vincent. Au moment de l'élévation, il se prosterne et dit à haute voix : « Doux Jésus-Christ, comme il est vrai que c'est votre corps qu'on élève maintenant, et comme j'en ai la ferme croyance, daignez me garantir contre toute atteinte, car c'est à faux que je suis accusé de meurtre. » — Après la messe, Ferraut est armé par le duc Naimes et par Renaut d'Aubépin. — Indication des pièces de son armure. — Son épée est celle que portait Alexandre quand il conquit l'Orient. — On lui amène son bon destrier Ataignant, plus noir que l'encre. Il monte en selle sans se servir des étriers, fait un temps de course avec une grâce qui ravit tous ceux qui le regardent, puis revient au pas et, conduit par Naimes et par Renaut d'Aubépin qui, chacun d'un côté, tiennent son cheval par la bride, il va se présenter devant le pavillon de l'empereur. P. 192-194.

Gui d'Hautefeuille aussi est allé avec ses parents entendre la messe. N'était la honte, il y aurait manqué. C'est l'évêque Guirré qui officie, un de ses proches, de Mayence. Le service achevé, pendant lequel Gui n'a point invoqué l'aide de Dieu, l'évêque se dépouille de ses ornements et dit à Gui : « Beau neveu, écoutez-moi. Si vous voulez suivre mes conseils et mes recommandations, vous serez vainqueur. Et tout d'abord faites vœu de n'être jamais loyal envers qui que ce soit, de ne jamais garder votre foi envers votre seigneur lige, de trahir et de vendre les hommes loyaux, d'élever le mal et d'abaisser le bien. Si vous liez amitié avec quelqu'un, louez-le toujours en sa présence et le blâmez par derrière. Honnissez et raillez les pauvres gens, dépouillez les orphelins de leurs héritages et les veuves de leurs douaires. Soyez le soutien des meurtriers et des larrons. Ne portez jamais honneur à sainte Eglise, fuyez et esquivez prêtres et clercs, pillez reclus et moines, battez cordeliers et jacobins, jetez dans la boue les petits enfants, mordez-les à belles dents, et si l'on ne vous voit pas, étranglez-les de vos mains. Empoignez et malmenez les vieilles gens, ou, tout au moins, crachez-leur au visage. Ravagez, détruisez les abbayes et laissez toutes les nonnes à l'abandon. En quelque lieu que vous soyez, mentez et parjurez-vous hardiment. Vous ne fausserez jamais votre foi que le jour où vous perdrez la main. Si vous mettez ces leçons à profit, vous n'avez point à redouter la défaite. — Oui, répond Gui, je les suivrai et ferai pis encore. — Le voilà bien confessé, dit Alori; s'il mourait maintenant, il serait sauvé! — Honneur à un tel prêtre! » dit Hardré. — Gui s'agenouille, se prosterne, et l'évêque, qui était tout pétri de mal, lui pardonne toutes ses faussetés à la condition qu'il ne se lassera pas d'y retomber. Gui se relève et s'arme. — Description de son armure. — Il monte à cheval, fait faire un tour à son destrier et s'attire l'admiration de tous, même celle de Ferraut : « Voyez, dit-il aux barons, quelle belle contenance ! Que je voudrais lui ressembler, être aussi beau, aussi grand, aussi bien fait ; je ne redouterais ni rois ni émirs. — Vous le craignez donc, Ferraut ? lui dit le duc Naimes. — Par Dieu, sire, vous dites vrai. Se trouver en face d'un tel adversaire et ne le point redouter, ce serait folie ; et toutefois avant ce soir vous verrez lequel de nous deux aura l'avantage. S'il avait le droit pour lui, je serais épouvanté, mais il a tort, et c'est là ce qui me rassure, avec la protection de Dieu. — Vous avez raison, » lui dit Naimes. P. 194-197.

A ces mots, Gui d'Hautefeuille, suivi de ses proches, vient aussi se présenter devant Charles, qui fait apporter pour recevoir les serments des deux adversaires les reliques de saint Léger et de saint Martin. Il les fait placer sur un drap de soie façonné en échiquier où on les voit comme s'agiter. Qui se parjurera sur ces reliques ne sortira pas sain et sauf de la journée. L'empereur ordonne au duc Naimes de dicter aux deux barons agenouillés les serments qu'ils doivent prononcer. Le duc Naimes obéit et dit à Gui : « Levez la main. » Puis il la lui fait abaisser sur les reliques. « Répétez, ajoute-t-il, ce que je vais vous dire : Dieu, je vous prends à témoin que Ferraut s'est rendu coupable à Orléans du meurtre du portier, quand il alla s'acquitter du message de Gaydon, qu'à son retour il blessa traîtreusement Foucart et fit tuer de guet-apens mes cousins Haguenon et Rahier. Comme c'est la vérité, puissent aujourd'hui me venir en aide Dieu et tous les saints. » Gui répète ce serment, se baisse et veut baiser les reliques ; mais le traître n'en peut approcher. « Comme vous vous relevez parjure ! » s'écrie Ferraut ; et à son tour il prête serment sous la dictée du duc Naimes, reçoit un démenti de Gui, le lui rend, baise les reliques, se signe et monte à cheval. Gui y monte aussi et les deux adversaires sont mis en présence. Ils se défient, piquent leurs chevaux et la lutte s'engage. Si terrible est le premier choc que les deux barons tombent évanouis sans pouls et sans haleine. « Chacun d'eux a trouvé son maître, » disent les gardes du camp. Un chevalier fait apporter de l'eau froide et les en arrose. Ils reviennent à eux tout éperdus et pensant l'un et l'autre avoir été frappés de la foudre ; puis ils redressent la tête, se regardent, se rappellent leur joute, se relèvent et recommencent à combattre l'épée à la main. — Récit du combat. — De leur embuscade les traîtres en suivent de l'œil tous les incidents. — Échange de coups, de menaces et d'injures entre les deux adversaires. — A la fin, Gui reçoit de Ferraut un tel coup d'épée qu'il chancelle et tombe à genoux. Ferraut se précipite sur lui, le terrasse, lui arrache son heaume, le frappe d'estoc au visage et va lui couper la tête, quand les traîtres sortent de leur embuscade. Ferraut, assailli, appelle à son aide les gardes du camp, qui viennent se ranger autour de lui ; mais ils ne sont que cent contre mille. Accablés par le nombre, ils sont défaits et Ferraut va périr ; mais il est sauvé par les jeunes chevaliers que la prudence de Riol a fait armer pour surveiller la bataille. — Mêlée générale où tombe plus d'un traître. — Ferraut et Gui remontent à cheval et prennent part à la lutte. — Aux cris des combattants accourent en armes, avec leurs hommes, tous ceux des traîtres qui sont restés dans leurs tentes. Ils sont plus de vingt mille. — Ferraut et ses défenseurs soutiennent vaillamment le choc; mais les voilà de nouveau en grand danger. En ce moment arrive Gaydon, suivi de Savari et d'Amaufroi, de Riol et de Thiorin, de Rispeus de Nantes, de Morant et de Hugues, du vavasseur et de ses trois fils. Rude assaut pour les traîtres, grande joie pour Ferraut et pour ses compagnons qui entendent le duc pousser son cri de guerre. Le vavasseur anime ses fils : « Si vous ne vous montrez bien, leur dit-il, vous ferez aujourd'hui maigre chère; vous n'aurez que du lait bouilli sans œufs, et rien de plus pour vous farcir la panse; mais si je vous vois bien faire, par le Dieu de paradis, vous serez bien servis. Mouton, brebis, pois et fromage, vous aurez de tout en abondance; j'en prierai votre mère Alix. » Les barons l'entendent et en rient aux éclats sous leurs heaumes brunis.—Exploits du vavasseur et de ses fils. — Alori reconnaît Gautier, le montre à ses hommes et les lance contre lui : « Sus au vilain! s'écrie t-il. — Par le fils de Marie, dit Gautier, il n'est de vilains que ceux qui font vilenies. Pour moi, je n'aimai jamais trahison ni fourberie; je ne portai jamais envie à personne et j'ai vécu de mon labeur; mais toi, l'on te connaît pour un félon; la tromperie a été et sera toujours ton fait, et il y a longtemps que tu as mérité la hart. De par Gaydon, je te défie! » Il dit, pique son cheval, lève sa massue à deux mains, se jette sur les traîtres et fracasse la tête aux premiers qu'il atteint. Alori veut les venger et brise sa lance contre le vavasseur, qui tient bon. A son tour, Gautier va le frapper de sa terrible massue; mais Alori esquive le coup, passe derrière Gautier, atteint son cheval à la croupe et l'abat sur le pré. Dans la chute, la massue du vavasseur se brise ; il reste sans défense, mais ses trois fils, la hache à la main, charpentent autour de lui. P. 197-214.

Le bruit de la mêlée arrive jusqu'à l'empereur. « Aux armes, barons ! s'écrie-t-il. Par saint Isaïe, si je puis me rendre maître de Gaydon, je le renfermerai en tel lieu que personne au monde ne l'en pourra tirer et que sa tête y deviendra aussi blanche que la barbe qui me pend sur la poitrine. » Les barons obéissent et montent à cheval. — Avant l'heure de complies mainte terre aura perdu son seigneur. — L'empereur et le duc sont de nouveau en présence et se livrent une seconde bataille, mais non sans quelque regret. Gaydon déplore l'ingratitude et la faiblesse de Charlemagne, et de son côté le fils de Pepin commence à désirer la paix et à s'accuser d'être venu dévaster les domaines du duc. — Après de nouveaux exploits, le vavasseur est blessé et fait prisonnier. — Douleur de ses fils. — Ils sont eux-mêmes en grand danger. Les deux fils du duc Naimes viennent à leur secours avec d'autres chevaliers et parviennent à les dégager, malgré les efforts d'Alori et de ses gens. — Les traîtres sont sur le point de prendre la fuite quand Charlemagne, suivi de ses principaux barons, vient leur épargner cette honte en forçant Gaydon à la retraite. Ce n'est pas sans coup férir que le duc réussit à rentrer dans sa cité. Il est poursuivi et serré de bien près ; mais les arbalétriers et les archers qu'il a laissés à la garde de la ville en sortent tout à coup, font pleuvoir carreaux et flèches plus dru que grésil en février et contraignent l'armée de Charlemagne à rebrousser chemin. Elle retourne à son camp pendant que Gaydon rentre dans son palais. P. 214-225.

Ferraut y est revenu avec lui, et c'est pour le duc une grande consolation. Le vavasseur, il est vrai, est tombé aux mains de ses ennemis; mais Gaydon le rachètera en échange d'Ogier; et si Gautier périt, Ogier sera pendu. « Il est mon parent, dit le duc; mais quand je fus accusé à tort devant Charles, il n'osa me servir de caution Honni soit qui au besoin fait défaut à ses amis, à ceux de son sang; il mérite d'être hué. — Bel oncle, lui dit Ferraut, mettez-vous à table; après souper je vous dirai ma pensée. » — Après le repas, Ferraut se lève et dit à Gaydon : « Bel oncle, j'ai été accusé de meurtre à la cour de Charles; deux princes ont été mes otages : Renaut d'Aubépin et le duc Naimes. Je me suis bien montré en face de Gui, car j'avais pour moi Dieu et mon droit. Vous savez comment l'affaire s'est terminée. Je vous prie au nom de Dieu de rendre Ogier à l'empereur, ou sinon je retournerai à son camp et j'y resterai jusqu'à ce que j'aie déchargé mes cautions, car j'aimerais mieux rester deux ans dans les chaînes que de les savoir en peine à cause de moi. — Beau neveu, répond Gaydon, attendez jusqu'à demain et dès le matin vous irez rendre Ogier, car pour l'or de dix cités je ne voudrais pas que vous fussiez encore séparé de moi. — Sire, dit Ferraut, que Dieu vous en sache gré. » C'est une vérité reçue que la loyauté finit toujours par l'emporter. P. 225-227.

De son côté, Charlemagne est rentré dans sa tente outré de colère à cause de Ferraut qui lui a échappé.

Il fait venir le duc Naimes et Renaut : « Seigneurs, leur dit-il, ramenez-moi Ferraut ou rendez-moi le Danois. Si je n'ai l'un d'eux sur l'heure, par ma moustache grise, vous ne tiendrez plus de moi ni terres, ni fiefs ; vous serez jetés en prison et démembrés, si vos juges l'ordonnent. » — Renaut demande répit jusqu'au lendemain ; mais Charles ne l'entend point ainsi, et ce n'est pas non plus le sentiment des traîtres. « Juste empereur, dit Hardré, si vous nous faites droit, vous les mettrez à mort. — Vassal, dit Naimes, gardez quelque mesure et ne découvrez pas ainsi votre félonie. Je ne pense pas qu'il soit encore né celui qui voudrait nous traiter de la sorte, et qui vous en croirait, traître prouvé, aurait tôt fait de grandes vilenies. » Il dit, s'avance et de son poing gros et carré assène un tel coup sur le nez de Hardré que le sang en jaillit et que le traître est renversé aux pieds de l'empereur. Au cri de vengeance de Hardré, tous les siens s'approchent, et Naimes tomberait en mauvaises mains si plus d'un preux n'accourait à sa défense. Une mêlée va s'ensuivre ; mais Charles menace de faire pendre quiconque bougera, et personne n'ose remuer. L'empereur fait mettre en prison Renaut et le duc Naimes, et ordonne qu'on les lui ramène le lendemain matin. P. 227-229.

Les traîtres s'en retournent à leurs tentes, font charger deux mulets d'argent fin et les envoient à Charlemagne, qui leur en sait bon gré et les tient pour ses plus privés amis. Le présent accepté, Alori dit aux siens : « Voilà un don qui sera vendu cher si je puis, et je vais vous dire comment. Demain, avant le jour, nous prendrons ce Gautier qui m'a fait tant de mal, nous le conduirons au bois voisin et l'accrocherons à des fourches sans que le roi ni personne en sache rien. Quand le duc Gaydon le verra pendre au vent, il fera mourir Ogier de mort honteuse, car il aime démesurément Gautier. Ogier mort, l'empereur tirera pareille vengeance de Naimes et de Renaut d'Aubépin, car nous nous hâterons de porter contre Ferraut une accusation de meurtre, et ainsi nous pourrons jeter la France en un grand trouble — Dieu! quel conseil, dit Amboin; que Jésus nous garde un tel parent! » — Bientôt, un espion vient leur apprendre que l'empereur a juré de faire emprisonner pour leur vie Renaut d'Aubépin et le duc Naimes si le Danois ne lui est rendu. C'est une grande joie et un nouvel encouragement pour les traîtres. P. 229-230.

Le lendemain matin, trente d'entre eux se saisissent de Gautier, lui attachent les mains derrière le dos, le placent sur un roussin et l'emmènent secrètement hors du camp. Chemin faisant, ils le chargent d'injures et de coups. « Sire vilain, lui dit Hardré, vous avez tant fait par vos exploits que nous vous destinons un cheval dont l'échine a trente pieds bien mesurés, oui, tout autant, je m'en suis assuré. — Traître sans foi, répond Gautier, c'est à toi et à ta parenté que ce cheval siérait bien. Puissiez-vous tous être livrés au supplice que vous me préparez! » — Laissons-les un moment pour retourner à Ferraut. P. 230-231.

Au premier rayon du soleil, le neveu du duc vient le trouver et le prie de lui rendre le Danois armé et monté comme le jour où il fut pris. Gaydon envoie chercher le prisonnier, qu'on amène devant lui et qui s'étonne de voir le duc entouré seulement de vieillards. — Tous les jeunes chevaliers ont quitté le palais et se tiennent renfermés dans leurs hôtels. — « Sire duc, dit le Danois, je vous prie de me prendre à rançon. — Sire Ogier, répond Gaydon, vous serez bientôt libre sans qu'il vous en coûte un parisis. » — Ferraut le revêt aussitôt d'habits de soie à grandes bandes d'or et fait charger tout son harnais sur un fort roussin. Puis on lui amène Broiefort, son destrier arabe. « Beau sire, lui dit Ferraut, vous êtes libre. — Si vous étiez en paix avec l'empereur, dit Ogier, je vous aurais bientôt rendu le service que je reçois de vous. — Que Dieu confonde, reprend Ferraut, les traîtres qui nous ont mis en guerre avec Charles ! » Ogier monte à cheval. Ferraut et Amaufroi l'accompagneront jusqu'au camp. Ils demandent leurs armes, et non sans raison, car ils en auront besoin. Ogier seul n'est point armé ; il est sans crainte. P. 231-234.

Les trois barons sortent de la ville. Ferraut et Amaufroi escortent Ogier jusqu'au camp de l'empereur. Au moment de le quitter, Ferraut dit à Ogier : « Sire, au nom de Dieu, dites à Charles que nous vous renvoyons et qu'il décharge de leur caution Renaut et le duc Naimes qui ont été mes otages. S'il n'y consent, je redeviendrai son prisonnier et vous retournerez à Angers. — Oui, certes, » répond Ogier. — Ferraut et Amaufroi s'en reviennent en chantant, lorsqu'ils rencontrent un gars qui leur raconte qu'en passant dans le bois voisin il vient de voir une trentaine de chevaliers en armes qui avaient amené un larron pour le pendre. « Je l'ai entendu nommer Gautier, dit le gars ; il regrettait fort et Ferraut, et Gaydon, et Amaufroi. Il avait la hart au cou et faisait sa prière à genoux quand je suis passé. Ils l'ont sans doute pendu à cette heure, car ils en avaient grande hâte. » A ces mots Ferraut devient noir comme charbon. « Chevauchons de ce côté, dit Amaufroi; si j'arrive à temps, ou je mourrai, ou il sera délivré. » P. 234-235.

Les deux cousins pressent leurs chevaux, et au bout d'un vieux chemin, sur la lisière du bois, ils voient de loin les fourches dressées; ils voient Gautier au haut de l'échelle et la corde au cou. C'en serait fait de lui; mais l'échelle manque, Gautier tombe et invoque à haute voix le fils de sainte Marie : « Beau sire Dieu qui en Béthanie avez ressuscité Lazare, qui avez accordé à sainte Sophie la gloire de donner son nom à l'église construite par Constantin, sauvez mon âme, Seigneur qui êtes plein de vie, car je vois bien que ma fin est arrivée! » Les traîtres, quand ils voient Gautier à terre, se saisissent de la corde qui lui entoure le cou. En vain Gautier les conjure au nom de Jésus de lui laisser dire sa patenôtre et un *Salve*. L'un d'eux jette la corde par-dessus les fourches; plus de dix autres s'en saisissent, la tirent et soulèvent si violemment Gautier, qu'ils lui ont presque rompu les nerfs du cou, car il était grand et membru, et fort pesant. En ce moment arrivent Ferraut et Amaufroi. « Ah! mécréants, s'écrient-ils, nous vous apportons de la part de Gaydon un salut qui est écrit sur le fer de nos lances! » A leur vue ceux qui tiennent la corde prennent peur, lâchent prise, et Gautier retombe sur l'herbe sans rien voir, car il a les yeux bandés. En un instant deux de ses bourreaux périssent sous les coups de Ferraut et d'Amaufroi. Les traîtres sont tout éperdus, et Ferraut les maintient si bien, qu'il parvient à délier Gautier et à lui débander les yeux. P. 235-237.

Le vavasseur ne ressentit jamais pareille joie. Il voit Amaufroi en armes; il voit Ferraut qui avait déjà brisé sa lance et qui tenait en main son épée. Quant à lui, il avise une perche coupée pour son supplice, mais restée sans usage, parce qu'elle était trop courte. Il s'en saisit, la lève à deux mains, en frappe à mort deux des traîtres, s'empare d'un écu, s'adosse à un grand arbre et là se défend comme une ourse enchaînée, que ses oursons auraient mordue et irritée. De leur côté, Ferraut et Amaufroi ne se montrent pas moins redoutables, et leurs coups sont plus d'une fois mortels. A la fin, cependant, après une lutte acharnée, tous trois, accablés par le nombre et couverts de blessures, tombent aux mains de leurs ennemis, qui leur bandent les yeux comme à des larrons, leur mettent la hart au cou et s'apprêtent à les pendre. Les barons se mettent en prière. « Dieu qui souffrîtes la passion, dit Ferraut, ayez pitié de mon âme et accordez-lui le pardon. Dieu qui avez ressuscité Lazare, protégez mon oncle le duc Gaydon, que nous ne devons jamais revoir. — Non, certes, » répond le traître Amboin; et à ces mots il saisit un bâton et en frappe Gautier d'un coup si terrible qu'il le fait tomber sur les genoux. Le vavasseur se relève et dans sa fureur fait un tel effort qu'il se dégage des liens qui l'étreignent, arrache son bandeau et décharge sur la tête d'Amboin un horion (1) qui le renverse

---

1. *Horion.* Le texte dit *orillon*, ce qui signifie sans

tout étourdi. « Tiens, traître! » dit Gautier; puis il saisit le cheval de son ennemi, monte en selle et prend la fuite à travers le bois. — S'il eût été armé, le vaillant homme n'eût point tourné les talons. — Il s'en va, enfonçant les éperons dans les flancs de son cheval, et poursuivi par dix des traîtres. Si Dieu n'en ordonne autrement, les deux neveux de Gaydon mourront en cette journée; mais on dit avec raison, et c'est une vérité reconnue, que qui a l'aide de Dieu est assuré de son salut. P. 237-244.

Quelle heureuse fortune Dieu envoya à Gautier! Après une longue course il a rencontré au fond d'une vallée Claresme, la sage Claresme, nouvellement proclamée reine de Gascogne. Elle vient recevoir l'investiture de Charles et lui rendre hommage. Son dessein, une fois la guerre terminée, est de prendre Gaydon pour époux, ou sinon de ne se marier jamais : car elle l'aime tant pour sa grande renommée, qu'elle en a oublié tout autre amour. Elle est escortée de vingt chevaliers de grande valeur et suivie de deux damoiselles : Blonde (1) et Esmerée. Sa naissance est des plus hautes et sa beauté celle d'une fée. Gautier l'aperçoit, se dirige vers elle et implore son assistance. La dame le fait approcher et le recouvre de son manteau. Au même instant arrivent les traîtres qui le poursuivent. L'un d'eux, la lance en avant, perce le manteau de Claresme, et du coup, qui eût été mortel si Gautier n'eût fait un mouvement pour l'esquiver, il atteint

doute : coup de poing sur l'oreille. Ne serait-ce pas là le véritable sens de *horion*, que l'orthographe aurait défiguré?

1. Le texte dit *Blonde Eschevie*, comme qui dirait aujourd'hui *belle blonde*.

légèrement le vavasseur, dont le sang jaillit et coule sur le manteau de la belle. Claresme pousse un cri d'effroi et de vengeance. Un de ses chevaliers se précipite sur le traître qui vient de frapper Gautier et lui donne la mort; les autres sont mis en fuite par l'escorte de la dame. « Noble dame, s'écrie Gautier, vous m'avez sauvé la vie; mais au nom de la Vierge qui porta Dieu dans son sein, secourez aussi Ferraut et Amaufroi qui sont là près de ce bois, au pouvoir de Hardré et des traîtres de sa suite. Peut-être en ce moment ont-ils déjà perdu la vie. » Puis il apprend à Claresme et le danger qu'il vient de courir, et la manière dont il y a échappé en laissant ses deux sauveurs en péril de mort. A ce récit, Claresme frémit et fait hâter ses barons. Armé par eux et pourvu d'une hache (car il faisait peu de cas d'une lance qu'on lui offrait), Gautier prend les devants et de loin s'annonce aux félons par un cri de mort. P. 244-247.

Déjà Ferraut, la corde au cou, était hissé aux fourches par Hardré et par Amboyn. A la vue du vavasseur, les deux traîtres lâchent la corde. En un moment Ferraut et Amaufroi sont délivrés et leurs ennemis tués ou mis en fuite. Les deux barons apprennent de Gautier à qui ils doivent ce secours inespéré. Ils vont en rendre grâces à Claresme et s'inclinent devant elle. En même temps, les deux belles suivantes de Claresme, depuis longtemps éprises — Blonde, d'Amaufroi, et Esmerée, de Ferraut, — s'approchent l'une et l'autre des deux jeunes chevaliers et leur font entendre de doux aveux. Claresme aussi ouvre son cœur à Gautier : « Ami, fait-elle tout bas, dites, je vous prie, à Gaydon qu'il a une belle amie, que je la connais bien et qu'elle est de ma maison. S'il répond à son amour, il aura couronne d'or en tête. — C'est folie à vous, dit Gautier, de parler ainsi : femme qui fait entendre prière d'amour tombe en une grande faute. Elle se persuade souvent qu'elle en sera mieux aimée et chérie et se laisse entraîner étourdiment à l'aveu qui fera sa honte. Pour moi, je n'entends rien à pareil office; chargez de ce soin l'un de ces deux chevaliers, car je ne m'acquitterai pas de votre message. » Claresme l'entend et rougit. — C'est avec raison que le proverbe dit : Qui a besoin de feu le doit de sa main chercher dans le foyer. — La dame ne se rebute point; elle insiste doucement : « Sire gentilhomme, de grâce, consentez à être mon messager; je ne puis en prier l'un de ces deux barons que je vois tout occupés à courtiser de si près mes damoiselles, et plaise à Dieu que leur amour soit si bien engagé qu'ils me puissent servir auprès de leur oncle. Ne manquez donc pas de dire au puissant duc d'Angers que, s'il ose aujourd'hui chevaucher jusqu'à ma tente, j'y recevrai ses caresses et ses baisers. Si je pouvais faire sa paix avec Charlemagne et s'il me voulait prendre pour épouse, je serais à lui, moi et ma terre. — Dame, répond Gautier, je prends Dieu à témoin que je ne connais rien à pareil métier, si ce n'est, Madame, en ce qui regarde les devoirs d'un prudhomme envers sa femme. Je m'entendrais beaucoup mieux à conduire une charrue. Et puis le cœur des femmes est si léger qu'on ne s'y peut nullement fier. Telle aime à la folie durant huit ou quinze jours, que l'on voit changer ensuite et courir à un autre amour. » Claresme voit bien, dont elle enrage, qu'il ui faudra chercher un autre messager : « Par le Dieu de justice, dit-elle à Gautier, quelle vilaine remontrance vous me faites là. Vous n'êtes qu'un méchant et ne valez pas un denier : mais, par ce Dieu qui nous jugera tous, cœur qui aime bien ne se laisse point abattre. — Vous savez bien discourir, reprend Gautier ; si vous êtes admise à plaider votre cause devant Gaydon, vous n'aurez pas autrement besoin d'avocat ; mais enfin, puisque son amour vous tient tant au cœur, je ne vous laisserai point sécher de chagrin et vous récompenserai, si je puis, d'avoir retardé l'heure de notre mort. Vous pourrez embrasser le duc ; mais faites dresser votre tente hors du camp, car je redoute fort Sanson et Bérenger, et il fait bon se tenir sur ses gardes. » C'est en parlant ainsi qu'ils préparent une aventure où maint vaillant chevalier trouvera la mort. P. 247-251.

Les ennuis nous arrivent souvent quand nous avons le cœur le plus gai. Ainsi advint-il au vaillant duc. Pendant que Claresme s'en va chevauchant vers le camp de Charlemagne, Gaydon, qui s'inquiétait de ses neveux, les voit revenir avec le vavasseur et en ressent une double joie Il les presse dans ses bras, puis s'étonne et s'effraye en les voyant couverts de sang. Un médecin est mandé, qui sonde et bande leurs plaies. Le duc a hâte de savoir en quelle rencontre ils ont été si maltraités. Ferraut le lui apprend et n'oublie pas de lui dire à qui ils doivent leur salut. Gautier s'acquitte ensuite de son message. Il annonce à Gaydon que Claresme l'attend ce soir même, hors du camp, sur la lisière des prés où elle a fait dresser sa tente. « Vous ne manquerez pas d'y aller, ajoute-t-il. — Pour

Dieu, dit Gaydon, point de railleries. Cette guerre ne me laisse pas de repos, et nous sommes serrés d'assez près, vous le savez; quand on craint de perdre son héritage, on a sujet d'être triste et courroucé. Il est donc mal à vous de prendre un ton moqueur. Par le Dieu qui fut mis en croix, je ne songe point à aller à ce rendez-vous — Si vous refusez cet amour, répond Gautier, il ne vous reste plus qu'à vous faire moine. Quand une belle comme on n'en trouverait pas en dix cités vous fait prier d'agréer son amour, c'est une lâcheté de n'oser l'aimer, à moins que vous haïssiez les femmes et les plaisirs qu'on trouve près d'elles. Que votre cœur soit brûlé de la flamme d'enfer, si c'est par peur que vous refusez; car elle est plus belle qu'un ange ailé, et qui se sentirait enlacé de ses bras en oublierait aisément le paradis. — S'il était vrai, dit Gaydon, pour dix mille marcs d'or je ne laisserais pas de me rendre à son désir. — Soyez sans crainte, sire, répond Gautier, car elle vous aime plus encore que je ne sais le dire. » Gaydon l'entend, et l'amour s'empare de lui, et son cœur se gonfle de la plus douce joie. Avant le lendemain, dit-il, puisque la belle l'a pris en gré, il ira vers elle en dépit de Charles et de ses barons. « Oncle, dit Ferraut, ne vous hâtez point; à l'imprudent un malheur est bientôt arrivé. Attendez encore, s'il vous plaît; puisqu'elle vous aime tant, elle n'en viendra point à vous haïr. — Beau neveu, répond Gaydon, c'est que vous ne savez pas à quel point en sont les choses ni quelle est la détresse de mon cœur. — Dieu soit loué, répond Amaufroi, votre cœur n'est pas long à émouvoir. » Le jeune chevalier prie son oncle, quand il ira faire sa cour à Claresme, de saluer de sa part Esmérée; il irait lui-même avec Ferraut, si leurs blessures étaient guéries. P. 251-254.

L'empereur, cependant, après avoir entendu la messe, est assis devant sa tente, entouré de ses barons. Voici venir près de lui Alori et Sanson, et Griflon, et Renaut, et Huon, et avec eux une trentaine de leurs compagnons, tous du lignage de Thibaut et de Ganelon. Que Dieu les maudisse, car ils ne pensent qu'à mal! « Juste empereur, dit Alori, faites-nous droit de Ferraut le félon! Il eût péri de la main de Gui sans les traîtres qui sortirent de leur embuscade pour lui venir en aide, et maintenant nous vous le réclamons. » A ces mots, Charles fait mander le duc de Naimes et Renaut d'Aubepin. Thierry d'Ardenne les lui amène. « Naimes, dit Charles, par saint Simon, vous et Renaut vous me rendrez mon prisonnier ou vous prendrez sa place. — Sire, répond Naimes, comme vous le trouverez bon. Certes, je connais trop bien Ferraut pour douter qu'il nous décharge de notre caution. - Par ma moustache grise, reprend Charlemagne, vous en avez bon besoin, car, si Ferraut ne nous est rendu, avant ce soir vous serez tous deux mis à mort. — Et si nous vous le rendons, sire, dit Renaut, en serons-nous quittes à ce prix? — Oui, par saint Pol d'Avallon, répond l'empereur. » Comme il dit ces mots, accourt un valet qui s'écrie à haute voix : « Voici Ogier! réjouissez-vous, barons. » Ogier arrive sur son destrier d'Aragon, à la grande joie des Français, des Bourguignons, de l'empereur, au grand déplaisir des traîtres qui voudraient bien qu'on l'eût pendu. Comme dit le proverbe, il n'est pas de deuil complet :

quand l'un pleure l'autre rit. — « Sire empereur, dit Renaut, qui s'est levé avec le duc Naimes, nous voici délivrés, grâce à Dieu et à Ferraut le courtois. Nous l'avions cautionné; il dégage bien notre foi. — Oui, dit Ogier, que bénis soient de Dieu et le vaillant Ferraut et le duc Gaydon et le preux Amaufroi. De longtemps vous ne verrez plus loyales gens; car, si vous n'êtes point quittes par mon retour, Ferraut revient, et moi je m'en retourne. — Pour un muids de mansois, dit l'empereur, je ne consentirais à vous voir redevenir captif. — Sire empereur, s'écrie Gui d'Hautefeuille, c'est un déni de justice, et je ne puis sans grand déplaisir vous voir acquitter le traître qui a tué votre portier, qui a fait périr Haguenon et Rahier. Je lui aurais bien rabattu son orgueil si je n'avais été assailli par deux ou trois mille des siens. Sans ce secours, sa défaite était assurée. — Soyez sans crainte, dit Ogier, Ferraut vous mande qu'il reviendra bientôt pour terminer la bataille, pourvu qu'auparavant vous ayez donné de bons otages. — Ogier, dit Charles, peu importe tout cela; mais, dites-moi, quelles gens vîtes-vous au palais du duc? Avait-il avec lui ces Anglais, ces Irlandais, qui l'accompagnent en si grand nombre dans les tournois? Ce sont de braves gens et de défense. — Sire, répond Ogier, ce n'est pas moi qui saurais vous le dire. Chacun se tint coi dans son hôtel, et je n'ai vu que des damoiseaux, des dames et des bourgeois. — Ainsi vous ignorez quels chevaliers, quels bacheliers sont là dans la cité? — Oui, fait Ogier; je n'en ai pas vu un seul dans les rues, j'ai trouvé seulement la ville si pleine de chevaux que je n'en saurais dire le nombre.

Est-ce un artifice de leur part? je ne sais; mais je n'ai pas vu, par Dieu, ceux qui m'ont fait prisonnier. On m'a enfermé seul dans une chambre, où j'ai été servi du reste avec honneur. — Eh bien! dit Charles, si Dieu le permet, demain avant complies je verrai dans leur cité tous ces chevaliers qui viennent faire ici de telles sorties contre nous. — Sire, dit Ogier, gardez que le duc ni les siens ne vous aperçoivent, car vous ne manqueriez pas de recevoir quelque outrage. » P. 254-257.

Comme ils parlent ainsi arrive Claresme, la dame de Gascogne. Elle met pied à terre devant l'empereur, s'agenouille, joint les mains et lui rend hommage en s'inclinant profondément. L'empereur la relève, reçoit son hommage et lui donne le baiser de foi. Gui d'Hautefeuille, voyant la dame si belle, s'approche de Charles et le prie tout bas de la lui accorder : il lui donnera en récompense un mulet chargé de l'or le plus fin de Russie et de riches étoffes de soie. Charles le remercie de sa promesse et lui accorde Claresme, puis il prend la damoiselle par la main et dit à Gui : « Voici votre fiancée; elle sera à vous, et, quand vous l'aurez épousée, vous régnerez sur la Gascogne. » A ces mots Claresme entre en courroux et répond dans sa fureur : « Par ma foi, Gui, vous avez eu là une folle pensée, car jamais vous ne serez mon seigneur. » Puis montrant de la main une abbaye : « Par le Dieu qu'on adore en ces lieux, j'aimerais mieux être ensevelie que de vous avoir pour époux; j'aimerais mieux que ma terre fût ravagée par le feu. — Paroles insensées, fait l'empereur, car il vous faut obéir à mes ordres! » Lorsqu'elle entend Charles ainsi parler,

Claresme voudrait être sous terre; mais on connaît le proverbe : Malice de femme conchie maint homme sage. Claresme répond à l'empereur qu'elle est prête à se soumettre. « Il y a longtemps, dit-elle, qu'elle aime Gui pour sa valeur et pour sa bonté; mais elle n'osait se déclarer avant de l'avoir éprouvé. Maintenant qu'elle connaît ses sentiments, elle se donne à lui en présence de tous les barons. Il sera pour elle un vaillant défenseur, car on lui a dit qu'il eût vaincu et tué Ferraut si on ne l'eût soustrait à ses coups — « Belle, c'est la vérité, » lui dit Gui. A ces mots il s'approche de Charlemagne et le prie d'ordonner que les serments des fiançailles soient échangés sans plus tarder. « C'est bien parlé, dit Claresme, mais je voudrais auparavant vous voir, monté et en armes, donner devant moi des preuves de votre valeur. — A vos ordres, répond Gui. Avant demain soir vous me verrez à l'œuvre. Qu'un de nos ennemis ose sortir de la ville, et si je ne vous le livre vaincu et défait, je ne fais pas plus de cas de moi que d'un œuf pelé. — Enfin, dit Claresme, j'ai donc atteint le but de mes désirs et Jésus permet que je m'unisse à lui! Sire, dit-elle à l'empereur, je me sens fort lasse et voudrais me retirer. » Puis, s'adressant à son maréchal des logis : « Allez, dit-elle, faites dresser ma tente hors du camp, là-bas, dans la prairie, près de la fontaine, sous l'abri du pin. » — L'empereur lui ordonne de se parer le lendemain de ses plus riches atours pour l'union qu'elle a déjà trop différée. « A vos ordres, Sire, » répond-elle; puis elle ajoute tout bas : « Par le Seigneur qui a tout créé, j'aimerais mieux avoir la tête coupée que de voir ce traître dans mon lit. Il faut être bien osé pour prétendre avoir une femme contre son gré, quand, plus d'une fois, telle qui s'est donnée par amour et que son époux sert bien et loyalement ne laisse pas au bout de quelque temps de lui faire subir de cruelles épreuves » P. 257 260.

La belle prend congé de l'empereur, sort du camp et se rend à sa tente, à la distance d'environ quatre arpents. Là elle met pied à terre, se dépouille de son manteau et respire à l'aise Son amour pour Gaydon l'a jetée en un grand trouble; elle lui dépêche un écuyer pour le presser de la venir voir le soir même, suivi de trois ou quatre chevaliers. Après avoir entendu ce qu'elle a à lui dire, le duc, ajoute-t-elle, en sera plus hardi sous les armes. Elle donne au messager, pour le remettre à Gaydon, un anneau qu'elle tire de son doigt. — Le messager part monté sur un palefroi, et s'en va doucement chassant à l'oiseau le long d'une aunaie. Il arrive sous les murs d'Angers, se fait ouvrir la porte par un des arbalétriers de garde aux créneaux, et, conduit jusqu'au donjon, il est admis devant le duc, auquel il fait part de son message. En apprenant que Claresme l'aime tant qu'elle en a perdu le sommeil, Gaydon soupire, prend l'anneau que lui apporte le damoiseau, le met à son doigt, le regarde souvent, et s'éprend du plus vif amour. Il appelle près de lui Riol et Rispeus de Nantes, les informe du message qu'il vient de recevoir et ajoute : « Je n'irai à ce rendez-vous que de votre aveu; autrement, s'il m'arrivait malheur, vous ne manqueriez pas de m'en blâmer. — Je vois bien, lui dit Riol, que vous n'irez pas sans quelque crainte; vous n'en auriez point si vous aimiez entièrement. Par le Dieu tout-puissant, le cœur vous manque. Eh bien, si vous avez peur, emmenez avec vous assez des vôtres pour être assuré de revenir sain et sauf ! » Irrité de ces paroles, Gaydon fait serment d'aller visiter Claresme à la nuit, sans autre escorte qu'un seul des siens bien armé. Ainsi se termine la conférence. P. 260-264.

Après souper, la cour du duc se sépare. Gaydon, avant de partir, fait mander le vavasseur Gautier. « Beau frère, lui dit-il, allez vous revêtir de votre haubert. Vous viendrez avec moi, je vous en prie. Claresme m'a mandé par le messager que voici d'aller lui rendre visite, et je n'y veux point d'autre compagnon que vous. » A ces mots le vavasseur entre en courroux, persuadé que le duc veut l'emmener pour lui faire aussi courir quelque amoureuse aventure. Il s'écrie : « Voulez-vous donc me tendre un piége ? Vous savez que j'ai ma femme, et vous voulez me faire pécher avec une autre. Par ce Dieu qui est notre souverain maître, je me laisserais plutôt écorcher tout vif que de consentir à tromper ma femme. » Cette réponse met le duc en gaieté. Il prend plaisir à exciter l'humeur de Gautier : « Beau frère, lui dit-il, ne vous laissez point ainsi émouvoir, et commencez de nouvelles amours. Une pucelle qui vous vit avant-hier vous aime à en perdre la tête et ne désire rien tant que de vous accorder ses baisers et ses caresses. Vous aurez le plaisir, le bonheur de la presser dans vos bras. Si une fois elle vous tient, par saint Riquier, elle voudra s'en donner à cœur joie. — Oh ! dit Gautier, je saurai bien m'en défendre. Qu'elle approche de moi, par la corbleu ! et que je la tienne, je la calmerai si bien par un bain d'eau froide qu'elle ne se souciera plus d'avoir accointance avec un homme! » Le duc ne peut se tenir de rire en l'entendant ainsi gronder : « Bien malin serez-vous, lui dit-il, si vous vous en tirez si aisément. — Je m'en retourne donc, dit Gautier, et vous pouvez aller sans moi, puisque je ne vous suis pas autrement nécessaire. Un jour peut-être vous vous en repentirez. Pour moi, je ne veux point d'affaires avec une autre femme que la mienne. Si je vous accompagnais, il pourrait bien m'en arriver mal, car la femme connaît l'art d'enjôler l'homme et Salomon lui-même s'y laissa prendre. Vous pouvez bien mettre dans la peine un autre que moi. » Le duc, voyant Gautier si courroucé et sur le point de le quitter, lui dit en riant : « Eh bien, beau sire, puisque vous ne voulez point aimer la damoiselle, vous la laisserez là. Ne pouvant vous faire agréer son amour, elle le donnera à un autre. Mais, de grâce, allez vous armer. — Oui, répond Gautier, j'y consens ; mais vous ne me verrez point entrer sous une tente. — Soit, dit Gaydon, si ce n'est point votre gré. » P. 264-266.

Gautier s'en va donc endosser le haubert, ceindre l'épée, lacer le heaume, puis il s'arme d'une hache pendue à un pilier. Ainsi équipé, il regarde autour de lui, et, brandissant sa hache à deux mains, il fait le serment, s'il rencontre Alori, de lui faire payer cher sa trahison. — Le duc s'est aussi armé ; il monte à cheval ainsi que son compagnon, et, guidés par le messager de Claresme, tous deux arrivent bientôt à la tente de la belle, dont l'impatience est grande. Le duc met pied à terre, délace son heaume, qu'il donne à garder au vavasseur, et s'offre aux regards de la belle

Claresme. « Que le Dieu de gloire qui a tout créé, lui dit-elle, protége le duc et le tienne en joie et santé. — Dame, répond Gaydon, puisse aussi ce Dieu que vous invoquez satisfaire vos plus chers désirs. » A ces mots, Claresme embrasse Gaydon, et le duc la presse tendrement dans ses bras. Ils entrent dans la tente, où ils s'asseyent sur un drap à bandes d'or et se livrent à un long entretien. La damoiselle apprend à Gaydon comment Gui a demandé sa main et l'a obtenue de l'empereur; « mais j'aimerais mieux, dit-elle, avoir la tête tranchée que de me voir à côté de ce traître, car je vous aime d'amour sincère, et tant que j'y ai mis tout mon cœur et toute ma pensée. — Dame, répond Gaydon, je ne vous aime pas moins sincèrement et n'en aimerai jamais d'autre. » Un baiser confirme cette assurance. La belle le reçoit sans colère et en savoure avidement la douceur. Ils s'éprennent si bien tous deux qu'ils tremblent d'amoureux émoi. « Ne me trompez pas, dit la dame; m'aimez-vous d'amour tendre? » Gaydon soupire, l'enlace dans une vive étreinte, et lui dit : « Oui, je vous ai donné mon amour. » Après ces doux propos Claresme dit au duc : « Tout est-il prêt pour nous transporter à Angers? — Je le voudrais, répond Gaydon, et que déjà nous fussions dans la place; je ferai tout pour qu'il en soit ainsi. — Sire, ajoute-t-elle, ce chevalier en armes que je vois là dehors est-il jeune? — Il a cinquante ans passés, répond Gaydon. C'est le messager par qui j'ai su que j'étais aimé de vous. Il n'est pas d'homme plus honnête ni plus brave. Je lui ai promis, avant de partir, qu'il n'entrerait pas dans une tente. — Il n'est donc point d'humeur amoureuse? » dit la dame. A ces mots, elle appelle une de ses suivantes : « Allez, fait-elle, près de ce chevalier en armes qui est là dehors, et dites-lui que vous l'aimez, qu'il vous a dérobé votre cœur. » La pucelle obéit. « Sire, dit-elle en abordant Gautier avec un gracieux sourire, que le Fils de la Vierge vous garde de mal et de peine! Venez-vous-en a la tente de ma maîtresse ; vous avez chance d'y trouver telle donzelle qui vous aime mieux que la tourterelle son tourtereau. » Ce langage fait bondir le cœur de Gautier « Dame, dit-il, par saint Paul de Tudèle, je n'ai que faire de vos belles paroles. Il y a une fontaine dans la prairie, là bas sous cet arbre dont la feuille tremble au vent ; l'eau en est claire, et clair le gravier. Si vous avez trop chaud, allez-y, la belle. Une écuelle aurait plus de prix pour moi que votre amour, car j'ai une femme et plus belle et plus avenante que vous. » La suivante toute honteuse lui répond avec dépit : « Messire Gaydon, qui est un preux chevalier, n'en a guère fait preuve en se faisant accompagner par un tel rustre (1), mieux fait pour être

---

1. Nous traduisons ainsi d'après le texte de c :

Messire Gaides qu'est si preux chevalier
Fait moult forment, certes, à blastengier
Qui à villain se fist accompaignier.

A une première lecture, nous avions cru pouvoir trouver un sens dans notre texte :

Mes sires Gaydes, qui son siecle a arrier
Qui à vilain se fist accompaingnier.

Mais, réflexion faite, nous pensons que cette leçon, non plus

charretier que pour parler à une belle dame. » Puis elle s'en retourne au plus vite. « Eh bien! lui demande Gaydon, que vous a dit notre compagnon Gautier? n'a-t-il point voulu revenir avec vous? — Sire, répond-elle, que Dieu le confonde! Si je n'avais quitté la partie, il me faisait prendre un bain pour me rafraîchir, disait-il. On ne saurait entendre rien de plus honteux. Par le Dieu tout-puissant, je ne vis oncques si vilain chevalier, et un gentilhomme qui tient à son honneur ne devrait point prendre pareil compagnon. — Il ne m'en faut pas d'autre à cette heure, répond Gaydon ; celui-ci du moins n'ira pas sur mes brisées. » P. 266-271.

Pendant qu'ils devisent ainsi, un valet de Claresme, battu la veille par elle, s'avise, pour se venger, d'aller trouver Gui d'Hautefeuille. Il arrive dans sa tente et va s'agenouiller devant lui. « Que veux tu? lui demande Gui. — Sire, répond le valet, que donneriez-vous à qui vous dirait où est le duc Gaydon, et le mettrait si bien en vos mains qu'à trois vous le pourriez lier pour le livrer ensuite à l'empereur Charles? » Et sans attendre la réponse de Gui, il l'informe que Gaydon est dans la tente de Claresme; qu'il y est venu pour la courtiser et mandé par elle.

---

que celle de *b*, ne peut s'interpréter naturellement. Voici la leçon de *b* :

*Messires Gaydes qui se siet là arrier
Qui à vilain se fist aconpaignier.*

qui se siet là arrier est plus intelligible que *qui son siecle a arrier*; mais dans *b* comme dans *a*, le sens paraît incomplet. La leçon de *c*, au contraire, ne laisse rien à désirer.

C'est pour Gui un cruel déplaisir, mais en même temps un sujet de joie, car il pense faire trancher tous les membres à Gaydon. Il s'indigne de la déloyauté de Claresme et éclate d'abord en injures contre elle. « Qui se fie à une femme, dit-il, mériterait d'être jeté à l'eau. » Puis soudain il se radoucit et se dit en lui-même : « Mais n'ai-je pas grand tort ? Si elle a mandé Gaydon, c'est par ruse peut-être, et pour l'attirer dans un piége. Je me suis trop hâté de la croire coupable. » Le valet cependant demande sa récompense. « Tu vas l'avoir, répond Gui, et sans plus tarder. Frère, dit-il à Alori, acquittez-vous de ce soin, et que je n'en entende plus parler. » Et Alori le jette dans un fossé, où il se casse le cou avant d'arriver au fond. « La voilà ta récompense, dit Alori; quand tu reviendras nous te ferons chevalier. » — Si le Dieu de justice n'y pourvoit, il en coûtera à Gaydon d'être venu faire sa cour à Claresme. P. 271-272.

Alori et Gui son frère s'arment en toute hâte avec trente des leurs. Dans le même temps Claresme dit à Gaydon : « Fuyons sans perdre de temps. Si je restais ici jusqu'au jour il pourrait bien m'arriver malheur, et vous-même seriez en grande détresse. J'aimerais mieux mourir que d'en être cause. » Comme elle parle ainsi, Gautier, à la clarté de la lune, voit briller des heaumes et entend des destriers en marche. Il accourt à la tente et avertit Gaydon du danger qui le menace. « Il va falloir vous montrer, lui dit-il. Quant à moi, avant de mourir, je me signalerai si bien pour la femme que j'épousai toute jeune, et qui n'a pas sa pareille au royaume de France, qu'elle n'entendra pas dire que je suis un couard. » A ces mots il saute à cheval d'un bond et s'arme de sa hache qu'il étreint si fort que son poignet s'en couvre de sueur. « Voici venir les Français, dit-il à Gaydon, nous n'avons point d'aide à attendre de ceux d'Angers. Vos baisers nous coûteront cher. Ah ! Laurence, chère et tendre femme, ma compagne durant de si longs jours, si vous me perdez, je le sais, toute joie sera bannie de votre cœur. C'était vous qui veniez à la charrue m'apporter la grande gourde de corne et dans une touaille la grande tarte rebondie. Rien que de vous voir faisait ma joie; puis, le soir, je vous pressais entre mes bras et vous payais de vos peines argent comptant, sans crédit. Ce fut une grande folie à moi que de quitter, pour mon seigneur, ma terre, ma charrue et ma femme ! » Cependant le duc est monté à cheval, et Gui est arrivé près de la tente de Claresme : « Pardieu, Gaydon, s'écrie-t-il, vous avez fait là une grande folie de venir courtiser l'amie qui m'a donné sa foi et qui a reçu la mienne. — Dame, dit Gaydon à Claresme, vous m'avez attiré dans un piége, je le vois : bien fou qui se fie à une femme. — Sire, répond-elle, je me laisserais arracher la vie plutôt que de concevoir une telle pensée. J'ai ici trente hommes de ma maison qui ne vous feront pas défaut, dussent-ils en mourir. » En effet, les chevaliers de Claresme courent aux armes. P. 272-275.

La lutte s'engage d'abord entre Gui et Gaydon. Tous deux brisent leurs lances et vident les arçons. Ils se relèvent et combattent à l'épée. Le duc, d'un coup terrible, fait fléchir les genoux à son adversaire;

mais au même instant Gui est relevé et remis en selle par les siens. Gaydon, assailli de toutes parts, est en grand danger; mais le vavasseur vient à son aide, et ce secours lui permet de remonter à cheval. D'un coup de lance il transperce Auboin, un neveu de Gui, un traître plus habile à ourdir les trames qu'une femme à filer sa quenouille. Gui le voit tomber et sa colère redouble. Il assène à Gaydon un coup furieux qui n'atteint que le cheval du duc et lui tranche la tête. Gaydon tombe, se relève tout étourdi; mais il n'a plus son épée. Il implore la Vierge Marie, maudit l'imprudence qui l'a fait venir seul à ce rendez-vous et la fourberie de Claresme, qu'il croit toujours coupable. En ce moment accourt Alori; il saisit le duc par son heaume et s'écrie : « Votre mort est jurée; demain vous serez pendu par la gorge. Pour une vallée pleine d'or, je ne renoncerais pas à vous faire mettre la hart au col. » Une seconde fois, le vavasseur vient encore délivrer Gaydon, qui remonte à cheval et continue à combattre. — Du camp de l'empereur on entend le bruit de la lutte. Charles s'éveille, et plus de trois mille hommes courent aux armes. Claresme, dans le même temps, anime ses chevaliers et les menace de les dépouiller de leurs terres s'ils ne volent au secours de son amant. L'un d'eux lui répond : « Dame, c'en est fait de nous si Charles le sait. Tout votre pays sera ravagé, et c'est nous qui porterons la peine de vos folles amours; car pour vous, peu vous importe : votre paix serait bientôt faite. » A ces mots, Claresme désespérée sort de sa tente, court au duc et lui dit : « Noble chevalier, pour Dieu, ne demeurez pas plus longtemps ici. Si vous mouriez à cause de moi, je n'aurais plus de joie en ma vie. Combien je voudrais au prix de tout ce que je possède ne vous avoir point appelé à ce rendez-vous ! — Dame, répond Gaydon, pour l'amour de vous je veux encore frapper un coup avant de fuir. » Il dit, pique son cheval, et d'un coup de lance met à mort un des traîtres. Autant en fait Gautier avec sa hache, puis il s'écrie : « Allons, beau sire, fuyons, voici venir du camp un renfort d'ennemis. Si nous mourions ici, nous ne pourrions pas faire notre paix avec Dieu. » P. 275-280.

Le jour commence à poindre. Gaydon aperçoit la troupe nombreuse qui arrive du camp de l'empereur; il se décide à fuir, non sans regret. Il pousse son cheval vers Claresme, la prend dans ses bras, l'attire à lui, la place devant sa selle, sur le cou de son destrier, et s'enfuit vers la cité. Gautier le suit. Ils enfoncent les éperons dans les flancs de leurs chevaux, qui traversent à grand'peine une terre en labour, lorsque tout à coup ils vont s'abattre dans un fossé. La chute est terrible. Claresme s'évanouit trois fois et est sur le point de rendre l'âme. — Ferraut était en ce moment dans une des tourelles de la place. Il voit de loin venir les Français ; il voit son oncle, la damoiselle et Gautier tomber dans le fossé. Il donne l'alarme, fait monter à cheval plus de deux mille barons et sort en toute hâte, suivi des deux fils de Naimes, Bertrand et Richier, du preux Berart, de Sanson et de Nevelon. — Claresme les a vus venir et a retrouvé assez de force pour sortir du fossé. Elle fuit du côté d'Angers et va se cacher dans une vigne, sous un noyer. P. 280-282.

Gaydon et Gautier sont remontés à cheval. Ils aperçoivent aussi les défenseurs qui viennent à leur aide, et à cette vue ils reprennent courage. Le duc jette les yeux autour de lui, s'émeut de ne plus voir Claresme, et se signe. Au même instant vient fondre sur lui Gui d'Hautefeuille, qui lui perce son écu et lui fait vider les arçons. Gaydon se relève et se défend vaillamment; mais lui et Gautier seraient pris, si Ferraut avec ses compagnons n'arrivait à temps pour les sauver. — Mêlée générale, où se signalent les deux fils de Naimes. — Le vieux duc les reconnaît à leurs écus de Bavière, aux grands coups qu'ils donnent, à leur fière contenance. « Ah! gloutons, leur dit-il, c'en est trop. Vous faites défaut à Charles, votre légitime seigneur. Si vous êtes pris, par les saints de Bavière, je vous châtierai cruellement. — Pardieu, beau père, lui répond Richier, son jeune fils, c'est folie à vous de vous montrer si dévoué à l'empereur Charles, qui prend pour conseillers des traîtres, opprobre de la France. Jamais Gaydon ne s'est souillé d'une trahison. Il est votre cousin, et vous devriez mettre tous vos soins à ce qu'il obtînt de Charlemagne paix et amitié. Par le Dieu qui a fait feuilles et fleurs, je me laisserais plutôt honnir que d'abandonner jamais le duc Gaydon, qui est mon cousin et que j'aime. » P. 282-286.

Comme le père et le fils parlent ainsi, voici venir Ferraut, l'écu au cou, la lance au poing et en tête le heaume surmonté d'une queue de paon. Il parle haut et clair et de façon à se faire entendre de tous : « Gui d'Hautefeuille, où es-tu, parent de Ganelon, fils de putain, glouton, qui t'es vanté dans la tente de

Charles que tu m'aurais tué si je n'avais été secouru ? Viens donc ici et recommençons l'épreuve. — Rien n'est plus juste, » disent les Français, et aussitôt tous les combattants font trêve pour assister à la joute de Gui et de Ferraut. — La joute se termine par la défaite de Gui. La lance de Ferraut a percé son écu, son haubert, sa cuirasse, sa cotte et son hoqueton, et lui a enlevé dans le flanc un morceau de chair qui suffirait à repaître un faucon. « Gui d'Hautefeuille, dit Ferraut à son ennemi gisant à terre, tu sais maintenant quel jouteur je suis. Le duc Gaydon, que Dieu bénisse, ne nous laisse manquer de rien; les barons sont bien servis à sa cour, ils y ont tout ce qu'ils veulent en abondance et comme de source, tandis que toi tu languis à la table de Charles. On vous donne un chapon pour quatorze, et vous n'avez pas même de bon pain à foison. Pareilles gens ne peuvent être capables que de peu. La maison de Gaydon, au contraire, est si bien pourvue qu'on y compterait à cette heure plus de sept mille porcs, plus de deux mille bœufs, plus de treize mille chapons. Chacun en a en quantité. Le poisson foisonne aussi, et le bon froment; je ne saurais dire tout ce qu'il y en a. Il faut que Charles soit bien sot et bien fou pour penser mettre si aisément la main sur nous. Tel damoiseau de sa suite aura la moustache toute grise avant qu'il entre par force dans la cité de Gaydon. Les murailles en sont hautes, les fossés profonds et chacun de nos carreaux est scellé à plomb. » Les Français l'entendent et se disent l'un à l'autre : « Quel prud'homme que Ferraut ! comme il a jouté contre Gui ! jamais main d'homme ne frappa plus beaucoup. » P. 286-289.

La joute ainsi terminée, Français et Bourguignons s'en retournent à leur camp et ramènent à sa tente le vaincu dolent et courroucé. De son côté, le duc rentre à Angers avec Ferraut et les autres barons. — Gautier était resté en arrière. En passant près d'un buisson, il voit la belle Claresme aux mains de deux valets qui voulaient lui faire outrage. Il la délivre, la place devant lui sur l'arçon de sa selle, rentre le dernier à Angers et vient mettre pied à terre devant le palais du duc. Là les écuyers l'entourent en foule et le poursuivent de leurs huées : « Où diable a-t-il pris si gentille pucelle, ce vilain malotru? » L'un d'eux passe le bras autour du cou de Claresme et fait mine de lui prendre un baiser. Gautier tire son épée, et l'écuyer n'esquive le coup qui le menace qu'en se laissant choir tout de son long. — Grand tumulte et grands cris. — Le duc accourt pour savoir ce qui se passe; il reconnaît Claresme et la saisit. Gautier lève encore son épée et peu s'en faut qu'il n'en frappe Gaydon. « Laissez la dame, lui dit-il, vous n'avez sur elle aucun droit. C'est moi qui l'ai conquise avec cette lame d'acier; mais vous, vous l'avez abandonnée et n'avez eu d'elle nul souci. Si elle m'en croit, elle ne couchera jamais à côté de vous. — Continuez, répond Gaydon, vous ne parlerez jamais assez, et jamais je ne prendrai vos paroles en mauvaise part. — Je ne vous dirai rien de plus, fait Gautier, sinon que je l'ai sauvée. — Oui, répond Claresme, et que Dieu vous le rende! Vous n'y perdrez pas si nous vivons. »
P. 289-291.

Pendant que la joie éclate dans le palais du duc, l'empereur s'inquiète dans sa tente. Il veut qu'on lui amène son ami Gui ; il craint que sa chute n'ait des suites mortelles. Ogier l'entend, pousse du coude le duc Naimes et lui dit tout bas : « L'empereur n'est-il pas devenu fou ? A qui le sert bien il donne la pire récompense et se prend d'amitié pour un glouton de cette espèce qui n'a jamais fait que trahisons! » Comme il dit ces mots, voici venir Gui. Charles se lève, le prend par la main et le fait asseoir à côté de lui: « Ami, lui dit-il, avez-vous point de mal ? J'étais fort en peine de vous. — Sire, répond Gui, ce ne sera rien, et je m'inquiète fort peu de cette chute. Elle n'eût pas eu lieu si l'arçon de ma selle ne se fût brisé. Ce que je désire à cette heure, c'est que vous me donniez la pucelle que vous m'aviez promise. Je l'épouserai en présence de vos barons et en dépit de Gaydon et de Gautier. Ils voulaient me l'enlever, mais je les ai bien contraints de s'en dessaisir. Envoyez-la chercher à sa tente. » A ces mots arrive Gautier d'Avallon, un des vassaux de Claresme. Il s'agenouille devant l'empereur et lui dit : « Sire, que dois-je faire ? le duc Gaydon a ravi ma dame et l'a emmenée captive à Angers, où il va en disposer à son gré. » Gui entend ces paroles et devient noir comme charbon. Il ne dirait mot pour toutes les richesses de Pharaon. Ogier s'en rit et dit au duc Naimes : « Voilà une bonne proie qui échappe à ce faucon; plus d'un mois se passera avant qu'il la ressaisisse, et Charles, qui en la livrant devait avoir pour récompense un mulet chargé d'or, n'en aura rien, par saint Simon. — Seigneurs barons, dit Charles de Laon, j'ai bien sujet d'avoir le cœur en grande tristesse. Depuis si longtemps que je porte mon gonfanon, depuis deux cents

ans, on le sait, que j'ai chaussé l'éperon, j'ai abattu
l'orgueil de plus d'un rebelle. Personne ne s'est attaqué à moi qui à la fin n'en ait porté la peine. N'est-ce
pas pour moi un cruel déplaisir que de voir ce duc qui
n'était qu'un petit garçon quand je l'ai investi de son
palais d'Angers, au lieu de venir m'implorer comme il
le devrait nu-pieds, en chemise, un bâton à la main et la
hart au col ainsi qu'un larron, se montrer si félon et
si outrecuidant, lui et ses hommes qui ont l'audace du
lion. Il faut que j'aille l'épier à la dérobée, que je voie sa
contenance et que je sache si Claresme prendra Gaydon pour époux. » Ogier s'efforce de détourner l'empereur de ce projet. S'il est reconnu, dit-il, il ne s'en
tirera pas à son honneur, à moins de faire la paix avec
Gaydon. Mais l'empereur ne renoncerait pour rien à
son dessein ; ce que voyant, le duc Naimes lui dit :
« Sire, je vous accompagnerai donc ; vous n'irez pas
sans moi. » Charles y consent, et aussitôt tous deux
s'accoutrent en pèlerins. — Description de leur costume. — Ainsi déguisés tous deux arrivent à la porte
d'Angers. « Ouvrez-nous, beau frère, dit humblement
Naimes au portier. Nous sommes des chevaliers qui
revenons d'un pèlerinage au saint sépulcre. Nous retournons dans notre pays et aurions grand besoin que
le duc voulût bien nous faire donner à manger. Nous
n'osons aller au camp où il y a tant de ribauds qui ne
manqueraient pas de nous dépouiller et de nous enlever nos esclavines pour en couvrir leurs destriers. —
Entrez, leur répond le portier, entrez, pour l'amour
de Dieu, et puisse-t-il permettre que le duc Gaydon
fasse la paix avec Charlemagne son seigneur. » A ces
mots l'empereur hoche la tête. Il entre avec le duc

Naimes et tous deux s'en vont par la cité. P. 291-296.

Que de destriers s'offrent à leurs yeux dans les rues! que de bons hauberts aux fenêtres, que de heaumes brillants, que de bannières, que de forts écus, que de guerriers vigoureux et agiles, qui sont assis et jouent aux échecs revêtus de leurs hauberts et ceints de leurs épées, leurs forts chapeaux de fer à côté d'eux, pour être plus tôt prêts au besoin! A cette vue, Charles se signe: « Beau sire Naimes, dit-il à son conseiller, n'ai-je pas sujet d'être confondu et grandement courroucé, moi qui suis là dehors depuis près d'un an à la gelée, au vent et à l'orage, quand je les vois se donner leurs aises et se divertir ainsi? Si je puis les prendre avec l'aide de Dieu, ils n'auront pas bon temps : je les ferai écorcher tout vifs. — Sire, dit Naimes, laissez là vos menaces, il vous siérait mieux de prier Dieu qu'il vous accorde de revenir sain et sauf. » — Naimes dit vrai; c'est un bon conseiller. — Les deux pèlerins arrivent au palais, où ils trouvent le duc à table avec ses barons. Ce sont les fils du duc Naimes, Bertrand et Richier qui apportent les mets. Le vieux duc les voit et soupire, et sa face se mouille de larmes. « D'où êtes-vous, beau pèlerin, lui demande Gaydon, et qu'avez-vous à pleurer ainsi? « Sire, dit Naimes, ce n'est pas merveille si je pleure! Nous sommes de pauvres pèlerins, et il fut un temps où chacun de nous était seigneur justicier d'une grande terre. Nous avions des chevaux et des armes, et maintenant il nous faut mendier notre pain. Rien que d'y songer je ne puis retenir mes larmes. — Ne vous laissez point abattre, répond Gaydon, Dieu est grand, il vous viendra peut-être en aide. Prenez en grâce votre pauvreté, car tel amasse de grandes richesses qui tombe en un moment dans la misère, et tel est pauvre qui se voit ensuite dans l'abondance. Ce n'est pas la douleur qui vous tiendra en santé; allez vous asseoir : vous serez bien hébergés et bien servis, et si vous voulez retourner dans votre pays, je vous offre cent sous à chacun. Puisse le seigneur Dieu inspirer à Charlemagne la pensée de ne plus se montrer envers moi aussi cruel qu'il l'a été. C'est à tort qu'il m'a fait tant souffrir; mais puisque je ne puis retrouver son amitié, avant le mois d'avril je lui ferai endurer des peines telles qu'il n'en a ressenties de sa vie. Si je le puis prendre, il ne m'échappera pas aisément, et le dommage qu'il m'a fait éprouver sera amplement réparé. — Par la foi que je dois à Dieu, dit Gautier, si je le tenais ici, j'aurais tôt fait de lui plumer la moustache, car je n'en sais pas de plus félon. Il ne s'entoure que de traîtres et la loyauté n'a pas accès près de lui. » Charles l'entend et pense en perdre le sens. Il lève les sourcils, agite la tête et serre les dents comme un forcené. Il tient à la main un gros bourdon carré et s'il osait il en ferait sentir le poids au vavasseur. Il pèse si fort sur le bourdon qu'il le fait voler en éclats. Tous les barons le regardent et se disent l'un à l'autre : « Ce pèlerin est fou, il a le diable au corps. — Il est enragé, dit Gautier; lions-le, seigneurs, car il pourrait avoir un accès qui jetterait le trouble dans la maison. — Barons, dit le duc Naimes, épargnez mon compagnon. Il fut un temps où il était puissant, où il eût bientôt trouvé mille chevaliers pour le servir au besoin. Lui-même avait un cœur de lion, jamais homme plus vaillant ne chaussa l'éperon. Maintenant qu'il se voit pauvre, il en a le frisson au cœur et n'est plus maître de lui. — On voit bien à sa contenance, disent les assistants, que ce fût un vaillant guerrier. » P. 296-299.

Charles et Naimes sont conduits à un buffet où on leur sert du pain blanc de farine blutée, un plein baril de vin et un paon rôti à la poivrade. C'est Bertrand, l'un des fils de Naimes, qui leur verse le claret dans une coupe. Il regarde son père et le regarde encore. Il le reconnaîtrait, n'était la couleur dont le vieux duc a teint son visage. Il ne peut détacher de lui ses regards ni sa pensée, si bien qu'il en a le cœur tout ému. Il hésite et peu s'en faut qu'il ne se jette au cou du faux pèlerin. Enfin, il va trouver Richier, son frère et lui fait part de ses soupçons. — Les deux frères se consultent et se décident à éprouver eux-mêmes les pèlerins, sans éclat, sans bruit et sans en rien dire à Gaydon. — Naimes les voit venir vers la table où l'empereur et lui prennent leur repas : « Sire, dit-il, voilà mes fils ; nous sommes reconnus. » Charles alors regrette sa folie ; il sent bien, après tout le mal qu'il a fait à Gaydon, que si le duc le tient, il ne se contentera pas d'une rançon. Il se met en oraison et prie Dieu avec ferveur de détourner de lui le danger qui le menace. Cependant Bertrand et Richier s'approchent. Le duc Naimes se baisse et appuie son visage sur l'épaule de l'empereur, comme un homme qui aurait bu outre mesure. Richier regarde Charlemagne, s'agenouille devant lui, et prenant une coupe d'or qu'il remplit de vin : « Beau re lui dit-il, je ne saurais la présenter à plus grand que vous. Vous êtes le roi de France, je vous reconnais bien, et votre compagnon est le duc Naimes de Bavière, qui a céans deux fils, Bertrand et Richier. » Puis tirant l'esclavine de son père : « Beau sire père, lui dit-il, depuis combien de temps êtes-vous devenu pèlerin ? Votre traversée outre mer n'a pas été trop dure, je pense, et vous n'avez pas fait grand mal aux païens. Vous ne laissez pas que de bien faire le métier de truand ; mais ici ce sera sans profit : vous ne vous en irez pas sans vous repentir cruellement d'être venu épier mon seigneur. — Que Dieu te maudisse ! » répond Naimes, et en même temps il donne à son fils un tel soufflet qu'il en a la face toute rouge. Richier ne peut se tenir de saisir son père, de lui déchirer ses vêtements et de lui mettre à nu toute la poitrine. Charles, pour venger Naimes, dont il ne reconnaît pas le fils, prend le bâton du vieux duc et en assène à Richier un tel coup sur la tête qu'il en fait jaillir le sang. A cette vue, Bertrand se jette sur l'empereur, le tire par la barbe et si fort qu'il lui en arrache plus de cent poils. L'empereur à son tour prend Bertrand par les cheveux et le renverse sur le pavé. Richier et Naimes les séparent. De tous côtés accourent les barons. Charles est environné et recevrait plus d'un coup de bâton, quand Naimes s'écrie : « Arrêtez, gloutons ! c'est Charlemagne, le roi de Laon ! Point de rançon pour qui oserait le frapper : il aura mérité d'avoir le poing coupé. » Ferraut a entendu ces paroles, et toutes les richesses de Pharaon ne le rendraient pas si joyeux. Il fend la presse, s'approche de l'empereur et lui demande s'il est vrai qu'il soit Charles, le roi de Laon. « Par Dieu, répond

Charles, je ne le puis nier. Ce sont les malins esprits Pilate et Néron qui m'ont amené ici, ou c'est que j'avais trop bu, par saint Simon ! Je n'ai voulu écouter chevalier ni baron. Si l'aventure tourne à ma honte, je l'aurai bien mérité. — Soyez sans crainte, sire, répond Ferraut. S'il plaît à Dieu, il ne vous arrivera pas mal céans. C'est le Ciel qui a voulu que vous vinssiez à Angers dans le palais du duc pour faire votre paix avec lui. — Et comment faire ma paix, dit Charles, avec un glouton qui m'a voulu mettre à mort ? — Sire, dit Ferraut, ce sont là paroles perdues. Le duc est prêt à se soumettre au jugement de vos pairs et de vos barons. Rappelez vous donc la trahison de Ganelon et le grand deuil qui en fut la suite. Il n'y eut pas un baron dans toute votre cour qui osât l'accuser et lui offrir la bataille. Gaydon seul, qui n'était encore qu'un jeune écuyer, osa être son accusateur, combattit contre Pinabel, un neveu du traître, et fut vainqueur. Alors Ganelon fut traîné et pendu comme larron, à la grande honte d'Alori et de Gui, de Bérenger et de Thibaut d'Aspremont. De là le dessein qu'ils formèrent de vous mettre à mort et dont ils rejetèrent l'infamie sur Gaydon. Vous avez chassé le duc, et c'était déjà un injuste châtiment. Depuis, vous avez ravagé ses domaines. Les parents de Ganelon, les Hardré, les Amboin, les Milon et tous ceux de cette engeance malfaisante vous sont plus chers qu'aucun prud'homme de votre maison. » P. 299-305.

Charles entend ces paroles, baisse la tête et demeure longtemps silencieux. Ferraut le prend par la main, lui et le duc Naimes, et les emmène dans une chambre où ils se lavent le visage et se revêtent de riches habits. Puis, il se rend auprès de Gaydon : « Sire, dit Ferraut au duc, il vous faut rendre grâces au Roi du ciel qui vous fait aujourd'hui un honneur plus grand que n'en reçut jamais personne au monde. Vous avez vu les deux pèlerins qui sont venus céans ? Eh bien, l'un est l'empereur Charlemagne, l'autre est le vaillant duc Naimes. Leur dessein était de vous épier. » A ces mots, le duc bondit sur son siége. Tout l'or de Constantin ne le rendrait pas si joyeux. « Et où sont-ils ? s'écrie Gaydon ; ma joie est sans pareille ! Elle va donc finir, cette guerre mortelle, ou, par le Dieu qui nous créa ! Charles passera une mauvaise journée avant de sortir de mes mains. » — Alors se lèvent et le vieux Riol, et le preux Gaydon, et le sage Ferraut, et le noble Amaufroi, et les deux frères Bertrand et Richier. Tous ensemble se rendent dans la chambre de l'empereur. Riol entre le premier, tenant Gaydon par son manteau d'hermine. Ils s'agenouillent sur le pavé de marbre, et Riol, le plus âgé de tous, parle en ces termes : « Que le seigneur Dieu qui mourut en croix sauve l'empereur Charlemagne qui nous a en sa garde et à qui nous devons foi et loyauté ! Beau sire roi, écoutez, s'il vous plaît : cette guerre a trop duré ; elle a causé la mort de maint gentilhomme, la ruine de mainte église et le veuvage de mainte dame qui vous maudit chaque jour. C'est merveille que la terre ne s'entr'ouvre sous vos pas ! Gaydon, mon neveu, est un noble chevalier ; jamais mère n'en mit au monde un plus loyal. Vous avez bien mal reconnu le grand service qu'il vous rendit lorsque pour vous, Sire, il combattit contre le traître Pinabel. Les traîtres vous ont tellement ensorcelé, que votre cœur est tout à eux et qu'un loyal serviteur n'y peut trouver accès. Au nom du Dieu qui mourut sur la croix, cessez de poursuivre Gaydon de votre haine. — Oui, ajoute le duc, et si vous l'agréez, je me soumets au jugement de vos barons. Sire, c'est à grand tort que vous m'avez pris en haine; Dieu m'est témoin que je ne songeai jamais à vous trahir. » L'empereur l'entend et se sent ému de pitié. « Duc Gaydon, lui dit-il, me voici pris, par Dieu, comme un ours à la chaîne : il me faut en passer par vos volontés; vous me promettez donc de vous en tenir à la décision de mes barons, soit qu'on vous appelle en bataille, soit qu'on vous mette en jugement. Il faut de plus qu'on m'amène le glouton qui m'a tiré la moustache. Il y a deux cents ans passés que je suis armé chevalier; j'ai conquis depuis lors trente-deux royaumes dont je suis partout proclamé seigneur et roi, et jamais encore je n'avais trouvé un homme qui osât s'attaquer à ma moustache. Celui-là a mérité d'avoir le poing coupé. » A ces mots Bertrand s'avance, s'agenouille et tendant humblement le poing à l'empereur, lui dit : « Gentilhomme sire, voici mon frère qui a la tête bandée à cause du coup qu'il a reçu de votre grand bourdon ferré; je n'ai pu le voir frapper sans entrer en courroux, et si je vins à son aide, je n'en puis être blâmé; car je ne savais pas que vous fussiez une tête couronnée. Voici mon poing, qu'on me le coupe sur l'heure si vous l'ordonnez. — Ah! dit l'empereur, il faudrait avoir perdu le sens, je ne l'ordonnerais pas pour un royaume. Je te pardonne ici et devant Dieu; si tu vis tu seras un vaillant homme.» Puis, s'adressant au duc : « Gaydon, puisqu'il est convenu que vous vous soumettez au jugement de nos hommes, vous pouvez venir avec moi dans mon camp. — A vos ordres, répond le duc ; vous êtes mon seigneur, je vous dois l'obéissance. Et ce que j'en fais n'est point par lâcheté, croyez-le bien : j'ai encore dans cette cité plus de vivres qu'il n'en faut pour un an, et des gens, ce que vous en pouvez voir. — Ils me sont bien connus, répond Charles, et les miens ont éprouvé leur valeur en plus d'une rencontre. » P. 305-310.

L'empereur monte sur un palefroi qu'on lui amène, et c'est Gaydon qui tient l'étrier. Il sort d'Angers et s'achemine vers son camp, suivi du duc, de Naimes, de Riol et d'autres barons. Aucun d'eux ne porte ni lance ni épée. Gui d'Hautefeuille les voit venir de loin ainsi désarmés : « La paix est faite ! s'écrie-t-il. S'il en est ainsi, seigneurs, dit-il aux autres traîtres, nous sommes perdus ! Eh bien, qu'on me pende comme un larron si avant le coucher du soleil je n'ai pas frappé au front et Gaydon et Charlemagne. Il y a longtemps déjà que nous aurions dû tirer vengeance de l'empereur. — Oui, répond Alori, il faut le tuer, lui et le duc Gaydon, après quoi nous te ferons couronner roi de France. Oui, tu seras roi, par les yeux de ma tête, et voici par quelle trahison : Nous ferons dresser notre riche tente, qui est si belle, auprès de ce bois; nous inviterons Charles à y venir ; nos gens seront cachés dans le bois, ils se saisiront de lui, et nous disposerons de son sort à notre gré, soit pour le mettre à mort, soit pour le jeter en prison. Il a tant vécu, qu'il tombe en enfance. C'est une honte à nous de ne l'avoir pas encore tué ou empoisonné. — Bon conseil ! répondent les traîtres. Si Gui est roi, nous y gagnerons tous : nous serons baillis de sa maison, et notre lignage, qui est si nombreux, nous aidera à maintenir le royaume. Que personne n'ouvre un avis contraire, sous peine d'être pendu sur l'heure. » Tous les traîtres se lient par serment et se mettent aussitôt à l'œuvre. Ils font dresser leur tente, qui était la plus belle du monde. Les principaux pans en étaient de soie historiée à personnages. Sur le pommeau se voyait un dragon aux yeux brillants comme des charbons embrasés et qui éclairaient dans l'obscurité de la nuit. C'est sous cette tente que les traîtres réunis arrêtent leurs dernières dispositions. Charles ne fera point difficulté d'y venir, tant est grande sa confiance en Alori et en Gui. Une fois entre leurs mains, ils le retiendront prisonnier, pieds et poings liés, à l'insu des Français et des Bourguignons, puis ils feront plier leur tente et s'éloigneront par une marche de nuit que favorisera le clair de lune. Dès qu'ils seront délivrés de l'armée de Charles, le reste ne sera plus rien. Les Français se joindront à eux, et, s'il en est qui soient hostiles, ils seront tous mis à mort. — Que Dieu protége Charlemagne, qui n'a nul soupçon de cette trahison et qui en ce moment arrive d'Angers avec le duc Gaydon ! P. 310-313.

De nombreux chevaliers courent à leur rencontre; Gui d'Hautefeuille les précède, met pied à terre en arrivant près de l'empereur, se prosterne et lui dit : « Sire, que Jésus, fils de Marie, vous garde de mort et de malheur, vous et tous ceux qui vous accompagnent ! La paix est-elle faite, Sire ? De grâce, ne me le celez pas ; si elle est faite, c'est une grande charité. La guerre avec tous ses maux a duré trop longtemps et a déjà fait trop d'orphelins. » En même temps il dit tout bas : « Par le Dieu tout-puissant, vous mourrez dans les tourments, et le duc Gaydon avec vous ! — Gui, répond Charles, la paix n'est pas entièrement conclue ; mais voici Gaydon qui vient en conférer avec moi ; il s'en remet à notre jugement. — Il a raison, répondit Gui, car il a maint ennemi puissant, et moi-même je ne l'aime nullement ; mais s'il se décide à prendre de bons sentiments pour vous, je l'aimerai de tout mon cœur et lui ferai grâce de mon inimitié. — C'est bien dit, reprend Charles, la paix sera faite, s'il plaît à Dieu. » Ils se dirigent alors vers le camp. Gui chevauche à côté de l'empereur, au grand déplaisir du duc Naimes. Arrivés à la tente de l'empereur, ils mettent pied à terre, et le bon duc Naimes dit à Gaydon : « Il se fait tard, le soleil baisse ; vous savez que Gui et tous ses parents vous haïssent ; je crains fort pour vous quelque mauvais coup de leur part. Prenez congé de l'empereur, si vous m'en croyez, et revenez demain à l'aube du jour pour entendre son jugement. » Gaydon remercie le vieux duc, qui, s'adressant à Charles, lui dit : « Sire, voici la nuit qui approche ; donnez congé, je vous prie, jusqu'à demain matin au duc Gaydon. Je me porte garant sur tout ce que je possède qu'il se représentera pour entendre votre jugement. » — L'empereur y consent. Gaydon prend congé de lui après l'avoir supplié à mains jointes de ne point écouter les conseils des traîtres. C'est pour Gui un cruel désappointement que de voir le duc retourner à Angers. Il pensait bien le mettre à mort traîtreusement. — Maintenant, que Charles se garde bien : c'est sur lui que va retomber le courroux des traîtres. P. 313-316.

Gaydon parti, Charles reste avec ses barons. Le brave Danois s'assied à côté de lui, et lui demande des nouvelles de sa reconnaissance. L'empereur lui raconte les dangers qu'il a courus, les outrages qu'il a essuyés. « Mais grâce à Dieu, dit-il, Gaydon revient pour se défendre en bataille ou en jugement du crime dont je l'ai accusé. Dieu me pardonne, je crains fort, à ne vous rien celer, de lui avoir fait à tort souffrir de grands maux et d'avoir trop écouté tous les mauvais discours des parents de Ganelon et de Hardré. — C'est la vérité, Sire, vous les avez élevés trop haut dans votre cour. — Certes, dit Charles, ils n'en seront plus les familiers, excepté Gui, le bon guerrier; car il y a en lui du cœur et de la vaillance. Il ne ressemble pas à Alori, à Hardré, à Ganelon, ni au reste de cette race. Il est plein de loyauté, j'en suis certain pour l'avoir éprouvé. » Ogier l'entend et pousse du coude le duc Naimes. Hélas! l'empereur ne sait pas que les traîtres ont comploté sa mort. Si Dieu ne le protége, il ne reverra plus la lumière du jour. P. 316-317.

Tous les barons prennent congé de Charles et rentrent dans leurs tentes. Le roi de Saint-Denis reste seul avec Gui et Alori, qui lui sont chers et qui le haïssent plus que l'Antechrist. « Sire, lui dit Gui, par le Dieu de paradis, daignez vous rendre à ma prière; venez vous ébattre dans ma tente; je vous montrerai un envoi que l'on m'a fait : douze butors, quatre-vingts perdrix, quatre faisans et vingt-six lapins, deux saumons et cinq ou six lamproies. Venez, Sire, vous serez bien servi. — Volontiers, bel ami, » répond Charles. Le vieux roi se lève : Gui d'Hautefeuille le prend par la main et l'emmène à petits pas et aux flambeaux. Arrivé dans la tente des traîtres, Charles s'assied à la table d'honneur. Il y boit tant, qu'il en est tout étourdi. « Depuis plus d'un an que je suis dans ce pays, dit-il à Gui d'Hautefeuille, je n'ai pas encore été si richement servi. » Ah! Dieu de gloire, vrai roi du paradis! il ne voit pas le piége qu'on lui a tendu. Il a été richement servi, mais il le payera cher. — Gui se lève et va trouver son frère Alori : « Frère, lui dit-il, faites amener nos hommes et charger nos sommiers; il est temps de partir. » Alori fait partir ses gens sans bruit. Gui sort de la tente et y rentre bientôt après, comme une bête effarouchée. « Sainte Marie, reine couronnée! s'écrie t-il. bon roi de France, un grand malheur nous arrive. Si Dieu n'y pourvoit, votre mort est jurée. Voici Gaydon avec ses gens en armes : tout le pays en est couvert; fuyons, votre armée est défaite! Je ne vous abandonnerai pas, dussé-je y périr. » Charles a changé de visage : « Ah! Dieu, protégez-moi! protégez-moi, sainte Vierge couronnée! » Gui d'Hautefeuille fait monter l'empereur sur un cheval et le fait entourer par plus de mille des traîtres qui lui annoncent la mort de Naimes, son conseiller chéri, celle d'Ogier le Danois et de tous ses barons. Ils lui conseillent de fuir s'il veut sauver sa vie. L'empereur soupire, se lamente et se laisse emmener. — Ils chevauchent à la clarté de la lune. Charles pleure, et sa barbe blanche est toute mouillée de ses larmes. Il est aux mains de ceux qui ont juré sa mort, mais il sera sauvé par le Fils de sainte Marie. P. 317-320.

Gaydon, cependant, dort paisiblement dans sa couche, lorsqu'une clarté soudaine, aussi vive que celle de trente cierges, illumine sa chambre où se fait entendre une voix de paradis. Le duc s'éveille et fait le signe de la croix. « Sois sans crainte, bel ami, lui dit un ange. Jésus te mande de te lever à l'instant, de faire armer tes gens et de courir au secours de Charlemagne. Si tu n'obéis, l'empereur est perdu. Il est aux mains de Gui, de son frère Alori et de leurs parents, qui ont dessein de l'emmener en pays étranger. Je ne t'en puis dire davantage, je te quitte; sois prompt, tu redeviendras un jour l'ami de Charles. » A ces mots, Gaydon rend grâces à Dieu et se hâte d'obéir à l'ordre céleste. Lui et ses hommes sortent de la ville à bride abattue. La lune luit pour eux et les éclaire comme ferait le soleil à son midi, tandis que les traîtres qui emmènent Charlemagne ont peine à reconnaître leur route dans l'épaisse obscurité qui les environne. A minuit, ils s'arrêtent près d'un bois et tiennent conseil. Que feront-ils de l'empereur ? « Si vous m'en croyez, dit Alori, avant le jour il aura la tête coupée et nous en serons enfin délivrés. » — Mais Gaydon chevauche toujours avec ses nobles barons. Après les avoir longtemps guidés : « Écoutez ! leur dit-il, ils ne sont pas loin les traîtres qui tiennent entre leurs mains notre légitime seigneur. Apprêtez-vous à combattre vaillamment. — A vos ordres, » répondent-ils. P. 320-323.

La nuit s'écoule, et aux premières lueurs du jour

on voit briller de part et d'autre les heaumes et les écus d'or. « Ah! traître Gui, s'écrie Gaydon, tu ne nous échapperas pas! L'empereur fut bien fou de se fier à toi; mais, s'il plaît à Dieu, il va être vengé. » Il dit, pique son cheval et perce le cœur au premier traître qu'il atteint. Gui et les siens courent aux armes, et les deux troupes se mêlent. Malgré sa valeur et celle de ses hommes, Gaydon est sur le point d'être vaincu, lorsque Gui voit venir de loin le duc Naimes et les barons de France. Alors il ne songe plus à lutter et prend honteusement la fuite avec Alori. Charlemagne ainsi abandonné se lamente et ne sait plus que faire. Il aperçoit Gaydon. « Noble chevalier, si tu me donnes la mort, tu commettras un grand péché et ce sera une honte pour tous les tiens. Je t'abandonne mes domaines. J'ai trop vécu, je le vois bien. » A ces mots, le duc, tout ému, met pied à terre, s'agenouille devant Charles et lui rend son épée. Au même moment, surviennent Ogier et Naimes, suivis de leurs compagnons. Leur joie est grande en revoyant l'empereur, qui les embrasse tendrement et leur raconte ensuite comment le traître Gui lui a fait croire qu'ils avaient tous péri sous les coups de Gaydon. P. 323-325.

Gui et Alori ont abandonné, en fuyant, bon nombre de leurs parents. Gaydon les fait saisir et lier étroitement. Il obtient d'eux l'aveu que leur dessein était de mettre à mort Charlemagne. L'empereur rend grâce à Dieu et à Gaydon de lui avoir sauvé la vie. Il prend le duc par la main et lui dit : « Gaydon, je vous rends le fief que vous tenez de moi, et désormais vous avez toute mon amitié; pour vous en donner un gage, je vous investis de la grande senéchaussée de France. — Quelle courtoisie! dit Naimes. Remerciez-en l'empereur devant tous les barons. » Gaydon s'incline profondément et s'apprête à baiser les pieds de Charles, qui le relève et veut oublier le passé. — L'empereur et le duc, ainsi réconciliés, font leur entrée à Angers au son des cloches qui sont mises en branle par toute la ville. Arrivé au palais de Gaydon, Charles lui demande où est Claresme. « Elle est belle, lui dit-il, elle est courtoise et bien apprise; elle a une grande terre et de puissants amis. Faisons vos noces, pardieu! » On amène la belle. L'empereur la prend par la main et lui demande si elle consent à accepter Gaydon pour époux. — Que Jésus vous bénisse, Sire, répond-elle : je serai à lui, si telle est sa volonté. — Il ne me déplaît point, dit le duc. — Eh bien, reprend Charles, puisque tous deux sont d'accord, unissons-les. » On se rend au moutier en grande cérémonie et on les marie au nom de la Vierge. — Les noces durèrent huit jours; le neuvième jour la cour se sépara. Charles s'en retourna en France; il dit adieu à Gaydon, et tous deux pleurèrent en se séparant. Gaydon resta à Angers avec sa femme; mais leur union ne fut pas de longue durée, car elle mourut moins d'une année après. Gaydon eut une telle douleur de cette perte, qu'il ne put s'en consoler. Il fit le serment de renoncer à sa seigneurie, et l'histoire dit qu'en effet il se rendit dans un désert où il se fit ermite. Lorsqu'il mourut, son âme s'en alla blanche et pure devant le Créateur de toutes choses. Quant à Gui, il rentra en grâce auprès de Charlemagne, par ses richesses, par ses belles paroles et par la puissance de sa parenté. A force de présents, le traître maudit reprit sa place parmi les familiers de l'empereur, et le trompa encore plus d'une fois.

Ici se termine la chanson de Gaydon. Qui vous en dira plus long l'inventera. P. 325-328.

GAYDON

Qui or voldroit entendre et escouter
Bonne chanson, qui moult fait à loer,
C'onques traîtres ne pot nul jor amer,
Ne li fu bel qu'il en oïst chanter,
C'est de Gaydon, qui tant fist à loer,
Dou duc Naynmon, qui tant fist à amer,
Et dou Danois, qui fu nés outremer;
Aprez, de Charle, nostre emperere ber,
Qui en Espaingne fu tant por conquester
Qu'aprez les peres convint les fiuls aler.
Ne la pot toute panre ne aquiter;
La mors Rollant le fist moult reculer
Et mains conquerre, et mains l'en fist douter.
Huimais orrez d'un fier glouton chanter,
C'est de Thiebaut, qui d'Aspremont fu nés;
Freres fu Gane, dont tant oï avez,
Qu'an Ronscevauls traï les .XII. pers,
Et les .XX. mil de chevaliers armez.
Et cil Thiebaus parfist moult à douter :

Suens fu Montaspres, s'en tint les heritez,
Et Hautefoille, celle noble fretez ;
En Alemaingne ravoit grans poestez,
De par sa fame tenoit quatre citez,
Et .x. chastiaus et autant fermetez ;
Bien puet en ost .II. mil homes mener,
A cleres armes, à destriers sejornez.
Un jor s'en vint fors de l'ost deporter
Par defors Nobles, por les murs esgarder :
Li empereres i fist s'ost sejorner.
Bien furent .VII. de cel mal parenté,
Qui tuit sont conte, duc et demainne et per ;
Puient .I. tertre, s'ont un val avalé,
En un broillet là se sont arresté.
L'ost de France ont véu et esgardé,
Si com il sont à Nobles la cité.
De .III. grans lieues ne sevent tant garder
De nulle part, par terre ne sor mer,
Que onques voient fors pavillons et trés.
Thiebaus les voit, si commence à panser ;
Par maintes fois prinst coulor à muer.
Dist Auloris : « Or avez moult pansé ;
« Moult est li rois de grant nobilité. »
Thiebaus respont : « Je ne le puis amer :
« Par maintes fois a fait mon cuer irer,
« No lingnaige a honi et vergondé,
« Gane, mon frere, fist ardoir en .I. ré
« Sor Rochepure, et tout discipliner,
« Et Pynabel, mon neveu l'alosé,
« Fist il à coes de chevax traïnner.
« Mal soionz nous de si haut parenté,
« Quant ne l'avons murtri et estrainglé.
« Qui no lingnaige auroit bien assamblé
« Par touz les lieus où il a poesté,

« Toz li plus povres, qui mains porroit mander,
« Porroit en ost .ii^m. homes mener,
« A cleres armes, à destriers sejornez. »
Dist Auloris : « Tout ce laissiez ester ;
« Ce fait Gaydons, nostre annemis mortex,
« Il et ses oncles, dus Naynmes li senez,
« Et li Danois, cui Dex puist mal donner!
« Cil sont dou roi del tout issi privé
« Que ses conseuls ne puet sans euls finer.
« Véez lor tentes (toz les confonde Dés!)
« Com il sont prez de cel demainne tref.
« Mais qui porroit .i. bon conseil donner,
« Que poïssiens Gaydon au roi mesler,
« Nostre annemi qui tant noz a grevé,
« Si le noz die, por Deu de majesté. »
Thiebaus a dit : « Or oiez mon pansé ;
« Quant fui petis, dès que je soi aler,
« Mis fui as laittres, por iestre plus senez ;
« A Saint Denis fui bailliez à l'abé,
« Le plus saige home de la crestienté.
« Mes oncles fu, si m'ot en grant cherté ;
« Plus savoit d'art et de l'autorité
« De nyngremance, plus que hom qui soit nés.
« Tant m'en aprinst que g'en soi à plenté ;
« Car aprez lui cuida que fuisse abez,
« Ou à Paris à evesques posez.
« Ganes mes freres ne le volt endurer :
« En Espolisce me fist à lui mander,
« Là me fist il chevalier adouber,
« Et me donna Montaspre an herité,
« Et Hautefoille, qui tant fait à loer.
« Encor n'ai pas mon grant sen oublié ;
« Encor ai je tel herbe mecinnel
« En .i. escring, en mon demainne tref,

« Qui l'averoit en un mortier triblé,
« Et de blanc vin si l'éust destrempé,
« On en porroit parmains si meciner
« Dex ne fist home qui de mere soit nés,
« S'il en avoit .I. poi le col passé,
« Confession li léust demander,
« Les iex dou chief ne li face voler,
« Le cuer dou ventre et partir et sevrer.
« G'en ferai ja .I. bel present porter
« A Karlemaine, nostre emperere ber,
« De par Gaydon cui il puet tant amer.
« Il n'i a home où miex se puist fier ;
« Il l'ainme tant, ne s'en porra garder
« Qu'il n'en menjust : ce porra lui peser.
« Lors sera mors, ne porra plus durer.
« Roi me ferez en France coronner ;
« Si voz donrai les riches heritez,
« Orliens, et Rains, et Biauvais la cité.
« Nostre annemi sont en mal an entré :
« Ogiers et Naynmes seront ars en un ré,
« Gaydes sera à chevax traïnnez. »
Et cil respondent : « Or avez bien parlé ;
« Cist conseuls iert tenus et créantez. »
A ces paroles ont le pui avalé,
Isnellement en sont venu as trés.
Son seneschal a Thiebaus apellé :
« Amis, fait il, mon tref me delivrez,
« Que n'i demort nus hom de mere nés,
« Ne clers, ne prestres, ne moinnes, ne abez ;
« Et voz méismez voz irez deporter,
« Car tel mal ai que je ne puis durer.
— Sire, fait cil, si com voz commandez. »
Li seneschaus fist le tref delivrer ;
Li traïtor s'assistrent lez à lez.

Thiebaus lor va les herbes aporter ;
En .I. mortier les ont fait pesteler,
Et de blanc vin l'ont moult tost destrempé.
Trente parmains en ont si mecinez
Dex ne fist home qui de mere soit nés,
S'il en avoit .I. poi le col passé,
Confession li léust demander,
Les iex dou chief ne li face voler,
Le cuer dou ventre et partir et sevrer.

Dist Auloris : « Seignor, or faitez pais :
« Prennez .I. mes que ne voionz jamais,
« Qui de parler soit saiges et entais,
« Si l'envoions à l'emperéor d'Ais.
« Les parmains port, si noz aura refais
« De par Gaydon, à cui n'auronz ja pais
« Devant adonc que il sera desfais. »
Thiebaus a dit, li traïtres mauvais :
« Dex voz en oie, li gloriouz, li vrais ! »
Auloris garde, li traïtres punais,
Voit un garson qui fu et ors et lais ;
De la cuisinne ist lassez et estrais.

De la cuisinne ez issu le garson,
.I. Prouvenciaus, qui le cuer ot felon.
Voit le Auloris, si l'a mis à raison :
« Amis, dit il, tes peres fu preudom ;
« Tu porteras cest present à Karlon.
« Ne dire pas que nouz li envoionz,
« Mais de la part au riche duc Caydon,
« Le fil Joiffroy l'Angevin, le baron,
« Qu'il ainme mieus c'omme de sa maison.
« Au revenir, auraz gent guerredon :
« Je te donrai mon hermin pelison,

« Mon palefroi et mon esmerillon.
— Vostre merci, sire », dist li garsons.
Auloris prinst .I. bliaut à girons,
Vestir li fist sans point d'arrestison :
Plus bel ira au roial pavillon
Sa raison dire, devant le roi Karlon.

Quant li garsons se fu appareilliez,
Chauces de paile de cordoan chauciez,
Prent la toaille, à son col la pandié,
Et prent la guiche, an destre poing la tient,
An cheval monte, Auloris tint l'estrier ;
Au tref roial s'est li gars adreciez.
Par devant l'uis encontre .I. escuier :
« Amis, fait il, est or li rois couchiez ? »
Et cil respont que n'i volt atargier :
« Nenil, fait il, on le doit deschaucier ;
« Li chambellain parolent dou couchier.
— Amis, fait il, or tenez cest destrier,
« Tant que je aie icest present baillié ;
« Se g'i gaaing, certez, mieus voz en ier.
— Vostre merci, sire », dist l'escuiers.
Il descendi, et cil li tint l'estrier.
En maistre tref s'en vait li pautonniers,
Treuve le roi et maint bon chevalier.
Quant il parla, bien fu qui l'entendié :
« Cil Danmledex, qui tout a à baillier,
« Cil saut le roi, par la soie pitié,
« Et avec lui ses privez conseilliers,
« De par Gaydon, le fil Joiffroi d'Angiers,
« Qui voz envoie dou fruit, si en mengiez.
« Parmains i a, qui moult font à prisier,
« Et bon claré, qu'il n'a meillor soz ciel.
— Moult grans mercis, li rois li respondié,

« Le sien present doi je moult avoir chier.
« Encor n'a gaires donna moi .xx. destriers ;
« Par saint Denis, je li merirai bien.
— Sire, fait cil, or me donnez congié
« Qu'à mon seignor soie à son deschaucier.
— Amis, dist Karles, bien fait à otroier.
« Le matin soiez à mon appareillier :
« Se sers por armes, ferai toi chevalier,
« Et se tu iez sergans d'autre mestier,
« Tant te donrai et argent et ormier
« Toz tes lingnaiges i aura recovrier.
— Grans merci, sire », ce dist li pautonniers.
Isnellement revint à l'escuier,
Tost est montez, et cil li tint l'estrier.
Au tref Thiebaut est li gloz repairiez ;
Mais Auloris à l'encontre li vient,
L'un de ses bras au col li a ploié :
« Amis, dist il, comment as esploitié ?
— En non Deu, sire, ce dist li garsons, bien ;
« [^bLe claré] vi de main en main puirier
« Et les parmains donner as chevaliers. »
Dist Auloris : « Tu as bien esploitié. »
.I. parmain tint que il ot afaitié :
« Tien cestui, frere, je le t'ai estuié. »
Et cil le prinst, qui ne s'i sot gaitier
Que n'en menjast à son grant encombrier.
Il n'en ot pas passé le col très bien
Que li volerent andui li oil dou chief;
Li cuers dou ventre li part en .II. moitiés,
Par devant lui chaï mors à ses piés.
Voit le Auloris, onques ne fu si liés.
« Avois ! s'escrie li cuivers renoiez.
« Par Deu, dist il, nos puisons viennent bien ;
« S'or en menjüent li rois ne li princier,

« Ainz la complie sera Ganes vengiez. »

Oiez, seignor, com Dex ot Karlon chier,
Qu'il nel laissa honnir ne vergoingnier.
Ez voz entré .i. danmoisel legier ;
Fiz fu .i. conte qui moult fist à prisier,
En sa main porte .i. bon coutel d'acier ;
Parmains paroit, tex iere ses mestiers.
Devant le roi s'estoit agenoillez.
Li rois l'anmoit et si le tenoit chier ;
Cortoisement l'en prinst à arraisnier :
« Par Deu, sire anfes, moult voz voi volentiers.
« Voz fustez fiz au riche duc Gaiffier,
« Qu'an Ronscevaus se laissa detranchier
« Avec Rollant et avec Olivier ;
« J'amai le pere, si tenrai le fil chier.
« Par saint Denis, gel voz merirai bien :
« De .ii^c. homes voz acrois vostre fief.
— Grans mercis, sire », li anfes respondié.
Et Karlemaines, par moult grant amistié,
Tint .i. parmain, à l'anfant l'a baillié.
Et cil le prinst, qui ne s'i sot gaitier
Que n'en menjast à son grant encombrier.
Il n'en ot pas passé le col très bien
Que li volerent li bel oil de son chief ;
Li cuers dou ventre li parti et fandié,
Devant le roi chaï mors à ses piés.
Li rois le voit, n'ot en lui qu'aïrier ;
Entre ses bras l'en ala redrescier,
Puis le resgarde et avant et arrier.
Quant sain le voit, moult s'en est merveilliez,
Fors que des iex qui volerent dou chief.
Adonques primes s'aperciut li rois bien
Par le mes fu c'on li ot envoié ;

Adont s'escrie li riches rois proisiez :
« Par Deu, seignor, tuit iestez engingnié,
« Trestuit icil qui dou fruit ont mengié.
— Avois ! s'escrient li baron chevalier,
« Chascuns de noz tient le sien tot entier. »
Lors en aorent le Glorioz dou ciel.

NOSTRE empereres fu forment corresouz ;
Deu en jura, le pere gloriouz :
« Encor voir hui amoie plus Gaydon,
« Le fil Joffroy l'Angevin, le baron,
« Que ne faisoie home de ma maison ;
« Et or me cuide ocirre en traïson,
« Et par le fruit qu'aporta uns garsons !
« Dex me confonde parmi la crois, en som,
« Se mais menjuz de char ne de poisson,
« Ne ne bevrai de claré, de vin bon,
« S'aurai tenu son cuer dedens mon poing. »
Li rois manda Girart de Roussillon,
Gui de Biaufort et Aymon de Dordon :
« Entr'euls amainnent .II^m. compaingnons
« Por iestre prest de ce que rouverons. »
Et cil respondent : « A Deu benéison ! »
[^{b} Li mes] s'en torne à force et à bandon,
A chascun dist le messaige Karlon,
Puis s'en repaire, si l'a mis à raison :
« Drois empereres, vez ici vos barons.
— Dex ! dist li rois, com demoré il ont ! »
Cil sont venu devant le roi Karlon.
Karles li rois lor conte l'achoison ;
Cil s'en merveillent et font crois en lor frons.
Premiers parla Girars de Roussillon :
« Drois empereres, ditez que noz ferons.
— Baron, dist Karles, quant iestez compaingnon ?

— .IIᵐ., sire, ne sai s'assez estonz.
— Oïl, dist Karles, car tuit iestez preudom.
« Dirai voz ores com m'a servi Gaydons,
« Li fiz Joiffroi l'Angevin, le baron,
« Que plus amoie c'omme de ma maison :
« Or me voloit ocirre en traïson,
« Et par le fruit qu'aporta uns garsons.
« Dex me confonde, qui souffri passion,
« Se mais menjus de char ne de poisson,
« Ne ne bevrai de claré, de vin bon,
« Si l'aurai ars en feu ou en charbon,
« Se il est chose quel loent li baron.
« Gaydes set bien les voies et les pons ;
« Il s'enfuira anquenuit à larron,
« Car il ne set se ge sui mors ou non.
« Mais, par l'apostre c'on quiert en pré Noiron,
« Se je ne l'ai en ma commandison,
« Demain, au jor, ansois que prime sont,
« Poi voz poez fier es iex dou front ;
« Ne voz lairrai vaillant un esporon. »
Et dist Girars : « Trop i perdrions donc ;
« Dormez séur, car bien le gaiterons. »
A .IIII. fois le trait à un bouzon,
Sor la riviere, dont il gardent le pont,
Sont embuschié, ainz nes aperciut on.
Sainte Marie ! or aidiez au baron,
Qu'il ne set mot de ceste traïson,
Que li porchace dans Thiebaus d'Aspremont :
Soef se dort dedens son pavillon.

Li dus se dort en son lit d'olyfant;
Dedens son tref de bon paile auffriquant
N'i avoit cierges ne chandeille alumant,
Mais escharboucle qui sont cler et luisant :

Tout adez vont de clarté tensonnant.
A mie nuit ja ne sera si grant,
Ne ja obscure ne sera si forment,
Que on nen voie tout aussi clerement
Comme de main, endroit prime sonnant.
.IIII. kalendres li chantoient devant,
Et commensoient dès le soleil couchant,
Puis ne finoient jusqu'à l'aube apparant.
A mie nuit, par som le coc chantant,
Une avison li vint en son dormant,
Que il estoit en Valie la grant,
En sa forest esgarez si forment
Qu'il n'avoiast por nulle riens vivant.
Devers le ciel venoit .I. aygles grans,
Teste avoit rouge, vermeille comme sanc,
Tout debrisoit quant qu'aloit ataingnant;
Par lui venoit tant orgoillousement
Qu'il li tranchoit le chief de l'aufferrant.
Li dus descent, son destrier complaingnant;
Et .VII. sangler li venoient devant,
Qui l'assailloient moult angoissousement.
Par devers destre venoit .I. pors moult grans,
Tex .IIII. plaies li faisoit en ses flans
De la menor morust .I. amirans.
Li dus l'agarde tout droit par de devant,
Tel cop li donne de l'espée trenchant
Toute li vait dedens le cors boutant,
Estorst son cop, si l'abat mort atant.
Li dus s'esveille et s'assist maintenant;
.I. gentiz moz li vint adont devant :
« Sainte Marie, car me soiez aidans! »

Li dus s'esveille à la fréor qu'il a,
Ses chambellains maintenant apella,

Isnellement se vesti et chausa.
Li chapelains de chanter se hasta;
Il dist la messe, et li dus l'escouta.
Grans fu l'offrande que li dus offert a;
Dou monstier ist quant la messe fina,
Isnellement dedens son tref entra.
Touz ses barons par devant lui manda,
Et dist à euls qu'au tref roial ira,
O son seignor là s'esbanoiera,
Et as eschas devant lui joera.

Li dus ne s'est tant ne quant arrestez;
El destrier monte corrant et abrievé,
A cort s'en vait por son cors deporter;
Mais s'il séust comment il est menez,
N'i volsist estre por l'or de .x. citez.
Cil s'en repairent, qui le duc ont guié;
Au tref Gaydon en sont tot droit alé.
Li dus Girars a premerains parlé,
De Roussillon, qui moult fu preus et ber;
Le seneschal au duc a apellé:
« Amis, dist il, où est tes sire alez? »
Et cil respont : « A la cort, en non Dé. »
Et dist Girars : « Dis me tu verité? »
— Oïl, voir, sire, ne voz ai point faussé,
« Que à la cort est mes sires alez. »
Dist l'uns à l'autre : « Li dus est forsenez,
« Qui va à cort et ainsiz a ouvré.
« Tel traïson comment osa panser?
« On li devroit toz les membres coper,
« Ardoir en feu ou gieter en la mer. »
Et dist Girars : « Tout ce laissiez ester :
« Mains gentiz hon est à tort encorpez. »
Atant s'en tornent, n'i ont plus demoré.

A lor trés vinrent, si se sont desarmé,
Puis s'appareillent, si sont à cort alé.
Enmi lor voie ont Thiebaut encontré,
Et touz les .VII., o les felons pansers.
Quant il i entrent, touz en empli li trés.
Moult en i ot de cel mal parenté,
Qui onques bien nen orent empensé.
.I. poi devant i fu Gaydes entrez;
Entre les jambes Naynmon iert acoudez.

 CIL chevalier s'assiéent sor les jons,
Sor les tapis, entor et environ.
Gaydes se sist devant les piés Naynmon;
Entre les jambes séoit au franc baron,
Cel de Baiviere, qui tant fu gentiz hom.
Li rois resgarde tant prince et tant baron,
Devant lui garde, si a véu Gaydon,
Le fil Joiffroi l'Angevin, le baron.
Lors li ramembre de la grant traïson :
Tainst lui la chiere, se li mua li frons;
Ausiz noircist li rois comme charbons.
La soie chiere ne priseroit nus hom,
Car elle estoit plus fiere d'un lyon.
Tint .I. coutel qui plain pié ot de lonc;
La manche an fu de l'uevre Salemon,
Et li aciers poitevins jusqu'an som.
En talent ot qu'il en ferist Gaydon,
Quant se porpense, si apella Naynmon :
« Biaus sire Naynmes, ce dist li rois Karlon,
« Car demandez vostre neveu Gaydon,
« S'il clainme en France ne chastel ne donjon,
« Ne borc, ne ville, fermeté ne maison,
« Ne d'autre chose vaillant un esperon;
« Se il le clainme, droiture l'en ferons. »

Li dus l'entent, si saut sus de randon :
« Nenil voir, sire, s'à votre plaisir non,
« Se je n'avoie fors seulement le don
« Que me donnastez dedens vo pavillon,
« Quant je ocis Pynabel le felon.
« A icelle hore, oi je Thierris à non;
« Mais por .I. jay m'apelle on Gaydon,
« Qui sor mon hiaume s'assist, bien le vit on.
« Par voz sui je, biaus sire, riches hom.
« Mais, par l'apostre c'on quiert en pré Noiron,
« Je vos ainz plus que nulle riens dou mont;
« [b Servirai vos à coite d'esperon].
« Mien enciant, sauf seront vostre don;
« Ja de celle hore n'orrai vostre besoing
« Ne voz amaingne .xxx. mil compaignons,
« A cleres armes et à chevax gascons.
— Tais, glouz, dist Karles, li cors Deu mal te donst!
« Com tu seiz ores couvrir ta traïson! »

En piés se dresce Karlemaines li rois :
« Or m'entendez, Alemant et Tyois,
« Et Loherainc et Normant et Fransois!
« Doit dont cist dus lez mon costel séoir,
« Qui tel present m'envoia ci arsoir?
« A .I. vaslet en donnai demanois,
« Fil à .I. conte qui Auvergne tenoit;
« Il n'en ot pas passé le col, ce croi,
« [bLi cuers del vantre li fu partiz en trois].
« Ice fist Gaydes que ci voi devant moi.
« Dex me confonde, li glorioz, li voirs,
« Se mais menjus tandis que il vis soit! »
Li dus l'entent, cuidiez que ne l'en poist?
De mautalent ot trestot le cuer noir;
Lors saut en piés, que le virent Fransois :

« Drois empereres, dist li dus, ce que doit
« Que li coraiges voz mue si sor moi ?
« La traïson deffant je endroit moi ;
« Ne la pensaisse, por les membres ardoir.
« Li dus Rollans me norri, par ma foi ;
« Gel servi bien de cuer, en bonne foi ;
« .VII. anz toz plains li gardai son conroi.
« En Ronscevax où noz fumez destroit,
« En la bataille où ne fumez que troi,
« Ce fu Rollans et l'arcevesque et moi,
« Là vi mon pere detranchier devant moi,
« Se ne li poi ne aidier ne valoir,
« Car de .III. plaies oi le cuer moult destroit.
« Li dus Rollans m'embrasa contre soi,
« Quant il sonna son olyfant .III. fois.
« La maistre vainne dou cuer li desrompoit,
« Parmi la bouche toz li sans li filoit ;
« Tel .IIII. rai en volerent sor moi
« De tout le menre, par la foi que voz doi,
« Poïsse emplir .I. bacin demanois.
« Et quant il vit que à la mort estoit,
« Que nulle aïde mestier ne li avoit,
« Il m'envoia sor .I. destrier norois
« (C'est Clinevent, ja meillor ne verrois),
« Il m'envoia, bons rois, desci à toi,
« Por raconter le voir, com il estoit,
« De Ganelon, qui traïs noz avoit.
« Vos n'i éustez Loherainc ne Thyois,
« Fransois, Normant, ne Breton ne Ainglois,
« Vers Ganelon osast lever le doi,
« Que Pynabel voz en ocis tout froit.
« Je m'en alai, que li mestiers estoit,
« Vers Ganelon voz fornis vostre droit,
« Vers le cuivert, le traïtor renois ;

« Tel guerredon en doi je bien avoir,
« Quant voz ce ditez jamais ne mengeroiz
« Trosqu'à celle hore que voz ocis m'auroiz?
« Por le Seignor, qui haut siet et loinz voit,
« Gardez, biaus sire, que voz ce ne fasois
« Dont blasme aiez de nul de vos Fransois!
— Tais, gloz, dist Karles, tu soiez maléois!
« Que doit [*b* or ce que tu si me deçoiz,
« Quant] tuit le virent, qui i furent arsoir,
« Que li presens fu assiz devant moi,
« Et si me fu presentez de par toi?
Riolz se lieve, cil qui Le Mans tenoit;
En toute France si saige home n'avoit,
Ne qui miex saiche le tort partir dou droit.
Blanche ot la barbe et le chief comme noif;
Depart la presse, si vint devant le roi :
« Drois empereres, dist il, entendez moi :
« Je teing dou duc trestout Aloenois,
« Et tout le Perche et tout le Saonois;
« Trosqu'à Angiers en corrent mi destroit.
« [*b* Se je cuidoie] que voz déissiez voir,
« Ma bouche juge que l'aillissiens ardoir;
« Mais ne cuit mie que nus s'en liet des mois
« Qui vers le duc en préist ses conrois
« Qu'il ait fait chose dont vers voz mesprins soit.
— Tais, glouz, dist Karles, tu soiez maléois!
« Di ta parole, puis fui de devant moi ;
« Je te haz tant que ne te puis véoir.
« Trop me redout que ce ne soit par toi :
« Onques encor ne me portas tu foi,
« N'onques dou Mans ne poi service avoir;
« Se l'oi au main, je ne l'oi pas au soir. »
Et dist Riolz : « Si n'aurez voz des mois.
« Se voz au Mans me volez asséoir,

« Faitez le moi savoir devant .I. mois :
« Bien i porrez séoir .II. ans ou trois. »
Karles l'entent, moult en ot le cuer noir.

EN piés se dresce nostre rois de Léun,
Si a parlé par moult ruiste vertu :
« Or m'entendez, tuit mi baron créu :
« Riol dou Mans avez bien entendu,
« Qui me ramposne, moult en sui irascus,
« Et si me dist ja li dus n'iert vaincus;
« Auroit il ores baron en ma cort nuls
« Qui vers le duc en portast son escu
« De ceste chose qui apparissans fu ? »
Ogiers se dresce et dans Sanses li dus,
Cil de Borgoingne à la fiere vertu :
« Drois empereres, trop iestez irascuz ;
« Vostre coraiges voz est trop esméuz.
« Parlez de ceuls, comment sont maintenu,
« Qui ci estoient quant li presens i fu.
— Hé Dex! dist Karles, ja n'en parole nus;
« Ansois sont tuit si taisant et si mu
« Que se il fussent couvert dedens .I. fu. »

NOSTRE empereres fu forment aïrouz ;
Deu en jura, le pere gloriouz :
« Se sans bataille s'en va ainsiz Gaydons,
« Li fiuls Joiffroi l'Angevin, le baron,
« Dont puis je dire qu'an ma cort n'a preudon. »
En piés se dresce dans Thiebaus d'Aspremont,
Li desloiaus qu'ot fait la traïson,
Qui freres fu au conte Ganelon,
Qu'an Ronscevaus traï les compaingnons
Et les .xx^m. des chevaliers barons ;
Devant le roi se mist à jenoillons,

Cortoisement l'en a mis à raison :
« Drois emperères, dist Thiebaus d'Aspremont,
« Je ne sui mie dou mieus de ta maison,
« Tout por mon frère le conte Ganelon;
« Mais, se Deu plaist, ancui voz serviron
« De tel service ou noz preu averonz :
« Ceste grant ire à mesure metrons.
« Dirai voz ores com m'a servi Gaydons,
« Li fiz Joiffroi qui est de tel renon,
« Que plus amoiez c'omme de ta maison.
« Je convoioie arsoir le duc Sanson,
« Toutes les loges, devers mon pavillon;
« Je vi Gaydon dessevrer d'un garson,
« Une toaille à son col environ
« Et une boiste, ne sai s'iert plainne ou non.
« Tant se hasta li gars de sa raison
« C'un des parmains donna à mon garson;
« Il en menja ainz que descendion;
« Lors li volerent andui li oil dou front :
« Encor gist mors devant mon pavillon.
« Garant en trai Amboyn et Millon,
« Et Guillemer et Gautier d'Avalon :
« Se cest afaire voloit noier Gaydon,
« Je sui touz prez que noz li monstrerons. »
Gaydes l'entent, s'en rist sor le menton ;
En son cuer pense que celle traïson
Ont controuvée li encriemmé felon
Por lui mesler au riche roi Karlon.
Bien seit et voit que c'est par l'achoison
De Pynabel et dou fel Ganelon ;
Vengier s'en cuident par si faite raison.
Mais, se Deu plaist, qui souffri passion,
Il en auront ancui mal guerredon.

Quant vit li dus Thiebaus s'en entremist,
Qui li donnast et Orliens et Paris,
Toute la terre au roi de Saint Denis,
A celle fois si lié ne le féist.
« Drois empereres, li dus Gaydes a dit,
« Vez moi tout prest et tot amenevi
« De moi deffendre, que Thiebaus a menti,
« Et tex pensers ainz de moi ne parti,
« N'onques nel voil n'onques nel consenti,
« N'onques encor en penser ne me vint. »
Thiebaus despoille .I. riche mantel gris;
Devant le roi tantost se poroffri.

Dou mantel gris est Thiebaus deffunblez;
De cendal d'Andre la couverture an ert;
Devant Fransois l'a à terre gieté,
Et remest saingles en bliaut gironné.
Grant ot le cors, parcréu et menbré,
Larges espaules et le pis encharné,
La jambe droite et le pié bien torné;
Bien li avint à iestre esperonné.
Les bras ot lons et les poins bien quarrez,
La face blanche et le vis coulouré,
Et les iex vairs comme faucons muez,
Et le poil blont, menu rencercelé;
N'a el mont or tant cuit ne esmeré
Contre le poil ne perde sa clarté.
N'a home el mont de si grant poesté
Par cui Thiebaus poïst iestre matez,
S'il ne fust si plains de desloiautez.
Es mains le roi a son gaige donné.
.XIIII. conte en sont en piés levé,
De son lingnaige et de son parenté;
Tuit dient : « Sire, or le noz recréez

« Premierement desor nos heritez,
« Et en après sor les membres coper.
« S'il est vaincus, nes en volons porter.
— Baron, dist Karles, si soit com dit avez. »
Et Thiebaus ra son mantel affunblé,
Si s'est rassis là d'ont il fu levez.
Dist li traïtres : « Ainsiz doit il aler. »
Et Karlemaines a Gaydon apellé :
« Sire vassal, ostaiges me livrez.
« Je teing vo gaige ; ansoiz que m'eschapez,
« Avrai ostaiges, ou le poing i perdrez. »
Li dus esgarde environ le barné,
Mais n'en voit nul qui s'en voille lever ;
Le chief baissa, si commence à penser.
Karles esgarde et voit le duc iré :
« Vassal, dist il, voz por quoi demorez
« Que vos ostaiges tantost ne me livrez ?
« Par saint Denis, qui est mes avoez,
« Tost voz porra à dammaige torner :
« Cel destre poing voz ferai ja coper,
« Dont voz cel gaige m'avez el mien donné ;
« Et tex voz puet ostaigier de son gré
« Cui je ferai touz les membres coper,
« Ardoir en feu et la poudre venter. »
Quant Fransois oient lor seignor si parler,
Mal de celui qui osast mot sonner.
Trestuit se taisent, duc et demainne et per,
Ne mais icil qui nel porrent véer.
De Toardois est l'evesques levez,
Rispeus de Nantes et Joiffrois l'adurez,
Guis de Biaufort et Riols li membrez ;
Devant le roi en sont venu ester :
« Sire, font il, car le noz recréez
« Premierement desor nos heritez,

« Et en aprez sor les membres coper ;
« S'il est vaincus, nes en volons porter.
— Baron, dist Karles, arriere voz tenez.
« Voz iestez tuit si home et si chasé ;
« De lui tenez toutes vos heritez,
« Et bors et villes et chastiaus et citez,
« Et hom qui est de traïson retez,
« Il ne doit pas ses homes amener ;
« Ainz se devroit ostaigier de ses pers,
« Le sien méismez trestot abandonner.
« Par saint Denis, quant de moi partirez,
« Voz convenra d'autre martin chanter. »
Ogier apelle, le Danois d'outremer :
« Danois, fait il, faitez le moi garder
« Jusqu'à demain que li jors parra clers ;
« Car, par l'apostre c'on quiert en Noiron pré,
« Se il se muevent et il me soit conté,
« Perdu aurez mon cuer et m'amisté.
Ogiers respont : « A vostre volenté. »
Dolans en fu, mais ne l'ose véer.

Nostre empereres fu forment corrouciez ;
Il a tel duel à poi n'est enraigiez.
Il s'apuia au col d'un chevalier,
Devant lui garde, et voit le duc irié ;
Par mautalent l'a tantost arraisnié :
« Sire vassal, por coi me delaiez
« Que vos ostaiges tantost ne me bailliez ?
« Par saint Denis, cui hom je sui dou chief,
« Le destre poing voz ferai ja tranchier,
« Dont voz m'avez vo gaige ou mien baillié ;
« Et tex voz puet folement ostaigier
« Cui je ferai toz les membres tranchier,
« Ardoir en feu ou en eve noier. »

Fransois oïrent lor seignor desraisnier;
Mal soit de cel qui ost lever le chief.
Atant s'en vont li baron chevalier.
Voit les li dus, n'ot en lui qu'aïrier;
Tenrement plore des biaus iex de son chief,
Deu reclama qui tout a à jugier :
« Peres de gloire, où fis je le pechié,
« Par coi on m'a en cort tant empirié
« Que n'ai parent qui de moi ait pitié?
« Las! je cuidai tant avoir esploitié
« Que je éusse de Karlon l'amistié;
« Mais traïtor m'en ont si esloingnié
« Qu'il me menace qu'aurai le chief tranchié.
« Hé! Rollant, sire, nobile chevaliers,
« Bien sai de voir, se voz or vescuissiez,
« Ja en la cort ne fuisse ainsiz traitiez!
— Non, glouz, dist Karles, ja ne le pansissiez;
« Qu'il voz féist touz les membres tranchier,
« Ardoir en feu ou detraire à sommiers. »
Li dus l'entent, le sens cuida changier;
Il se resgarde, voit Naynmon le Baivier,
Par devant lui s'en vait agenoillier,
Par grant amor l'en prinst à arraisnier :
« Sire, dit il, por coi ne m'ostaigiez?
« Ja savez voz que je sui vostre niés,
« Fiuls vo seror, se dire le deingniez. »
Naynmes l'entent, si l'en prinst grans pitiés :
« Certez, dit il, or ai fait que lasniers
« Et que coars, que faillis chevaliers ;
« Mais trop doutoie mon seignor correcier.
« Or ne lairoie, por les membres tranchier,
« Que je ne voise mon neveu ostaigier. »
Touz estendus chaï le roi as piés :
« Drois empereres, dist Naynmes de Baiviers,

« Se il voz plaist, or le me raplegiez
« Sor quant que j'ai, sor [*chastiax*] et sor fiés,
« Et en aprez sor les membres tranchier.
— Naynmes, dist Karles, com voz plaira si iert ;
« Mais une chose voz voil bien acointier,
« Que, par celui qui tout a à jugier,
« S'il est vaincus, voz en serez iriez.
— Sire, dist Naynmes, com voz plaira si iert ;
« Premierement en iert mes cors jugiez. »
.III. fois se pasme ainz que soit redreciez,
As piés le roi, dus Naynmes li Baiviers.
Karles le voit, s'en ot le cuer irié.
N'ot en la cort serjant ne chevalier,
Ne un ne autre, garson ne escuier,
Qui oist Naynmon son neveu ostaigier,
Qui n'en plorast des biaus iex de son chief :
.II^c. et plus en plorent de pitié.

OGIERS se sist devant les piés le roi :
« Drois empereres, dit il, entendez moi :
« Les siens doit on amer en bonne foi.
« Or a dus Naynmes le duc plevi, ce voi ;
« Se je cuidoie, sire, qu'il ne voz poist,
« J'ostaigeroie ces homes orendroit.
— Ogiers, dist Karles, com voz plaira si soit ;
« Mais le matin les raiez devant moi,
« .I. poi devant que la bataille soit. »
Ogiers respont : « A vo volenté soit. »
Thiebaus se dresce, qui Aspremont tenoit,
Desrompt la presse, si vint devant le roi :
« Drois empereres, je m'en vois orendroit ;
« Quant voldrez voz que la bataille soit ?
— Thiebaus, dist Karles, ja mar m'en mescroirois
« Que ja traïtres ait lonc sejor vers moi :

« Le matinnet gardez que ci soioiz.
« Par cel seignor qui haut siet et loins voit,
« Buer l'avez fait, se voz ne me mentois.
« D'or en avant mes seneschaus serois,
« Et l'oriflambe de France porterois.
« Bien iert amez cui voz i amerois;
« Cui voz harrez n'i porra remanoir. »
Thiebaus respont : « Or en soit Dex au droit! »
Lors dist en bas que nus ne l'entendoit :
« Mauvaisement endroit moi en iroit.

— Drois empereres, li dus Ogiers a dit,
« Ne créez pas le lyngnaige Aulori,
« Ne le lyngnaige qui onques bien ne fist,
« En Ronscevax vostre neveu traït,
« Et les .xx^m. des chevaliers hardis.
— Ogiers, dist Karles, merveilles avez dit!
« Me cuidiez voz de parole esbaubir,
« Quant tuit le virent qui arsoir furent ci,
« Et li presens fu devant moi assis ? »
Li dus se dresce, qui s'en voloit partir.
Nostre empereres l'acena un petit :
« Sire vassal, nel metez en oubli;
« De la bataille soiez pres le matin. »
Li dus respont : « Si m'en avez garni
« Jor de ma vie nel quier maittre en oubli. »
De la cort partent li chevalier de pris;
A lor trés vont li prince et li marchis.
Trosqu'à son tref Gaydes ne prinst ainz fin;
Encontre viennent si chevalier de pris.

Devant son tref est Gaydes descendus.
Encontre sont maint chevalier venu,
Vestu de vair, de gris et de boffu,

Qui li escrient : « Avez besoing éu ?
— Oïl, baron, onques hon n'en ot plus. »
Dist Amaufrois : « J'ai grant paor éu,
« Quant Karles tint le coutel esmolu ;
« Ne gardai l'ore qu'il voz éust feru
« Ou en poitrine, ou en cors, ou en bu.
« Jamais nul jor nen iere en ma vertu,
« Mais n'en croiroie nul home qui ainz fust
« Que par Thiebaut ne soit cist plais méuz. »
Li dus a dit : « Quel part qu'il soit créu,
« Mauvaisement me dut iestre avenu
« Dou dextre poing ; à poi ne l'ai perdu.
« Quant il tenoit le grant coutel agu,
« Ne gardai l'ore qu'il m'en éust feru ;
« Mais, par celui qui en ciel fait vertu,
« S'encor séoie sor Clinevent le brun
« (Tex chevax est onques mieudres ne fu,
« Fors Villantif, ne sai s'il le valu),
« Et je tenoie mon brant d'acier molu
« (C'est Hauteclere, le conte Olivier fu),
« Karlon rendroie et mercis et salu.
« A grant merveille me sera deffendu,
« S'encor né trai le sanc dou cors de lu.
— Hé ! fel gloutons, dist Riolz, que dis tu ?
« Ton droit seignor, se l'avoiez feru,
« Devant celle hore que il deffiez fust,
« Jamais en cort ne seroiez connus
« Que chevaliers te tendist ton escu.
« Weuls tu sambler un Girbert qui ja fu,
« Qui guerroia contre le roi Jhesu ?
« Et nostre Sires, par la soie vertu,
« Le fist mucier dedens le crues d'un fust.
« Vois tu ces terres et ces haus mons agus ?
« Tant i a trés et pavillons tendus,

« Plus que Girbers pot guerroier Jhesu
« N'auroiez tu contre Karlon vertu.»

RIOLZ a dit : « Or est li tans entrez
« Que cuide faire .I. legiers bachelers
« C'uns saiges hon n'oseroit pas panser.
« Resambler weuls Girbert le desraé,
« Qui guerroia contre méisme Dé?
« Et quant Jhesus l'ot ainsiz malmené,
« Ne li laissa ne chastel ne cité,
« Donjon ne ville ne borc ne fermeté,
« En crues d'un fust le fist aprez entrer;
« Puis l'en gieta par si grant poesté,
« Par .I. effoudre, qu'il le fist aweugler.
« Je voz norri petit anfant, soef,
« Tant que voz oi au duc Rollant jousté,
« Soz Aspremont où il fu adoubez ;
« Parmi tout ce, mon seignor naturel,
« De cui je tieng toutes mes heritez,
« Et bors et villes et chastiax et citez,
« De cest baston qui gist enmi cest tref,
« Voz en alaisse parmi le chief donner. »
Gaydes l'entent, si commence à parler :
« Merci, biaus sire, por Deu de majesté!
« Jamais nul jor ne le quier apenser. »
Li cuens dou Perche a les mos escoutez;
Forment en ot le cuer triste et iré;
Pas avant autre est celle part alez :
« Sire, dit il, laissiez Riol ester,
« Et le viellart desci au Mans aler
« Boivre ses vins, dont il i a plenté,
« Et par matin de ses poons disner :
« Viandes ait, qu'il ne quiert jamais el,
« Fors le dormir et le bien reposer. »

Riolz l'entent, a poi n'est forsenez ;
Par grant vertu est vers le duc alez,
En haut parole, car bien fu escoutez :
« Sire, vassal, moult grant tort en avez,
« Se j'ai poons, voz en aiez maugrez ;
« Car ges conquis, quant je fui bachelers,
« A cleres armes, à destriers sejornez.
« Encor m'en servent .iiii^m. home armé. »
Jusqu'à son vis li a sa main porté,
Et en aprez en vola li sans clers,
Trosques à poi venissent au mesler.
Quant ce voit Gaydes, le sens cuide desver ;
Desor le dois est saillis touz irez ;
En sa main tint .i. baston pomelé.
Quant il parla, si fu bien escoutez ;
Il jure Deu, le roi de majesté,
Il n'i a nul qui tant soit ses privez,
S'estor commence si soit li champs finez,
Ne soit pendus à .i. aubre ramé :
« Je me fi tant en ma grant loiauté
« De ceste chose dont on m'a encorpé,
« Que nel pensaisse por ardoir en .i. ré.
« Mais qui sauroit .i. bon conseil donner,
« Si le noz die, por Deu de majesté.
« Quant sera chose qu'aurai mon champ finé,
« Et mort Thiebaut, le traïtor prouvé,
« En quel maniere m'en porrai je aler
« Droit à Angiers, la mirable cité ?
« Sachiez au roi ne voldrai pas parler ;
« De moie part le voldrai deffier
« Ja tant c'om puisse .ii^m. homes mener,
« A cleres armes, à destriers sejornez.
« Ne [*b*faudra guerre] vers lui tout mon aé. »
Dist Riolz : « Sire, conseil voz demandez ;

« Se m'en créez, bons voz sera donnez.
« A mienuit ferons coillir nos trés,
« Coffres et males sor les sommiers trorser,
« Fors que les armes, que retenir ferez ;
« Tout le chemin les an envoierez
« Trosqu'à Angiers, qui est vostre citez,
« Et le chemin dou Mans n'i oubliez.
« Nos les sieurrons, quant li champs iert finez.
« De vostre part soit Karles deffiez ;
« [*b*Cuer] voz faudra, se chier ne li vendez
« La vilonnie dont iestez apellez.
« Je sai de voir que voz Thiebaut vaintrez,
« Car Dex et drois sera vostre avoez. »
Dist Gaydes : « Sire, moult bien me confortez ;
« Au grant besoing onques ne m'oubliez ;
« Souventes fois éu mestier m'avez.
« Dex voz en rende et merites et grez !
« Se je eschape, por voir dire porrez
« Quant que j'aurai iert en vos volentez. »

Or voz lairons ci endroit de Gaydon,
Le fil Joiffroi l'Angevin, le baron ;
Quant lieus en iert, bien i recouverrons.
Mais malement si gardent li baron ;
Car cil Thiebaus, qui sire iert d'Aspremont,
Ot en sa cort .I. moult mauvais garson,
Qui ot espic et escharpe et bordon.
Si se musa es grans tentes Gaydon ;
N'i ot parole ne contée raison
Li gars n'ait mise desoz son chaperon.
Lors l'ala dire à Thiebaut d'Aspremont.
Thiebaus le voit, si l'a mis à raison :
« Diva, fait il, com se contient Gaydons ?
— En non Deu, sire, plus est fiers d'un lyon ;

« Il jure Deu et sa surrexion
« Qu'à Haúteclere voz mouvra tel tenson
« Trenchera voz le chief sor le menton. »
Thiebaus a dit : « Et que ferai je dont ?
« Se je tenoie mon brant enz an mon poing,
« Qui fu mon pere, le riche duc Grifon,
« Cel d'Autefoille, le nobile baron,
« Toute sa force ne pris pas .I. bouton.
— Or m'entendez, sire, dist li garsons,
« Je ai oïe toute lor traïson :
« Il s'enfuiront anquenuit à larron,
« Tout lor harnois avant envoieront
« Trosqu'à Angiers, à coite d'esporon,
« Ses conduira Ferraus li poingnéors,
« Et Amaufrois, à .VII^c. compaingnons. »
Dist Auloris : « Noz les convoierons
« En tel maniere que ja preu n'i auront. »

THIEBAUS a dit : « Baron, entendez moi :
« Hom qui tort a combatre ne se doit. »
Auloriet en apella à soi :
« Va, pren Guion, ton frere, avecques toi,
« Atout .II.^{m}. de chevaliers cortois,
« A cleres armes et à riches conrois;
« Le val de Glaye voz acheminnerois.
« .II. bois i a qui tuit sont de sapois;
« Iluec voz proi que voz voz mipartoiz,
« Et, s'encontrez Ferraut ne lor harnois,
« A touz voz proi que les chiés en prennois,
« Car je n'ai cure que jamais change an soit. »

THIEBAUS a dit : Seignor, or m'entendez :
« Hom qui tort a ne doit en champ aler. »
Auloriet en prinst à apeller,

Puis li commande que il se voit armer,
Ses compaingnons face bien atorner.
Et cil respont : « Volentiers et de grez. »
Auloris s'arme, que n'i volt arrester,
Et fist .IIm. de chevaliers armer ;
Le val de Glaye se sont acheminné.
Ainz que li cos éust .III. fois chanté,
Se furent il et parti et sevré.

De l'agait voil ici endroit laissier ;
Quant lieus en iert, bien en saurai plaidier.
De Gaydon voil ici rencommencier.
Li dus appelle Ferraut cui molt ot chier,
Et Amaufroi qui moult fist à prisier ;
Si neveu sont, bien s'i doit afier.
« Baron, dit il, allez voz haubergier ;
« Nostre harnois voz convient convoier. »
Ferraus a dit : « Bien fait à otroier. »
Ses armes prent por soi appareillier,
Ensamble o euls tel .VIIc. chevalier
N'i a celui n'ait bon corrant destrier,
Et cleres armes et escu de quartier,
Et roide lance et espée d'acier.
Gaydes a fait trés et tentes chargier,
Coffres et males ; trorsé sont li sommier ;
Ainz n'i remest chaudiere ne trepier,
Pot ne paiele, coute ne oreillier.
Son maistre tref a fait Gaydes laissier ;
Et cil issirent de l'ost tot sans noisier,
Lor harnois font devant euls avoier,
Le val de Glaye prinrent à chevauchier ;
Mais il ne sevent le mortel encombrier,
Com Auloris les a fait agaitier,
Qui touz les weult ocirre et detranchier.

Se Dex n'en panse, qui tout a à jugier,
Ansoiz que voient autre nuit anuitier,
Perdront les testes, n'i aura recouvrier.
Vers Angiers vont, Dex les puist conseillier!

    Va s'en Ferraus, Dex le puisse sauver!
Et Amaufrois, qui tant fait à loer,
Et tel .vii^c., qui tuit sont bacheler;
Devant eux font les sommiers arouter.
Dès or voz voil de Naynmon ci conter,
Qui prinst congié au meillor coronné
Qui onques fust en la crestienté,
A tout .vii^c. de chevaliers armez,
Et autretant de legiers bachelers.
Yves de Bascles s'est encontre levez,
.I. arcevesques, qui [^{b}à cort] fu posez;
Cil prinst Naynmon par le mantel doré :
« Sire, dit il, por Deu de majesté,
« Véiz tu onques home plus malmené
« Com fu mes sires dedens le maistre tref ? »
Dus Naynmes l'oit, à poi qu'il n'est desvez :
« Sire arcevesques, or me laissiez ester;
« G'en ai tel duel que j'en cuit forsener. »
Li arcevesques les a ammonestez,
Saingniez les a et benéis de Dé :
« Seignor, fait il, à la chapelle alez.
« Prennez chandeilles et cierges alumez,
« En la chapelle en alez por orer,
« Et proiez Deu, le roi de majesté,
« Qu'il voz garisse le duc que tant amez.
— Sire, font cil, si com voz commandez. »
La gent Thiebaut si refont autretel :
A la chapelle sont alé por orer,
Portent chandeilles et cierges alumez,

Et proient Deu, le roi de majesté,
Qu'il lor garisse Thiebaut c'ont tant amé.
Si fera il com traïtor prouvé.

Li .vii. traïtre furent en pavillon;
Por Thiebaut ont et paor et frison :
« Hé! Thiebaus, sire, qu'avez voz fait por noz?
« Voz avez tort, et comment vaintrez voz?
« Hé! Gaydes, sire, quelle ire as prins sor noz?
« Voz avez mors les .ii. de nos seignors :
« L'un Pynabel, l'autres fu Ganelons;
« S'or ociiez dant Thiebaut d'Aspremont,
« Bien porrons dire que sans seignor serons. »
Lors se pasmerent li encriesmé felon.
La nuit s'en vait, et Dex donna le jor;
Et Thiebaus oit la messe sans retor,
O lui tel mil qui tuit sont en esror,
Et proient Deu, le pere criator,
Qu'il lor garisse Thiebaut, lor droit seignor.
Si fera il com felon traïtor.
La messe est dite, li services dou jor;
Thiebaus entra dedens son pavillon,
A haute vois s'escria ses adous;
Lors li aportent Amaugins et Sansons.
Thiebaus s'arma, n'i fist arrestison.

Au matinnet, quant l'aube parut clere,
Thiebaus li fel a la messe escoutée;
Au matinnet, quant elle fu chantée,
Ist dou monstier, n'i a fait arrestée.
A son tref vint sans nulle demorée,
Ses armes huche; on li a aportées.
Sor .i. vert paile furent errant posées.
Les chauces chauce blanches com flors de prée;
La maille en fu com argens esmerée.

En son dos a une broingne gietée;
Par grant maistrise l'ot ouvrée une fée.
S'uns bien preudon l'éust en champ portée,
Ja par nulle arme ne fust le jor dampnée.
En chief li lacent .i. elme d'Aquilée;
El cercle d'or .LX. pierres ierent,
La pire an est esmeraude clammée.
Au flanc senestre a Thiebaus ceint l'espée,
Qui fu Grifon d'Autefoille son pere :
Toise ot de lonc, si fu demi pié lée,
Et plus tranchans que n'est faus acerée.
Sor le hauberc a la range fermée,
Et jure Deu qu'il en donra colée
Tele que ja ne sera jor sanée.
Bausant amainnent, à la sele dorée;
Li arson valent d'argent une charrée,
Tuit furent d'or desci en l'eschinnée;
La couverture iere d'argent parée.
Thiebaus i monte, qu'estriers ne li agrée.
Quant montez fu, sa targe a demandée.
On li aporte, à son col l'a fermée :
D'or et d'azur estoit estancelée.
En son poing tint sa grant lance planée,
Puis s'escria, à sa vois qu'il ot clere :
« Ancui iert prinse venjance de mon frere. »

THIEBAUS s'en torne, quant se fu ademis.
Li bruns Bausans estoit si volentis
N'ot plus corrant en .L. païs;
Dès que Thiebaus ot pié en l'estrier mis,
L'ot il porté .IIII. arpens et demi
Ainz que il fust enz es arsons assiz.
Quant assiz fu, si a son frainc saisi,
Le cheval torne, s'apella ses amis,

Milon, son frere, en a à raison mis :
« Frere, fait il, pansez de voz garir,
« Se Dex m'aït, que de moi est il fins;
« Voz savez bien que la traïson fiz. »
Et cil respont : « Bien m'en avez garni;
« Ce poise moi quant la chose est ainsiz. »
D'iluec s'en tornent corresouz et marri;
Au tref le roi sont ensamble verti.
Thiebaus descent, environ si ami.
Son escu prinst Hernaus, .I. siens cousins;
.I. dammoisiaus a son destrier saisi;
Sa lance fort bailla à .I. meschin.
Espée ceinte, s'est dedens le tref mis.
El tref avoit .I. faudestuef assiz,
Qui por Thiebaut i fu posez et mis;
Espée ceinte, i est li glouz assiz.
Qui qui mefface, Gaydes ne ses amis,
C'est li traïtres qui s'en est entremis.

MOULT fu Thiebaus et orgoillouz et fiers,
Grans, eslevez, parcréuz et plenniers,
Et en bataille hardis et resoingniez.
Moult li sist bien li vers elmes en chief,
Et à son lez li brans forbis d'acier,
Li esperon qu'il ot fermez enz piés.
S'il fust preudon et amast Deu dou ciel,
N'éust en France home tant fust prisiez.
Où vit le roi, si l'en a arraisnié :
« Drois empereres, où est li dus d'Angiers?
« Est il encor armez ne haubergiez?
« Ja déust iestre par desor le destrier;
« Grant tort me fait, miedis est moiez.
« Mais, par l'apostre c'om à Rome requiert,
« Poi li vaudra ancui ses detriers.

« S'il est en champ armez sor son destrier,
« Je le cuit si hui cest jor chastoier,
« De ceste espée dont li brans est d'acier,
« Jamais puisons ne li auront mestier,
« Ne li parmain qu'il voz a envoiez,
« Dont voz cuida honnir et vergoingnier.
— Thiebaus, dist Karles, cil te puist hui aidier
« Qui en la crois se laissa traveillier!
« Por tout l'or Deu ne seroie si liez. »
Celui dou Perche en a moult anvié ;
Où voit Thiebaut, si l'en a arraisnié :
« Sire vassal, mal faitez et pechié,
« Quant voz le duc blasmez ne laidengiez;
« Là aval est li dus à un monstier,
« Où il oit messe avec ses chevaliers :
« Par tans l'aurez armé sor son destrier.
« Il n'a coraige de voz trop esloingnier.
« Se Dex m'aït, li gloriouz dou ciel,
« Qui li donroit Estampes et Orliens,
« Por la bataille demorer et laissier,
« Nes panroit pas, selonc le mien cuidier.
« Li dus n'est mie ne coars ne lasniers ;
« Joiffrois, ses pere, n'en fu ainz coustumiers,
« Onques n'ama coart ne losengier,
« Ne an sa vie nen ot traïtor chier ;
« Mais li fel Ganes, li cuivers renoiez,
« Vendi Marsille, Rollant et Olivier,
« Et l'arcevesques, et Gerin et Gelier,
« Les .XII. pers, dont li rois fu iriez,
« Et les .xx^m. de chevaliers proisiez,
« Dont vos lyngnaiges a mauvais reprouvier.
« Mal dehais ait de Deu le droiturier
« Cui bel ce est que voz le laidengiez ! »
Thiebaus l'entent, si embronche le chief.

Fransois le voient, s'en sont joiant et lié;
Dist l'uns à l'autre : « Cist a Thiebaut paié. »

Au matinnet, quant li jors parut cler,
Ala li dus le service escouter.
Messe li chante l'arcevesque Guimer;
Cil iert de cors .I. saiges clers letrez.
Et li dus Gaydes l'a de cuer escouté,
O lui maint prince dou mieus de son barné.
Il vait offrir, com chevaliers membrez,
.I. marc d'argent et .I. paile roé.
Aprez le duc sont Fransois arrouté.
Quant ce vint chose que furent tuit passé,
Qui de l'offrande déist la verité,
On l'en tenist à mentéor prouvé.
Quant li services fu et dis et finez,
Le duc enmainnent dedens son maistre tref
Si faitement com voz m'orrez conter.
Ogiers et Naynmes furent à l'adouber.
Desor .I. paile entailliié, bien ouvré,
Se sist li dus, por son cors à armer.
Chauce unes chauces qui moult font à loer;
Lonc tans i mist .I. Gius à l'ouvrer.
Il vest l'auberc, si lace l'iaume cler;
N'avoit meillor en la crestienté.
Fées le firent en une ysle de mer;
.I. don li mistrent, qui bien iert averez,
Que ne doute arme .I. denier monnaé,
Fer ne acier, tant i pust on chapler.
Ceinst Hauteclere au senestre costel,
Celle qui fu Olivier l'aduré.
En la place ont Clinevent amené;
N'ot tel cheval en la crestienté.
Il fu norris en une ysle de mer,

Entre .II. roches où il fu faonnez.
.I. Sarrazins se pena dou garder.
Tantost com pot d'alaitier consirrer,
Le fist de mere partir et dessevrer.
En .I. celier le fist li Turs garder ;
Grant piece i fu, si com j'oï conter.
Quant ot .II. ans, moult [*b*plut] à esgarder.
Li mareschaus qui le devoit ferrer
.I. jor oublie le celier à fermer ;
Li chevax vit sor lui estanceler
Le cler soleil, prinst soi à effraer,
Rompt son chevestre, si saut et hennist cler;
Tant acorrut que il vint à la mer,
Enz se feri, que n'i volt arrester.
Plus tost s'en vait, quant il prinst à noer,
C'uns palefrois [*b*poïst] d'eslais ambler ;
.XX. lieues noe ainz qu'il fust ajorné.
Rois Corsabrins aloit .I. jor berser ;
Le cheval fist à cordes atraper,
Frainc et harnois i fist tantost poser ;
A moult grant painne le fist on affrener.
Cil rois le prinst et si l'en fist mener
Droit en Espaingne, Marsille presenter.
Desor celui fu Marsille tuez
En Ronscevauls, si com oï avez.
De sa fason voz voldrai aconter :
La teste ot maigre, le musel enversé,
Large narrinne et l'oil ardant et cler;
La jambe ot plate, si fu haut eschinnez ;
Bien porteroit .II. chevaliers armez
De plains eslais, toute jor ajorné,
Ja .I. seul poil n'en auroit tressué.
Et se il vient à un guez trespasser,
Qui ait .II. lieues ne trois à tresnoer,

Plus tost noe outre que cers ne cort par pré,
Que ja par onde n'en sera destorné;
Por ce fu il Clinevent apellez.
Selle ot en dos, qui moult fist à loer :
Li arson furent d'un yvoire planné,
A esmaus d'or moult soutilment ouvré ;
La couverture, d'un bon paile roé.
Li estrier furent à fin or sororé.
Li frains dou chief fu de si grant bonté
Les pierres valent tot l'or d'une cité.
Puis que chevax l'a en son chief posé,
Ne puet enfondre et si n'iert ja lassez.
Li poitraus fu de cuir de cerf ouvrez,
D'or et de pierres richement atornez.
Et de .III. ceingles fu li chevax ceinglez,
Ne pueent rompre ne porrir por orez.
Li dus i monte, qu'à estrier n'en sot gré;
Aprez lui sont .C. chevalier monté,
Tuit duc et conte, qui sont d'un parenté :
Ogiers et Naynmes et Richars l'adurez,
Guis de Biaufort et Riolz li barbez,
Hoiaus de Nantes, Hues au poil meslé.
Au tref le roi sont tuit acheminné ;
Quant il i entrent touz en empli li trés.
Devant les autres i est Riolz entrez.
Or escoutez com les a saluez :
« Cil Dex de gloire, qui tout a estoré,
« Qui fist le ciel et la terre et la mer,
« Et les poissons, les oisiaus fait voler,
« Il saut le roi, qui France a à garder !
« Ensamble o lui saut trestout son barné,
« Et il confonde nos anemis mortex,
« Si com il sont, environ et en lez !
— Tais, glouz, dist Karles, tu aiez mal dehez !

« Se Dex m'aït, s'au desor puis torner,
« Gel te ferai chierement comparer. »
Dist Riolz : « Sire, encor n'est l'ans entrez
« Que soit mes sires de traïson retez. »
.I. des traïtres s'en est en piés levez,
C'est Amboyns, de la Nueve Ferté ;
A Riol vint, si l'a arraisonné :
« Vassal, dist il, voz iestez fox prouvez ;
« Tu et tes sires avez or si ouvré
« Qu'an cort de roi ne déussiez entrer,
« Par nul enging ne venir ne aler. »
Riolz a dit : « Vassal, voz i mentez ;
« Je ne sui mie dou vostre parenté ;
« Ainz iestez voz dou lyngnaige Hardré,
« Dou Ganelon, le traïtor prouvé
« Qu'en Ronscevax traï les .XII. pers,
« Et les .xx^m. de chevaliers armez.
« Voz n'avez mie lor mestier oublié ;
« Mal dehais ait li vostres parentez ! »
Amboyns l'oit, à poi n'est forsenez ;
Jusqu'à la barbe li a le poing porté,
Que .c. des poils en a jus avalé,
Et puis le sanc, dont Riolz fu irez.
Riolz le voit, à poi n'est forsenez,
Hausa le poing qu'il ot gros et quarré,
Baissa le coute et lait le cop aler ;
Parmi le col a Amboyn donné
Que à ses piés l'a à terre versé,
Hauce le poing, .III. cops li a donnez.
En piés sailli et Guichars et Hardrez,
Et bien .LX. de lor lyngnaige né ;
Ja fust li cuens moult malement menez.
De Toartois est l'evesques levez,
Et li dus Guis et Ogiers li membrez.

Naynmes li dus, qui le poil ot meslé,
En sa main tint .i. bastoncel plané :
« Glouton, dit il, arriere voz tenez!
« Par le Seignor, qui maint en trinité,
« Pour .i. seul cop, .LX. en raverez. »
Cil se rassiéent, qui nen osent faire el.
Et Amboyns est vers le roi alez :
« Sire, dit il, mal m'a Riolz mené.
— Tais, glouz, dist Karles, Dex te puist mal
« Qu'avoiez ores ses grenons à tyrer ? [donner!
« Ceste meslée voz convient amender.
« Danois, fait il, en prison le metez,
« Car la meslée commensa en mon tref. »
Ogiers respont : « A vostre volenté. »
Amboyn prinst; laidement l'a mené;
Parmi les jambes l'a si emprisonné
Que il en fist le sanc tout cler voler.
Et l'empereres a Thiebaut apellé :
« Ferez en plus ou noz parlerons d'el. »
Thiebaus l'entent, li sans li est muez,
N'ot mais tel duel en trestout son aé;
Car l'empereres fist Joiouse aporter,
Ce est l'espée où moult se pot fier.
Enz el poing d'or avoit ensaielé
Bonnes reliques dou cors saint Honoré,
Dou bras saint Jorge, qui moult fait à loer,
Et des chevox Nostre Dame à plenté.
Thiebaus la voit, as sains s'est arrestez;
Et dist Thiebaus : « Biaus sire, or entendez
« Que li dus Gaydes a dit et pourparlé,
« Et de son tref en vi celui aler,
« Et de sa bouche le vi à lui parler,
« Et de son cors vi celui dessevrer,
« Qui le present aporta à cest tref,

« Par coi li home sont andui mort gieté.
— Gloz, dist Riolz, trop voz iestez hastez;
« Les meillors mos avez entroubliez.
« Hom sui au duc, nel voz quier à celer,
« Mon enciant .c. yvers a passez,
« Voire .VII^{xx}., car, gel sai de verté,
« En toute France n'a nul de mon aé.
« Mais nonpourquant ce devez voz jurer
« Dont voz avez mon seignor encorpé,
« Si t'aït Dex et la soie bontez,
« Com l'a mes sires et dit et pourparlé,
« Et de sa main li véistez livrer
« Qui le present aporta en cest tref,
« Par coi li home sont andui mort gieté,
« Et que Karlon fu par lui presenté,
« Pour lui ocirre et pour lui enherber.
— Par Deu, dist Karles, Riolz dist verité;
« N'a home el mont qui l'en puisse grever. »

Et dist Thiebaus : « Bien ai Riol oï.
« Le sairement ai moult bien eschevi,
« Se Dex m'aït et li saint qui sont ci,
« Et tuit li autre qui por Deu sont sainti,
« Que li dus a et porparlé et dit,
« Et de sa bouche li vi parler à lui,
« Et de sa main li vi livrer celui
« Qui le present au roi Karlon tramist,
« Par coi li home sont malmis et ocis.
— Glouz, dist li dus, voz y avez menti,
« Si m'aït Dex, qui en la crois fut mis,
« Et tuit li saint, qui sont en paradis!
« Que je ne l'ai ne porpensé ne dit,
« Ne de ma part li presens ne vint ci,
« Ne de ma bouche ne parlai à celui

« Que traïsisse l'emperéor ainsiz,
« Qui m'a bien fait et maintes fois chieri,
« Et je l'avoie moult volentiers servi. »
Gaydes s'abaisse vers les sains benéis,
Baisiez les a, et puis en piés sailli.
« Gaydes, dist Charles, voz en avez moult dit ;
« Vo sairement avez bien eschevi.
— Sire, dist Gaydes, si m'aït Jhesu Cris,
« Onques encor en pansé ne me vint.
— Certez, dist Karles, tot ainsiz sera il :
« L'un de voz .II. en convenra morir. »
Les sains baisa Thiebaus, li Deu mentis ;
Quant les baisa, à poi que ne chaï.
Li dus s'avance, par le poing le retint,
Puis li a dit : « Tu as ta foi menti. »
Thiebaus relace son elme poitevin ;
Et sa ventaille li lasa .I. meschins.
Les menus saus, vers son seignor s'en vint,
De plainne terre est en cheval saillis,
Devant le roi .II. ademises fist.
Mais au monter Gaydon furent tel .M.,
Qui tuit sont conte et chevalier gentil.
Li dus monta, mais à l'estrier se tint ;
Voit le dus Naynmes, adont volsist morir.
Lors douta il que ses niés ne féist
La traïson c'on sus li avoit mis,
Por ce quel voit simplement maintenir.
Vers Oriant à jenoillons s'est mis,
Deu reclama qui onques ne menti,
Et qui sa mort pardonna à Longis,
La haute dame, de quoi sa mere fit :
« Hé ! Dex, dit il, dame de paradis,
« Proie ton fil, roïne genitrix,
« Qui le travail et la painne an souffris,

« Et la fontainne dou ciel en toi ouvri !
« Voirs Dex de gloires, peres de paradis,
« Au venredi, quant tu la mors souffriz,
« Et le vert maubre desoz tes piés fendis,
« Et qui Jonas en la mer garandis,
« Dedens le ventre d'un poisson qui l'ot prins,
« Et soz Ninive à terre le méis ;
« Sainte Suzane dou faus tesmoing garis ;
« As noces fustez le saint archeteclin,
« Quant la fontainne féis devenir vin ;
« Et à la ceinne tes apostres servis,
« Et lor lavas les piés par un juesdi,
« Et si souffristez que Yudas voz vendi
« .XXX. deniers : petit aquest ot ci ;
« Hé ! las, dolans, si grant avoir i mist !
« Gieu voz prinrent au jor dou venredi,
« Et en la crois fu vostre saint cors mis.
« Longis li grans, qui ainz goute ne vit,
« Il prinst la lance, maintenant voz feri,
« Que sans et eve jusqu'as dois descendi ;
« Terst a ses iex, et il tantost en vit,
« Bati sa corpe et si cria merci ;
« Et voz li pardonnastez volentiers, de cuer fin.
« Si com c'est voirs, peres, que je ai dit,
« Que vos féistez le pardon à Longis,
« Si aiez hui de mon neveu merci.
« Et se c'est voirs, peres, qu'il le féist,
« La traïson dont est retez ainsiz,
« Biaus rois de gloire, sire, donnez moi fin,
« Que je nel voie vergonder ne honnir ! »
Tenrement plore dus Naynmes li marchis ;
Moillent les geules dou pelison hermin.
Quant le voit Karles, à poi n'enraige vis.

Quant Karles voit duc Naynmon qui plora,
Qui li donast tot l'avoir de Damas,
Ne se tenist li rois qu'il ne plorast.
Dou pavillon se traist à une part,
Ogier apelle et le conte Richart,
Gui de Biaufort et l'orgoilloz Erart :
« Baron, dist il, traiez voz en enz sà.
« Très puis celle hore que montai en cheval,
« Et soi entendre et le bien et le mal,
« N'oi je mais duel qui à cestui tornast,
« Fors de la perte que j'oi en Ronsceval,
« Tout por duc Naynmes que je voi plorer là,
« Mon conseillier, mon nobile vassal.
« Ainz maus consaus ne me vint de sa part;
« S'or ne cuidoie cieuls et terre en croslast,
« Et touz li mons à mervelle an parlast,
« Et mi baron nel tenissent à mal,
« Ceste bataille, certez, demorast ja,
« Et s'acordaisse le duc envers Thiebaut. »
Ogiers respont : « Dehait quel loera !
« Puis revenist, demain l'en rapellast
« .I. traïtors ou hom de male part,
« Por sa fierté à lui s'acordera.
« Laissiez combatre le duc envers Thiebaut ;
« Li dus a droit, se Deu plaist, si vaintra.
— Ogier, dist Karles, moult par iestez loial ;
« De vo conseil ne me vint onques mal :
« Ceste bataille jamais ne remanra
« Tresqu'à celle hore que vaincue sera.
« Mais de Naynmon ai grant duel que voi là,
« Et de Gaydon, quant si ainsiz ouvra. »

Une grant bierre fist li rois aporter,
A .II. serjans sor les chevax livrer ;

Devant les contes la fist en champ porter.
Ce senefie et orgoil et fierté
Et la justice fort et grant et cruel;
Là voldra faire le recréant entrer,
Et puis à coes de chevax traïner.
Karles apelle le Danois alosé.
« Ogiers, dit il, à moi en entendez :
« Prennez o voz .II^m. ferarmez,
« Et autretant de legiers bachelers;
« A trestouz ceuls faites le champ garder,
« Qu'il n'i entre hom qui de mere soit nés. »
Et dist Ogiers : « Si com voz commandez! »
L'euvre fu faite tout à sa volenté;
Li dui baron furent el champ entré.
Enmi le champ est Thiebaus arrestez.
Et li dus a sor destre regardé,
La bierre vit, qui fu enmi le pré,
De ses .II. iex commensa à plorer :
« Hé! Karles, sire, com iez de grant fierté!
« Poi me vault ores mes riches parentez,
« Et duc et conte et demainne et chasé! »
Ogiers l'entent, à poi n'est forsenez;
Le cheval broche, vers le duc est alez :
« Riches dus, sire, por coi voz effraez ?
« Par celui Deu qui maint en trinité,
« Se voz voi hui de traïson reté,
« Je me ferrai d'un coutel aceré,
« En la poitrine, ou en lonc ou en lé. »
Dist li dus : « Sire; trop tost voz desmentez. »
[^{b}Met hante en fautre, s'a le hiaume encliné.]
Et Thiebaus iert de l'autre part enz prés;
A grant merveille i avoit bel armé.
A haute vois a le duc escrié :
« Je vos deffi; de moi or voz gardez! »

Et li dus Gaydes ne l'a asséuré.
Atant brochierent les destriers abrievez ;
De bien ferir ot chascuns volenté.
Les lances brisent, quant sont entrencontré,
Grans cops se donnent sor les escus listez,
Desor les boucles les ont frains et troez.
Mais li hauberc furent si fort sarré
Nes pueent rompre, malmaitre ne fausser ;
Et li baron furent si aduré
Que l'uns ne chiet, ne l'autre n'est versez,
Et lor espié sont tuit entier remez.
Outre s'en passent, irié comme saingler,
A grant merveille sont andui esgardé,
Lor tor ont fait, puis se sont retorné.

Retorné sont andui li bon vassal,
Retorné sont, si se livrent estal.
Atant reviennent, irié comme lieupart,
Si s'entreviennent li nobile vassal.
Grans cops se fierent enz escus à esmal,
Que il les partent par desoz le bouclal.
Fors haubers ont, quant nus n'en desmailla ;
Et li espié furent fort et poingnal.
Il s'entrefierent par grant ire coral,
De cors, de piz, se hurtent par yngal ;
Nes pot tenir ne ceingle ne poitral,
Ainz s'entrabatent ambedui an terral :
A poi ne froissent des elmes li esmal.
En piés resaillent li nobile vassal.
Li dus saut sus, qui le cuer ot loial,
Isnellement revint à son cheval,
C'est Clinevens, qui delez lui esta.
En nulle terre si bon destrier nen a ;
Il l'atendi, et li dus i monta.

Quant Thiebaus voit li dus est à cheval,
Et il au sien n'a point de recouvral,
Ainz s'en fuioit parmi les champs aval,
Il se porpanse ja le duc ne faudra;
Ne fuï mie, envers le duc s'en va.
Gaydes le fiert, qui point ne l'espargna,
Que son escu soz la boucle copa,
Le blanc hauberc dessarti et faussa,
Lez le costel son espié li guia,
Que plainne paume de la char en osta.
Li dus passe outre, et la hanste brisa.
Thiebaus a dit : « Diables te forja;
« Honnis soit cil qui tel fust te donna!
« Si m'aït Dex, failli home en voz a,
« Qui contre moi combatez à cheval;
« Mais descendez, si vos traiez enz sà,
« Si essaions qui mieus dou brant ferra. »
Gaydes respont que ja ne l'en faudra.
Lors descendi li dus de l'autre part;
Les resnes giete sor le col dou cheval.
« Hé! Dex, dist Karles, com Gaydes est vassal!»
Dist l'uns à l'autre : « Moult est Gaydes loial.
— Certez, dist Naynmes, à pié se combatra. »
Li cuens Thiebaus fu moult de male part,
Il tint l'espée, qui grant clarté gieta,
Qui fu Grifon, celui qui l'engendra.
.III. pas s'avance et s'arresta au quart,
Et fiert le duc sor son elme à esmal
Que flors et pierres en abat contreval.
Li brans d'acier tout contreval rasa,
Parmi la boucle son escu li copa,
Le blanc hauberc desrompi et faussa,
Plus de .c. mailles à la terre envoia.
De tant parfont li a prins de la char

Li os en pert ausi blans com cristal;
Li vermaus sans contreval en raia,
Li herbe vers trestoute en vermoilla.
Trestoute l'ost en fremi d'unne part;
Dist l'uns à l'autre : « Quel dammaige ci a! »
Et dist Thiebaus : « Senti voz ai de sà;
« Par celui Deu qui le mont estora,
« Je sui icil qui voz chastoiera.
« Quant m'estordrez, par Deu qui tout créa,
« Vostre proesce assez petit vaudra.
« Ran moi t'espée, envers Karlon t'en va
« Criier merci : il le te pardonra.
« Toz mes lingnaiges por toi en priera,
« Et je méismez, tant que ta pais auras. »
Gaydes respont : « Dehais ait quel pensa!
« C'est mauvais sans qui de mon cors s'en va;
« Mestier en ai, ne fui saingniez piesa.
« Or voz gardez, car je voz ferrai ja. »
Par grant aïr vers Thiebaut s'en ala;
Trait Hauteclere qu'Oliviers li donna
En Ronscevauls, ansois qu'il deviast.
Li dus la hauce, par fierté l'esgarda,
Thiebaut feri sor son elme à esmal
Qu'il en abat les pierres en contreval;
Le cercle cope que point n'i arresta.
Li brans d'acier moult durement trancha,
Que l'un quartier dou hiaume li copa.
Touz fust fendus, mais l'espée avala,
L'escu ataint, trestout l'esquartela,
Et le hauberc desrompi et faussa;
Plus de .vii^c. mailles en dessevra.
Enz an costel li brans d'acier entra
Si en parfont que de la char osta.
Li foies pert, li pormons sozleva.

Or sont à pié ambedui li vassal;
Li uns a plaie, li autres assez mal.
De lor espées font le chaple mortal
Qu'il orent traites, dont d'or sont li seingnal.
Gaydes parole en haut, si s'escria :
« Par Deu, traïtres, jehir voz convenra
« Qui les puisons à Charlon envoia;
« Vez ci la bierre où vos cors mis sera ;
« Car loiautez tout adez vaintera
« Ja traïsons contre pooir n'aura. »
Thiebaus respont : « Ja riens ne voz vaudra. »
Vers lui se trait, durement s'aïra.
Gaydes li dus moult forment le hasta.
Fransois le voient, chascun en sozpira;
Grant paor out qui son ami i a :
N'iert pas merveille se chascuns le douta.

THIEBAUS li glous out le cuer moult felon;
L'espée tint dont à or fu li pons,
Qui fu son pere, le riche duc Grifon,
Cel d'Autefoille o le flori grenon.
Parmi son elme en va ferir Gaydon,
Mais ne l'empire vaillissant .I. bouton,
Car une fée l'en ot donné le don
Qu'il ne doute arme vaillissant .I. bouton.
Li cops descent par delez le menton,
L'escu li tranche, ainz n'ot deffencion,
Le pan li cope dou hauberc fremillon,
La chauce trenche qu'est clere com glason,
Et de la jambe li osta un braon,
Jouste le pié li copa l'esporon.
L'espée fiert demi pié en sablon;
Thiebaus l'en saiche qui ot cuer de lyon :
Dammaiges fu qu'il ne fu loiaus hon.

« Avois! s'escrie, ne fui je fiz Grifon,
« De Hautefoille le nobile baron ? »
Aprez a dit : « Comment voz est, Gaydon?
« Ne fust la verge dou doré esperon,
« Trenchié éussez le pié et le talon. »
Et dit li dus : « Malement alast dont;
« Je t'en cuit rendre moult bien le guerredon,
« Tel c'on doit rendre à traïtor felon. »
Thiebaus a dist : « Par Deu et par son non,
« Je voz donrai tele confession
« Que jamais prestres ne voz aura fuison. »
Gaydes respont : « Par le cors saint Simon,
« Je voz ferai jehir la traïson
« Com li presens fu envoiez Charlon.
« Voz me haez, je sai bien l'ochoison,
« Por vostre frere, le conte Ganelon,
« Por Pynabel qui le cuer ot felon.
« Mis m'avez sore que je fiz la puison
« Dont furent mort ambedui li garson ;
« Mais, foi que doi au cors saint Syméon,
« Ansoiz le vespre, voz lirai tel leson
« Dont voz aurez en col le chaaingnon. »
Thiebaus l'entent, s'en ot au cuer frison,
Sore li cort par grant aïrison.
Li dus l'atent comme bons champions.
Au brant d'acier font si grant chaplison
Que de lor cors ist li sans à bandon.

Li baron furent enmi le pré flori,
Requierent soi com mortel anemi.
Gaydes li dus ot moult le cuer marri,
Quant voit Thiebaut, le traïtor failli,
Qu'il l'ot navré, dont forment s'engrami.
Tint Hauteclere dont li brans fu forbis,

Vers Thiebaut vait, qui en pré l'atendi.
Moult par fu fiers, onques ne li guenchi;
De son escu cointement se couvri.
Gaydes le fiert, qui moult bien l'a choisi,
Cuer et talent et pooir y a mis.
Duel ot li dus, si grant cop li feri
Que son escu li trencha et fendi;
L'iaume copa et la coiffe autressi.
L'espée torne, ce l'a de mort gari;
Et nonporquant la teste consievi,
Que de la char plainne paume en rompi.
Enz en l'espaule l'espée descendi
Jusques as os, que li sans en chaï.
Enz en l'espaule l'espée descendi;
Toute l'espaule éust copée parmi;
Thiebaus le fuit, quant le cop a senti.
Il chancela à poi qu'il ne chaï.
Gaydes li dist : « De sà voz ai senti.
« Ainz que soit vespres, aurez Karlon jehi
« Qui le present et les parmains basti. »
Thiebaus respont : « Mar m'i avez laidi;
« Tu m'as paié, je repaierai ti. »

Li baron sont enmi le pré, à pié;
Moult ont feru et moult ont chaploié.
Requiert l'uns l'autre, com lyon enraigié.
Dou sanc des cors est li prés vermoilliez;
N'i a celui qui n'ait le cors plaié.
Thiebaus tenoit le brant d'argent seingnié;
Son escu a amont son bras haucié,
Le branc estraint, puis l'a amont drescié,
Fiert ent Gaydon, ne l'a mie espargnié,
Parmi son elme qui fu à or vergiez;
Pierres et flors en a jus envoié.

Li cops descent sor l'escu vermoillié
Que il li a en .ii. moitiés trenchié,
Et le hauberc de son dos desmaillié;
En flanc senestre li est li brans glaciez.
Li fel a si Gaydon dou cop paié
Qu'à un jenoil le fist agenoillier.
« Hé las! dit Naynmes, sor coi l'ai je plegié ?
« Par le Seignor qui pardonne pechiés,
« S'il est vaincus, mais n'aurai mon cuer lié,
« Ainz m'enfuirai quant il iert anuitié. »
Fransois le voient, si en sont esmaié ;
Tuit li plusor en plorent de pitié,
Por le franc duc qui fu ajenoilliez.
Gaydes saut sus, de honte est vergoingniez.
Et Thiebaus l'a par contraire arraisnié :
« Par mon chief, Gaydes, mal avez esploitié,
« Quant le present osastez envoier;
« Voz en aurez la hart en col ploié.
— C'est tout en Deu, Gaydes li respondié.
« Ainz que voiez le soleil abaissié,
« Voz aurai si par armes chastoié
« En col aurez le chaaingnon lacié. »
Dont li cort sus, le brant nu empoingnié,
Et Thiebaus lui ; mais tant orent saingnié
Que il sont si dou sanc affoibloié
.I. poi reposent, tant qu'il sont refroidié ;
Puis s'entrevienent, n'i ont plus delaié.
Li uns en l'autre trouve poi d'ammistié.
Ainz qu'il departent, ge voz di sans cuidier
Que l'uns aura le coraige changié :
Qui aura droit, bien sera esclairié.

GAYDES li dus fu forment irascus
De ce qu'il fu à genoillons chéus;

L'espée tint, dont li brans fu molus,
Envers Thiebaut en vint, les saus menus,
Le branc estraint à force et à vertu,
Et fiert Thiebaut parmi son elme agu,
Que flors et pierres en fait avaler jus.
Li brans descent contreval par vertu,
Qu'an .ii. moitiés li copa son escu;
La manche ataint dou hauberc qu'ot vestu,
Le bras li tranche, onques n'i arrestut :
A terre chiet li bras à tout l'escu.
Voit le dus Naynmes, grant joie en a éu.
Se il osast, il parlast ja au duc;
Mais trop redoute l'emperéor chenu;
Por ce le lait qu'il ne l'a mentéu.
Mais de Thiebaut ne sot pas la vertu,
Qui el poing destre tenoit le brant molu.

Quant Thiebaus voit que de son bras n'a mie,
Qu'il jut à terre sor l'erbe qui verdie,
Li cuers li ment, ne puet avoir baillie.
Lors se porpanse d'une grant baronnie;
Poi est des homes qui le pensaissent mie :
Ainz que dou cors li departe la vie,
Fera au duc ancor une envaïe.
Il trait l'espée el poing, qui reflambie,
S'en fiert Gaydon sor l'elme qui verdie,
Que flors et pierres tout contreval en guie.
L'elmes est bons, n'empira une aillie,
Et li cops grans, que nel pot porter mie;
Envers l'abat enmi la praerie.
Fransois cuidierent la teste éust tranchie.
Li dus saut sus, ne s'asséura mie :
« Avois! escrie, Sainte Marie, aïe! »
Tint Hauteclere, une espée saintisme :

En pomel d'or avoit bonnes reliques
Dou bras saint Jorgé et dou corps saint Denise ;
Fiert en Thiebaut sor l'iaume qui verdie,
Que flors et pierres tot contreval en guie,
Le cercle tranche à l'espée forbie,
Devers senestre li a rese l'orille,
Et dou test prent une moult grant partie.
Li cops fu grans, si nel pot porter mie;
Chancelant vait enmi la praerie.
Li dus le hurte, si que Thiebaus souvine;
Envers l'abat sor l'erbe qui verdie.
Gaydes le voit, Dammeldeu en mercie.

QUANT li dus voit que Thiebaus fu versez,
N'ot mais tel joie dès l'ore qu'il fu nés ;
Trait Hauteclere, sor lui s'est arrestez,
A haute vois commensa à crier :
« Par Deu, traïtres, fait il, voz jehirez
« La traïson qu'aviiez porparlé,
« Dont voz m'aviez à grant tort encorpé
« Vers Kallemaine, qui tant m'avoit amé. »
Thiebaus l'entent, si n'a nul mot sonné.

QUANT Thiebaus oit parler le duc Gaydon,
D'unne grant piece ne dist ne o ne non.
Lors se porpanse Thiebaus, au cuer felon,
Se il jehist la mortel traïson,
Pendus sera Amaugins et Sansons,
Et li ostaige qui sont en la prison.
Lors dist aprez li encriemmés felons :
« Cil se garissent, se il pueent ou non,
« Car je sai bien nen aurai garison. »
Où voit le duc, si l'a mis à raison :
« Certez, dus Gaydes, je fis la traïson,

« Et à mes mains destrempai la puison,
« Et le present envoiai à Charlon.
« Rois cuidai iestre de France et de Loon;
« Mais Dex ne weult, par son saintisme non.
« Nel di por ce, n'en quier avoir pardon,
« Ne vers nul prestre nulle confession ;
« Car en anfer aurai harbergison
« Avec mon frere le conte Ganelon. »
De ce se rient Fransois et Borgoingnon,
Toutes les gardes entor et environ.
A Karlemaine en est alez li tons,
Là où estoit dedens son pavillon,
Que Thiebaus a jehi la traïson ;
Li rois l'entent, noircist comme charbon.
En piés se dresce li rois de Monloon,
Dresa sa main, si a saingnié son front :
Grant merveille a de Thiebaut d'Aspremont.
« Dex, dist li rois, qui formas tot le mont,
« Tant mal m'ont fait li parent Ganelon ! »
Ogiers a dit : « Que faitez voz, Gaydon ?
« Prennez la teste de l'encriemmé felon. »
Gaydes a dit : « Volentiers le ferons. »
Lors li deslace le hiaume clarion,
La teste en prent quel virent .M. baron,
Mis l'a en hiaume sans nulle arrestison.

[*b*Gaydes] li dus fu chevaliers courtois;
S'espée dresce contremont demanois,
De toutes pars vit les coutiaus adrois :
« Hé ! bonne espée, quel coutel ai en toi !
« Bien soit de l'arme cui tu fus devant moi,
« C'est d'Olivier, le chevalier cortois ! »
Prent la Thiebaut, si la met devant soi,
Desor son piz li a couchié en crois :

« Hé! Dex, dist Karles, com cist dus est cortois ! »
Riolz dou Mans i est venus ansoiz,
Puis li a dit : « Riches dus, tant voz voi
« [*b*Descoloré] ne sai se gariroiz. »
Li dus respont : « Mar voz esmaieroiz;
« Ne fust li sans qui tant ist desoz moi,
« Dusqu'à ne guaires portaisse tés conroiz. »
Entor lui garde nostre empereres drois,
Et voit ses mires, les meillors qu'il avoit :
« Maistre Garin, alez au duc véoir
« Se ja aïde nul mestier li auroit ;
« Uns autres mires l'estanche à celle fois. »
Garins s'en torne et vait au duc véoir.
Li dus l'esgarde maintenant devant soi :
« Maistre Garin, tornez de devant moi ;
« Une autre fois me revenez véoir,
« Se Dex m'aït, que je n'ai nul voloir
« De véoir home qui de par Karlon soit. »
Garins s'en torne, et vint arriere au roi :
« Sire, fait il, por Deu, or ne voz poist ;
« Si m'aït Dex, li dus n'a nul voloir
« De véoir home qui de vostre part soit.
— Se Dex m'aït, dist Karles, il a droit ;
« Mais en ma vie jor amer ne me doit. »

GAYDES li dus a Thiebaut resgardé,
Qui devant lui gisoit toz enversez :
Grant ot le cors, parcréu et membré,
Graindres de lui .I. grant pié mesuré,
Tout sans le chief, que il avoit copé.
Tint Hauteclere qui giete grant clarté ;
Desor Thiebaut la mist par grant fierté,
Puis s'agenoille li dus lez lui en pré.
Vers Oriant avoit son vis torné ;

Ses .II. mains jointes, a le chief encliné,
A Deu rent graces, le roi de majesté,
De ce qu'il a tel aversier maté
Qui vers Karlon l'avoit si encorpé.
« Hé! Dex, dist Gaydes, par ta sainte bonté,
« Com j'ai le cors et plaié et navré!
« A com grant tort m'avoit cis gloz reté!
« Mais Dex m'en a la victoire presté.
« Moult m'avoit or Karles coilli en hé,
« Et s'avoit tort, or est bien esprouvé.
« Dex doinst qu'il s'en repente ainz que l'an soit outrez!
« Si fera il, se je vif en sancté.
Atant se dresce, si a son brant levé;
Amont l'adresce, par grant nobilité :
Bien resamble home qui el cors ait fierté.
Naynmes l'esgarde s'a Ogier apellé,
Et dant Richart et Riol le barbé,
Environ lui son riche parenté :
Bien furent .C., que conte, que chasé.
Li uns prent l'autre, vers Gaydon sont alé,
Tout entor lui se sont avironné;
Chascuns tenoit en poing le brant letré.
Riols li vieuls a Karlon apellé,
Et [*b*par] rampone li a Thiebaut monstré :
« Sire, dist il, vez là vostre avoé;
« Estraigniez lui les flans et les costez!
« Forment l'aviez en poi d'ore enamé.
« Vostre oriflambe portera en esté,
« Quant voz irez vengier la mort Forré.
« Si m'aït Dex, li rois de majesté,
« Li traïtor voz ont embriconné;
« Par lor avoir voz ont tout aveuglé.
« Mais, se Deu plaist qui tout a estoré,
« Il voz feront encores moult iré. »

Karles l'entent, si a le chief croslé ;
A soi a dit : « Thiebaus a meserré ;
« Adez i pert qui fait desloiauté. »
Gaydes se sist, qui tant avoit sainné
Qu'il en ot tout le vis descouloré ;
Et ses lyngnaiges l'a tout entor gardé.
As mains se tiennent li baron alosé
Tout autressi com aient carolé ;
Por le duc sont durement effraé,
Qu'il voient si taint et descouloré.

Gaydes li dus s'assist en son estant ;
Tant ot sainné et derriere et devant
L'erbe qui ert vers en ala vermoillant.
Atant se drescent li baron maintenant ;
Dedens son tref l'emmenerent errant,
Ogiers et Naynmes et Richars li Normans,
Guis de Biaufort, li preuz Riolz dou Mans.
Lors desarmerent le chevalier vaillant,
Puis le couchierent en .I. lit d'olyfant.
Ses plaies bendent, dont moult se va dolant ;
De grant angoisse se va souvent pasmant.
Environ lui vont tenrement plorant,
Et sa proesce doucement regretant.
Li dus les vit, ses va reconfortant.
« Baron, dit il, ne soyez pas doutant ;
« Bien garirai, se Deu plaist, le puissant.
« Faitez savoir, gel voz di et commant,
« Que la justice on face dou tyrant ;
« Et de ses pleges, por Deu le roi amant,
« Se il en prent ne petit ne noiant,
« Or ne argent, .I. denier vaillissant
« Li empereres cui France est apendant,
« Qu'il ne les pende ou maite en feu ardant,

« Je li ferai encor le cuer dolant. »
Dist Naynmes : « Sire, por le cors saint Amant,
« Celez vo cuer, ne ditez mie tant,
« C'on ne voz teingne por nice et por anfant. »

 Gaydes li dus fu en son tref demainne,
Où ses barnaiges por lui grant duel demainne.
Or voz dirai dou fort roi Karlemaine.
Il fu montez sor .I. destrier d'Espaingne ;
Vint à Thiebaut, qui gist mors en la plaingne,
La bierre mande, et on lors li amainne.
Lors jure Deu, qui fist la quarentainne,
Que Thiebaus iert pendus, ainz que li plais remaingne.
Couchier le fist en la biere demainne,
Et puis porter sor une pierre autainne ;
Là le fist pendre : c'est justice souvrainne.
Hardrez le voit, à poi qu'il ne forsainne.
Tel .xxx. conte se pasment en l'arainne,
Qui tuit estoient de la geste prochienne ;
N'i a celui qui n'ait cité demaingne.
Chascuns s'affiche ainz qu'an son regne veingne,
Donront Karlon, s'il püent, tel estraingne
Dont il morra de la mort soubitainne ;
Gaydon metront en si male semainne
Qu'il iert ocis à dolor et à painne.
Ferraus, ses niés, qui son harnois enmainne,
Sera ocis, n'aura pas mort lontainne ;
Car Auloris, qui a proesce plainne,
Vengera bien dant Thiebaut de sa painne,
Et Amaufroit metront en tel chaainne
Dont ja n'istra, bien en poist Karlemaine.

 Or est Thiebaus as forches encroez
Par les espaules, car li chiés fu copez.

Hardrez le voit, à poi qu'il n'est desvez;
D'Amboyn fu dolans et effraez,
Et de Sanson, qui fu emprisonnez :
Karlon redoute qui fu plains de fiertez,
Qu'il ne les pende, quant Thiebaus est tuez.
A son lyngnaige a dit : « Seignor, prennez
« .II. fors murlés de vostre avoir troursez,
« Et à Karlon tantost les trametez;
« Convoitoz est, nos neveus raverez. »
Et cil respondent : « Certez, bien dit avez. »
L'avoir ont prins, car tost fu aprestez;
Mener le font, avec ala Hardrez.
Vint à Karlon, si a dit : « Sire, oez :
« Servi voz ai touz jors en loiautez,
« De vilonnie ne fui onques retez;
« Se uns fel fist envers voz faussetez,
« N'est pas droiture por ce que me haez;
« Car touz jors sui vos drus et vos privez,
« Et servirai en bonnes volentez. »
L'avoir fist panre, puis dist : « Sire, tenez. »
Et dist li rois : « .V^c. mercis et grez.
« Por vostre amor iert Sanses delivrez,
« Et Amboyns, vos niés, cui tant amez. »
Lor li a Karles touz cuites delivrez.
.I. mes s'en est tout maintenant tornez;
Vint à Gaydon, si dist : « Voz ne savez ?
« Amboyns est et Sanses delivrez.
« Karles les a de sa prison gietez,
« Por le tressor que li donna Hardrez. »
Gaydes l'entent, à poi n'est forsenez.
Il jure Deu, le roi de majestez,
Que ja par tans iert Karles deffiez.
Et dist Riolz : « S'il voz plaist, tant souffrez
« Que voz soiez garis et respassez. »

Gaydes a dit : « Si con voz commandez. »
D'euls le lairai, et ci après orrez
Dou preu Ferraut qui s'est acheminnez,
Et d'Amaufroi, et des .vii^c. armez
Cui li harnois Gaydon fu commandez.
Vers Angiers vont tout le chemin ferré ;
En val de Glaye ez les voz touz entrez.
Se Dex n'en panse, li rois de majestez,
Ainz que soit vespres ne solaus esconsez,
Sera chascuns malement destorbez.
Paor aura trestouz li plus osez
Dou chief à perdre, se Dex n'en a pitez ;
Car Auloris, li traïtres prouvez,
Fu embuschiez, o .ii^m. d'armez,
En val de Glaye, soz les aubres rammez.
Ferraus li preus est sor destre gardez ;
Vit .i. vilain qui fu touz effraez :
Mal fu vestus, si fu estrumelez,
Et comme fox fu par lieus bertaudez.
Ferraus li preus en est à lui alez :
« Amis, dit il, por qu'iez si atornez ?
— Sire, fait il, ne sai quel vif maufé
« Sont en cel bois, soz les aubres rammez ;
« Plus en i a de .ii^m. d'armez
« A cleres armes, à destriers sejornez,
« Si m'ont batu et si m'ont defoulé.
« Souventes fois i fu Ferraus nommez,
« Et Amaufrois souvent renouvelez.
« Moult les menacent, sachiez, c'est veritez,
« Se il les truevent, tuit seront desmembré. »
Quant Ferraus l'oit, li sans li est muez ;
Tout maintenant s'est l'anfes porpansez
C'est Auloris qui là s'est arrestez,
Por euls ocirre les i a touz mandez.

Vint à sa gent, si lor dist : « Descendez,
« Prennez vos armes et si voz adoubez,
« Car jusqu'à poi pezant estor aurez.
« Soyez preudomme et ne voz desperez.
« Gaydes, biaus oncles, Dex soit vostre avoez !
« En grant peril, biaus sire, iestez remez ;
« De voz me poise plus que de moi assez. »
Atant descendent, si se sont conraé ;
Lor chevax ont restrains et receinglez,
Puis remontarent : ez les acheminnez.
Ferraus li anfes les a devant guiez,
Et Amaufrois, qui prez li fu au lez.
Or les conduie Jhesus de majestez,
Car, s'il n'en panse, tuit sunt à mort livré !

FERRAUS s'en vait et li preus Amaufrois,
Et li .VII^c. armé de lor conrois ;
As escuiers font mener le harnois,
Le val de Glaie chevauchent à esplois.
Serré s'en vont, parmi le sapinois,
Tuit à bataille ; n'i ot cri ne esfrois.
Forment redoutent le traïtor renois,
Ne mais Ferraus, qui fu preus et courtois.
Lor dist : « Seignor, mar voz esmaierois.
« Au bien ferir sera touz li esplois,
« Car moult noz héent li traïtor sans foi :
« Il jurent Deu, qui por noz fu destrois,
« Ja por paor ne fuiront une fois.
« S'il noz assaillent, noz i metronz defois,
« Et, se Deu plaist, lor en est li sordois. »
Ferraus resgarde tout parmi les aubrois ;
Desoz .I. aubre qui fu et haus et drois,
Vit .II. barons touz armez à lor chois :
Ceuls agaitoient qui viennent demanois.

Ferraus apelle Amaufroit et Symon :
« Entendez sà, si orrez ma raison :
« J'en voi là .ii. desor les arragons.
« Bien sont armé ambedui li glouton ;
« G'irai véoir qu'il welent ne qu'il sont.
« Se bien nous welent, bel les apellerons,
« Et se il welent bataille ne tanson,
« Il l'auront preste, par saint Pol d'Avalon. »
Atant brocha le destrier arragon,
Et vint as .ii., desoz l'aubre réont.
Li uns des .ii. Clarembaus avoit non ;
Li autres, Forques : moult ot le cuer felon.
Ferraus lor crie clerement, à haut ton :
« Quex gens estez ? que n'i ait celison. »
Forques respont : « Ne voz en mentirons :
« Home Aulori, ne querons se voz non.
« Ancui aurez en col le chaaingnon ;
« N'aurez garant de vostre oncle Gaydon. »
Ferraus respont : « Ne voz pris .i. bouton. »
Le cheval broche, qui li cort de randon.
Forques li vient à force et à bandon.
Grans cops se donnent ens escus as lyons ;
Desoz les boucles sont percié li blazon ;
Mais bien se tinrent li hauberc fremillon.
Forques brisa sa lanse an .ii. tronsons.
Ferraus l'enpoinst par tel devision
Que vers le ciel en volent li tronson.
Si durement le hurte à .i. tyson
Que par .i. pou ne brisa son chaon.
Ferraus passe outre, le trait à .i. bouzon.
Et Clarembaus a point par contenson,
Vers Ferraut vint, par grant aïrison,
Sa lance brise, qu'en volent li tronson.
Ferraus li vient plus tost qu'alerions :
Sor les escus se fierent à bandon,

Que il les percent ausiz com auquetons;
Mais li hauberc lor font deffencion :
Les hantes brisent où sont li confanon.
Ferraus le voit, si tainst comme charbons;
Traite a l'espée qui li pent au giron,
Clarembaut fiert sor son elme réont,
Que flors et pierres en abat an sablon.
Li cops descent par delez le menton,
L'escu li tranche, ne li vault .1. bouton,
Le bon cheval atainst devant l'arson,
Le col li tranche com ce fust .1. moutons.
Li chevax chiet à terre, à ventrillons;
Clarembaus chiet de mort en sozpeson;
Mais il saut sus, n'i fist arrestison.
A haute vois hucha son compaingnon :
« Secorrez moi, por Deu et por son non! »

Quant Clarembaus vit son cheval ocis,
De mautalent fu toz tains et noircis :
[^bForques, escrie] : « Secor moi, biax amis! »
Quant Forques l'oit, si est en piés saillis;
Tout maintenant a son cheval requis,
Si est montez, à la voie s'est mis,
En fuiez torne contreval le larris,
En haut s'escrie, à moult doliroz cris :
« Aulori, sire, vez ci vos annemis! »
Auloris l'oit, moult en fu esjoïs;
El cheval monte, de l'agait est saillis.
Ensamble o lui Mile et ses frere Guis,
Et avec euls .11^m. fervestiz,
Dou bois issirent, si ont les champs porprins.
« Avois! escrient, Ferraut, par saint Denis,
« Mar fu Thiebaus de Gaydon assaillis !
« Ainz que soit vespres ne solaus obscurcis,
« Serez voz tuit detranchié et ocis.

« Ja nus de voz n'en eschapera vis. »
Quant Ferraus l'oit, se li mua li vis ;
La force voit des gloutons maléis,
Clarembaut laisse, qui fu à pié marris,
Vers Aulori est maintenant guenchis.
Une fort lance li donna estormis
Uns chevaliers qui fu nés à Senlis ;
Ferraus la prent, moult s'est bien ademis.
L'escu a joint devant enmi son pis,
Ataignant broche des esperons massis.
Et Auloris li vint touz ademis.
A l'aprochier ont les espiés brandis,
Grans cops se donnent devant ens escus bis,
Que il emportent le taint et le vernis ;
Mais li hauberc les ont de mort garis.
Li espié brisent et volent par esclis.
De cors, de pis, se sont aconsievi ;
N'i a celui ne soit touz estordis.
Li oil lor tourblent, tant fort sont esbloï.
Isnellement ont trais les brans forbis.
Entre ces .II. ot moult grant chapléis ;
Devant se fierent à estoc enz el vis.
A Aulori tournast, je cuit, li pis ;
Li preuz Ferrauz l'avoit si fort aquis
Qu'à bien petit li fust li cuer partiz,
Quant poignant vint Haguenons et Guerris,
Et Guis et Miles, Hugues et Hernays,
D'autre part vint Amaufrois li marchis,
Seguins li preus, Symons et cuens Hanris,
Et li .VII^c. de chevaliers de pris.
A l'assambler ot moult grant feréis,
Et des espées fu grans li froisséis ;
Une grant lieue en tentist li païs.
Amaufrois broche, ne fu mie esbahis,

Et fiert Acart dou roit espié forbi ;
Ainz arméure ne li vault .I. samis.
Parmi le cors li a son espié mis,
Mort le trebuche ; les arsons a guerpis.
Et Symons fiert Alyaume de Vergis,
.I. traïtor, qui maint mal ot basti :
Fer et enseingne parmi le cors li mist,
Mort le trebuche très enmi le larris.
Ferraus a mort Gobert et Hernays ;
Des traïtors ont mors tex .XXXVI.
Dont Auloris fu moult mautalentis.
Et Amaufrois avoit Clarembaut prins ;
Ocis l'éust, s'il ne criast mercis.
Voit le Auloris, de duel est toz noircis ;
S'enseingne escrie por les suens resbaudir.
A celle empointe les ont moult malbaillis.
Il les éussent maintenant desconfiz,
Quant Amaufrois lor est devant saillis,
Li preus Ferraus, avec lui Anséys,
Hanris li anfes et Simons et Seguins.
Là commensa moult grans li chapléis ;
Là pert Ferraus granment de ses amis.
« Dex, dist Ferraus, sire de paradis,
« Com noz ont ores cil traïtor sozprins !
« Mais, par celui qui pardon fist Longis,
« Ansoiz que soit li jors del tout fenis,
« Lor vendrai cher le mal qu'il ont emprins. »

Li preus Ferraus sa maisnie ralie,
Et Amaufrois à la chiere hardie.
« Seignor, fait il, por Deu, le fil Marie,
« Deffendez voz, si ferez courtoisie,
« Vers celle gent cui li cors Deu maudie ;
« Car de Gaydon n'atendons nulle aïe :

« Apellé l'a Thiebaus de felonnie.
« Ne savons pas comment l'euvre s'est prinse ;
« Mais se nostre oncles en puet porter la vie,
« Li traïtor comparront l'ahatie :
« Encor lor iert la traïsons merie.
« Et s'il i muert, n'ai cure de nos vies.
« Mais, por cel Deu qui tout a en baillie,
« Venjonz noz bien vers celle gent haïe,
« Qui touz jors font traïson et boisdie ! »
A ces paroles Auloris se rescrie,
Et Guis et Miles qui nes amoient mie.
Li traïtor viennent à une hie.
Auloris broche, une lance a saisie,
Et fiert Guillaume qui fu nés en Valie ;
L'escu li tranche et la broingne treslie,
Parmi le cors le roit espié li guie,
Mort le trebuche enmi la praerie.
Et Guis ra mort .I. chevalier, Elye,
Miles, ses freres, Huon de Verberie.
La gent Ferraut ont forment malbaillie ;
Parmi .I. guez les mainnent tot à hie,
Le harnois ont saisi en lor partie.
Voit le Ferraus, à pou qu'il ne marvie ;
Et Amaufrois moult doucement li prie.
« Couzins, dit il, por Deu, le fil Marie,
« As traïtors faisons une envaïe. »
Et dist Ferraus : « Tex sera l'envaïe
« Quel comparront ainz que sonne complie. »
Lors laissent corre les destriers de Sulie.
Ferraus feri, sor la targe florie,
.I. traïtor qui forment les cuivrie.
Escus ne broingne ne li vault une aillie ;
Parmi le cors son roit espié li guie,
Mort l'abati enmi la praerie.
Puis fiert Pontacle qui tenoit Pontrelie ;

Arme qu'il ait ne li vault .I. aillie.
Puis trait l'espée qui luist et reflambie,
Fiert Aulori sor l'iaume de Pavie,
Que flors et pierres tot contreval en guie;
L'iaume li tranche et la coiffe est faillie.
Jouste la face est l'espée glacie;
Toute l'espaule li éust detranchie,
Quant l'espée est dedens l'escu vertie.
Voit le Auloris, toz li sans li fremie,
Chéoir se laist enmi la praerie.
Et Amaufrois de noient ne s'oublie;
Au brant d'acier durement le maistrie.
Miles et Guis, cui li cors Deu maudie,
Tot maintenant ont no gent racoillie;
El destrier l'ont remonté de Sulie,
Qui moult avoit la chiere espaourie.
La gent Ferraut ne se roublient mie;
Parmi .I. guez les mainnent sans navie.
Quant voit Ferraus que sa gent affoiblie,
Tel duel en a à poi qu'il ne marvie;
A destre garde, voit une tor antie,
Sor une roche, en la selve foillie.
« Dex, dit Ferraus, ne noz oubliez mie.
« S'à celle tor venoie à garantie,
« Ainz que fust prinse, i auroit grant haschie. »

Quant Ferraus ot celle tor avisée,
Qui sor la roche estoit très bien fermée,
A Amaufroit a la raison contée.
« Couzin, dit il, la force paist la prée.
« Grant pooir ont celle gent parjurée;
« Envers lor force n'averienz noz durée;
« Mais je voi là une grant tor quarrée :
« Se nostre gens i estoit enfermée,
« Ainz que fust prinse, seroit cher comparée. »

Dist Amaufrois : « C'est veritez prouvée. »
A ces paroles ont lor gent rassamblée ;
As traïtors vont faire la meslée,
Ferraus devant, en destre poing l'espée,
Et Amaufrois, à la chiere membrée.
Toute lor gens les sieut de randonnée.
Dont fu Valye hautement escriée,
Et Hautefoille n'i fu pas oubliée.
Droit vers la tor ont lor voie hastée.
Mais Auloris connut bien lor pansée ;
Car moult savoit de guerre et de meslée.
.C. chevaliers a prins en recelée.
« Or tost, fait il, alez sans demorée
« Vers celle tor, si saisissiez l'antrée. »
Et cil respondent : « Ainsiz com voz agrée. »
Tantost s'en tornent le fons d'unne valée,
A la tor viennent, si ont saisi l'antrée,
Le pont depiecent, s'ont la barre copée,
Enz an fossé ont les planches gietées.
Se Dex n'en panse et la vertus nommée,
Ferraus iert prins, sa mors est aprestée,
Et Amaufrois et lor gent decopée.
Li traïtor lor font une huiée ;
Trosqu'à la tor n'i ot resne tyrée.
Mais Ferraus trueve la tor mal aprestée.
Sa gent avoit devant lui arrestée,
Et Amaufroi, qui moult bien l'a gardée ;
Mais quant il virent la porte fu fermée,
N'i a celui n'ait la coulor muée.
« Dex, dist Ferraus, com dure destinnée !
« Hé ! bonne gens, por la virge honorée,
« Gardez hui soit vo proesce monstrée ;
« As brans d'acier lor donnez grans colées,
« Car vers noz cuident avoir borse trouvée. »

Entre Aulori et son frere Guion
Et Haguenon et le cuivert Milon
Voient Ferraut qui fu en souzpeson
Et Amaufroi armé desor Vairon,
Qui lor gens rengent de desor .i. roion.
Dist Auloris : « Or esgardez, baron :
« Cist ne sont mie esbaubi ne garson ;
« Vez com chascuns s'abaisse enz ou blazon.
« Ainz que prins soient, voz di par saint Simon,
« Noz auront il fait dammaige à fuison.
« Mais or oiez, seignor, que noz ferons :
« Corrons lor sus entor et environ ;
« Vers noz n'auront durée ne foison. »
Atant lor viennent à moult grant huïson ;
Iluec ot mis mainte lance en tronson,
Dont mains preudon chaï jus des arsons,
Qui i morut tout sans confession.
Dist Amaufrois : « Ferraut, quel la ferons ? »
Ferraus respont : « Ici noz deffendrons.
« As brans d'acier faisons murs et donjons.
« Au bien ferir gist nostre garisons ;
« Car noz n'auronz nul secors de Gaydon.
« Thiebaus le raite à court de traïson ;
« De la bataille ne savons o ne non. »
A ces paroles esperonne Vairon,
Et Ferraus broche Ataingnant l'arragon ;
Enz traïtors se fierent à bandon ;
Aprez les sievent li chevalier baron.
Amaufrois fiert Sohier de Besenson,
Dou brant d'acier, sor son elme réont ;
Ne li valut vaillissant un bouton :
Tout le porfant enfresci qu'en menton.
Et Ferraus a ocis Estevenon
Et Manesier, Berart et Nevelon.

Bien i ferirent trestuit li compaingnon.
Et Amaufrois ra abatu Milon,
Et Aulori, et son frere Guion ;
Mais tant i ot dou lyngnaige felon
Qu'il les remontent sans point d'arestison,
Puis lor reviennent par grant aïrison.
Li traïtor lor font grant huïson ;
Ocis lor ont Gautier de Mont Loon,
Poinsart de Nantes et de Toart Huon,
Et de Nivelle Manesier et Simon.
Tuit furent prins, escuier et garson,
Et lor harnois dont il [bi]ot fuison.
Ferraus le voit, si tainst comme charbons.
« Dex, dist il, sire, par ta benéison,
« Qui à Marie féistez le pardon,
« Yonas sauvastez ou ventre dou poisson,
« Et Daniel en la fosse au lyon ,
« Si com c'est voirs, peres, que noz disons,
« Deffendez noz de mort et de prison ! »
Lors se resgarde et vit une maison,
Qui close fu de haie et de buisson.
Quant il la vit, ainz tel joie n'ot hon ;
Sa gent ralie entor et environ,
Puis lor a dit, par moult bele raison :
« Seignor, dist il, vers cel lieu noz traionz.
« S'i poienz iestre, iluec noz deffendrons ;
« D'aucune part venra aucuns secors. »
Et cil ont dit : « Alez, noz voz sieurrons ;
« Ja por paor de mort nou laisserons. »

Li preus Ferraus Amaufroi apella.
« Couzin, dist il, traiez voz en enz sà.
« Alons dererre, no gens devant ira ;
« Vers cel manoir alons que je voi là :

« Aucuns secors, se Dé plaist, nos venra. »
Dist Amaufrois : « Ne vos esmaiez ja ;
« Tant com vivrons, l'uns l'autre ne faudra. »
Atant Ferraus sa gent acheminna ;
Devant les mist, dererre chevaucha.
Souventes fois guenchi et trestorna,
Et Amaufrois souventes fois jousta.
Et Auloris de prez les enchausa ;
Trop ot grant force, durement les greva.
A celle empointe tex .XL. en outra
Dont à Ferraut moult durement peza.
Et Auloris, qui moult de mal pansa,
Lor tolt la voie, le pas lor estoupa.
Dedens le mes des traïtors entra
Jusqu'à .XL., dont chascuns se vanta
Que ja Ferraus le pié n'i metera.
Vaches et bues en la cort assez a,
C'uns vavassors i ot norri piesa.
.VII. fiuls avoit que durement ama.
Li dus Joiffrois dou païs le chasa,
Por .I. borjois que à Angiers tua.
.VII. ans toz plains en bois conversé a.
Gentiz hom fu ; sa fame i amena.
Cel mes ot fait et en cel bois ouvra.
N'avoit de terre fors que ce que sarta ;
Souventes fois ses anfans en aisa.
Quant vit la gent qu'an sa maison entra,
Moult fu dolans, forment s'en aïra ;
Ses fiuls escrie : « Seignor, or i parra
« Qui no bestaille durement deffendra ;
« Mal dehaiz ait mener les en laira.
« Ce sont larron maufé, tant en i a. »
A ces paroles, li vavasors s'arma
D'un gambison viez, enfummé, qu'il a.

.I. viés chapel sor sa teste ferma ;
Mais tant fu durs que arme ne douta.
Prent sa masue, sor .I. jument monta.
Chascuns des fiz une hache prinse a
Grant et pezant, qui durement trancha.
Li vavassors les gloutons escria :
« Fil à putain, mes bestes lairez sà ;
« Car je sui cil qui les chalongera. »
Prent sa masue, à .II. mains la leva ;
Fiert le premier que il encontré a
De la masue, qui durement peza,
Desor son elme, moult bien avisé l'a.
Le hiaume fraint et le test li quassa,
Jusques en piz touz les os li froa,
Et le cheval si fort dou cop charja
Que en .I. mont trestout acraventa.
« Avois ! escrie, biau fil, ferez de là !
« Par le cuer beu ! nus n'en eschapera. ».

Li vavasors si tenoit sa masue ;
A .II. mains l'a contremont estendue,
Cel qu'il ataint à terre mort le rue,
A haute vois souvent escrie et hue :
« Par le cuer beu ! vostre fins est venue.
« Ferez, biau fil, por Deu qui fist la nue ! »
Atant i vinrent si fil sans atendue.
Chascuns tint hache qui bien fu esmolue,
Et chevauchoit une jument quernue,
Que il avoient destelé de charrue.
Les traïtors chacent en une rue ;
.XII. en ont mors à icelle venue.
Li vavassors de ferir s'esvertue ;
Tint sa masue qui iert grans et corsue,
Les traïtors si malement estrue

Li plus hardis touz de paor tressue.
Li vavassors et si fil s'esvertuent;
Des abatus ont la place vestue.
« Dex ! dist Ferraus, d'ont noz vient celle aiue ? »
Voit le Auloris, de maintenant tressue.
« Avois ! escrie, est nostre gens vaincue.
« Por .viii. vilains la voi si esperdue;
« Por coi n'avez corné la recréue ? »
Li vavassors à haute vois les hue.
« Par Deu, fait il, qui fait corre la nue,
« Mar i avez ma maison abatue.
« Ma proie prinse cher voz sera vandue ;
« Ja n'en menrez vaillant'une chéue. »

Li vavassors fu moult de grant aïr;
Tint sa masue, si vait sor euls ferir.
Cui il ataint, arme nel puet garir
Que ne le face de male mort morir.
Si fil i fierent, n'ont repos ne loisir;
A lor grans haches en i font maint morir.
Voit les Ferraus, moult li vint à plaisir.
Et Amaufrois desore Vairon sist.
« Couzins, dist il, alons les envaïr;
« Ne sai quex gens voi dou manoir issir,
« Qui noz aiuent, et Dex lor puist merir. »
Dist Amaufrois : « Pensez de l'envaïr;
« N'aurons garant se n'est au bien ferir. »
Lor gent assamblent, lor espiés font brandir,
Et qui n'ot lance au brant va esquermir.
Là véissiez tante lance croissir,
Et tante espée sor ces elmes tentir,
L'un mort sor l'autre trebucher et chéir.
Et Auloris fait sa gent esbaudir;
Par grant vertu vait Ferraut envaïr.

Au vavassor commence à meschéir,
Car .IIII. fiz li ont mors au venir.
Voit les li peres, n'i ot que esmarrir;
Tant fu dolans nel sauroie jehir.
Mais por paor ne lor deingna fuir;
A sa masue les corrut envaïr,
Son mautalent lor cuide bien merir.

Li vavasors fu dolans et irez;
Tant fu dolans à pou n'est forsenez,
Quant ses anfans vit à terre gietez.
De .VII. n'en sont que li .III. vif remez;
Voit les li peres, moult en fu abosmez,
Prent sa masue. « Avois! s'est escriez;
« Or, mi anfant, por Deu, or me sievez,
« Et de vos freres la venjance prennez! »
Atant point l'ieve sor quoi il fu montez,
Prent sa masue, mains cops en a donnez,
Froisse ces testes, ces pis et ces costez,
Plus de .XIIII. en a jus enversez.
Si fil i fierent, qui maint en ont tuez.
Voit le Auloris, à poi qu'il n'est desvez.
« Avois! s'escrie, vilains, t'iez forsenez!
« Por ses anfans c'on li a mors gietez,
« Est il sor noz engrez et aïrez,
« Qu'il ne noz doute .II. deniers monnaez;
« Or tost à lui, seignor, si le hastez! »
Et il si font, lors est li cris levez;
Lancent à lui les faussars acerez.
Il et si fil furent lors aterré.
Li vavassors saut sus, d'ire alumez,
Si s'apareille com por grans cops donner,
Prent sa masue, dou bien faire aprestez,
Environ lui en a mains cops donnez,

Et froisse hiaumes et espiés noelez,
Bras, et espaules. et visaiges, et nés :
Plus de .xiiii. en a escervelez.
Et si .iii. fil sont lez lui aus costez,
Qui à lor haches en ont maint aterrez.
Mais moult les ont li glouton apressez,
Quant Ferraus vint, de ferir entesez ;
Et Amaufrois ne s'est pas oubliez.
Lor gent les sievent, de ferir apresté.
Fiers fu l'estors et fors et adurez.
Ferraus tenoit le brant qui fu letrez ;
Fiert Asselin, qui de Troies fu nés.
Ne li vault arme .i. denier monnaé ;
Jusques enz dens li est li brans coulez.
Mort le trebuche, des arsons est versez,
Prinst le cheval par le frainc qu'est dorez,
Le bon destrier a arriere mené
Au vavassor, se li a dit : « Tenez. »
Cil i monta, qu'à estriers n'en sot grez.
Amaufrois s'est en l'estor bien prouvez.
Li preus Simons et Hanris l'alosez
.III. chevax ont maintenant conquestez ;
As .iii. vassaus les ont tantost livrez,
Et cil i montent de bonnes volentez.
Et Auloris les a si prez hastez
Que il les a par force reculez ;
Le vavassor et ses fiuls a outrez.
Se plus demore, bien voit qu'iert afolez ;
Ses .iii. fiuls a aprez lui arroutez,
Prent sa masue, devant s'en est alez.
Tant le redoutent, ne l'osent adeser.
Par droite force se fiert en bois rammé,
Et si fil sont d'autre part eschapé.
Or ne les doutent .ii. deniers monnaez.

Et Ferraus est dedenz l'estor entrez,
Et Amaufrois et li autres barnez.
Li traïtor les ont moult sormontez.
Voit les Ferraus, forment s'est desmentez.
« Gaydes, fait il, jamais ne noz verrez ;
« De moi ne chaut, se voz là demorez.
« Se par Thiebaus iez vaincus ne matez,
« Miex ainz morir que vis soie remez.
« Mais ainz que muire, par Deu de majestez,
« Vendrai ma mort as traïtors prouvez. »
Lor prent sa gent, si les a adossez
Jouste une haie, par delez uns fossez ;
Là se deffent à guise de sangler.

Ez voz Guion par la presse poingnant :
La lance baisse, vait ferir Elinant,
Couzin Gaydon et son apartenant,
L'escu li perce et l'auberc jazerant,
Parmi le cors li met l'espié tranchant,
Mort le trebuche enz el pré verdoiant.
Et Auloris fiert Seguin le vaillant,
Enz el costé le navra durement ;
Mais dou cheval ne l'abati noiant ;
La lance brise, et li sans en espant.
Ferraus le voit, s'en ot le cuer dolant ;
Elinant voit à terre mort gisant,
De la pitié vait souvent larmoiant,
Escortrement l'en aloit regretant :
« Gaydes, biax oncles, Jhesus voz soit aidans !
« Ne voz verrai jamais en mon vivant. »
Seguin apelle moult tenrement plorant :
« Gentiz hon, sire, por Deu le raiemant,
« Car alez ores vers l'ost Karlon poingnant.
« Cheval avez, je ne sai plus corrant ;

« Sachiez de Gayde com lui est convenant,
« S'il a vaincu Thiebaut le souduiant.
« Ditez por Deu qu'il noz soit secorrans ;
« Et s'il est mors, nen quier aler avant,
« Mais ci moult cher me vendrai à mon brant. »
Seguins respont : « Tout à vostre commant. »
Atant s'en torne, à esperons brochant,
Et li chevax l'emporte randonnant.
Tant a brochié le bon cheval corrant
Qu'il vint en l'ost, Gaydon vait demandant.
Li viex Riolz sailli en piés errant,
Car il vit bien que li besoins iert grans ;
Au tref Gaydon l'en a mené errant.
Et cil descent de son cheval corrant,
En tref en entre, le duc treuve gisant.
Gaydes le voit, forment le vait hastant :
« Ditez, Seguin, qu'alez vos or querant ? »
Seguins respont : « Ja orrez mon talant :
« Ferraus voz mande cui vos par amez tant,
« Et Amaufrois, qui n'a pas cuer d'anfant,
« Ques secorrez sans nul atarjemant.
« En val de Glaye, lez une eve corrant,
« Les ont encloz li cuivert souduiant,
« C'est Auloris, ce voz di vraiemant,
« Et Guis et Miles, li cors Deu les cravent !
« Bien sont .II. mil, par le mien encient.
« De vos gens ont ja ocis ne sai quans,
« Voz trouverez moult petit remanant.
« A moi méismez est il bien apparant :
« Par le hauberc me vait li sans corrant. »
Quant li dus l'oit, si sailli en estant ;
Ainz de ses plaies ne li souvint noiant.

Li dus sault sus, quant oï la nouvelle ;

Errant s'arma, que il n'i quist favelle.
Guis de Biaufort le viel Riol apelle,
Rispeu de Nantes et Joffroi de Nivelle.
Li cuens de Chartres cui proesce gouverne,
Et Amauris qui Toartois gouverne,
Car tuit ont bien oïe la nouvelle,
Chascuns s'arma, toz li cuers li sautelle,
Puis sont monté es destriers de Castelle.
Bien sont .v^c.: mains penons i ventelle.
« Dex, ce dist Gaydes, qui nasquis de pucelle,
« Cui crestien à lor besoing apellent,
« Consentez moi que je sor euls martelle
« De Hauteclere, dont tranche la lemelle,
« Qui mes neveus cuident maitre à cordelle! »
Clinevent broche, qui souvent li sautelle,
Qui plus tost cort que ne vole alondrelle.
L'enseingne porte li sires de Tudelle.
Seguins les guie delez une combelle;
Li sans de lui à grans ruissiaus ruisselle.

GAYDES li dus s'en vait grant aléure;
Sa gens le sieult plus tost que l'ambléure.
Seguins les guie, qui de sejor n'ot cure.
Tant ont esré le chemin à droiture
Qu'en val de Glaye, lez la forest obscure,
Encontre Gaydes, parmi une couture,
Le vavassor, qui ot moult laide hure,
Cui Auloris avoit fait tel laidure
Que il l'avoit chacié de sa pasture,
Ses .iiii. fiuls ocis à terre dure.
Quant voit le duc, mie ne s'asséure,
Fuir s'en volt; mais li dus Gaydes jure
Qu'il n'avra mal, die lui s'aventure.

Gaydes li dus a le vavassor prins ;
Moult belement li a dit : « Biaus amis,
« D'ont iestez voz ? or en soit li voirs dis. »
Et cil respont : « Je sui uns las chaitis.
« Je fui chaciez fors de Angiers jadis,
« Por .I. borjois, qui sore m'avoit mis
« Que je avoie desor le sien porprins.
« Non ot Alyaumes ; mais siens en fu li pis.
« Li dus Joiffrois me chasa dou païs ;
« Je m'en estoie sà defors afuis,
« .I. mes avoie fait en cest plaiséis,
« .VII. fiuls avoie, moult biax et eschevis,
« De ma moillier, que j'avoie noris.
« Assez avoie et vaches et brebis.
« Hui main matin, fui si fort assaillis
« D'une grant gent armez et fervestis,
« De mes .VII. fiz i ont les .IIII. ocis.
« Ne sai quex gens avoient envaïs,
« Et les avoient forment au desoz mis ;
« Je cuit que poi en i a remez vis.
« Deschevauchiez i fui et moult laidis ;
« Mais remontez i fui par un marchis,
« Ferraut l'apellent, si com moi est avis.
« En grief point iert contre ses annemis ;
« Poi avoit gent contre ses annemis. »
Quant li dus l'oit, touz fu espaouris.
« Hé ! Dex, dist Gaydes, sires de paradis,
« Se je viens là ainz qu'il soient fini,
« Dou brant d'acier, qui est clers et forbis,
« I ferrai tant sor les cuivers faillis,
« Se Dex m'aït qui en la crois fu mis,
« Li plus hardis voldroit iestre à Paris. »
Li vavassors s'estoit d'euls esjoïs ;
Dist à Gaydon : « Se c'est voirs que tu dis,

« Je te menrai desci au feréis.
— Hé! Dex, dist Gaydes, sire de paradis,
« Com serai liés, se les puis trouver vis!
— Ne sai, dist il, si m'aït Jesu Cris;
« Quant m'en parti, si estoient aquis.
« Mais hastez vos, qu'il n'i soient laidi;
« Car tuit seroient perdu, gel voz affi. »

GAYDES chevauche, qui n'ot soing d'atargier.
Li vavassors se painne dou coitier;
Car moult voldroit ses .iiii. fiz vengier,
Qu'ocis avoient li glouton pautonniers.
Li dus brocha Clinevent le legier,
Sa gent passa le trait à .i. archier.
Li vavassors le sieult prez de l'estrier.
Parmi .i. val prennent à adrescier,
Une aigue passent parmi .i. bois plenier,
Voient Ferraut par delez un rochier,
Et Amaufroi sor Vairon le legier.
N'estoient pas .iii^c. au mien cuidier,
Car Auloris les fist as poins loier.
Ferraut avoient navré li losengier
Et Amaufroi, qui moult ot Gaydon chier.
Poi en i ot, ce vos [^{b}puis] tesmoignier,
Qui n'aient fait le sanc dou cors raier.
Gaydes les voit, Deu prent à merciier,
Quant il les voit encores chaploier.
Li vavasors prinst Gaydon à huchier:
« Sire vassal, or poez acointier
« Cex cui voz ai oï si menacier. »
Li dus brocha Clinevent son destrier,
Qui plus tost cort ne fait cers par rammier,
Baisse la lance, quant vint à l'aprochier,
Et fiert Rogon sor l'escu de quartier,

Gaydon 6

Que soz la boucle li fist fraindre et percier,
Et le hauberc desrompre et desmaillier;
Mais en la char ne le pot pas touchier.
Puis abati Guispenart et Rogier,
Et Forqueré, Guion et Manesier.
Lors passa outre sa lance redrescier.
« Valie! escrie, ferez i, chevalier!
« Ferraus, biax niés, n'aiez soing d'atargier;
« Je sui vostre oncle qui voz veing ostaigier,
« Et Amaufroi au bon brant raplegier.
« Comperront le li cuivert pautonnier;
« Mar voz ont fait en ce bois espier. »
Amaufrois l'oit, n'i ot qu'eslaiecier.

Grans fu l'estors, et fors et adurez.
Gaydes li dus fu forment aïrez;
Le cheval broche des esperons dorez,
Et il li saut .xv. piés mesurez.
Fiert .i. traïtre, grant cop li a donné
Sor son escu, qui fu d'or pointurez,
Desor la boucle li a freint et troé.
Fors fu l'aubers, n'en a mie faussé :
Sa lance brise; n'i a plus conquesté.
Li vavasors fu forment aïrez,
Quant voit Gaydon qu'il ne l'a mort gieté;
Sachiez de voir le cuer en ot iré.

En vavassor nen ot que aïrier;
Les abatus a véu redrescier,
Au duc Gaydon commensa à huchier :
« Sont ce li cop que voz savez paier?
« Si m'aït Dex qui tout a à jugier,
« Voz voz vantastez orains à l'acointier
« Que vos feriez vos annemis plaisier;

« Quant ne volez les abatus touchier,
« Voz les cuidiez ocirre au trebuchier !
« Mais vostre cop font poi à resoingnier.
« Mal dehaiz ait qui voz fist chevalier ;
« Car moult me poise, nel vos quier à noier,
« Quant hui me fis à voz acompaingnier.
« Se Dex m'aït, ne voz pris .i. denier.
« Mais ja verrez comment me sai aidier,
« Et se je sai mes cops bien emploier. »
Prent sa masue, si la prent à haucier.
Bien resamble home où n'ait que aïrier ;
Fiert Godefroi parmi le hannepier.
Arme qu'il ait ne li vault .i. denier ;
Ausiz le froisse cun rainscel d'olivier.
Sa blanche coiffe ne li pot preu aidier.
Tout li debrise et test et hannepier ;
Trosques enz dens ne remez que brisier.
Le cheval fist à terre ajenoillier,
Puis fiert .i. autre, tout le fit esmier.
Assez en a tolu le baaillier.
Dist à Gaydon : « Je les sai chastoier,
« Mais voz ne faitez fors la gent esmouschier. »
Li dus s'en rist et prent Deu à proier
Tel compaignon li gart de mehaingnier.

Lors que Ferraus ot son oncle avisé,
Et Amaufrois, tuit sont resvigoré.
« Dex, dist Ferraus, qui me féistez né,
« Peres de gloire, tu soiez aourez,
« Quant mon oncle as garanti et tensé
« Contre Thiebaut, le traïtor prouvé.
« N'i durreront li glouton deffaé. »
Lors a brochié Ataignant l'alosé.
En sa main tint le branc d'acier letré,

Et fiert Haton sor son elme gemmé.
Pierres et flors en a jus craventé,
Le maistre cercle li a par mi copé,
La coiffe tranche dou bon hauberc saffré;
Mais petit l'a en la char adesé,
Car li diable, si seignor, l'ont tensé :
Quant qu'il ataint a à terre porté.
Cil ot paor, lait soi chéoir en pré.
Guis l'a véu, prez n'a le sens desvé.
Cil cuide bien qu'il l'ait à mort navré;
N'ot mais tel duel dès l'ore qu'il fu nés :
S'il ne le venge, ne vault .II. aus pelez.
Lors point Bausant, s'a le brant entesé ;
Parmi son elme a si Ferraut frapé
Que flors et pierres en a jus avalé :
Bien demi pié a le hiaume embarré.
Dex li aida que il ne l'a navré,
Et la fors coiffe dou bon hauberc saffré.
Quant Ferraus sent son fort elme quassé,
Moult fu dolans, sachiez de verité ;
Grant honte en ot, s'en fu d'ire embrasez :
Guion feri, et Guis le ra frapé;
Li uns ne prise l'autre .II. deniers monnaez.
Ferraus entoise le bon brant aceré,
Et fiert Guion en son elme gemmé;
Pierres et flors en a jus craventé.
L'espée torne, ce l'a de mort tensé ;
Et nonporquant l'a durement navré :
Grant plainne paume a de la char osté.
Li cops descent parmi l'escu listé,
L'une moitié en a eschantelé.
Li cops avale, l'espée fiert en pré ;
Se bien l'éust à plain cop assené,
Jamais Guions ne véist home né.

Quant s'a véu, forment l'en a pezé ;
Deu en jura, le roi de majesté,
S'il ne s'en venge, mieus weult iestre afinez.
Hauce s'espée, dont li poins fu dorez,
Ferraut feri, ne l'a pas redouté,
Parmi son elme, qu'il ot d'or pointuré ;
Mais ne l'empire .ii. deniers monnaez.
Voit le Guions, forment l'en a pezé.
Ferraus le fiert, et Guis le ra frapé ;
Entreuls .ii. ont le chaple tant mené
Que il n'ont elme qui ne soit effondrez.
Li quex que soit éust petit duré,
Quant Auloris i vint touz abrievez,
O lui sa gent qu'il avoit rassamblé.
Et li dus Gaydes a Clinevent hurté.
Sa gens le sieult, qui moult se sont hasté ;
Es traïtors se sont tantost meslé.
La véissiez tante lance froer,
L'un mort sor l'autre trebucher et verser,
Tant pié, tant poing i véissiez coper.
Ferraus et Guis furent lors dessevré.
Et li dus Gaydes, qui moult ot de bonté,
Le vavassor a tantost apellé ;
Moult doucement li a ammonesté,
Et tant proié et tant li a rouvé
Que il li a son gambison osté.
De bonnes armes l'a moult bien conraé,
Et se li a .i. elme an chief fermé,
Mis en la main .i. roit espié quarré.
Mais sa masue n'a il pas puer gieté,
Ains l'a pendue à son senestre lez ;
S'en a besoing, tost i iert recouvrez.
Quant il se voit si d'armes conraé,
Dedens son cuer en mainne grant ferté,

Plus devint fiers que nus lyons cretez.
Le cheval broche des esperons dorez,
Et li chevax li cort tout à son gré ;
Mais n'i a home véu ne avisé
Que il connoisse, si l'en a moult pezé.
Ferraus avoit un espié recouvré ;
Ataingnant broche, que il ot en cherté,
Le vavassor a tantost encontré.
Li uns n'a l'autre de noient avisé ;
Sor les escus se sont entrassené,
Desoz les boucles les ont frains et troez.
Mais li hauberc furent fort et serré,
Les hanstes roides, de gros sapin plenné,
Et li vassal sont de tel poesté
C'andui se sont à la terre porté,
Si fort qu' à poi ne sont acraventé.
Ferraus saut sus, en haut s'est escriez :
« Quel vif diable l'ont ici amené ? »
Li vavassors ot moult le cuer enflé.
« Avois ! s'escrie, or i soient maufé !
« Je me tramis de trop grant foleté,
« Quant je ai hui à nul home jousté ;
« Se je l'éusse de ma mace atasté,
« Je li éusse trestouz les os froez. »

FERRAUS ot honte quant il se vit chéu ;
L'espée a traite, si embrace l'escu.
Li vavassors ot le cuer irascu ;
Parmi les prés s'en vait, les saus menus,
Prinst sa masue qu'à l'arson ot pendu,
A Ferraut vint, les bras touz estendus.
Ja li éust le chaple maintenu,
Quant li dus Gaydes, à la fiere vertu,
Celle part vint, n'i a plus atendu.

« Ferraus, biaus niés, dist li dus, que fais tu ?
« C'est l'om el mont qui plus m'a hui valu. »
Li vavassors a le duc entendu.
« Sire, fait il, par Deu, le roi Jhesu,
« [*b*Nel] conui mie, ne sai des quex il fu. »
Ferraus l'entent, grant joie en a éu.
Andui remontent par moult fiere vertu.
Li traïtor ont le duc percéu ;
Lors sevent bien que Thiebaus est vaincus.
Par moult grant ire lor sont sore corru,
Amaufroi ont et prins et retenu,
Et dou cheval à la terre abatu.
Li dus le voit, le cuer ot irascu.
Ferraus li preus brandist l'espié molu.
Li vavassors tint son baston cornu.
Entr'euls se fierent, si ont levé le hu.
Riolz li viex i a moult bien feru.
Gaydes laist corre Clinevent le menbru,
Brandist la hanste, qui ot le fer agu,
Et vait ferir Gilebert de Monru.
Escus ne broingne ne li vault .1. festu ;
Parmi le cors li mait le fer agu,
Mort l'abati enmi le pré herbu.
Et Ferraus a le chaple maintenu.
Li vavassors a maint escu fendu,
Et maint hauberc desmaillié et rompu.
Li cuens de Chartres, Gautier de Montagu,
Guis de Biaufort et Riolz li membrus,
Cil ont l'estor enforcié et créu
Tant que il ont Amaufroi secorru.
Ferraus li rant Vairon qu'il ot perdu ;
Li bers i monte par l'estrier d'or batu.
Li vavasors, qui le chief ot locu,
Escrie en haut : « Qu'iestez vos devenu,

« Mi bel anfant ? Dammeldex vos aiut !
« Vez ci vo pere que aviiez perdu. »
Li anfant l'oient, qui sont el bois ramu ;
Isnellement sont celle part venu,
As traïtors rendent cruel salu,
A lor grans haches tranchent maint chief de bu.

GAYDES li dus ot au cuer grant frison ;
Des traïtors a choisi la fuison,
Clinevent broche, son bon destrier gascon.
Li vavasors le sieult à esporons,
Riolz li viex, et de Biaufort Guions,
De Toartois Aspremars et Simons.
D'autre part vint Amaufrois de randon,
Ferraus li anfes, et tuit si compaingnon.
Auloriés lor revint de randon,
Et Guis, et Miles, Alerans et Rogons.
Tel .xv^c. viennent à esporons,
Qui tuit desirrent la mort au duc Gaydon.
Gaydes s'escrie : « N'i gariroiz, glouton,
« Je voz vendrai moult cher vo traïson !
« Thiebaus vos mande qu'il trempa la puison,
« Mais il en a éu son guerredon. »
A ces paroles feri conte Huon,
Qui tint grant terre dou conte Ganelon ;
L'escu li perce et l'auberc fremeillon,
En cors li met fer et fust et penon.
Li dus refiert Gautier de Besenson,
Tout le porfant enfresci qu'au menton.
Voit le Auloris, ne li fu mie bon.
« Avois ! escrie, or me sievez, baron,
« Tout maintenant, sans nulle arrestison. »
Lors a brandie la hanste au confanon,
Et fiert le duc sor l'escu au lyon,

Que il li perce le taint et le blazon;
Mais li aubers li fist deffencion.
Et Auloris l'empoint de tel randon,
Et à l'effort dou bon cheval gascon,
El grant estor des traïtors felons
Abat le duc, par delez un perron,
Car il avoit aillors s'entencion :
Envers Guion tenoit la chaplison.
Li dus saut sus, iriez comme lyons;
Ire ot et honte, si tainst comme charbons.
Son escu lieve à loi de champion,
Fiert .I. traïtre sor son escu réont,
Trenche le cercle qui fu fais à Dijon.
Sa blanche coiffe ne li vault .I. bouton ;
Tout le porfant enfresci qu'au menton,
Puis a ocis et Gombaut et Bouzon.
Auloris dist : « Se nouz ne l'ocions,
« N'auronz mais joie an jor que noz vivons. »
Lors l'assaillirent li encriemmé felon.
Le duc ont mis à force à genoillons;
Mais il escrie : « Valye! », à moult haut ton.
Li vavassors en a oï le son,
Celle part vint corrant de grant randon.
Tint sa masue, qui ot gros le tronson,
Fiert s'en la presse, par grant aïrison,
Devant lui fait moult grant ocision :
Il froisse tout, os et ners et braons.
Si fil le sievent plus tost qu'esmerillon,
Qui à lor haches font grant ocision.
Prins fust li dus et menez en prison,
Et desconfit li gentil compaingnon;
Mais Dex ne volt par sa benéison.
Ez voz atant apoingnant .I. garson.
« Avois! escrie, Aulori et Forcon ,

« Fuiez! vez ci l'emperéor Charlon
« Et les grans os qui viennent à bandon.
« Tuit iestez mort, n'i avez raenson. »

Auloris a la parole escoutée
Que li garsons li ot dite et contée ;
Il sonne .I. cor, sa gent a apellée.
« Seignor, dit il, la chose est mal alée ;
« Li os de France est arrier retornée,
« Li rois nos sieult de France la loée.
« S'il noz ataint, c'est veritez prouvée,
« Chascuns aura la hart en col fermée.
« Fuionz noz ent parmi celle valée. »
Que qu'il estoient en si faite pansée,
Gaydes remonte en la selle dorée.
« Valye! » escrie à moult grant alenée.
Entor lui est sa gens atropelée.
Li dus lait corre, lance avoit recouvrée.
Li vavassors i vint de randonnée ;
A .II. mains a sa masue antesée.
Li cuens de Chartres, Garins de Pierelée,
Riolz li viex, à la barbe meslée,
Guis de Biaufort n'i a fait arrestée,
Rispeus de Nantes, cui li ferirs agrée,
Ferraus li anfes, qui vient de randonnée,
Et Amaufrois, sor Vairon d'Aquillée.
« Avois! s'escrient, fausse gent parjurée,
« Mar i avez traïson porparlée! »
Entr'euls se fierent, lor force ont recouvrée.
Chascuns i fiert ou de lance ou d'espée ;
Des abatus est la terre encombrée.
Mais s'Aulori ne fust l'euvre contée,
Qui dou roi ot la nouvele escoutée,
Trop éust Gaydes à souffrir fort meslée,

Car il i ot poi de gent amenée.
Li traïtor ont une eve passée,
Fuiant s'en vont par la selve rammée,
A Gaydon ont la place delivrée.
Puis n'i perdirent vaillant une denrée :
Lor maisnie ont tote desprisonnée,
Lor mors ont quis tot contreval la prée,
Mainte bierre ont à lor brans nus copée,
Lor mors i couchent, s'ont lor voie hastée.
Li vavassors, qui la teste avoit lée,
Le duc Gaydon a grant amor monstrée.
Moult hautement li iert guerredonnée
La grans aïde que en lui a trovée :
O lui l'enmainne, s'a sa fame mandée ;
De ses .III. fiuls n'i fist pas oubliée.
Tant vont qu'il treuvent une eglise honorée ;
Lor mors enterrent, mainte larme ont plorée.
Logié se sont en icelle vesprée,
Et l'endemain, quant vint à l'ajornée,
Monta li dus, sa voie a commandée,
Et lor harnois ont prins sans demorée.
Droit vers Angiers s'est l'ost acheminnée.
Ne ferai pas trop longue demorée
De la lor voie : tant vont par lor jornée
C'un diemenge, quant messe fu chantée,
Vint à Angiers li dus sans demorée.
Droit au monstier a sa voie tornée,
Par devant l'uis descendi à l'entrée,
.I. serjant a s'espée commandée.

GAYDES li dus est entrez en monstier,
Et proie Deu, le pere droiturier,
Que il li doinst le sien cuer esclairier
De Karlemaine, qui tant a le vis fier,

Qui le volt faire ocirre et detranchier
Par le consseil Thiebaut le losengier;
Mais il en a éu mauvais loier.
Li dus en jure le cors de saint Legier
Que moult par tans, se il puet esploitier,
Fera à Karle dammaige et encombrier.
Dou monstier ist, et il et si princier,
Puis sont monté enz an palais plennier.
Riol dou Mans apella sans targier.
Onques nul jor n'ot talent de boisier;
Toz jors servi loiaument sans trichier.
Faus jugement ne volt ainz otroier,
Ne gentil home ne volt ainz empirier.
Les orphelins volt de lor drois aidier;
Ainz n'en volt nul laissier deseritier :
Moult ot en lui vigourouz chevalier.
Vers les preudommes i ot trop bel parlier,
Et, quant venoit à ses armes baillier,
N'i convenoit nul meillor chevalier.
Gaydes le voit, sel prent à arraisnier :
« Gentiz hom, sire, savez moi conseillier?
« L'emperéor Karlon voil guerroier.
« Ou il fera fors de France chacier
« Les traïtors, cui Dex doinst encombrier,
« Ou il les face à ma cort envoier,
« Si les ferai ardoir ou escorchier,
« Ou traïner à coes de somier;
« Car traïtor doit on à mort traiter:
« En riche cort ne les doit on laissier.
« S'il ne le fait, par le cors saint Richier,
« Je li cuit si ses marches acorcier
« Dont il perdra maint bon chastel entier.
« Vilainnement m'a rendu le loier
« De Pynabel, l'orgoilloz et le fier,

« Que je ocis au brant forbi d'acier,
« Qui Ganelon volt de mort respitier. »
Riolz l'entent, s'en a le chief hocié ;
A soi méismez a dit sans delaier :
« Cis dus voldra tel chose encommencier
« N'iert pas, ce croi, legier à apaisier.
« Dex li otroit à s'onnor commencier,
« C'on ne li puist à honte reprochier ;
« Car, par celui qui tout a à jugier,
« Je li voldrai à mon pooir aidier.
« Soit drois, soit tors, s'ai oï tesmoingnier :
« Doit li hons liges son droit seignor aidier. »

Quant Riolz ot oï le duc Gaydon,
Qui tant haoit les parens Ganelon,
Que il voloit guerroier roi Karlon,
Por ce que Karles les tient en sa maison :
« Sire, fait il, or oiez ma raison :
« Sachiez de voir que cil fait mesprison
« Qui son seignor muet noise ne tenson,
« Se il n'i set moult loial achoison,
« Car on n'en dist se vilonnie non.
« Mandez au roi o le flori grenon
« Que bannir face le lyngnaige felon,
« Qui bastir firent la mortel traïson
« Dont Thiebaus a éu son guerredon.
« S'il les bannist et chace dou roion,
« Querez au roi pais et acordison.
« Il est tes sires, et vos iestez ses hom :
« Ne devez faire envers lui mesprison. »

Dist Riolz : « Sire, entendez mon coraige :
« Mandez à Karles, qui fier a le visaige,
« Que il vos rande le desloial lyngnaige ;

« Bannir les face et widier heritaige.
« Et s'il les tient envers voz à estaige,
« Sel deffiez et li randez s'ommaige;
« Car voz feriez et orgoil et outraige,
« Se [*b*guerroiez] vostre droit seignoraige.
« Si soit requis li drois dou grant hontaige
« Dont vers Thiebaut fist porter vostre gaige.
« Mais je ne sai qui face cest messaige :
« Ferraus, mes niés, qui tant a vassellaige,
« Le fera bien, car moult le teing à saige. »
Quant Ferraus l'oit, s'en dresce le visaige;
Deu en jura, par cui il fait oraige,
Qu'ainz qu'il retort fera Karlon dammaige.

FERRAUS s'arma sus en palais plennier :
Les chauces lace sus esperons d'ormier;
Auqueton ot d'un drap de soie chier;
Deseure vest .i. bon hauberc doublier,
Fort, et tenant, et merveilles legier.
Cil qui le fist mist .vii. ans au forgier;
Qui l'a en dos n'a garde d'empirier,
Car la grans force le garde de blecier.
Au flanc senestre a ceint le brant d'acier,
Puis lace l'iaume qui fu roi Desiier.
Quant fu armez, n'ot cure de targier;
Dou palais ist, son vis prinst à saingnier,
Au perron vint desoz un olivier.
On li amainne Ataingnant son destrier,
Que li dus Gaydes ot fait appareillier.
Ferraus i monte, onques n'i quist estrier.
Quant montez fu sor le corrant destrier,
A grant merveille i ot bel chevalier,
Grant, et forni, et merveilles legier,
Et entesté por moult tost commencier

.I. grant estor, por son droit desrainier.
A grant merveilles i avoit bel parlier,
Et saige en plait, et forment droiturier.
Ainz nel vit on partir d'estor premier.
A son col pant son escu de quartier,
La hanste prent où ot bon fer d'acier,
Congié a prins, lors prent à chevauchier.
Dex le garisse qui tout a à bailler!
Car, ainz qu'il puist arriere repairier,
Aura paor de la teste à trenchier.

Va s'ent Ferraus, li chevaliers hardis,
Sor Ataingnant, son bon destrier de pris.
Il jure Deu, le roi de paradis,
Ansoiz qu'il soit mais el repaire mis,
Fera dolant le roi de Saint Denis.
Atant chevauche, d'esrer fu ententis.
Au matinnet, ainz que fust miedis,
En .I. vaucel, delez un plaiséys,
Voit avaler le pandant d'un larris
.I. chevalier, sor .I. destrier de pris,
Qui moult fu biaus et gens et eschavis :
Renaus ot non, d'Aubespin li marchis.
Ferraus le voit, ne fu mie esbahis;
Et cil vers lui celle part est guenchis.
Ferraus li a demandé et enquis
D'ont est, d'ont vient et de con fait païs,
Où weult aler si faitement garnis,
Si cointement armez et fervestis.
Renaus respont : « Il voz sera bien dit :
« A Angiers vois, Karles m'i a tramis
« Au duc Gaydon, qui tant est poestis.
« Karles li mande, par foi le vouz plevis,
« Qu'il veingne à lui à Rains ou à Paris,

« La hart en col, et si crie mercis,
« Et li ament ce que il a mesprins;
« Car de sa cort est folement partis,
« Sans son congié, s'a ses homes ocis
« En val de Glaye, ce li dist Auloris.
« Se ne l'amende, Karles s'est aatis,
« S'il le puet panre, qu'il en sera honnis,
« Et traïnez à coes de roncins. »
Quant Ferraus l'oit, à poi n'enraige vis.
« Par Deu, dist il, Karles est assotis;
« Il ainme miex les traïtors faillis
« Que il ne fait les chevaliers gentiz,
« Qui loiaument l'ont servi à touz dis.
« Encor en iert li viellars escharnis :
« Merveilles iert se par euls n'est murtris.
« Mais, par celui qui pardon fist Longis,
« Se Dex garist Gaydon et ses amis,
« Karles sera d'un tel present servis
« Dont il morront .M. chevalier de pris.
« Ardoir fera sa terre et son païs;
« Mar i recete ses mortex annemis,
« Ceuls dou lyngnaige Gane le maléis. »
Quant Renaus l'oit, li sans li est fuis.

Quant Renaus oit Ferraut ainsiz parler,
Isnellement li print à demander
A cui il est, et où il weult aler.
Ferraus a dit : « Ne le voz quier celer,
« Hom sui au duc qui tant fait à loer.
« A Karlon vois son messaige conter :
« Que il li face les traïtors livrer,
« Si les fera honnir et vergonder,
« Ou escorcher, ou au vent encroer;
« Car traïtor ne doit nus receter.

« Mais li felon, par lor avoir donner,
« Ont fait Karlon del tout si aweugler
« Que loiaus hon ne puet riens conquester.
« Li traïtor l'en ont fait fors bouter;
« Sore li mistrent qu'il le volt enherber,
« Mais li frans dus s'en osta comme ber.
« Or mande [^bau roi] qui France a à garder
« Les traïtors face de cort sevrer;
« Et s'il les weult vers mon seignor tenser,
« La guerre aura, cui qu'an doie pezer.
« Honnis soit Gaydes, s'as poins le puet com-
« S'il ne le fait en sa prison gieter! »   [brer,
Quant Renaus oit dou riche roi parler,
Si cuide bien de fin duel forsener.
« Vassal, dist il, laissiez le sermonner.
« Foles paroles font maint home afoler;
« Contre aiguillon fait mal eschacirrer.
« S'uimais vos oi Karlon de riens blasmer,
« Je voz irai sor cel escu donner :
« Moult sera fors, se nel faz estroer.
— Sire, dist il, tout ce laissiez ester;
« Mais je voz proi que me laissiez aler
« Au roi de France mon messaige conter. »
Por quoi le cuide Ferraus or abeter ?
Se il se weult envers lui esprover,
Bataille aura onques mais n'ot sa per.

Quant Renaus oit que Ferraus l'aatist,
Isnellement de mautalent rogist;
Il li a dit : « Vassal, je voz deffi.
« Menaciez moi; or vos gardez de mi. »
Respont Ferraus : « Et voz de moi ausi. »
Lors s'entresloingnent .I. arpent et demi,
Les chevaus brochent de corre entalentif,

Tex cops se donnent li chevalier hardi
Que lor escu sont froé et malmis;
Mais li hauberc les ont de mort garis.
Li espié sont tronsonné tout parmi.
Si fort se hurtent li vassal engrami
De cors, de pis, que tuit sont effréi,
Si qu'à la terre li uns l'autre abati.
En piés resaillent, mais moult sont effréi;
Car moult petit li uns l'autre choisi.
Renaus le fiert dou brant d'acier forbi,
Que son escu li copa et fendi.
L'espée torne, s'a Ferraut garanti;
Desci qu'an terre l'espée descendi,
.II. piés i entre largement et demi.
Ferraus chancelle, à poi qu'il ne chaï.
Renaus li crie : « De sà voz ai senti.
« Voz avez hui Karlemaine laidi;
« Ancui saurez, par Deu qui ne menti,
« Comment je serf Karlon au poil flori. »
Quant Ferraus l'oit, à poi n'enraige vis.

Quant Ferraus oit que cil le ramposna,
Ce sachiez bien que moult s'en aïra;
Mais, se il puet, moult bien s'en vengera.
Il tint s'espée, contremont la hausa,
Forment l'estraint, vers Renaut s'aprocha.
Renaus le voit, l'escu en haut leva,
Son chief couvri, durement se musa.
Ferraus le fiert, qui point ne l'espargna,
Tout son escu li fendi et copa.
Devers senestre li bons brans avala;
Quant qu'il atainst li fendi et copa,
Tout l'un des pans à l'espée rasa,
La chauce cope, dou hauberc li osta,

Et l'esperon selonc le pié copa.
Jusqu'an la terre li brans d'acier coula ;
.III. piés i entre, quant il l'an resacha.
Li chevaliers por le cop chancela,
Par .I. petit à paumes ne vola ;
De l'un genoil à terre agenoilla ;
Mais il saut sus, car forment se hasta.
Ferraus le voit, erramment l'apella :
« Sire vassal, senti voz ai de sà.
« Karles vos sires, quant il voz reverra,
« Porra bien dire preudom voz encontra. »
Quant Renaus l'oit, de mautalent sua ;
De soi vengier moult bien s'appareilla.
L'anfes Ferraus tantost se rapresta.
L'estors commence qu'à piece ne faudra ;
Se Dex nel fait, qui tout le mont forma,
Li queuls que soit ja n'en eschapera.

GRANS fu l'estors, longuement a duré.
Li baron ont et feru et chaplé ;
N'ont elme an chief ne soient embarré.
Li hauberc sont et rompu et faussé,
Et li baron en plusors lieus navré.
Tant furent las et tant sont sormené
C'ambedui sont à la terre pasmé :
Longuement jurent qu'il ne sont remué.
Refroidié sont, et puis se sont levé,
Si s'entreviennent com dui lyon cresté.
Tant affoibloient et tant se sont pené
Arrier se traient, si se sont reposé ;
Mais en petit d'eure sont rassamblé :
L'uns cuide l'autre moult tost avoir maté.
Ja convenist l'un d'euls avoir finé,
Ne sai lequel, quant Dex a amené

.I. chevalier de moult très grant biauté.
Avec lui mainne grant part de son barné ;
Dou non de lui ne sai la verité.
A Karlon vait requerre s'erité,
Car fame weult avoir à son costé.
De Gascoingne iert, s'en tient la roiauté.
.I. mont monta, s'a un val avalé,
Les barons voit qui combatent en pré,
Qui plaié sont et durement navré ;
Merveille en ot, si l'en prinst grant pité.
Celle part point, que n'i a demoré,
Entreuls se mist, si les a dessevrez.
Sainglans les vit, si l'en prinst grans pitez ;
Adont lor a enquis et demandé,
Foi que il doivent le Roi de majesté,
Que il li soit maintenant aconté,
Et qu'il li dient la fine verité,
Por quoi se sont combatu et navré.
Dist Ferraus : « Sire, or oiez mon pansé :
« Messaigiers sui à un duc alosé,
« Gaydon d'Angiers, s'en tient la duchéé.
« J'aloie à Karle, .I. viel roi assoté,
« Qui o lui a traïtors à plenté,
« Qui mon seignor Gaydon i ont meslé. »
La verité li a Ferraus conté,
La traïson, ainz n'i ot mot celé :
« Je m'en aloie tout mon chemin ferré,
« Tant que Karlon éusse deffié ;
« Mais cis vassaus m'en a moult destorbé,
« Qui à Gaydon aloit, par sa fierté.
« Por tant que j'oi Karlemaine blasmé,
« Me corrut sus par vive poesté ;
« Abatu fumez ambedui en cest pré.
« Se ne fussiez, il m'éust mort gieté ;

« Car chevaliers est il de grant bonté. »
Quant Renaus l'oit, en haut s'est escriez :
« Biaus très douz sire, par ma crestienté,
« Il éust fait de moi sa volenté,
« Quant i venistez, qui m'en avez sauvé. »
Li chevaliers en pleure de pité,
De ce que l'uns a l'autre si loé,
Et dist li sires : « Or oiez mon pansé :
« Chascuns s'en voist, n'i ait plus demoré,
« En son messaige c'on li a conmandé.
« Se l'uns de voz avoit l'autre tué,
« Ja li dammaiges n'en seroit restorez ;
« Encor poez ami iestre privé.
— Sire, font il, noz ferons vostre gré. »
Ambedui montent es destriers sejornez :
Sor Ataingnant ez vos Ferraut monté,
Et Renaus monte sor son destrier armez.
Ferraus li preus a congié demandé
Au chevalier, au gent cors honoré.
« Dex, dist Ferraus, qui me féistez né,
« Car éust ores me sire o son barné
« Cest chevalier, qui tant fait à loer !
« Si com je cuit, en la crestienté
« N'auroit si biaus, si com j'ai en pansé,
« Par compaingnie loiaument afié :
« Mes sire est preus et de moult grant biauté,
« Et en cestui ra merveilles bonté. »

Quant li sire ot les chevaliers sevrez,
Et chascuns fu sor son cheval montez,
A Deu les a ambes .II. conmandez.
Renaus s'en torne, Ferraus s'est arroutez.
Bien s'est li uns envers l'autre esprouvez.
Ferraus chevauche, qui forment s'est hastez ;

En sa voie a marchéans encontrez.
Ferraus les a maintenant saluez.
« Seignor, fait il, ditez se voz savez
« Où l'empereres porra iestre trouvez,
« S'il est encore d'Espaingne retornez. »
Li uns respont, qui bien fu emparlez :
« Sire, fait il, se trouver le volez,
« Droit à Orliens vostre chemin tornez ;
« Là est li rois, iluec le trouverez. »
Quant Ferraus l'oit, si est outre passez.
Tant a esré tout le chemin ferré
Qu'à Orliens vint, en la ville est entrez.
Parmi les rues avoit des gens assez,
Et enz planchers et enz chambres delez,
Por véoir ceuls des estranges regnez,
Que Karlemaine ot à sa court mandez.
Voient venir Ferraut qu'iert bien armez :
Gens fu et drois sor le cheval montez,
L'escu au col, d'or fu esporonnez.
Très bien li sist li blans haubers saffrez,
Et l'elme an chief, qui giete grans clartez.
En cheval sist com s'il i fust plantez ;
Et li chevax par fu si abrievez
Hanissant vait, ne sambloit pas grevez.
Dist l'uns à l'autre : « Voiez et esgardez
« Cel chevalier qui là vient adoubez :
« Dex ! com est biax et très bien figurez !
« Et li destriers, sor quoi il est montez,
« Ne samble pas que il soit trop grevez :
« Veez com hannist, et com est abrievez !
« Ses escus est perciez et estroez,
« Ses elmes frains et touz esquartelez :
« Il samble bien que d'estor soit sevrez. »
Ferraus l'oit bien, outre s'en est passez ;

Droit au palais s'est il acheminnez,
Vint à la porte dont li huis fu fermez.

DEVANT la porte dou plus maistre donjon
S'en vint Ferraus, sor le destrier gascon;
Le portier huche clerement, à haut ton.
Li portiers l'oit, ne dist ne o ne non :
Tant par estoit de male afaitison
N'ot plus felon jusqu'an Carphanaon.
Le guichet oevre, si choisi le baron,
Qui fu armez sor le destrier gascon;
Il li a dit : « Trai toi arrier, gloutons !
« Tu n'i metras le pié, par saint Simon,
« S'aura mengié Karles tout à son bon. »
Ferraus li dist : « Biax frere, j'ai besoing ;
« De longues terres sui tramis à Karlon :
« Messaigiers sui, ja ne t'en mentironz.
« Preu i auraz quant noz i enterronz :
« Je te donrai mon hermin pelison. »
Li portiers l'oit, si fronche le grenon,
Puis li a dit : « N'ai cure de sarmon ;
« Quant que as dit, ne pris pas .I. bouton.
« N'i enterras, n'ai cure de ton don. »

FERRAUS a dit : « Biaus douz amis portiers,
« Oevre la porte, por Deu le droiturier.
« Messaigiers sui, n'ai cure d'atargier;
« Au roi irai mon messaige noncier.
« Se Dex m'aït, qui tout a à baillier,
« Li rois vos sires voz en aura plus chier.
« Vilonnie est de tant faire huchier,
« A porte à roi, .I. vaillant chevalier. »
Li portiers l'oit, prinst soi à gramoier.
« Vassaus, dist il, laissiez vostre plaidier;

« N'i enterrez, par le cors saint Richier,
« Car Karles doit asséoir au mengier. »
Ferraus a dit : « Se m'i volez laissier,
« Je voz donrai mon mantel de loier,
« Le duc Naynmon t'en ferai merciier. »
Dist li portiers : « Moult seiz bien praechier ;
« Il m'est avis que tu iez sermonniers.
« N'i enterras huimais, par saint Richier ;
« Mais or t'en va en cel borc harbergier,
« Et reposer et toi et ton destrier,
« Et puis demain, se gel voil otroier,
« I enterras, encor à grant dongier.
« Sire musars, car voz traiez arrier,
« Et si laissiez ester votre plaidier,
« Ou, se ce non, voz le comperrez chier. »
[*b*Quant] Ferraus l'oit, vis cuida enraigier,
Quant il s'oï si vilment menacier.
S'entrer i puet, il s'en voldra vengier,
Quoi que il soit aprez dou repairier.

Quant Ferraus ot le portier entroï,
Qui de parole l'a si forment laidi,
Onques .I. mot vilain ne respondi ;
Mais, s'il entre enz, chier li sera meri.
A ces paroles, vint l'abes de Cluigni.
Au roi avoit .I. sien besoing furni ;
Vint au portier qui à la porte sist,
D'esterlins blans la borse li empli,
Et li portiers la porte li ouvri.
Ferraus le voit, moult s'en est esjoïz ;
Enz enterra, de ce s'est ahatis.
Isnellement vers la porte guenchi ;
Ferraus i entre, quant l'abes s'en parti.
Quant li portiers par dedenz le choisi,

Deu en jura et le cors saint Martin :
« Mar i entrastez sans le congié de mi. »
Prent .I. baston grant et gros et furni,
Amont el chief le baron en feri
Desor l'escu que Ferraus li tendi.
Et li bastons contreval descendi,
Que le cheval en chief aconsievi
Si durement qu'à jenols l'abati.
Et li chevax saut sus, qui effréi.
Voit le Ferraus, à poi n'enraige vis ;
Isnellement a trait le brant forbi.
Quant cil le vit, vers le palais fui.
Ferraus li preus fierement le feri
Dou brant d'acier, onques n'en ot merci ;
Sor les espaules la teste li toilli,
Que elle vole bien .VII. piés et demi.
Desor le froc au bon abé chaï,
Que de son sanc touz li fros vermoilli.
L'abes le voit, touz s'en espaouri :
« Nomini Damme, mauvais estre fait ci !
« S'estoie en cloistre, par foi le voz plevis,
« An pieçe mais n'en seroie partis. »
En fuiez torne, et si moinne autressi :
Grant paor ont que d'euls ne face ansi.
Ferraus li anfes vint en palais antif,
Desoz l'olive, dou destrier descendi,
Puis atacha le destrier arrabi.
Dex penst de lui, qui onques ne menti !
En peril est, se il n'en a merci.

Quant Ferraus ot atachié l'arragon,
Prez de lui mait son escu au lyon,
Et a restraint son hauberc fremillon ;
Son elme osta, qui fu fais à Mascon,

Desor la selle l'atacha à l'arson ;
Son chief saingna de Deu et de son non ;
Pas avant autre s'en vint vers le donjon.
Au mengier sist Karles et si baron,
Par delez lui, le riche duc Naynmon,
Et, d'autre part, Thierri et Salemon,
Le preu Ogier et Gautier de Dijon,
Oedon de Laingres et Girars de Laon,
Et moult i ot des parens Ganelon.
Ferraus s'en va, cui qu'en poist ne cui non,
Devant le roi monta sor un perron,
Moult hautement commensa sa raison :
« Cil Dex de gloire qui, par annuncion,
« Prinst en la Virge sainte incarnacion,
« Et por son peuple volt souffrir passion,
« Quel traveillierent li Gieu trop felon,
« Il saut et gart le riche duc Gaydon,
« Le plus loial qu'ainz chausast esporon,
« C'onques ne fist nesune traïson,
« Et le duc Naynme et le preu Huidelon,
« Le duc Garnier et son cher fil Milon,
« Et de Valence le riche duc Sanson !
« Tuit lor ami aient benéison !
« Et Dex confonde Aulori et Forcon !
« Touz lor lyngnaiges aient maléison !
« Ci et aillors aient tel guerredon
« Com on doit randre à traïtor felon !
« Rois, or enten, oiez que noz dirons :
« Gaydes voz mande, qui a cuer de baron,
« Lui envoiez Guimart, le mal glouton,
« Et Aulori, Milon et Haguenon,
« Et Forque et Gui, Amboyn et Haton,
« Et le lyngnaige qu'ainz ne fist se mal non,
« Si les pendra chascun à chaaingnon.

« Vengier se weult de la grant traïson
« Que porchacierent par Thiebaut d'Aspremont :
« Ou tu li randes ou ardes en charbon,
« Ou tu en preingnes moult aspre vengison.
« Se tu nel fais, juré a saint Simon
« Qu'il ne sera vostre amis ne vostre hom ;
« Ta terre ardra en feu et en charbon. »
Quant Karles l'oit, si dresce le menton ;
Il ne dist mot, tant ot grant sozpeson.
« Sire, dist Naynmes, or n'aiez marrison ;
« Laissiez lui dire son talent et son bon.
« S'il dist folie, et noz s'an respondrons.
« Bien le connois : il a Ferraus à non,
« Parens est Gayde, si est de grant renon ;
« Tel chevalier n'a jusqu'à Chaalon
« [*b*Ne qui mains prist orguel ne traïson]
« S'il vos plaisoit, envers lui parlerons.
— Naynmes, dist Karles, à Deu benéison. »

Par le congié l'emperere au vis fier,
Se dresa Naynmes et leva dou mengier,
Et cort Ferraut durement embracier ;
Puis le commence moult bel à chastoier :
« Sire couzin, à celer nel voz quier,
« Karles, mes sires, qui tant fait à prisier,
« A à Gaydon tramis un messaigier,
« Qu'il veingne à lui sans point de l'atargier :
« Il li fera touz ses tors adrescier,
« Si hautement com osera jugier,
« Et assez plus, s'il le deingne baillier. »
Ferraus a dit : « N'i a mestier plaidier ;
« Se ne li weult les gloutons envoier,
« Puis les fera ardoir et escorchier,
« Ou il les face ardoir et graillier,

« A tout le mains de son regne chacier :
« Voir autrement ne s'en puet aaisier. »
Quant Karles l'oit, le chief prinst à hocier.
Es traïtors nen ot que corroucier,
Quant il oïrent si Ferraut desraisnier,
C'on les féist honnir et escillier.
Aloriés lor prinst à conseillier.
« Seignor, fait il, moult noz doit anoier
« Que noz oonz si vilment menacier ;
« Moult seroit bon c'on s'en poïst vengier.
« Car prennons ores et Forcon et Fouchier,
« Et Amboyn, Haguenon et Rahier ;
« Entr'euls s'en voisent à l'ostel haubergier,
« En grant vingnoble se voisent embuchier,
« Enz an la voie par on vait à Angiers :
« Si com Ferraus cuidera repairier,
« Là le porrez ocirre et detranchier. »
Et cil respondent : « Bien fait à otroier.
« Noz ne poonz Gaydon mieus dammaigier.
« Se noz Ferraut poïonz mehaingnier,
« Ou Amaufroit, qui tant fait à prisier,
« Voir, jamais Gaydes ne se porroit aidier.»
Atant se lievent coiement dou mengier,
Dou palais issent tout parmi .I. vergier,
A l'ostel viennent por euls appareillier.
Chascuns vesti le blanc hauberc doublier.
Quant monté furent, n'i voldrent atargier ;
[^b^De la cité issent par .I. santier].
A grant merveille furent bon chevalier ;
En une haie se sont tuit .v. mucié.
Cil Dex de glore, qui tout a à baillier,
Penst de Ferraut ; car, ansoiz l'annuitier,
S'il ne se puet et deffendre et aidier,
Perdra la teste à tout le hannepier !

ENBUSCHIÉ sont li glouton de put lin
Enz ou vingnoble, tot enmi le chemin.
Et Ferraus fu enz an palais maubrin,
Où il parole et mainne grant hustin;
Souvent menace Karlon, le fil Pepin,
De par Gaydon, qui tant ot le cuer fin :
« Par mon chief, Karles, trop éuz cuer frarin,
« Quant tu chasas onques mauvais enging
« Au meillor home qui ainz béust de vin ;
« Mais, par celui qui fist croistre resin,
« Ansoiz que past la saisons de juing,
« Aurez voz prez .i. si cruel voisin
« Dont plorreront jovencel et meschin.
« Jamais, ce dist, ne vestira de lin,
« Si t'avera fait apeller frarin.
« Ou tu li rans Forcon et Amboyn,
« Hardré, Guion, Beranger et Seguin,
« Ou touz les faces traïner à roncin.
« Et se nel fais, juré a saint Martin
« C'aussi dolant voz fera, maint matin,
« Qu'avez lui fait, par le mauvais traïn
« Que porchasa Thiebaus et si couzin,
« Dont voz serez encor honnis en fin.
« Gaydes voz mande, et je le voz destin,
« N'est pas vostre hom, n'en tient .i. angevin. »
Lors s'abaissa, prinst .i. rainscel d'un pin,
Au roi le giete, puis dist en son latin :
« Je voz deffi; mais, ansoiz l'enseri,
« Voz ferai je dolant par saint Sevrin. »
Li rainsciax chiet dedens le mazerin ;
Le vin espant où estoit li velins,
Que tout moilla Karlon et son hermin.
Li rois le voit, si tint le chief enclin ;
Ne déist mot por l'avoir Coustentin.

Nostre empereres ot le cuer moult iré,
Quant Ferraus l'ot si vilment deffié,
Et le rains ot par tel aïr gieté
Que il l'a tout moillié et arrousé.
En sa main tint .I. coutel aceré;
Il l'a estraint, puis a le chief croslé :
Par grant aïr l'éust Ferraut gieté,
Quant li dus Naynmes et Ogiers l'ont chosé :
« Hé! sire rois, que avez empansé?
« Messaigiers est, ne doit iestre adesez;
« Se mal li faitez, voz en serez blasmez.»
Par itant s'est Karles amesurez.
Mais Ferraus jure la sainte Trinité
Que il nel doute .I. denier monnaé :
« Se il m'avoit feru ne adesé,
« Ja li seroit moult tost guerredonné. »
Karles l'oï, si l'en a resgardé.
« Par Deu, dist il, or ai bien esprouvé
« Que Gaydes a moult haut conseil trouvé,
« Quant m'envoia cest vassal alosé.
« Dex, consentez, par la vostre bonté,
« Que j'aie encor de Gaydon l'anmisté! »
Devant la table ot .I. glouton, Hardré;
Cil estoit niés Aulori et Guirré.
Devant le roi ot servi dou claré,
Car Auloris li avoit commandé,
Tant qu'il éust Karlon empuisonné;
Mais ce l'en ot garandi et tensé
Que Ferraus ot jus le hannap versé.
Bien fist au roi, et si ne l'en sot gré :
Mors fust esrant, s'il en éust gousté.
Li glouz s'arreste, si a le chief levé;
Dist à Ferraut : « Moult avez hui jainglé,
« Karlon le roi de parole avillé,

« Et mon lyngnaige honni et vergondé;
« Mais, se li rois m'avoit congié donné,
« Ja voz auroie là aval traïné,
« Et gieteroie contreval les degrez.
« Li vif diable voz ont si emparlé;
« Fuiez de ci, si alez as maufez :
« Trop voz a on souffert et escouté.
« Li portiers ait parmi le col dehé,
« Quant il voz a la porte deffermé. »
Quant Ferraus l'oit, prez n'a le san desvé;
Isnellement mist main au brant lettré,
Pié et demi l'a dou fuerre gieté.
Ja l'en éust parmi le chief donné;
Mais li dus Naynmes l'en avoit destorné,
Qui Ferraut a doucement acolé.
Ferraus li dist : « Mauvais sers rachatez,
« Ainz vos lyngnaiges ne fist jor loiauté,
« Fors traïson et murdre et fausseté.
« Mauvais traïtres, com fustez si osez,
« Qui de noient m'avez hui destorbé?
« Par le Seignor, qui tout a estoré,
« N'iert por Ogier et Naynmon le barbé,
« Je voz fendisse jusqu'au nou dou baudré?
« Ja por Karlon ne seroit demoré. »
Quant Hardrez l'oit, s'a de paor tramblé;
Devant le roi est moult tost reculez.
Et Ferraus a de rechief rescrié :
« En non Deu, rois, ja ne voz iert celé,
« Je sui Ferraus, niés Gaydon l'alosé ! »
Atant s'en vait par le palais pavé,
Ogier et Naynme a moult bel saluez,
Tout son lyngnaige a à Deu commandé,
Si ra le roi de rechief deffié.
Dou palais ist, s'a son cheval trouvé,

Puis est montez par son estrier doré.
Encor ne sevent qu'ait le portier tué ;
De la cort part, en la ville est entrez.
Or le conduise Jhesus à sauveté !

FERRAUS s'en vait, ne s'atarja noient,
Car son messaige ot forni fierement.
Dex penst de lui par son commandement !
De lui lairai ores le parlement ;
De Karlemaine dironz au fier talent,
Qui por Gaydon avoit le cuer dolent,
Qui li avoit mandé deffiement ;
Car il seit bien qu'il est de si grant gent,
Et tant est fiers et tant a hardement
Qu'il li metra sa terre en grant torment :
Mal li fera, certez, puis qu'il l'emprent.
A ces paroles vint uns gars erramment,
Qui haut huchoit à sa vois clerement,
Que li portiers iert ocis laidement ;
Mais Naynmes vint à lui, se li deffent.
Cil s'est téuz, quant le bon duc entent.
Por ce le fait li dus nomméement
Que Ferraus fust retrais à sauvement.
Dist l'empereres : « A poi que je ne fent,
« Quant cil messaiges s'en va si faitement,
« Qui a parlé si très vilainnement. »
Dist Auloris : « Sire, par saint Vincent,
« Se il voz plaist, noz le sieurrons atant.
« Amenez iert assez prochiennement,
« Puis soit pendus et encroez au vent. »
Naynmes respont : « Par vostre loement,
« Feroit li rois son grant avillement.
« Ce qu'il a dit, dist par commandement ;
« Il n'i a blasme, sachiez le vraiement. »

Ainsiz destorne Naynmes moult longuement.
Atant ez voz .I. traïtor puslent,
Niés Aulori et Guimart ausiment.
Le portier a ocis trouvé sainglent;
Dolans en fu, car il fu son parent.
Cil s'escria à sa vois hautement :
« En non Deu, rois, or voz vait malement;
« Qui bien voz sert, mauvais loier atent.
« Li messaigiers, cui li cors Deu cravent,
« A le portier ocis vilainnement.
« Onques por voz n'en ot nul tensement :
« Honis soit li services c'on rent si faitement. »
Karles l'oï, de mautalent enzprent.
« As armes! crie, armez voz vistement !
« Or aprez lui! n'i ait delaiement.
« Amenez soit, s'en ferai vengement :
« Pendus sera, ja n'en aura garant. »
Quant cil l'oïrent, si s'arment vistement,
Par la cité s'arment communement,
Es chevax montent, qui ne vont mie lent,
Aprez Ferraut poingnent tant durement
La terre en crosle environ .I. arpent.
Or li aït li Sires qui ne ment,
Car derriere a felon enchaucement,
Et par devant cruel embuschement!

Vait s'en Ferraus qui de cort est partis ;
Or li aït li rois de paradis !
Moult fierement est chaciez et sievis ;
S'il est atains, mors est et malbaillis.
Et il entent la noise et le hustin,
Dont aprez lui estoit levez li cris;
Et il l'avoit entendu et oï,
Mais nes doutoit vaillant .I. parisis,

Gaydon. 8

Se Dex garist son bon cheval de pris.
N'est pas alez granment, ce m'est avis ;
Mais jusqu'à poi sera il esmarris,
Car li agais li est devant saillis,
Et li escrient : « Ferraut, voz iestez prins !
« Mais ne verrez Gaydon ne ses amis,
« Hui iert vengiez Thiebaus qui fu ocis. »
Quant Ferraus l'oit, moult fu espaoris,
Car ceuls connoist à chevaliers eslis,
Bien voit mors est, s'il est prins ne saisiz.
Affichiez est sor les arsons massiz,
L'escu a joint devant, enmi son pis,
De lui deffendre s'est moult bien aatis,
Et jure Deu et le ber saint Denis
Que ja seront li chevalier requis.
Le cheval broche des esperons massis,
Et Haguenons s'est vers lui ademis,
Qui moult estoit grans et gros et fornis ;
Si mal traïtre n'avoit en .i. païs.
Andui se fierent sor les escus voltis.
Haguenons fiert Ferraut par tel devis
L'escu li fent, l'auberc li dessarti ;
Dex le gari qu'an char nel consievi :
La hanste froisse dou roit espié forbi.
Ferraus se tint, ainz estriers n'i perdi ;
Haguenon fiert, d'ire mautalentis,
L'escu li fent, l'auberc li dessarti,
En cors li met le roit espié forbi.
Il l'a empoint, et icil jus chaït ;
Mort l'abatit ; diable en ont l'arme pris,
Qu'il a toz jors honorez et servis.
Ferraus li dist : « Voz fustez trop hastis,
« Qui de moi panre estiiez aatis ;
« Mais ne serai hui ja par voz maumis.

« Or voz ai je .1. de mes geus aprins. »
Rahiers l'entent, de mautalent rougi.

Quant Rahiers vit Haguenon mort chéu,
Lors fu dolans, onques mais si ne fu ;
Le cheval point par moult ruiste vertu.
Ferraus le voit venir tout irascu,
Sa lance tint, s'a torné son escu.
Andui se fierent par force et par vertu.
Rahiers le fiert, qui bien l'a conséu,
L'escu li tranche, l'auberc a desrompu,
En son costel li met le fer agu,
Desoz les costes li a le fer cousu ;
Mais dou cheval n'a le vassal méu :
Sa lance brise com .1. rains de séu.
Et Ferraus l'a tant durement feru
Que son escu li a fraint et fendu,
Le blanc hauberc desmaillié et rompu.
Parmi le cors li passe le fer nu ;
Il l'a empoint, si l'a jus abatu.
Sa lance brise, et li .III. sont venu,
Qui fierement li sont sore corru.
Chascuns le fiert de son espié molu.
Moult l'ont navré el cors et el wit bu ;
Mais il n'ont pas le vassal abatu.
Il trait le brant que lonc tans ot éu,
Et cil les lor, sore li sont corru.
Et li ber a contre euls estal rendu.
Il li escrient : « Ne voz vault .1. festu,
« Ancui serez traïnez et pendus. »
Ferraus se taist, à el a entendu :
Forcon ataint entre bras et escu,
Le bras senestre a en pré abatu.
Cil sent le cop, quant le bras ot perdu,

En fuies torne, grant dolor a éu.
Li autre dui furent si esperdu
En fuies tornent à plain fraint estendu.
Ferraus rent graces Dammeldeu et salu,
Qui de mort l'a tensé et deffendu,
Atant s'en vait sor le cheval quernu;
Sa plaie estraint soz l'auberc qu'ot vestu.

Va s'en Ferraus, n'ot cure de targier,
Car moult se doute de l'anchaus par derrier,
Qu'il voit forment prez de lui approchier;
Mais se Dex sauve Ataingnant son destrier,
Nes doute huimais vaillissant .I. denier.
Icil d'Orliens viennent sor les destriers,
Encontré ont Amboyn et Fouchier,
Le fel Foucart qui lor prent à huchier :
« Afolé m'a Ferraus, nel puis noier,
« Et si a mort Haguenon et Rahier. »
Auloris l'oit, le sen cuida changier,
En haut s'escrie : « Pansez de l'anchaucier;
« N'i garira à pui ne à rochier. »
Lors cort chascuns por Ferraut dammaigier,
Les .II. mors treuvent gisans desor l'erbier ;
Touz li lyngnaiges en fait .I. duel plenier.
Et Ferraus panse touz jors de l'esloingnier.
Tant a alé li ber et chevauchié
Que, en .I. val, par delez .I. rochier,
A encontré .I. moult bel chevalier,
Et voit venir o lui .I. escuier,
Qui sor son poing portoit .I. sor gruier.
.I. cheval mainne qui moult fist à prisier;
Ainz nus ne vit ne plus bel ne plus chier,
Ne plus isnel, miex féist à prisier.
Des piés devant commence à ombroier;

En haut hannist, si a prins à fronchier.
Plus bele beste n'estut à souzhaisdier;
D'argent ferrez iert devant et derrier.
Ferraus le vit, sel prinst à convoitier,
Vers le vassal se prinst à adrescier,
Pas nel salue, n'iert pas en son dongier;
Isnellement l'a prins à arraisnier.
« Vassal, dist il, je voz proi et requier
« Que voz me ditez où menez cel destrier,
« Qu'ainz mais ne vi plus bel ne plus legier,
« Ne que volsisse miex avoir gaaingnié. »
Dist li vassaus : « Bien voz sera noncié :
« Gel mainne au roi qui France a à baillier;
« Cil de Toulouse li ont fait envoier.
« D'un bon cheval li sont par an rentier :
« Cestui li maing, bien en sera paiez,
« Et cest ostor li port por rivoier;
« Au roi l'en port, de moi font messaigier,
« Tex est mes fiés, .c. mars ai de loier. »
Quant Ferraus l'oit, Deu prent à mercier;
Dist au vaslet : « Il voz convient laissier
« Cel bon cheval et cel ostor gruier,
« C'un mien couzin en voldrai aaisier.
« Foi que doi Deu et le cors saint Richier,
« Ja Karlemaines, qui tant m'a fait irier,
« N'i fera maitre ne selle ne estrier.
« Mais or alez en vo païs arrier
« Panre vos rantes, pansez de l'aaisier;
« Car le cheval voz voil je chalongier,
« Que je l'aurai por moi esbanoier. »
Quant cil l'oï, prent soi à gramoier :
« Par foi, fait il, au brant forbi d'acier
« Le voz convient tout avant desrainier. »

Quant li vassaus oï Ferraut parler,
Que sans estor n'en porra eschaper,
L'espée a traite, bien s'en sot acesmer,
Vint au destrier qui tant fait à loer,
Le bras senestre vait el resne bouter,
Puis dist : « Vassal, or poez cheminner,
« Car le cheval voil Karlon presenter.
« Maugré vo nés m'en voldrai acuiter ;
« Moult pris or poi vostre orgoilloz parler. »
Quant Ferraus l'oit, sel prent à deffier.
Atant se vont ferir et encontrer,
Des brans d'acier commencent à chapler,
Li uns à l'autre esquermir et gieter.
.I. entredeus prinst Ferraus à ruer,
Dou bras senestre li fist le poing voler.
Quant li vassax se senti afolé,
Le cheval lait, puis ne le pot tenser.
Ferraus le voit, s'en fu en desirrer ;
Vers le vassal s'en vint corrant li ber.
Quant cil le vit, n'i ot qu'espoenter ;
Mais point ne volt l'escuier adeser
Ainz prent l'ostor, et cil le lait aler.
Quant Ferraus l'ot, si prinst à galoper.
Et li vassaus se prent à dolouser,
Et à Karlon, ce dist, s'ira clammer,
La verité del tout en tout conter :
Cist fera Karle son mautalent doubler.

Vait s'en Ferraus, si emporte l'oisel,
Et si enmainne en destre le poutrel.
En nulle terre n'ot cheval plus isnel ;
Amaufrois fist puis sor lui maint cembel.
Tant va Ferraus delez un termissel
Qu'il trueve .I. bois grant et créu et bel.

Droit à l'entrée, par delez .I. vaucel,
Treuve .I. manoir : n'i ot tor ne chastel ;
Desor la mote n'avoit c'un seul quarrel.
Fossez i ot qui sont fait de nouvel,
Où se norrissent tenches et poissoncel.
Une pucelle séoit souz un aubel,
Devant la porte, droit au pié d'un poncel.
Fu la pucelle venue en un prael,
En .I. bliaut, n'ot cote ne mantel.
Blont sont si crin, d'or avoit .I. cercel ;
Les iex ot vers et le vis cler et bel ;
Gent ot le cors, et droit com .I. rosel :
Plus bele dame n'ot jusqu'à Mirabel.
Quant Ferraut voit venir lez le boischel,
En piés se dresce encontre le donzel.
Cil la salue de Deu qui fist Abel,
Puis s'arresta lez li soz l'aubrissel.

DE desoz l'aubre, enmi la praerie,
S'est arrestez Ferraus par cortoisie,
Si la salue de Deu, le fil Marie.
Celle respont, qui bien fu enseingnie :
« Cil Dex de glore, qui vint de mort à vie,
« Deffende, sire, vo cors de vilonnie! »
Dist Ferraus : « Damme, or ne me celez mie
« Cui est cist mes, ditez le moi, amie.
— Sire, dist elle, ne voz mentirai mie,
« Il est mon pere qui fu nés en Valye.
« Car descendez, prennez harbergerie ;
« Prez est dou vespre, ja sera nuis serie,
« Et li miens peres revenra ainz complie.
« En riviere est, là où il s'esbannie ;
« D'un espervier là se joe et festie,
« Qui prent moult bien et la quaille et la pie,

« Dont il repaist et lui et sa maisnie.
« Tel deduit mainne et souvent s'i detrie.
« N'ose avoir chiens corrans ne chacerie,
« Et si nen a fors d'autre chose envie ;
« Mais l'empereres li deffent et devie,
« Por .I. lyngnaige cui Jhesus maléie,
« Par lui est meute mainte diablerie :
« C'est Auloris, cui li cors Deu maudie,
« Guimars li fel, celle pute lyngnie,
« Qui touz jors chasent traïson et boisdie,
« Qui mon seignor ont tolu chacerie,
« Et tolu terre par lor losengerie. »
A ces paroles la pucelle larmie,
Et en plorant moult doucement li prie
Que il laienz preingne harbergerie.
Assez aura oisiaus et char rostie,
Claré et vin qui sera sor la lie ;
Fainc et avainne as chevaus li otrie.
Quant Ferraus l'oit, bonnement l'en mercie.

QUANT Ferraus oit que cele li proia
Que l'ostel preingne, bien le harbergera,
Et li siens peres honor li portera,
Quant Ferraus l'oit, forment l'an mercia.
Vit le soleil qui à prez esconsa,
L'ostel préist ; mais la sieute douta,
Et la maisons trop foible li sambla.
Lors se porpanse que outre s'en ira,
Car, se Deu plaist, bon ostel trouvera.
De cortoisie li ber se porpansa ;
Il tint l'ostor, la bele le donna :
« Tenez, pucelle, quant vos peres venra,
« Se li direz cil qui le voz donna,
« Se longues vit, sa terre li randra,

« Et Aulori à dolor destruira,
« Les traïtors quant qu'à la cort en a. »
Celle le prant, parfont l'en enclina.
Dex! com son pere en reconfortera!
Ferraus s'en part quant le congié prins a;
A Deu de glore la bele commanda.
« Cil Dex, fait elle, qui le mont estora,
« Voz maint à joie tout là où voz plaira! »
Ferraus s'en torne, qui d'aler se hasta;
Par la forest durement chevaucha.
Et li chevax, que en destre mena,
Hannist et fronche, durement s'ombroia.
Tant va Ferraus c'unne maison trouva
D'un bosquillon, qui moult bel l'ostela,
Et les chevax bonnement establa,
Fainc et avainne à plenté lor donna.
Quant soupé orent, Ferraus couchier ala;
Icelle nuit moult petit reposa.
Quant voit le jor, si se rappareilla;
Et li bons ostes les chevax ratira.
Ferraus li anfes tout maintenant monta;
Moult durement de l'oste se loa.
De l'ostel ist, de sa main se saingna,
Et prinst congié, de l'esrer se hasta.
Tant a esré, forment esperonna,
De la forest issi, si encontra
.I. escuier, qui moult tost chevaucha.
Ferraus le voit, encontre lui ala.
De ses nouvelles aparmain enquerra,
Et je cuit bien que teles les orra
Dont en son cuer liés et joians sera,
Et Karlemaines moult s'en corroucera.

QUANT Ferraus ot l'escuier encontré,

Enquis li a esrant et demandé
D'ont vient, où va, ne li soit pas celé.
Cil ot paor, quant il le vit armé.
« Sire, fait cil, ne voz iert pas celé,
« Escuiers sui au vaillant Yzoré,
« Qui de Maience tient toute l'erité.
« Mes sire envoie à Karlon l'alosé
« .IIII. sommiers de bon argent troursez,
« Car aidier doit Aulori et Hardré.
« Mes sires est prez de lor parenté,
« Si mande à Karle qu'à cest premier esté
« Panront Gaydon à Angiers sa cité :
« Pendus sera à un aubre rammé,
« Ferraus iert ars, Amaufrois traïnez,
« Riolz dou Mans iert au vent encroez ;
« Ainsiz l'a Karles mon seignor créanté.
« Mes sires l'a par ses dons aweuglé,
« Auloriés l'a ainsiz porparlé.
« Parmi cel val s'en viennent à celé
« IIII. baron, richement acesmé,
« Qui l'avoir ont et conduit et mené. »
Quant Ferraus l'oit, s'en a Deu mercié,
De celle part a le cheval hurté.
L'autres le sieult adez prez dou costé.
Tant vait Ferraus qu'à une prioré
S'en est venus, à la porte a hurté.
Li portiers lieve, quant il l'a avisé.
Ferraus li a le cheval commandé,
Que il avoit par force conquesté,
Aprez s'en vait. Tant a esperonné
Que ceuls encontre à l'issue d'un guez.
Ferraus lor a hautement escrié :
« N'irez avant, losengier deffaé !
« L'avoir aurai, ne voz en saurai gré,

« Si le donrai à Gaydon l'alosé. »
Quant cil le virent, si en sont aïré;
Tout seul le voient, si en ont grant vilté.
Et Ferraus broche Ataingnant l'alosé,
Et tint l'espié, par force l'a branslé,
Et fiert Flohart sor l'escu pointuré,
Et Flohars lui, ne l'a pas redouté,
Qu'il li persa son escu d'or bandé;
Mais le hauberc n'a il mie entammé :
La lance froisse, li tronz en sont volé.
Ferraus li a son escu estroé,
Et le hauberc rompu et depané,
Foie et pormon li a tout descirré,
Dou cheval l'a à terre craventé.
Segars le voit, si apella Fourré,
Et son neveu, l'orgoilloz Forqueré :
« Or dou vengier, franc baron alosé!
« S'il noz eschape, noz seronz vergondé. »
Atant li viennent, de ferir entezé;
Moult l'ont blecié et durement navré,
L'uns en la cuisse et l'autres en costel,
Li tiers en flanc, cil l'a plus fort grevé;
Mais il n'ont mie le vassal aterré.
Ferraus a trait le brant d'acier lettré,
Et fiert Segart sor son elme gemmé;
Tout li trancha et la coiffe a faussé,
Jus à la terre l'abat tout enversé.
Fourré refiert, le bras li a copé,
A tout le brant l'abat enmi le pré,
L'avoir et tout commande as vis maufez.
Et li garson sont en fuiez torné,
Et Ferraus a les sommiers arroutez
Vers l'abéie, où il estoit alez,
Où il laissa le destrier sejorné.

Celui reprinst, .i. lor en a donné,
Et si envoie, par .i. moinne rieuglé,
.II. des chevax, Ferrant et Pomelé,
A la pucelle qui l'ostor ot donné.
[^bAu] boisquillon, qui l'avoit ostelé,
Envoia l'autre, tout ainsiz l'a rouvé.
Et puis s'en part, les sommiers a hastez,
Son destrier mainne en son bras arresné,
Vers Angiers va tout le chemin ferré.

Vait s'en Ferraus à coite d'esporon,
Les sommiers mainne et le destrier gascon.
De lui lairai, de Renaut voz dirons,
Que Karles ot envoié à Gaydon.
Il esra tant, à force et à bandon,
Qu'à Angiers vint, si descent au perron.
En palais monte, ainz ne li véa on,
Gaydon salue de par le roi Karlon,
Aprez conta belement sa raison;
Onques ne dist .i. mot de souzpeson :
« Gaydes, enten, oiez que noz dironz :
« Karles te mande, vien à lui à Loon;
« Il te fera si plainne amendison
« Com jugeront li chevalier baron.
— Amis, dist Gaydes, voz parlez en pardon.
« Ja n'aie je nul jor remission,
« Se je à Karle ai jor acordison,
« Jusque li aie fait tel mesproison
« Com il fist moi par mauvaise achoison;
« Ou il me rende Aulori et Forcon,
« Le fel Guimart et son frere Milon!
« Ja autrement n'i aura fors tanson.
« Et, par l'apostre c'on quiert en pré Noiron,
« Ne fust por tant que iestez loiaus hom,

« Je voz tolsisse le chief soz le menton.
« Fuiez de ci, wisdiez tost ma maison;
« Se jamais est trouvez en mon roion
« Nus hom qu'aint Karles, mis sera en charbon.
« En sorquetout, pas ne voz mentirons,
« J'ai envoié en France un donzillon;
« Bien dira Karle ce que noz li mandons.
« Fuiez de ci, n'ai soing de vo sermon,
« Ou voz aurez .I. moult mal guerredon. »
Renaus s'en part, ne dist ne o ne non.
Quant montez fu, n'i fist arrestison.
Moult a trouvé le duc Gayde felon;
Mais ne dist mie la très grant mesproison
Qu'il et Ferraus murent par contenson.
Se le séust li riches dus Gaydons,
Je croi Renaus en éust guerredon.

RENAUS s'en part, n'ot cure d'atargier.
Moult a trouvé Gaydon felon et fier;
Forment se doute ne le face enchaucier:
C'est por noient, n'a garde d'empirier;
S'autres que Gaydes ne li fait encombrier,
Séurement s'en puet il repairier.
Dès or voz voil de Renaut ci laissier,
Si voz dirai de Ferraut le proisié,
Qui en anmainne l'avoir et les deniers
Dont Gaydon cuide forment eslaiecier.
Li ber chevauche, n'ot cure d'atargier;
Forment desirre à Gaydon renoncier
Comment il a Karlon fait corroucier.
Séurs s'en vait à guise de guerrier;
Mais ses chevaus commence à abuscier:
Par trois foïes l'estut agenoillier.
Ferraus le voit, prent soi à esmaier:

« Hé! Dex, dist il, qui tout as à jugier,
« Deffendez moi, Sire, de destorbier!
« Ne sai por quoi voi mon cheval laschier;
« Ainz mais d'esrer ne le trouvai lanier. »
Atant laissa li vassaus le plaidier.
Tant a esré qu'encontre un anuitier:
.I. poi devant que solaus dut couchier,
Vit .I. chastel par delez .I. rochier.
Jouste le mur avoit .I. grant vivier.
Cil cui il iert l'ot bien fait batillier,
Et grans fossez ot fait entor taillier.
Le chastel prinst Ferraus à aprochier,
Desor le pont choisi un chevalier,
Qui maintenant iert venus de chacier;
Mais n'i fu onques fors por mal espier:
Ainz de mal faire ne se pot rassaisier.
Niés fu Hardré, Ganelon et Rahier,
Couzins Macaire, Amboyn, Manesier;
N'ot en cest mont plus felon pautounier,
Hertaus ot non, Dex li doinst encombrier!
Ainz loial home ne volt jor tenir chier.
Fame ot li fel, fille au duc Berangier,
Couzine Gayde et Naynmon et Ogier.
.I. fil avoit li fel de sa moillier,
Qui moult faisoit durement à prisier,
Car ainz ses peres ne li pot acointier
Que il volsit malice ancommencier;
Touz jors voloit preudommes acointier.
Li fel traïtres het moult son heritier,
Si qu'à grant painne li consent son mengier.
Quant li traïtres vit Ferraut aprochier,
De celle part a prins à sorcillier;
L'avoir qu'il mainne et le corrant destrier
Moult durement a prins à couvoitier.

Vers Ferraut vint, o lui .III. pautonnier.
Li fel le prent moult bel à arraisnier.
« Sire, dist il, par amors voz requier
« Que voz me ditez où devez chevauchier;
« Moult m'esmerveil, par Deu le droiturier,
« Que voz alez ainsiz sans escuier. »
Et dist Ferraus : « A celer nel voz quier,
« Gaydes li dus, qui est sires d'Angiers,
« M'envoia Karle de France deffier;
« Et quant je dui arriere repairier,
« Si me gaita Haguenons et Rahiers,
« Et Amboyns et Forques et Fouchiers,
« Si me cuidierent ocirre et detranchier;
« Mais g'en ocis les .II. au brant d'acier,
« Et le tierc fis de son poing esmoingnier :
« Ne portera mais escu de quartier. »
Oit le li fel, le san cuida changier;
Trop volentiers le féist detranchier,
Mais Ferraut doute, ne l'ose corroucier;
Par traïson s'en cuide bien vengier.
« Sire, dist il, vez le soleil couchier;
« Il est bien tans huimais de harbergier,
« Et voz aurez bon ostel sans dongier :
« Por le duc Gayde, qui jadis m'ot moult chier,
« Voz voldrai je richement harbergier. »
Puis dist en bas : « Dex ne me puist aidier,
« Se anquenuit, quant venra au couchier,
« Ne voz faz touz les membres detranchier ! »
Et puis a dit : « Or puis bien tesmoingnier
« Piesa n'oi oste que j'éusse tant chier. »
Ce dist por ce que le puist engingnier.
Se cil n'en panse qui le mont doit jugier,
Mais ne verra Gaydes son messaigier.
Ferraus descent, bien fu qui tint l'estrier.

Harbergié furent et cheval et sommier.
Hertaus a fait le tressor estuier.
Ferraus li anfes ne s'i sot preu gaitier :
Ses armes oste, miex li venist laissier;
Mais j'ai oï tout adez tesmoingnier
De traïson ne se puet nus gaitier.

Or est Ferraus en tel lieu ostelez,
Se Dex n'en panse qui en crois fu penez,
N'en partira, si sera desmenbrez.
Hertaus li fel, qui dou mal sot assez,
A prins Ferraut au bliaut gironné ;
La porte passent, puis ont le pont levé,
Sus en palais montent par les degrez.
Voit le la damme, moult fut bel saluez.
Hertaus li dist : « Biaus sire, or voz séez. »
Sa fame dist li traïtres prouvez :
« Celéement cel chevalier prennez,
« Detriiez le, fabloiez et contez,
« Tant que je soie fervestis et armez :
« Ce est Ferraus, mes ennemis mortex.
« Niés est Gaydon, le cuivert deffaé
« Par cui Thiebaus, mes oncles, est tuez.
« Mais, par celui qui en crois fu penez,
« Ne mangerai, si sera desmembrez. »
La damme l'oit, li vis li est muez.
« Sire, fait elle, ce iert desloiautez
« Se mal li faitez, quant harbergié l'avez ;
« Touz jors seriez mais traïtres clammez.
« Mais faitez bien, son harnois li randez,
« Metez le à voie, et puis le deffiez :
« N'en aurez blasme, s'adonques l'ociez. »
Quant Hertaus l'oit, à poi que n'est desvez;
Par mautalent a dit : « Voz me gabez ;

« S'estoit armez et en cheval montez,
« Jamais par moi ne seroit atrapez.
« Mais je sai bien que voz me ramponez ;
« Mar le pansastez, par mes grenons meslez. »
Hauce le poing, qu'il ot gros et quarré,
Si l'a ferue par entravers le nés
Que li clers sans l'an est aval coulez,
Puis li a dit : « Par Deu, or jehirez !
— Sire, fait elle, vostre plaisir ferez. »
.X. chevaliers en a o lui menez
En une chambre, si dist : « Voz ne savez ?
« Prennez vos armes, et si voz adoubez,
« Car Ferraus est en cest palais listé.
« Gardez qu'il soit ocis et desmembrez ;
« Par son lyngnaige est li miens avillez. »
Et cil respondent : « Si com voz commandez. »
Les armes prennent, ez les voz adoubez.
Or est Ferraus en tel lieu ostelez,
S'il n'a secors, ja estera tuez.
La bonne dame, qui tant ot de bontez,
Vint à Ferraut, quant dou banc fu levez,
Lez lui s'assist, s'a .II. souzpirs gietez,
Aprez plora, si l'en prinst grans pitez.
Ferraus la vit, si l'en prinst grans pitez.
« Dame, dist il, ditez que voz avez ?
— Sire, dist elle, ja orrez veritez ;
« Mes sairremens n'en sera ja faussez.
« Mes parens iestez, sire, si ne savez
« Comment voz iestez traïs et malmenez.
« Mes sire est niés Ganelon et Hardré ;
« Bien iestez sire traïs et barretez.
« En une chambre est maintenant entrez,
« .X. traïtors en a o lui menez ;
« Por voz ocirre ont les adourz combrez. »

Gaydon.   9

Quant Ferraus l'oit, moult en fu aïrez.

Dist Ferraus : « Damme, par Deu, moult sui
« Mais, se g'estoie de mes armes garnis,[souzprins;
« De moi deffendre seroie amanevis.
« Mais je ne sai où mes harnois fu mis. »
Et dist la damme : « Ja en serez saisiz. »
Son fil apelle, qui ot non Savaris.
« Fiuls, dist la damme, or ne soiez faillis.
« Cist vassaus est par ton pere traïs :
« Harbergié l'a li cuivers maléiz;
« Il sera ja vilainnement ocis,
« Qu'armer se vont Herchembaus et Baudris,
« Huitiers li fel, et Butors et Hanris,
« Gombaus de Broil et ses fiuls Salaris,
« Rogiers dou Gaut et ses frere autressiz,
« Hertaus, mes sire, qui de Deu soit honnis. »
Li vaslés l'oit, ne fu mie alentis,
Por les adours corrut où furent mis.
Il les aporte, Ferraus les a saisiz :
Or doute mains ses mortex annemis.
Soz .i. arc vol se trait et est assiz ;
Sor ses genouls a son brant d'acier mis.
Ez voz Hertaut, de Deu soit maléiz !
Fors de la chambre en est moult tost saillis.
Quant voit Ferraut, qui d'armes est garnis,
Par .i. petit que il n'enraige vis ;
Sa fame escrie : « Orde pute miautris,
« Mar fu par voz icis consaus bastis ! »
Dist Savaris : « Peres, por Deu mercis,
« Ne faire chose dont tu soiez reprins.
« Harbergié as cest chevalier de pris ;
« Se mal li faitez, très bien en soiez fis,
« Jamais nen ierez en haute cort oïs.

« Ja est ses sires Gaydes, li dus gentiz.
« Cist est ses niés, par foi le voz plevis ;
« Se mal li faitez, sor voz tonrra li pis :
« Traïtres est en la parfin honnis. »
Hertaus l'entent, de mautalent rougi.
« Tais toi, dist il, Dex te puisse honnir !
« Si m'aït Dex, ainz ne m'apartenis. »
Dist Savaris : « Par Deu de paradis,
« Ce poise moi c'onques m'engenuis,
« Et que voz onques fustez li siens maris.
« Dex qui sa mort pardonna à Longis,
« Il le deffende que il n'i soit ocis,
« Et il voz doinst que soiez desconfis ! »
Et dist Ferraus : « Frans dammoisiaus gentiz,
« Se Dex ce donne que g'en puisse partir,
« Encor t'en iert li guerredons meris. »
Dist li vaslés : « Si m'aït Jhesus Cris,
« Ja n'i serez, tant com je puisse, ocis. »
A ices mos se sont as escus prins.
Li traïtor ont les espiés brandis ;
Moult fu Ferraus fierement assaillis.
Lancent à lui faussars, espiés burnis,
L'escu li partent jusqu'an l'auberc treslis ;
Mais li haubers fu serrez et sarcis :
Ce le sauva, par tant fu garantis.
Ferraus tint nu le brant qui fu forbis,
Et fiert Gombaut : moult bien fu consievis ;
Ne li valut arme ne c'uns samis.
Tout le porfent enfresci que en pis,
Que la cervelle li espant, ce m'est vis.
Cil est chéuz delez un perron bis.
Hertaus le voit, d'ire fu toz sozprins.
« Par Deu, dist il, fel cuivers malaprins,
« Pendus serez demain ainz miedi ! »
Et dist Ferraus : « Traïtres, Deu mentis,

« Li vostre osteuls soit de Deu maléis !
« De tex morsiaus i savez or servir !
« Ostez cel mort, tant qu'il soit sevelis,
« Et querez prestre, tant qu'il soit enfoïs. »

Hertaus li lerres, quant la parole entent,
Par .I. petit n'i muert de mautalent.
Lors l'assaillirent et menu et sovent;
Son escu percent, qui fu à or luisant,
L'auberc li faussent, navré l'ont durement.
Li sans vermaus des plaies li descent.
Et quant Ferraus ainsiz navré se sent,
Et vit son sanc, lors reprent hardement,
L'escu embrace, le brant amont estent,
Et fiert Baudri qui le coitoit sovent;
L'escu li perce, qui fu poins à argent.
Elmes ne coiffe ne li fist tensement;
Trosqu'enz espaules à cel cop le porfent.
Cil chaï mors, à la terre s'estent.
Et dist Ferraus : « Mauvais hostelement
« Me voliez faire, le loier voz en rens :
« Dehaiz ait ores si fais hostelemens. »
Hertaus l'oï, si rescrie sa gent.
Lors le requierent et menu et sovent;
Se Dex n'en panse, livrez est à torment.
Hertaus l'angoisse, li traïtres puslens.
Et Ferraus saut de l'arc vol maintenant,
Jouste .I. pilier s'en vint, estal lor rant,
Comme sainglers qui des chiens se deffent.
Mais ja fust prins, quant Savaris descent,
Cui sa mere ot armé moult richement.
Tint une hache qui tranche durement.
« Avois ! s'escrie, par le cors saint Vincent,
« N'espargnerai ne couzin ne parent. »
La hache entoise moult aïréement,

Gontart feri tant acesméement
La teste o l'iaume sor les espaules prent.
Ferraus le voit, si s'en rist doucement;
Lors lor cort sus moult orgoillousement,
Butor ocist et Huon de Clarvent,
Et Savari, celui de Rochearpent.
Desconfit sont li traïtor puslent;
Fors dou palais les chacent erramment.
Hertaus s'escrie à sa vois clerement :
« Or tost ! as armes, mi home, isnellement ! »
Par le borc ont oï le sien commant;
As armes corrent plus de .M. et .V^c.
Se Dex n'en pense par son commandement,
Prins iert Ferraus et encroez au vent,
Et Savaris, et la damme ausiment.

PAR le borc sont armé li borjois tuit;
Vers le chastel viennent tuit à .I. bruit.
Et Hertaus jure ne mengera de fruit,
S'aura son fil et sa fame destruit :
« De mes mains m'ont tolu mon annemi;
« Vengiez m'en fuisse orendroit, si com quit.
« En mon palais font ores lor deduit,
« Morte ont ma gent, drois est qu'il m'en anuit.
« Or, à l'assaut ! car ges aurai anuit. »
Li borjois l'oient, s'en demainnent grant bruit.
Il ont juré, se Ferraus ne s'en fuit
En larrencin, et que le païs wit,
Il iert pendus à .I. aubre, ce quit.
Vers le palais, dont li mur sont enduit,
Vont assaillir, et Hertaus les conduist.

GRANS fu l'assaus commenciez au palais.
Hertaus s'escrie, li traïtres punsnais :
« N'i garirez, fel traïtres mauvais !

« Voz et mes fiuls serez demain deffais,
« Ma fame iert arse, par le cors saint Gervais. »
Et dist Ferraus : « Dehaiz ait cist souzhais ! »
Lors s'estoit il prez de l'entrée trais,
Le brant en poing plus verdoiant de glays.
Li traïtor viennent à grant eslais,
Et li borjois, armé de lor gambais ;
Lances ont tortes et espiés moult mauvais.
Ferraut assaillent, moult demainnent grans brais ;
Li uns por l'autre est de ferir entais.
Sor le pont montent des traïtors grant fais ;
Ferraus les voit, moult en fu aïrais.
Cui il ataint, moult empire ses plais :
Ambaut ataint, ne li quist mie pais,
Le poing li cope ; ne s'en aidera mais.
Gontier a mort et Rogier de Cymais,
Prent la chaainne dou grant pont, qui fu d'ais,
Lors saiche et tire le pont à moult grant fais :
Tel .xxx. en chiéent enz an l'eve à .i. fais,
Qui n'en istront, mon enciant, jamais,
S'on nes en pesche en avril ou en may.
Ferraus lor crie : « Or ne soiez irais ;
« Mais baingniez voz belement, à lons trais. »
Savaris crie : « Peres, car les en traiz ;
« C'iert vilonnie, se noier les i lais. »

Quant Ferraus ot amont levé le pont,
La porte close, puis si monta amont
Lez Savari, qui moult ot le chief blont.
Hertaus s'escrie que il le comparront,
Et le matin as forches penderont.
Sa gent escrie, vers le chastel s'en vont,
Por l'assaillir entor et environ
Aportent cloies, dont le passaige font,
Targes et piz, dont il orent fuison,

Et lès eschielles qu'ont drescié au donjon.
Tel .xxx. montent qui ja i enterront,
Se cil n'en panse qui estora le mont.
Sus as querniaus maintenant venu sont.
La dame plore et ses chevex desrompt.
« Lasse ! fait elle, bien voi que prins serons.
« De moi ne chaut; mais mon fil ocirront,
« Et cel vassal, ja pitié n'en auront. »
Ferraus l'entent, à poi d'ire ne font.
Savaris crie, qui pas ne se repont.
.I. tref ont prins entraversé de lonc,
Jus l'ont bouté; quant qu'il ataint, confont.
Cex des eschielles gietent jus en .i. mont,
Par dedens l'iaue, enz ou fossé parfont.
Jesir i puéent, car huimais n'en istront.
Ferraus s'escrie, qui ot cuer de baron :
« S'il pueent boivre, ja riens n'en paieront. »
Dist Savaris : « Peres, n'en gousteront.
« Cil qui sont là trives donné noz ont;
« Tout ainsiz fuissent cil qui grevé noz ont. »
Hertaus l'oï, n'en puet muer n'en gront;
La mort beu jure ja n'en eschaperont :
« C'est Antecris, s'il noz eschape dont !
« Nuis est obscure, très bien les gaiterons,
« Et le matin l'assaut parmaintenrons. »

Li fel Hertaus fist gaitier le chastel
Et le palais, dont blanc sont li quernel.
.XX. chevaliers ot devant le poncel,
Et .c. serjans, chascuns avoit chapel.
Hertaus en jure le cors saint Daniel
Que de Ferraut fera .i. lait maisel,
Et de sa fame, de son fil le touzel.
Andui seront pendu à .i. hardel,

Et sa fame arse en .I. moult grant fornel.
Ci voz lairai dou traïtor mezel;
De ceuls lassus est drois je voz apel.
Chascuns estoit là sus à .I. quernel;
Lor elmes ostent, dont d'or sont li cercel,
Et lor ventailles, dont d'or sont li clavel,
Puis sont assiz par delez un postel.
A mengier orent de quant que lor fu bel;
Quant ont mengié, Ferraus dist au donzel :
« Dammoisiaus, sire, par le cors saint Marcel,
« Noz sommez mis en dolirouz merel,
« Car ja n'aurons secors par nul apel.
« Se savoit Gaydes cest dolirouz maisel,
« Ainz demain vespre verriez maint penoncel.
— Sire, dist l'anfes, là val a .I. batel,
« Delez cel mur atachié au rivel;
« [^bJ'anterrai anz], el non saint Gabriel,
« Por secors querre irai, lez cel boischel,
« Droit à Angiers, se je pas le ruiscel. »
Adont s'en tornent andui li jovencel,
S'ont deffermé .I. petit posticel,
Le batel treuvent qui tint à .I. saucel.
L'anfes i entre, prinst un avironcel;
Tant a nagié li anfes son travel
Qu'arrivez est desoz un aubrissel.

SAVARIS monte par desor Ataingnant ;
Quant montez fu, si broche l'auferrant,
Parmi le bois s'en vait esperonnant.
Cil qui gaitoient le vont apercevant :
« Avois ! s'escrient, n'en irez, souduiant. »
Dist Savaris : « Je ne voz douz .I. gant. »
Il tint la hache dont li fers fu tranchans;
.II. traïtors a mors en trespassant,

C'est Hardoyn et son pere, Morant.
Si cousin furent et si apertenant.
De la ville ist, et puis s'en vait atant.
« Fiuls, dist Hertaus, as maufez te commant !
« Eschapez iez, moult par en sui dolans. »
Dist Savaris : « Par Deu le raiemant,
« Vo traïsons voz revenra devant. »
Lors a brochié le bon cheval corrant,
Toute nuit oirre à la lune luisant.
Tant a brochié qu'à l'aube apparissant
Vint à Angiers, Gaydon vait demandant;
On li enseingne. En son palais plus grant
Li dus se jut : vis li fu en dormant
Que Ferraus iert en mer, en .i. chalant,
Tout sans aïde, n'i avoit estormant.
Plus de .M. ondes l'en aloient hurtant,
La nés ardoit et aloit esprennant,
Poisson divers l'aloient assaillant.
Li dus s'esveille et vait esperissant,
Sa main leva, de Deu se vait saingnant.
Atant ez voz son chapelain Hermant,
Qui Savari li amainne devant.
L'anfes s'escrie hautement en oiant :
« Hé ! gentiz dus, ne te va atarjant,
« Ferraus voz mande, cui voz paramez tant ;
« Se nel secors dedens nonne sonnant,
« Ne le verras jamais en ton vivant. »
Lors li ala tout le voir acontant.
Quant li dus l'oit, si saut sus maintenant ;
Sa gent escrie : « Alez voz tost armant. »
Et il si font, quant oient son commant,
Et Savaris les vait forment hastant.
Là véist on vestir maint jazerant,
Et li dus Gaydes se vait appareillant.

Quant armé furent, ne si vont delaiant,
Es chevax montent, si se vont moult hastant;
Bien sont .II. mil par le mien enciant.
Savaris l'anfes les vait devant guiant.

VAIT s'en li dus à grant esperonnée,
Et a sa gent moult durement hastée.
Et Savaris, qui sot bien la contrée,
Les a conduis le fons d'unne valée.
Forment les haste; mais, ainz nonne sonnée,
Se Dex n'en pense et la vertus nommée,
Aura Ferraus l'arme dou cors sevrée.
Hertaus li fel, quant il vit l'ajornée,
De sa gent a fait moult grant aünée.
« Or, à l'assaut, dist il, sans demorée! »
Et il si font, que n'i ot arrestée,
L'assaut commencent, si lieve la huiée;
Prins ont lor targes, eschielles ont levées,
Et Ferraus a mainte pierre gietée.
Voit le li fel, s'a la coulor muée;
En haut s'escrie, à moult grant alenée :
« Or sà, le feu! la sale iert alumée. »
.I. niés Hertaut, fiuls sa seror l'ainsnée,
Une eschielle ot atraite et amenée;
Contre le mur l'avoit moult tost levée,
L'espée el poing l'a contremont rampée.
Tel .xx. l'en sievent por joincher celle entrée,
N'i a celui n'éust hache ou plommée.
Et Ferraus a une perche trouvée;
Li ber la prent, contremont l'a levée.
Le premerain qui l'eschielle a montée
En a Ferraus donné si grant colée
Toute li a la cervelle effondrée;
Jus de l'eschielle le trebuche à volée.

Puis prent l'eschielle, si l'a jus reversée :
Enz an fossé, dont l'ieve iert rasée,
En abat .xx., quant l'eschelle ot tornée.
Ferraus s'escrie : « L'iave n'est pas salée,
« Buvez assez, ja ne voz iert contée. »
Hertaus l'entent, s'a la mort beu jurée
Huimais n'en iert la fole deportée.
Lors ont la tor de l'unne part minée,
A .III. cops ont la maisiere effondrée,
Laienz s'en entrent tantost, sans demorée,
La dame prennent, aval l'ont traïnnée.
Elle s'escrie : « Lasse! maleourée!
« Or voi je bien que ma vie est finée ! »
Ferraus l'antent, s'a la perche levée;
Cex acoilli qui la dame [*ont menée*],
.VI. en ocist, mais la perche est froée.
Et li vassaus mist la main à l'espée ;
Très bien éust la damme delivrée,
Mais trop grans fu la noise et la fumée.
Fors s'en issi parmi une béée,
Vers le pont vint, la porte a adossée :
Là se deffent comme tygre aïrée.
Hervi porfent jusques en la corée;
Mais, ainz qu'il ait s'espée recouvrée,
Ont plus de .xx. une cloie aportée,
Si l'ont sor lui et empointe et boutée ;
Abatu l'ont en une place lée,
Prins l'ont à force, la teste ont desarmée,
Une grant corde li ont an col noée.

PRINS ont Ferraut li traïtor felon.
Hertaus en jure le cors saint Syméon
Qu'il iert pendus à guise de larron,
Sa fame iert arse en feu ou en charbon.

Defors la ville, par delez un buisson,
Fist unes forches drecier en contremont,
.I. feu fist faire sans nulle arrestison,
Sa fame fist liier à un baston.
Dist Berangiers : « Sire, cestui pendons,
« Et puis aprez vostre fame arderons. »
Et dist Hertaus : « Gel voil et si m'est bon. »
Les iex li font bender à .I. garson ;
Ferraut ont mis en col le chaaingnon.
« Dex, dist Ferraus, qui souffris passion,
« Faitez à m'arme, sire, verai pardon !
« Hé! Gaydes, sire, à grant duel departons. »
Et dist Hertaus : « Ainz aurez livrison. »
Parmi la teste l'a feru d'un baston.
N'avoit vestu se sa chemise non ;
Le cuir li rompt et maumet le braon,
Si que li sans li cort jusqu'au talon.
Là fust pendus sans nulle arrestison ;
Il avoit mis le pied sor l'eschaillon,
Hertaus li fel avoit prins le cordon,
A ces paroles ez voz venu Gaydon.
Des siens se part, destort le confanon,
Le destrier broche des dorez esperons,
Devant les autres le trait à .I. bouzon ;
Puis escria clerement à fier ton :
« Mar le pensastez, fil à putain, glouton! »
Lance baissie ala ferir Bozon.
Arme qu'il ait ne li vault .I. bouton ;
En cors li met fer, et fust, et penon,
Mort l'abati, ainz n'ot confession.
Gaydes escrie : « Or dou ferir, baron ! »
Les traïtors ont mis en tel randon
Qu'en fuies tornent por avoir garison.
Amaufrois broche, qui ot cuer de lyon,

Ferraut desbende et desloie à bandon.
« Couzin, dist il, avez éu frison. »
Et dist Ferraus : « Par mon chief, ce ai mon;
« Ainz de morir n'oi mais tel souzpeson;
« Mais, se je puis, g'en aurai vengison. »
Lez lui choisi son hauberc fremillon;
Li bers s'arma, puis saisi le gascon,
Qui fu Bozon, le frere Haguenon;
L'espée prent, puis saisi le blazon.
Quant fu montez, et il ot ses ators,
Lors fu plus fiers que tygres ne lyons,
Les traïtors aquieult par contenson.
Et Amaufrois le sieult à esporons,
Des traïtors font grant ocision.
Ferraus ataint Hertaut lez le donjon;
Là se cuida traire à sauvacion.
Ferraus le prent par le hiaume réont,
Gaydon le mainne sans nulle arrestison;
Le traïtor pendent par le chaon.
Dist Savaris : « Peres, par saint Simon,
« Ainsiz va d'omme qui mainne traïson.
« Moult m'en pesast se fussiez loiaus hom,
« Mais n'en donroie vaillissant .i. bouton. »
Vint à sa mere, qui clere ot la fason,
Les liiens cope entor et environ,
Vestir li fait .i. vermeil syglaton.
Gaydes li dus la prinst par le giron.
« Damme, dist il, or n'aiez marrison
« De vo mari : bien voz marierons.
« De vostre fil, chevalier en ferons;
« Quant qu'aurai iert à sa devision. »
Et l'anfes dist : « Moult bien voz servirons. »
Si fist il puis, si com dist la chansons.

[ᵇGAYDES] li dus n'i a point arresté,
Vint au palais que il vit alumé,
Le feu estaingnent, par dedens sont entré.
Le bon cheval i avoient trouvé,
Que Ferraus ot par force conquesté,
Et les sommiers; n'i avoit riens osté.
Ferraus lor a dite la verité,
De chief en chief, si com avoit ouvré
Et com ot Karle en sa cort deffié.
Dex! com il ont le cheval esgardé!
Dist Amaufrois : « Par ma crestienté,
« Se je avoie cel cheval abrievé,
« Encor feroie le roi Karlon iré,
« Et Alori, et Forcon, et Hardré,
« Et les traïtres dou felon parenté,
« Cui Dex de glore doinst trestouz mal dehé. »
Et dist Ferraus : « Or, voz iestez vantez;
« Or i parra com sera esprouvez.
« Et voz l'aurez, par couvent devisé
« Que, se noz sommez en estor abrievé,
« Et en bataille fervesti et armé,
« As traïtors qui aient mal dehé,
« Que li chevax Aulori m'iert donnez. »
Dist Amaufrois : « Par Deu de majesté,
« Si le pren je volentiers et de gré. »
Li baron l'oient, ris en ont et gabé;
Mais puis fu il richement comparez,
Que, por .M. mars de fin argent pezé,
Ne volsist il que il l'éust voé.
Mais n'en iert pas ci aluec plus parlé.
Les sommiers prennent, si les ont retrorsez.
Ferraus a prins Ataingnant l'alozé,
Savari donne le destrier sejorné
Qui fu Bozon, qu'Amaufrois ot tué.

Le chastel ont destruit et craventé,
Le borc defors ensprins et alumé.
Dont s'en part Gaydes, la damme en ont mené.
Tant ont le jor chevauchié et esré
Qu'il sont venu à Angiers la cité.
Isnellement et tost sont desarmé.
Celle nuit ont festoié et joé,
Les tables mettent, par loisir ont soupé ;
Bien sont servi tout à lor volenté.
Or voz lairons de Gaydon l'alozé ;
De Karlon iert et dit et raconté.
A Orliens fu, si ot le cuer iré
De son portier que on li ot tué ;
Mais jusqu'à pou sera il plus irez,
Car Amboyns et Forques ont porté
Devant le roi Haguenon embierré,
Rahier o lui, d'un paile acouveté,
Forques méismez, qui le bras ot copé.
Devant le roi de Ferraut sont clanmé ;
Dist Amboyns : « Sires rois, entendez :
« Ferraut avienz et prins et atrapé ;
« Mais .x. glouton, qui estoient armé,
« Bien de lor armes garni et conraé,
« Que Ferraus ot repos et embusché,
« Noz assaillirent, et noz ont malmené.
« Ices .ii. ci ont il mors craventez,
« Et noz ont il et bras et poins copez :
« En vo service sommez si conraé. »
Quant Karles l'oit, saint Denis a juré
Que jamais n'iert joians en son aé
S'aura Gaydon mort et emprisonné
Et son neveu as forches encroé.
Naymes respont, coiement, à celé :
« Dex l'en deffende, li rois de majesté,

« Et si li doinst avoir vostre amisté! »

Nostre empereres ot le cuer triste et noir,
Voit le dammaige devant lui aparoir;
Mais plus dolans sera ansoiz le soir,
Car li vassaus, qui aportoit l'ostoir
Que Ferraus ot conquis par son pooir,
Vint à Karlon, se li conta le voir
D'un bon cheval, qui tant pooit valoir,
Monstra son bras, dont tant se puet doloir,
De quoi Ferraus li fist le poing chéoir,
Dou brant d'acier plus tranchant que rasoir.
Quant Karles l'oit, prinst soi à esmouvoir.
Atant ez ceuls qu'amenoient l'avoir;
Son grant dammaige li ont fait à savoir.
Quant Karles l'oit, nou mist en non chaloir;
Deu en jura, qui par tout a pooir,
Que il ira duc Gaydon asséoir.
Se il est prins, mis iert en tel destroit
Son grant orgoil li fera remanoir,
Et de Ferraut ne fera ja son oir.
S'as mains les tient, il les fera doloir.
Ez voz le mes qui d'Angiers revenoit,
Et ce li dist que li dus li mandoit
Que ja por lui ne fera ce ne quoi,
S'il ne le venge des traïtors sans foi.
Quant Karles l'oit, à pou qu'il n'enraijoit.

Duel ot li rois, durement se gramie;
Saint Denis jure et sa barbe florie
Que sor Gaydon ira à ost bannie.
Ses barons mande que nus ne s'i detrie;
Gayfer manda et Othon de Pavie,
Hoedon de Lengres, où moult ot estoutie,

Et en Valence, Huon, le fil Helye,
Thierri d'Ardenne, qui moult ot seingnorie.
Et si manda Richart de Normendie,
Et le roi Loth, à la chiere hardie,
Qui d'Aingleterre avoit la seingnorie,
Et Gillemer d'Escoce la garnie.
Le duc Buevon sans barbe n'i oublie ;
Frere est Naynmon, si com l'estoire crie.
Karles, li rois de France la garnie,
Commande à Naynmes que sa gent soit coillie,
Et à Ogier à la chiere hardie.
As traïtors li empereres prie
Qu'il mandent ceuls où assez plus se fient.
Et il si firent, Dammeldex les maudie !
Tant en assamblent, chascuns en sa partie,
Que la citez d'Orliens en est emplie :
Ainz si grans os ne fu avant bannie.
Enz prés d'Orliens se fu li os logie ;
La véist on tante tente drescie,
Et tant escu où li ors reflambie,
Et tante enseingne de paile d'Aumarie,
Et tans destriers et tant murls de Surie,
Tant chevalier qui sa terre ot laissie,
Et tant vassal qu'a sa terre engaigie,
Et tant ribaut qu'a la pance rostie,
Grant et hisdouz, qui point ne se cointie,
Tant jougléor, tante putain sartie,
Qui tost auroient grant borse desemplie.
Tex gens n'ont onques de faire pais envie,
Ainz ont touz jors la harevale oïe.
Mieus aiment guerre que nonne ne complie ;
Où que le preingnent, tost sera acoillie,
Charrue prinse, arse harbergerie.
Mieus ameroient une ville bruie,

Que .ii. citez randues sans saillie.
Tex gens ont tost une ville brisie.
Dex gart Gaydon, li fiz sainte Marie!
Se Dex n'en panse, moult a fait grant folie
Qui vers le roi de guerroier estrive.
Droit à Angiers li vint dire une espie
Qu'ainz si grans os ne fu vue n'oïe
Qu'a assamblé Karles de Saint Denise.

Quant li dus Gaydes entent le messaigier,
Que li rois Karles vient sor lui ostoier,
Riol manda qu'il a de lui mestier;
Et il i vint maintenant, sans targier.
En sa compaigne sont .v^c. chevalier
Hardi et preu por estor commencier.
Guion manda, d'Anjou le bon guerrier,
Sire iert de Nantes; il i vint volentiers.
Gautier manda, n'i volt plus atargier,
Hugon d'Auvergne et Morant de Riviers;
Et il i vindrent, ne s'en font pas proier.
 .I. pou de Gaydes voz voldrai ci laissier,
Et de Karlon (bien saurai repairier),
Et dou fil Naynme voz voldrai acointier.
Bertrans li menres en apella Richier.
« Frere, dist il, moult noz doit anoier
« Que Karles va duc Gaydon escillier;
« Car mandons ores Berart de Mondisdier,
« Estoult de Laingres et Vivien le fier,
« Ceuls de Tremoingne, et Milon et Renier,
« Et de Nevers Girardel le guerrier
« A tant de gent com porront justicier,
« S'alons Gaydon à son besoing aidier.
« Nos couzins est, tenir le devons chier;
« Noz ne tenons de Karlon .I. denier. »

Dist Richiers : « Frere, bien fait à otroier. »
Lors ont les mes tramis el messaigier,
Et cil i vont qui ne l'osent laissier.
Tant va chascuns son chemin droiturier
Qu'il ont porté là où doivent les briés ;
Et cil i vindrent, qui ne l'osent noier.
Chascuns amainne maint vaillant chevalier;
Cil qui le mains en fist acompaingnier
En ot .II^m., chascuns ot bon destrier,
Et beles armes et escu de quartier.
A Tours assamblent li gentil chevalier;
Là véissiez maint escu de quartier,
Et maint penon et maint hauberc doublier.
Tant ont esré li gentil chevalier
Qu'il sont venu en la cité d'Angiers;
Par .I. messaige le font au duc noncier,
Que il les face là dedens harbergier.
Gaydes l'entent, n'i ot qu'eslaiecier;
Ses couzins va durement embracier,
L'un aprez l'autre acoler et baisier.
Huimais commence chansons à enforcier,
Si com li fil alerent tornoier
Contre lor peres, au fer et à l'acier.

QUANT li anfant sont à Angiers venu,
Gaydes fu liés, onques mais si ne fu,
Nes à celle hore qu'il ot Thiebaut vaincu.
Par ces osteuls pendoient cil escu;
Grans fu la joie au palais a[l] lambu.
Aprez mengier, quant il orent béu,
Se sont vanté jovencel et chenu,
Se Karles vient, qu'il sera retenus,
Ses grans orgoils li sera cher vendus.
Karles chevauche à force et à vertu;

Jusqu'à Angiers, ne s'est arrestéuz :
Gaydon manace qu'il iert ars ou pendus.
Par les contrées ont les chemins batus,
Les chastiax ars et les bors mis en fu.
Tant ont alé qu'à Angiers sont venu.

Li empereres Karles de Saint Denis
Choisi Angiers et trestout le païs,
Et voit les sales et le palais voltis,
Les hautes tors et les murs bien assiz,
Et, sor la roche, le grant palais voltis.
Sa gent ordonne et si les a partis :
En l'avant garde fu li cuens Auloris;
L'enseingne porte le roi de Saint Denis.
Avec lui fu Sanses et Amaugis,
Li fel Guimars, Hardrez, Forques et Guis.
Bien sont .xx^m. des cuivers maléis.
Quant Aulori fu li voirs rejehis,
Qu'Amaufrois est vantez et aatis
Que il donra son bon cheval de pris
Ferraut le preu, et se li a promis,
Auloriés le monstre à ses amis.
« Seignor, fait il, fol plait a entreprins;
« S'en voz s'embat, gardez qu'il soit ocis. »
Et cil respondent : « Tout à vostre devis. »
Atant chevauchent, les frains à bandon mis,
Tuit à bataille, n'i ot noise ne cris,
Car forment sont corresouz et marri
Dou portier Karle, que Ferraus traist à fin.
Gaydes les a et véuz et choisiz.
« Seignor, dist il, vez ci nos anemis,
« Et les grans os l'emperéor gentil !
« Quel le ferons? quex consaus en iert prins? »
Dist Amaufrois : « Iestez voz esbahis?

« Oncles, voz iestez trop tost espaoris :
« Encor n'i a escus frains ne croissiz,
« Lances brisies, ne haubers dessartis.
« Prennons les armes, n'i ait plus de respis,
« Issons noz ent sor les chevax de pris.
« Li vanters est trop tost en oubli mis
« C'arsoir fu fais, or voz voi alentif;
« Mais, par celui qui de l'iaue fist vin,
« Je vois jouster ainz que soiez assiz. »
Gaydes l'entent, d'aïr fu touz enzprins.
« As armes, crie, por Deu de paradis!
« Ancui saurez, ainz que jors soit fenis,
« Qui mieus ferra dou brant d'acier forbis.
« Mar i fui hui ramposnez ne laidis. »
Les armes prennent li prince et li marchis,
Es chevax montent bruns et baucens et gris,
D'Angiers s'en issent; n'i ot noise ne cris.
Là véist on maint penon de samis,
Et maint escu à or et à vernis.
Dex les consaut, li rois de paradis,
Car ainz le vespre iert fiers li chapléis,
Et mainte dame i perdra son mari.
Gautiers s'arma, li vavassors gentiz;
Vest .I. hauberc qui fu fors et treslis,
Desor vesti .I. gambison faitis :
N'a si fort home en trestout le païs,
Se il le porte .I. arpent et demi,
Qu'il ne fust auques foibloiez, gel voz di.
Aprez Gaydon se rest mis en l'estrif.

Defors Angiers fu la chevalerie,
Et li dus Gaydes a son ost establie.
Amaufrois a sa bataille rangie;
Une mange ot, à menus plois ploïe,

Que l'autre jor li envoia s'amie.
De la promesse ne s'oubliera mie
Que fist Ferraut à la chiere hardie :
A Gaydon vient et doucement li prie
Le premier cop, et li dus li otrie,
Et Amaufrois bonnement l'en mercie.
A sa gent vient, doucement les chastie.
« Seignor, dist il, quant l'euvre est commencie,
« Gardez, por Deu, que n'i ait couardie ;
« Car qui fuiroit, si seroit vilonnie,
« Par droit doit perdre solas de druerie. »
Atant chevauchent par une praerie.
Auloris vient, l'oriflambe drescie,
Il et Fouchiers, cui li cors Deu maudie.
Bien sont .iii^m. en une compaingnie;
Aprez le sievent la grans chevalerie.
Auloris dist en haut, à clere oïe,
A son lyngnaige, où moult ot seingnorie.
« Seignor, dist il, por Deu le fil Marie,
« Amaufrois a faite fole aatie
« De mon cheval, mais cher li iert merie. »
Atant aprochent, touz li sans li fremie.
Amaufrois broche le destrier d'Orquanie,
Et fiert Anthyaume sor la targe florie :
Niés fu Hardré, l'enseingne ot en baillie,
Freres Macaire, qui trop fu plains d'envie.
L'escu li perce et la broingne treslie,
Fer et penon parmi le cors li guie,
Mort l'abatit enmi la praerie.
A haute vois a escrié : « Valye! »
Voit le Auloris, à poi qu'il ne marvie,
Le cheval point, des esporons l'aigrie,
Et fiert Guillaume, qui tenoit val d'Elye,
Parent Gaydon, prez iert de sa lingnie.

Arme qu'il ait ne li fist garantie.
D'arme et de cors a fait la departie,
Mort l'abatit, puis « Hautefoille » escrie :
« Ferez, baron ! gardez que soit vengie
« La mors Thiebaut, qui si fort noz marrie. »
Voit le Amaufrois, de mautalent rougie :
« Par Deu, cuivers, li miens cors te deffie ! »
Dist Auloris : « Ne voz pris une aillie !
« Promis avez mon cheval d'Orquannie;
« Se Dex m'aït, voz avez fait folie,
« Car, ainz le vespre, en perderez la vie,
« Et s'aurez ja une jouste fornie. »
Dist Amaufrois : « Dehais ait qui la vie ! »

LES chevax brochent li chevalier hardi;
De son escu chascuns bien se couvri.
Tant fort lor corrent li destrier arrabi,
Les chaillouz froissent que li feus en sailli.
Bon chevalier ot moult en Aulori;
S'il fust loiaus, par verté le voz di,
Meillor n'éust en France n'en Berri,
Mais faussetez durement li nuisi;
Et nonporquant maint fais d'armes souffri.
Fiert Amaufroi sor son escu voltiz,
Desor la boucle li a fraint et malmis,
Le blanc hauberc desrompt et dessarti,
Enz an costel li fel li embati,
Desor les costes la char li porfendi.
Li ber trestorne, ce l'a de mort gari,
Et nonporquant ainz estriers n'i perdi.
Li espiés froisse et pesoia par mi.
Et Amaufrois si grant cop le feri
Parmi l'escu, dou roit espié burni,
L'escu li perce; mais le haubers treslis
N'empira il vaillissant un espi,

Car la cuirie qu'il ot le garanti.
Et nonporquant à terre l'abati
Tant durement que le bras li rompi.
Il tent la main, le cheval a saisi,
Si le bailla le seneschal Davi,
Puis li a dit : « Menez l'en tost de ci,
« Ferraut le mainne, et li di de par mi
« Que j'ai mon veu acuité et forni. »
Et cil s'en torne, qu'il n'i ot contredit;
Vint à Ferraut, le destrier li rendit.
Ferraus le prent, qui moult s'en esjoït;
Il le delivre au vaslet Savari,
Le fil Hertaut, qui bien l'ot deservi.
Auloriés s'escria à haut cri :
« Par Deu, seignor, Amaufrois s'en va ci
« Et si enmainne mon destrier arrabi;
« Bien puis or dire qu'il noz a escharni. »
Li traïtor ne s'ont mis en oubli;
Amaufroi ont durement envaï.
Atant ez voz Haton et Amauri,
Forcon, Grifon, Haguenon et Hanri,
Et bien .x^m. des traïtors faillis :
Amaufroi ont durement envaï.
Se Dex n'en pense, par la soie merci,
Nel verront mais ne parent ne ami.

Auloriés ot au cuer grant dolor
Dou bras senestre, qu'il ot brisié le jor,
Et ot perdu son destrier missodour.
Si chevalier l'ont trait en .i. destour,
Redrescié ont contremont l'oriflor,
Amaufroi ont assailli tout entor.
Et li vassaus lor rent cruel estor,
Et tint l'espée qui giete grant luor,
Mais ne li vault la monte d'un tabor.

Abatu l'ont dou destrier missoudor,
Thierri ont prins et Richart le menor,
Qui furent frere et fil de sa seror,
Hernaus li preus, qui tant ot de valor.
Amaufrois fust lors prins sans nul sejor,
Mais il escrie à clere vois hautor :
« Venez m'aider, nobile poingnéor !
« Ferraus, biax niés, trop faitez lonc sejor ;
« Gaydes, biaus niés, alez sui à folor. »
Ferraus oit bien la noise et la clanmor,
Celle part vint à .IIII^m. des lor ;
Vit Amaufroi qui fu en tel estor
Onques mais n'ot de morir tel paor.
Mais li vassaus se deffent par vigor ;
Deu en jura le verai criator,
Que mais n'aura doutance ne paor.
Atant ez voz Forcon le poingnéor ;
Galerant fiert en l'escu point à flor,
Mort l'abatit, que le virent pluisor :
« Valye ! escrie, or i ferez, seignor !
« Si m'aït Dex, li verais criators,
« En mal an sont entré li traïtor ;
« N'auront garant de lor emperéor. »
Amaufrois l'oit, joie en ot et baudor ;
Ja lor voldra destremper tel savor,
Dou brant d'acier, dont lor fera dolor.

QUANT Amaufrois choisi Ferraut venir,
Moult ot grant joie, par verté le voz di.
Il tint le brant dont l'aciers est burnis ;
Cui il ataint arme nel puet gairir.
Ferraus li preus ala Hervi ferir ;
Haubers n'escus ne le pot garantir :
Fer et penon li fist el cors sentir,

Jus des arsons le fist aval chéir.
N'est mie mors, bien en porra garir.
Cil chevalier i fierent par aïr,
La presse font sevrer et departir.
Ferraus a trait le brant qui est forbis,
Dou brant a fait la presse departir;
Cui il ataint arme nel puet garir.
Amaufroi voit durement esquermir,
Dou brant deffendre et de l'escu couvrir,
Et les grans cops endurer et souffrir.
Ferraus le voit, moult li vint à plaisir,
« Valye » escrie, les siens fait esbaudir.
Cil chevalier i fierent par aïr;
Des traïtors ont fait les rens fremir.
Ferraus li preus va le cheval saisir
Dont Amaufroi orent fait jus chaïr.
Ferraus li anfes li rant; il le saisist,
Il monta sus, qu'à estrier ne s'i prinst.
Quant fu montez, si cria à haut cri :
« Sire couzins, foi que doi Jhesu Cris,
« Fol fait promaitre ce c'on ne puet tenir :
« Prez que ne fui à tart au repentir.
« Mais or voldrai as traïtors merir
« La grant paor que il m'ont fait souffrir. »
Lors les corrurent fierement envaïr.
Là véist on mainte lance croissir,
Et les espées sor les elmes tentir,
Les uns chéoir et les autres fuir,
Et maint vassal à la terre jesir.
Ja convenist les traïtors fuir,
Quant ont véu tantost Rigaut venir,
Mile et Macaire, cui Dex puist maléir,
Et le lyngnaige, qui tant fait à haïr.
Touz jors se sont pené dou roi traïr,

Maint gentil home ont fait à tort fenir,
Desheriter, et lor terres toillir.

MACAIRE et Miles sont venu celle part;
L'uns sist ou rouz, li autres ou lyart.
.IIII^m. sont, fier sont comme lyeupart;
A trop hardi tieng je le plus couart.
N'i a celui qui n'ait lance ou faussart;
Serré s'en vont par delez un essart.
Miles a dit, se Jhesu Cris le gart,
Gaydes sera pendus à une hart.
Amaufrois l'oit, de duel fremist et art;
Tint .I. espié, si a brochié Blanchart,
Le bon destrier que Ferraus li donna.
Et Miles point, qui fu de male part.
Or n'i a plus mais que chascuns se gart,
Que l'un vers l'autre ont moult le cuer ronffart;
Grans cops se fierent, chascuns endroit sa part.
Miles le fiert, que l'escu li depart,
Mais li haubers n'ot à cel cop regart;
La lance froisse, ne li fait autre mal.
Et Amaufrois, qui le cuer ot gaillart,
Li a donné tel cop de l'autre part
Jambes levées l'abat enmi l'essart;
Puis trait l'espée, si referi Guichart.
Mais folement s'en va vers l'estandart,
Car enclos l'ont la maisnie Poinsart :
Se Dex n'en pense, secorrus iert à tart.

MACAIRES fu dolans et engramis,
Quant voit Milon, qui navrez fu el vis;
Dist à ses gens : « Mes couzins est ocis.
« S'il n'est vengiez, abatus est nos pris. »
Cil est pasmez, li vis li est noircis.
Sor lui fu grans des traïtors li cris.

Cuident mors soit, mais il est estordis :
Bien garira ansois les .xv. dis.
Li traïtor, li cuivert de put lin
Sor .I. escu l'ont et couchié et mis ;
Dedens son tref, qui fu de paile bis,
Là fu portez et ses frere Auloris.
Couchiez les ont sor .II. lis cordéis.
En l'estor fu Macaires et ses lyns,
Hardrés li fel et ses freres Hanris,
Et Griffonnés, Hates et Amaurris,
Et Berangiers et Poinsars li hardis.
Grans fu la force des gloutons maléis :
Amaufrois fu durement assaillis,
Li preus Ferraus fu fierement requis.
Li traïtor les ont moult malbaillis ;
Par droite force les ont à terre mis.
Là fu navrez Ferraus enmi le vis,
Et Amaufrois de .II. espiés forbis.
Li preus Ferraus fu fierement requis ;
En son costel fu durement malmis.
Iluec fu mors Bernars et Hernays.
Tex .xxx. en ont abatus et laidis
Dont Gaydes fu corresouz et marris.
Ja fust Ferraus et Amaufrois saisiz,
Quant au secors vint Riolz li hardis,
Estouls de Lengres et ses niés Thyorins,
Et de Riviers Morans li orphelins,
Ensamble o euls .x^m. fervestis.
Là commensa moult grans li chapléis
Dont maint vassaus i fu mors et fenis,
Et mainte damme en remest sans mari,
Et maint anfant en furent orphenin.

Riols chevauche le pendant d'un vaucel,
Thyorins sist sor un destrier isnel,

Estouls de Lengres fu armez sor Morel,
Et Morans sist sor un destrier fauvel.
En lor compaingne avoit maint penoncel;
Serré chevauchent, les escus en chantel.
Et dist Riolz : « Baron, por saint Marcel,
« Moult ont grant gent cil traïtor mezel :
« Tenons noz tuit ensamble en .i. moncel. »
Atant brocha chascuns d'euls le poutrel.
A l'assambler n'ot amor ne revel :
Iluec morurent maint viel et jovencel,
Dont demorarent maint orphelin touzel,
Et mainte dame, espousée d'anel,
En remest vesve de seignor riche et bel.

Grans fu li cris et li bruis de la gent;
D'ambes .ii. pars i ferirent forment.
Riolz li viex, qui moult ot hardement,
Point le cheval qui ne cort mie lent,
Brandist la hanste où li confanons pent,
L'un des traïtres a feru durement;
L'escu li perce, le hauberc li desment,
Et si l'empoint issi très roidement
Jambes levées dou cheval le descent.
« Valye! escrie à sa vois hautement,
« Ferez, baron, n'i ait delaiement!
« Hui saura Karles, par Deu omnipotent,
« Qu'il a mesprins vers Gaydon malement,
« Quant le lyngnaige, que Jhesu Cris cravent,
« Tense vers lui, et vers lui guerre enprent.
« De son neveu li membre malement,
« Et d'Olivier qui tant ot hardement,
« Des .xii. pers, qui tant vilainnement
« Traï fel Ganes : ores sont si parent
« Seignor de cort; mais, se mon cuer n'en ment,

« Qu'il li feront encores marriment.
« Mais couvoitise l'emperéor sozprent,
« Car, par les dons que il donnent souvent,
« Sont oublié, car trop volentiers prent
« La mors as pers et au conte Rollant,
« Quant en sa cort les traïtors consent;
« Mais c'iert merveille, se il ne s'en repent. »
Lors trait le brant, qui fu seingniez d'argent,
Les traïtors requiert iréement.
Et Thyorins aprez lui se destent,
Morans et Hues et lor gent ausiment.
Voient Forcon qui moult bien se deffent,
Et Amaufroi qui moult grans cops i rent.
Mais nonporquant prins fuissent voirement,
Quant au secors sont bien venu .v. cent.

A la rescousse Ferraut et Amaufroi
Vint lor lyngnaiges, poingnant à grant desroi.
Morans s'adresce an plus espoiz tornoi,
L'escu saisi par la guiche d'orfroi,
Brandist la hanste à un penoncel bloi,
Sor son escu va ferir Audefroi,
Un traïtor felon de pute loi;
L'escu li fent, de l'auberc rompt les plois,
Parmi le cors li a fait tel convoi
Que touz li pert li fers derriere soi,
Mort l'abati par delez un chaumoi :
« Ferez, baron, por le cors saint Eloy !
« Valye! escrie, n'i maint pas en requoi.
« Cil traïtor voz ont mis en effroi ;
« Mais, se je puis, par la foi que Deu doi,
« Lor traïsons lor venra jusqu'à poi :
« A tart seront secorru de lor roi. »

Hugues d'Auvergne, quant jouster vit Morant,
Par les enarmes trait son escu avant,
Brandist la hanste au confanon pendant,
Sor son escu va ferir Guinemant,
.I. traïtor de moult mal enciant.
Niés fu Rigaut, et fiz conte Climant,
Qui tint Verdun et Chaalons la grant.
Quant il fu jones, moult i ot put anfant,
Car il aprinst empoisonnement tant,
Dont il fist puis maint mal en son vivant :
Son pere ocist par puison en buvant,
.II. de ses freres estraingla en dormant,
De sa puison va sa mere abevrant
C'andui li oil li saillirent errant,
Et chaï morte dedens .I. feu ardant.
Quant ot ce fait, si s'en torna riant,
A son lyngnaige en vint en France errant.
Il le retinrent ; moult en furent joiant,
Et puis en furent maint haut home dolant,
Et enherberent maint chevalier vaillant.
Qui dou bevraige se va entremetant,
Ne puet faillir qu'en anfer le puant,
Là en aura son loier erramment
Li fel traïtres : ne cuit ja qu'il s'en vant.
Hugues le fiert sor l'escu d'or luisant,
Les ais li fent, le hauberc li desment,
Parmi le cors li mist le fer tranchant,
Mort l'abatit dou destrier aufferrant.
L'arme s'en part, maufé viennent corrant,
Si l'ont saisie et dou cors vont coulant ;
Li uns à l'autre le va souvent gietant ;
.I. grant arpant la vont ainsiz roillant.
Des .II. parties le vont moult esgardant ;
Durement sont effréé li auquant.

Li traïtor dient en souzpirant :
« Seignor baron, soiez lié et joiant,
« Ce sont li angre qui l'emportent chantant;
« A .c. diables il la vont craventant. »
Ce dist Hardrez : « Moult m'en vois merveillant;
« Se angre fussent, il alaissent volant. »
A ces paroles vinrent les os poingnant;
Des .II. parties se vont entraprochant.

Les os chevauchent l'emperéor Karlon;
Vint à bataille contre les os Gaydon.
Dex! quel dolor que tant gentil baron
Maitent lor vies et lor cors à bandon
Por cel lyngnaige qu'ainz ne fist se mal non !
N'i déust perdre, se li traïtor non;
Mais tant bien sevent mener lor traïson
Que l'emperes lor soztient le menton,
Por lor avoir dont il [bli] font grant don :
Hom convoitouz fait mainte mesprison
Là où ne seit droiture ne raison.
Li empereres o le flori grenon
En a juré le cors saint Syméon,
Que mar tint onques Gaydes à lui tanson.
Karles desrenge contreval le sablon;
Aprez lui poingnent et Ogiers et Naynmons,
Bueves sans barbe et de Lengres Hoedons,
Thierris d'Ardenne et li dus Huidelons,
Li dus Richars et Bueves d'Aygremont,
Et le barnaige dont il i ot fuison.
Monjoie escrient clerement, à haut ton.
Gaydes revint, o lui maint compaingnon
Qui les viellars ne doutent .I. bouton.
Les lances baissent où sont li confanon;
A l'assambler i ot grant huison.

Iluec ont mis mainte lance en tronson,
Maint escu fraint et maint doré blazon,
Et desrompu maint hauberc fremeillon,
Maint chevalier abatu de l'arson.
Par les champs fuient li destrier arragon.
En .xxx. lieus ont fait grant chaplison,
C'une grant lieue oïr les poïst on.
Atant ez voz Ferraut à esperons;
Point Ataingnant, qui li cort de randon,
Brandist la hanste dou vermeil syglaton,
Sor son escu ala ferir Othon;
L'escu li perce, le hauberc fremillon,
En flanc senestre mist le fer à bandon.
Li dus l'empoint par grant aïrison,
Si roidement l'abat jouste .I. buisson
Que vers le ciel en volent li talon.
N'est mie mors ; bien aura garison,
S'il a bon mire qui li face puison.
Lombart le voient, si en sont en frison.
Gaydes s'escrie : « Par saint Pol d'Avalon,
« Hui me rent Karles moult mauvais guerredon
« De la prouvance que je fiz Ganelon,
« Qui son neveu vendi Marsillion,
« Et Olivier à la clere faison,
« Et touz les pers, cui Dex face pardon.
« Mais, par cel Deu qui souffri passion,
« Je n'aurai mais vers lui acordison.
« S'iere esclairiez dou lyngnaige felon,
« Qui Franse ont mis en tel trourblacion. »
Quant Karles l'oit, si baissa le menton,
D'une lieuée ne dist ne o ne non ;
Desoz son elme fu plus noirs d'un charbon.

QUANT l'empereres ot les mos escoutez

Que Gaydes dist, moult en fu aïrez.
Voit roi Othon qui forment fu navrez,
Cuide mors soit, s'en est touz forsenez;
Saint Denis jure, qui est ses avoez,
S'il tient Gaydon, au vent iert encroez.
Naynmon apelle où moult ot loiautez,
Le preu Ogier et Girart de Nivier,
Le duc Richart qui de Ruem fu nés,
Thierri d'Ardenne où moult ot de bontez,
Hoedon de Lengres qui moult est redoutez.
Bues d'Aygremont n'i fu pas oubliez,
Ne de Dijon Garniers li alosez.
« Baron, dist Karles, envers moi entendez :
« Vez ci Gaydon qui à moi s'est meslez;
« Vos parens est, prez li apartenez,
« Or gardez bien por ce ne me faussez,
« Car, par cel Deu qui en crois fu penez,
« Se je persoif que voz le deportez,
« Mais en ma vie riens de moi ne tenrez :
« Au bien ferir verrai se m'enmerez.
— Sire, dist Naynmes, ja mar en douterez,
« Car tout paraige passe la loiautez,
« Ne nos lyngnaiges ne fist jor fausetez.
« Se Gaydes fu de traïson retez,
« Et par Thiebaut en vo cort apellez,
« Si s'en osta, que voz bien le savez,
« Tout par droiture; se por ce le haez,
« N'est pas raisons, si m'aït Dammeldez,
« Et bien voldroie, s'il est vo volentez,
« Que li dus fust envers voz acordez.
« Mais tant connois le duc et ses fiertez,
« Qu'il voldroit mieus iestre desheritez
« Que Auloris ne Sanses ne Hardrez

« Fussent nul jor vers le duc si privé. »
A ces paroles s'est Gaydes escriez :
« Drois empereres, par Deu de majestez,
« Folie faitez, qui tex gens soztenez
« Par cui France est chéue en tel viltez.
« La mort Rollant vostre neveu vendez,
« Quant les avoirs des traïtors prennez.
« Dehaiz avoirs qui si est goulousez !
« Mais encor iert .I. jors que voz direz
« Mar vistez onques les gloutons deffaez. »
Lors point li dus, le frainc abandonné.
Vit Amaufroi, qui forment fu penez,
Ferraut lez lui, qui moult fu apressez;
Voit les dus Gaydes, moult en fu aïrez,
La lance baisse, dont li fers fu quarrez,
Et fiert Poinsart sor son escu bandé.
Desoz la boucle li a fraint et troé,
Et le hauberc desrompt et depané;
Parmi le cors li a le fer passé.
Li dus l'empoint, et cil est jus versez;
L'arme de lui commanz as vis maufez.
Li traïtor ont grant duel demené.
Et Gaydes a ses neveus delivrez,
Andeus lez a prez de lui amenez.
« Valye ! escrie, franc chevalier, ferez !
« Que Karlemaines, li vieuls rois assotez,
« Ne die mie anquenuit à son tref
« Que il noz ait comme garsons trouvez. »
Quant Karles l'oit, à poi qu'il n'est desvez;
Le cheval broche des esperons dorez;
Brandist la hanste, dont li fers fu quarrez.
Gaydes le vit, ne s'est pas eschievez.
Grans cops se fierent ens escus pointurez;
Desoz les boucles les ont frains et troez.

Les haubers ont desmailliez et faussez;
Mais l'uns ne l'autres n'est en char adesez,
Ne des arsons n'est nus d'euls remuez.
Trosqu'an poins ont les espiés tronsonnez,
Outre s'en passent, s'ont trait les brans letrez;
Au chaple est chascuns d'euls retornez.
Mais Karles ot si grant route d'armez
Que Gaydes fu encor anvironnez;
Des traïtors fu durement grevez.
Lancent à lui lor faussars acerez;
De Clinevent fu à terre portez.
Li dus saut sus, qui moult fu effraez;
Il tint l'espée, en l'escu s'est moslez,
De lui deffendre fu moult bien porpansez;
Cui il ataint à sa fin est alez,
Car ses brans tranche com rasors afilez.
Mais ja fust prins et en prison menez,
Quant par .iii. fois s'est « Valye » escriez :
« Franche maisnie, et car me secorrez,
« Ou autrement jamais ne me verrez! »

   Gaydes li dus a escrié s'enseingne.
Ez voz Bertrant et sa riche compaingne,
Richier son frere, sor un cheval d'Espaingne;
Li anfant viennent contreval la Champaingne.
Estouls de Lengres sist ou vair de Castaingne,
Et Bernars sist sor le vair d'Alemaingne,
Et Viviens en morel d'Aquitaingne.
Li anfant vinrent serré par la Champaingne;
As fers des lances commencent tel ouvraingne,
Dont maint [^b^haut prince et maint duc chevetaine]
Furent ocis, bien est drois c'on les plaingne.

   Grans fu li cris as lances abaissier.

Bertrans li anfes ala ferir Ogier;
Naynmon son pere ne volt il pas touchier :
Bien le connut as enseingnes baissier.
Ogiers le fiert sor l'escu de quartier,
Que parmi outre passe le fer d'acier,
Le hauberc fist fausser et desmaillier.
Dex le gari qu'an char nel pot touchier;
Lez le costel li fait le fer glacier.
Bertrans l'empoinst, jus le fist trebuchier,
Jambes levées l'abatit ou gravier.
Ogiers saut sus, ja se voldra vengier;
Trait a Cortain qui moult fait à prisier,
Par devant lui ataint un chevalier,
Tout le fendi desci en hanepier.
Et fiert .I. autre parmi le chandelier,
La teste o l'iaume li abat en l'erbier.
Voit le Bertrans, le sens cuida changier,
Puis trait l'espée que jadis fist forgier
Li fel Herodes, quant fist martirier
Les innocens, touz les fist depecier.
Bertrans l'en va merveilloz cop paier,
Car vers lui weult sa proesce essaier;
L'escu li tranche qui fu poins à ormier :
Elmes ne coiffe ne li vault .I. denier.
Fendu l'éust trosqu'au nou dou braier,
Mais Ogiers est I. petit trais arrier;
Ce li a fait sa vie respitier.
Atant ez voz duc Naynmon le Baivier,
Thierri d'Ardenne, Huidelon et Gayfier,
Le duc Richart et Sanson et Garnier,
Buef d'Aygremont et Hoedon et Gautier,
En lor compaingne maint nobile princier,
Qui tuit se painnent dou bon Danois aidier.
Mais ja auront .I. encontre moult fier;

Bien pueent dire qu'il auront encombrier.
D'autre part vint Berars de Mondisdier,
Et uns fiuls Naynme c'on appelle Richier,
Estouls de Lengres, et Miles, et Reniers,
Et Viviens d'Aygremont li guerriers,
Et Savaris, et Guiars li legiers,
Cel de Nouis qui n'a pas cuer lasnier.
Ensamble o euls furent bien .xx. millier,
Tuit jovencel, sans couple d'escuier.
Li fil as peres se vont entracointier
As fers des lances, et estor commencier ;
Mais nus des peres, ce vous os tesmoingnier,
N'i reconnut adont son heritier,
Car ils avoient lor armes fait changier,
N'il nes voloient adont autres baillier.
De Bertrant orent fait lor confanonnier,
[^bA] l'estandart, se il en est mestiers.
Li fil as peres adrescent sans targier :
Or, saichiez bien de verté, sans cuidier,
Tex joustes font moult bien à resoingnier.
Li fil ne voldrent les peres espargnier,
Ansoiz les cuident durement empirier ;
Mais il avint, si com à souzhaisdier,
Qu'à l'assambler font les lances brisier.
Mais il se hurtent si fort à l'aprochier
Que il i font lor peres trebuchier.
Mal de celui qui remaingne an destrier ;
Chascuns des peres pert son cheval corsier.
Naynmes se dresce, n'ot en lui qu'aïrier ;
A clere vois commensa à huchier :
« De quex diables viennent tel soudoier ? »
Li anfant l'oient, n'i ot qu'eslaiecier,
A lor seignors vont les chevax baillier,
Riant s'en partent, nes voldrent plus touchier.

En la grant presse s'en va chascuns fichier,
As brans forbis font les rens fremier,
Gaydon rendirent Clinevent son destrier.
Li dus i monte qui en avoit mestier,
Tout maintenant sonne .1. cor menuier,
Lez .1. larris fist sa gent raliier.
« Seignor, dist Gaydes, vez le soleil couchier;
« Alons noz ent, n'avons que atargier.
« Cil empereres fait moult à resoingnier;
« Véez sa gent venir et esploitier,
« Et il est prez huimais de l'annuitier :
« A la bataille aurons bon recouvrier. »
Et cil ont dit : « Bien fait à otroier. »
Atant retornent, mis sont au repairier,
S'ont le Danois amené prisonnier.
Il et Bertrans tinrent le chaploier
Tant longuement qu'il n'orent elme entier,
Ne tant d'escu qu'il puisse[nt] mannoier.
Mais en eschange lor i convint laissier
Ferraut le preu : or li puist Dex aidier!
Car au roi l'ont rendu li losengier.
Gaydes s'en torne en la cité d'Angiers,
Et Karlemaines a fait son tref drescier,
Aval les prés a fait son ost logier.

GAYDES descent an palais principel,
Et li anfant, cui Dex puisse sauver,
En une chambre ont fait Ogier entrer,
Qu'il ne les puist connoistre n'aviser;
Mais moult le font servir et honorer.
Et li baron font lor armes oster.
Qui les oïst por Ferraut dolouser,
Et sa proesce et son sen regreter!
Riolz se dresce, si commence à parler :

« Baron, dist il, laissez le dementer..
« Sovent avez oï dire et conter
« Hom qui guerroie et qui weult rihoter,
« Aucune fois li convient comparer.
« Vers son seignor fait moult mal estriver;
« Qu'il le voz fist dès l'autre jor mander
« Qu'il voz feroit volentiers amender
« Quant que par droit saveriez demander.
« Par grant orgoil le voz vi refuser,
« Ne ne deingnastez son messaige escouter :
« Hom orgoilloz ne puet longues durer.
« Qui voz desloe au roi à accorder,
« Il voz weult bien toute amor devéer;
« Ne je n'oï onques home nommer
« Qui son seignor volsist à tort grever,
« Qui en la fin i poïst conquester.
« Nel di por ce, par le cors saint Omer,
« Que couardie ne voiez ja panser;
« Car, se ce vient an estor endurer,
« Au premerain voldrai je puis jouster.
« Mais vostre honor voz voldroie loer;
« Ainz me lairoie trestouz vis desmembrer
« Que vos osaisse à tort n'à droit fausser.
« Et si voz proi, s'il ne voz doit pezer,
« Que voz penez de rire et de joer;
« Car je voi ci tant legier bacheler
« Qui ne demandent fors joie et caroler :
« Se il voz voient correcier ne trourbler,
« Voz les feroiz auques desconforter.
« Mais penez voz de rire et de joer,
« Si lor ferez lor anui oublier.
« Li empereres qui France a à garder,
« A prins Ferraut et fait emprisonner,
« Et voz avez le Dannois d'outre mer :

« Por vo neveu le faitez delivrer ;
« Legierement l'en porrez rachater. »
Gaydes l'oït, sou corrut acoler :
« Gentiz hom sire, Dex voz puist honorer !
« De moi aidier ne voz vi ainz lasser ;
« Vostre conseil ne quier je refuser. »
Atant ont fait l'iaue an palais corner ;
Les tables maitent, s'assiéent au disner.

Au mengier est li dus Gaydes assiz,
Li baron tuit, li prince et li marchis.
Bien sont servi dou tout à lor devis.
Et Ogiers fu en une chambre assiz,
De .II. vaslés est noblement servis ;
Mais de ce est dolans et esbahis
Qu'il n'est remez el grant palais voltiz :
Véoir volsist celui qui l'avoit prins.
Or voz dirai dou roi de Saint Denis
Qui fu en l'ost corresouz et marris
Por ceuls qui sont et navré et ocis.
Por Ogier est moult très forment pansiz,
Qui en prison est o ses annemis ;
Mais de Ferraut est forment esjoïs :
De ce qu'il l'a est ses diaus plus petis.
Li fel Hardrez, et Canor, et Thierris,
Rigaus, et Miles, et lor niés Auloris,
Et li lyngnaiges des traïtors faillis
(Li trés le roi en est trestouz emplis)
Voient Ferraut séoir sor .I. tapis.
Par delez lui fu Naynmes et Thierris,
Hugues de Lengres et Joiffrois de Senlis.
Voit le Hardrez, à poi n'enraige vis.
Il a parlé, bien fu de touz oïs.
« En nom Deu, rois, dist Hardrez, ce m'est vis

« Qui mal voz fait il est de voz chieris.
« Vez là Ferraut par cui fustez laidis
« Et vos portiers vilainnement murtris,
« Et Haguenons et Rahiers et Hanris,
« Forques, mes niés, de son poing malbailli;
« Par son agait furent mort et traï.
« Mais, par celui qui pardon fist Longis,
« Se voz créez et mes fais et mes dis,
« Pendus sera ainz demain miedi. »
Oit le Ferraus, en estant est saillis;
Il a parlé, ne fu mie esbahiz.
En haut s'escrie : « Fel traïtres faillis,
« Voz i mentez par Deu de paradis !
« Ainz traïson ne chasai ne ne quis ;
« Quant que j'ai fait, moi deffendant le fis,
« Par mon cors seul, ainz agait n'i oi mis. »
Il passe avant, par les grenons l'a prins,
.C. poils l'en saiche, que noirs et que floris,
Puis le feri dou poing enmi le pis ;
Enmi le pré chaï touz estordis.
Hardrez s'escrie : « Moult sui vils et honnis,
« Quant batus sui, voiant toz mes amis. »
Voit le Rigaus, si s'escrie à haut cris :
« Ferez baron, gardez qu'il soit ocis. »
Dont fu Ferraus fierement assaillis.
De .xxx. pars fu li vassaus laidis;
Mais Ferraus prinst .I. baston de jaurris,
D'un tronz d'espié, qui fu gros et fornis,
Amont le hauce com hom mautalentis,
Parmi le cors en a feru tex .VI.
Li plus haitiés n'iert à piece garis.
Mais nonporquant ja fust mors et peris ;
Mais Karles saut qui les a departis.

Li empereres fu forment corrouciez ;
Saint Denis jure, cui a voé son chief,
Que mar i fu li estors commenciez :
Se nus s'en muet, ja en sera iriez.
« Sire, dist Naynmes, qui tant fut enseingniez,
« Hom qui prins est ne doit iestre touchiez ;
« C'iert vilonnie, [^b s'il i est laidangiez].
« S'on li fait mal, de verté le saichiez,
« Ogiers sera malement harbergiez,
« Qui laienz est en prison envoiez.
— Naynmes, dist Karles, et car me conseilliez ;
« Sachiez de voir moult en seroie liés.
— Sire, dist Naynmes, se croire me voliez,
« Desci qu'à poi sera fais li marchiés
« Que Ferraus soit touz cuitez envoiez,
« Par si qu'Ogiers soit par lui raplegiez.
— Naynmes, dist Karles, se faire le poiez,
« Sachiez de voir moult en seroie liés. »
Hardrez l'entent, à poi n'est enraigiez ;
Desor l'espaule Guiot s'est apoiez,
Cel d'Autefoille, et li a dit : « Biaus niés,
« De mon lyngnaige devez iestre li chiés ;
« Par voz doit iestre chascuns de noz haitiez.
« Bacheliers iestez et d'armes moult legiers,
« Grans et fornis et fors et bien tailliez.
« Vez là Ferraut, mes grenons m'a sachiez,
« Mais à nul jor n'estera mes cuers liés
« Devant ice que g'en serai vengiez.
« Va, si l'apelle ainz qu'il soit ostaigiez ;
« Car, s'il estoit ocis ou mehaingniez,
« Ogiers seroit ocis et detranchiez,
« Aprez seroies assez tost apaiez,
« Et Karlemaines seroit à mort jugiez,
« Et li dus Naynmes et Thierris l'enforciez.

« Dont me seroie de mon duel esclairiez
« De Ganelon dont tant sui aïriez,
« Et de Thiebaut qui tant fu resoingniez. »
Guios l'oï, lors s'estent sor ses piés.
« Oncles, dist il, puisque voz m'en proiez,
« Ja iert mes gaiges contre Ferraut ploiez. »
Lors passe avant, de Karle est aprochiez.
« Drois empereres, dist Guios, or oiez :
« Por Deu voz pri que à droit noz teingniez. »

Guios parole au riche roi Charlon :
« Drois empereres, entendez ma raison :
« Vez là Ferraut, qui est en vo prison,
« Qui vo portier murtri en traïson,
« Rahier, mon oncle, et le preu Huidelon,
« En felonnie copa Forcon le poing,
« Quant le messaige porta de par Gaydon.
« Ensamble o lui furent .x. compaingnon,
« Que li fel fist embuschier à larron,
« Par quoi il fist iceste mesproison,
« Et si le vi, très bien le prouverons.
« Vez ci mon gaige, bons rois, je le voz doinz. »
Ferraus l'entent, si leva le menton,
Si saut en piés par grant aïrison :
« Gui d'Autefoille, par le cors saint Simon,
« Voz i mentez très parmi le menton ! »
Son gaige porte, voiant maint bon baron.
Li rois a prins chascun par le giron,
Pleges demande de celle ahatison.
Tel .iiii. conte raplegierent Guion
N'i a celui qui ne fust moult viex hom,
Tuit dou lyngnaige Hardré et Ganelon.
Raplegié l'ont par tel devision
Qu'il le rendront le roi au pavillon.

Charles li rois tint durement Ferraut
En destre poing, par le pan dou bliaut;
Pleges demande de fornir cel assaut.
Dist Ferraus : « Sire, par le cors saint Thiebaut,
« Je voz otroi que me pendez en haut,
« Se je ne faz cel traître recraut.
« Mieuls voldroie iestre en la terre Escorfaut,
« Sans revenir armez, se Dex me saut! »
Dist l'empereres : « Par Deu, ne voz i vault;
« Pleges aurai, comment que li plais aut. »
A ces paroles ez voz venir Renaut,
Cel d'Aubespin, qui moult seit et mieus vault;
Il dist à Karle : « Sire, se Dex me saut,
« Je l'encontrai tout seul enmi .i. gaut;
« Gel plegerai, par cel Deu qui ne faut. ».

Renaus parole où il n'ot qu'enseingnier :
« Drois empereres, par le cors saint Richier,
« Je voz puis bien par verté tesmoingnier
« Que quant j'alai vo messaige nuncier
« Au duc Gaydon, qui sires est d'Angiers,
« Que g'encontrai icestui chevalier
« Sans compaingnie, qu'il n'avoit escuier.
« Quant il m'oï son seignor laidengier,
« Et par parole forment contraliier,
« Sus me corru au brant forbi d'acier.
« Là commensamez .i. estor si plennier
« Je cuit que mort m'éust sans recouvrier,
« Quant Dex i fist venir et avoier
« .I. chevalier, cui Dex puist conseillier,
« Qui de noz .ii. deffist le chaploier.
« Et cil vassax, cui Dex puist conseillier,
« Me commensa tant forment à proisier
« N'iert jamais hore ne l'en aie plus chier.

« Or l'en voldrai ci rendre le loier,
« Car envers voz le voldrai raplegier :
« Sor quant que j'ai le voz proi et requier.
— Et je avec, dist Naynmes de Baiviers. »
Dist l'empereres : « Se Dex me puist aidier,
« Et je sor tant le voz voil otroier
« De ramener au jor sans atargier. »
Et dist Ferraus : « Par Deu le droiturier,
« Se Dex me sauve de mort et d'encombrier,
« Bien voz voldrai de cest plait acuitier;
« Car, par cel Deu qui tout a à jugier,
« Je ne voldroie, por .C. livres d'ormier,
« C'on me féist à Gaydon envoier
« Devant que j'aie, au brant forbi d'acier,
« Ocis Guion, le glouton losengier.
— Hé ! glouz, dist Guis, com je voz cuit paier !
« Quant m'estordrez, n'aurez autrui mestier.
« Je voz cuit si par armes justicier
« Que celle teste voz ferai réoingnier.
— Gloz, dist Ferraus, poi pris ton menacier;
« Le matinnet le porras essaier,
« Se l'empereres le noz weult otroier.
— Oïl, dist Karles, par le cors saint Richier. »

Li gaige sont recéu et donné,
Et au matin ont le terme nommé
Qu'il revenront andui el champ armé.
Naynmes en a Ferraut o soi mené.
Guis d'Autefoille s'en revint en son tref,
Ensamble o lui Amboyn et Hardré,
Et .C. des autres, des traïtors prouvez.
An tref s'en entrent, si se sont porpansé
Que le matin, quant il iert ajorné,
Panront .M. homes d'armes bien atorné,

Si les feront embuschier à celé
En .I. broillet, par delez la cité.
Quant Guios iert à Ferraut assamblez,
Se il le voient de noient agrevé,
Que Ferraus l'ait en l'estor encombré,
Sel secorront, et Ferraus iert tuez :
Assez tost ierent à Karlon acordé.
Lor traïson ont ainsiz porparlé,
Et li baron ont parmi l'ost soupé.
Li mareschaus a l'agait estoré ;
La nuit gaita Rigaus de Montfossé,
Et dans Ganor, Hanris et Forquerez,
A .II^m. homes sor les chevax montez.
Ansoiz qu'il voient dou jor nulle clarté,
Sont embuschié en un broillet ramé
.M. traïtor d'armes bien conraé.
Dex gart Ferraut par la soie bonté !
Qu'ansoiz qu'il voie l'endemain ajorné,
Se Dex n'en pense, li rois de majesté,
Aura Ferraus le chief dou bus sevré.

Li traïtor ont fait l'embuschement
De .M. homes armés, Dex les cravent !
Descendu sont et mucié coiement.
Au matinnet, quant li solaus resplent,
Gaydes se lieve, qui le cuer ot dolent
Por son neveu, que il doute forment
Que l'empereres, par son fier mautalent,
Emprisonner ne l'ait fait laidement.
Ez voz Bertrant et Richier ausiment,
De Mondisdier Berart o le cors gent,
Estouls de Lengres, qui ot grant hardement.
Ensamble o euls en sont venu tel .C.
Qui tuit estoient au duc Gaydon parent.

Tuit sont monté el maistre mandement.
Gaydes les vit, l'un aprez l'autre prent,
Puis les baisa par amors doucement.
Oïr va messe ou mostier Saint Vincent,
Dou monstier ist aprez le sacrement;
En une place là tint son parlement.
« Baron, dist Gaydes, faisons le noblement,
« Issonz noz ent commencier le content.
« G'iere devant armez sor Clinevent;
« Se Karlon truis ou grant tornoiement,
« Enz en l'escu se je ne li desment
« De mon espié qui est fors et tranchans,
« Ja n'aie je mais joie en mon vivant !
« Se mon neveu sain et sauf ne me rent,
« Ogier ferai morir à grant torment. »
Et dist Estouls : « Dehaiz qui le deffent. »
Et tuit li autre l'otroient bonement.
Riolz li viex s'escria hautement :
« En nom Deu, dus, voz parlez malement;
« Il voz convient esrer plus saigement.
« Mandez au roi cui douce France apent,
« Par .I. messaige qui ait bon encient,
« Que vo neveu voz envoit sauvement,
« Et voz rendrez Ogier tout cuitement.
« Se voz créez le mien conseillement,
« Voz manderez au roi acordement :
« Qui rassiz est adez tout simplement
« Vers son seignor requiert acordement. »

RIOLZ parole, qui moult ot de valor :
« Gentiz hom sire, por Deu le criator,
« Mandez à Karle, le riche emperéor,
« Que il voz rande Ferraut le poingnéor,
« Et voz randrez Ogier le feréor ;

« Car drois le dist sel tesmoingne l'autor,
« Que mauvais fait guerroier son seignor ;
« Car touz jors l'ont jugié nostre ancessor
« Que en la fin en vient on à mal tour.
« Sachiez de voir cil quiert vo deshonor
« Qui voz desloe à venir à s'ammor ;
« Car, se voz iestez acordez, ainz tiers jor
« Seront chacié de cort li traïtor. »
Celui conseil loerent li pluisor.

PAR le conseil Riol, le viel flori,
A apellé dus Gaydes Savari,
Le fil Hertaut, qui fist Ferraut garir
Quant li siens peres en la tor l'assailli.
Li dus l'apelle com chevalier hardi :
« Savari sire, par la vostre merci,
« Alez à Karle, ditez lui de par mi
« Ferraut me rande por Ogier le hardi,
« Et tant diroiz Karlon, je voz en pri,
« Qu'ansoiz qu'il voie passé an et demi
« Aura Hardrez et Berangiers basti,
« Auloriés, Baudoïnnés et Guis ·
« Tel plait à Karle dont il sera honnis ;
« Car ne lor chaut mais qu'il l'aient murtri. »
Dist Savaris : « Par Deu qui ne menti,
« Moult sui joians quant m'i avez choisi ;
« Car, par cel Deu qui tout a establi,
« Endroit de moi n'i aura riens menti. »
Enmi la place, soz .I. aubre foilli,
Sor .I. tapis ont armé Savari.
Les chauces chauce, onques meillors ne vi,
Esperons ot qui sont à or burni,
.I. auqueton ot de Roie vesti,
Puis vest l'auberc, qui fu fais à Chambli.

Cuirie ot bonne qui fu de cuir boilli,
Cote à armer d'un dyaspre gaydi.
Le hiaume lace, qui très bien li séi,
Ceinte a l'espée qui fu roi Cloevi ;
El cheval monte, cel qui fu Aulori,
Dont Amaufrois à jouste l'abati.
A son col pent l'escu à or verni,
La lance prent au tranchant fer burni.
Quant fu montez, le cheval porsailli ;
Fort le trouva et de courre ahati.
Atant s'en va, que plus n'i atendi,
Vint à la porte ; li portiers li ouvri.
A l'issir hors mie ne s'esbahi,
Dresce sa main, de Deu se benéi.
Ainz qu'il retort, par verté le voz di,
Fera dolant Hanri et Amauri,
Et Karlemaine corroucié et marri.
Mais ainz qu'il voie passé le miedi,
N'i voldroit iestre por l'onor de Ponti.
Atant chevauche parmi le bois foilli.

Savaris l'anfes par le pré chevaucha
Sor le destrier que Ferraus li donna ;
De desoz lui hannist et sautela.
Fransois le virent, l'uns l'autre le monstra :
« Vez en ci un ne sai que il dira. »
A ces paroles es loges s'en entra,
Le tref le roi erramment demanda.
Garins de Chartres tantost li enseingna,
Et Savaris parmi l'ost s'avoia ;
Devant son tref l'emperéor trouva
Desoz .i. aubre, là où il s'ombroia.
Là tint son plait comment esploitera
De la bataille que Guios emprins a

Contre Ferraut, que de murtre apella.
Saint Denis jure que à droit la tenra :
Qui vaincus iert as forches pendera.
A ces paroles, l'empereres visa
Savariet, qui vers lui s'aprocha.
Des chevaliers la presse dessevra,
Dont descendi, par la resne prins a
Son bon cheval, prez de lui l'acosta,
Pas avant autre devant le roi s'en va,
Moult fierement devant lui s'arresta,
Cortoisement sa raison contée a :
« Cil Dex de gloire qui le mont estora
« Gart le duc Gayde qui m'a envoié sà,
« Et il confonde qui vers voz le mesla !
« Ce fu Hardrez que je voi séoir là,
« Et Berangiers qui ja bien ne fera,
« Et Auloris qui les puissons trempa;
« Ainz lor lyngnaiges nul jor bien ne pensa.
« Gaydes voz mande ne voz i fiiez ja,
« Car, se il pueent, chascuns vo mort querra,
« Et si voz mande ja vostre hom ne sera
« Tant com .I. seul en la cort en saura ;
« Car, bien sachiez, qui lor conseil croira
« Ja à preudomme nul jor bien ne fera. »
Quant Karles l'oit, à terre s'embroncha.
Voit le Hardrez, à poi qu'il n'enraija ;
A Amboyn son neveu consilla :
« Biaus niés, dist il, tantost armer t'en va.
« Li preus Rigaus avec toi s'armera,
« Hanris et Miles, qui volentiers ira,
« Et Griffonnés qui bien voz conduira.
« Droit au chemin, quant il repairera,
« Si soit ocis, ja Karlon n'en chaurra,
« Et s'il l'en poise, bien acordez sera :

« Por la pais faire .v^c. mars en aura ;
« Je sai de voir volentiers les panra. »
Amboyns l'oit, erramment s'atorna,
Les traïtors coiement enmena.
A lor trés vinrent, chascuns s'appareilla;
Quant armé furent, chascuns errant monta.
En .I. vergier c'uns païsans planta
Sont embuschié, chascuns si s'arresta.
Très bien s'affichent que la teste perdra
Li messaigers, quant arrier revenra ;
Moult chierement, dient, le comparra.
Mais autrement, se Deu plaist, en ira,
Car chierement chascuns le comparra.

Li traïtor, cui Dex puist mal donner,
Cuident Ferraut ocirre et decoper;
Mais autrement est li giex atornez,
Se Dex garist Savari l'alosé.
Moult chierement lor iert guerredonné,
Ainz que soit vespres ne solaus esconsez,
Se Dex garist Savari le membré,
Qui vint à Karle le messaige conter.

Ambuschié sont li glouton ou vergier,
Por Savari ocirre et detranchier;
Mais, se Deu plaist qui tout a à jugier,
Il en auront moult dolirouz loier.
Savaris l'anfes, qui moult fist à prisier,
Parole au roi, sou prent à arraisnier :
« Sire empereres, Gaydes li dus d'Angiers
« Vos a mandé, à celer nel voz quier,
« Por Ferraut raurez voz le bon Danois Ogier,
« Que voz li faitez sauvement renvoier.
— Certez, dit Karles, bien le doi otroier.

« J'en renvoiaisse Ferraut ainz l'annuitier;
« Mais devant moi prinst une bataille ier.
« Guis d'Autefoille l'a apellé murtrier,
« Et dist qu'en murtre a ocis mon portier,
« Et ses couzins, Haguenon et Rahier;
« Vers lui s'en doit deffendre au brant d'acier.
« Mais, se je puis, ges ferai amaisnier
« Por le Danois que tenez prisonnier ;
« Car ne voldroie, por l'or de Monpellier,
« C'on lui féist de son cors destorbier.
« Car je sai tant Gaydon felon et fier
« Que, se Ferraus i avoit encombrier,
« Li dus feroit le Danois escillier,
« Ja couzinnaiges ne li auroit mestier,
« Por ce ferai la bataille cessier. »
Hardrez l'entent, le sens cuide changier;
Tout coiement a dit à Berangier :
« Car faitez tost por Guiot envoier;
« S'il puet Ferraut par armes justicier,
« Gaydes feroit le Danois escillier
« Et pendre as forches et tout vif escorchier,
« Et se Guios noz en pooit vengier,
« Cil de l'agait li venroient aidier ;
« Iluec porront Ferraut tout detranchier.
« Tant donrons Karle et argent et ormier
« Que noz feronz nos amis apaier. »
Berangiers l'oit, n'i ot qu'eslaiecier.
« Par foi, dist il, or puis bien tesmoingnier
« Qu'en no lyngnaige n'a meillor chevalier
« Por traïson porquerre et porchacier. »
Il i envoie tantost un escuier
Qui bien li sot la parole nuncier.
Guios l'entent, lors saut sor .I. destrier,
Puis s'escria : « Montez, mi chevalier. »

Avec lui montent tel .LX. princier
Qui tuit desirrent Ferraut à mehaingnier.
Devant le roi vint Guios sans targier;
Descendus est de l'aufferrant coursier.
Moult fu dolans quant vi le messaigier;
A haute vois commensa à huchier :
« Drois empereres, ma bataille requier
« Envers Ferraut, le cuivert losengier. »
Dist l'empereres : « Por Deu le droiturier,
« Ceste bataille mettez en respitier
« Tant que je aie Ogier cui tant ai chier. »
Et dist Guios : « Bien devroie anraigier ;
« Voz me volez honnir et vergoingnier. »
A ces paroles vint Naynmes de Baiviers,
O lui Renaus d'Aubespin, li guerriers ;
Ferraut amainnent au roi soz .I. lorier.
Bien fu vestus d'un bliaut de quartier.
Fransois l'esgardent et devant et derrier ;
Dist l'uns à l'autre : « Dex, com biau chevalier !
« Jhesus de glore le gart de mehaingnier ! »
Savaris l'anfes le corrut embracier ;
S'armez ne fust, ja le volsist baisier.

NAYNMES li dus s'estut devant le roi,
Et d'Aubespin Renaus o le chief bloi ;
Et chascuns d'euls tint Ferraut par le doi.
« Drois empereres, dist Naynmes, entent moi :
« Vez ci Ferraut que ramener voz doi,
« Cui appella Guios, que je ci voi,
« En felonnie, plus l'oïrent de troi :
« Il est touz pres com por deffendre soi. »
Dist Ferraus : « Sire, il dist voir par ma foi,
« Mais que je aie et armes et conroi.
— Naynmes, dist Karles, par la foi que vos doi,

« J'ai moult proié Guiot, et encor proi
« Que laist l'apel que il fist devant moi.
— Sire, dist Guis, voz parlez en beffoi;
« Je nel lairoie ne por ce ne por quoi.
« Se ainz le vespre par armes nel recroi,
« Dont ne me pris la monte d'un baloi. »
Savaris l'oit, si jure saint Eloi
Que, « se Ferraus m'en weult donner l'otroi,
« De la bataille dont menez tel boffoi,
« Se ainz le vespre ne voz faz mat et quoi,
« Pandez moi, Karles, à un fust de sapoi,
« Et puis Ferraut le vassal avec moi.
« Foi que je doi Gaydon et Amaufroi,
« Qui me donroit tout l'avoir de Resbloi,
« N'i meteroie autrui home que moi.
« Mais, sachent tuit, et le dit di por moi,
« Nus plus hardi de voz n'entre en tornoi. »

SAVARIS voit Ferraus a prins bataille,
Qui demorer ne puet mie sans faille.
Ferraus li prie, por Deu, que il s'en aille,
Die son oncle que de riens ne li chaille;
Mais gart Ogier et quant qu'il weult li baille :
« Car rendus fuisse, ne fust la traïtaille.
« Guios m'apelle, mais je cuit poi li vaille;
« Par icel Deu qui fist et grain et paille,
« Trop me demeure que n'avons la bataille.
« S'ansoiz le vespre ses membres ne retaille
« Au branc d'acier qui reluist et bien taille,
« Trop estera couvers de fort escaille :
« Ja ses haubers ne sera de tel taille. »

SAVARIS fu devant l'emperéor;
En haut parole, que l'oïrent plusor :

« Drois empereres, por Deu le criator,
« Ne créez mie le dit as traïtors.
« Guios est fel, et tuit si ancessor
« Ont mainte fois France mise à dolor.
« C'iert vilonnie, par Deu le criator,
« S'uns prisons a en vo cort deshonor ;
« Car on seit bien, ce dient li autor,
« Qu'il a assez et pezance et dolor
« Qui en prison est la nuit et le jor.
« Se Ferraus iert sormenez, c'iert folors ;
« Ogiers sera servis de tel savor
« Dont vos aurez à vostre cuer dolor.
« Ce voldront bien li felon traïtor,
« Car en malfaire maitent tuit lor labor ;
« Mais lor loier en auront sans demor,
« Se Dex garist Gaydon, le mien seignor,
« Le meillor home desà siecle major.
« Il n'a que faire de felon traïtor,
« Drois empereres, ne ja n'aurez s'ammor
« Tant qu'en ta cort soient li traïtor.
« Or renvoiez Ferraut sans nul demor,
« Et voz raurez Ogier le poingnéor. »
Guis l'a oï, moult en fu plains d'iror.
« Vassaus, dist il, por d'or plainne une tor,
« Ne remanroit que Ferraus n'ait l'estor ;
« Car, ainz le vespre, à mon branc de coulor,
« Perdra la teste, se je en ai laissor.
— Gloz, dist Ferraus, trop faitez lonc sejor ;
« Je ne vos douz la monte d'un tabor.
« Se Dex me sauve ma force et ma vigor,
« Mais ne verrez ajorner autre jor. »

Li baron ont le ramposner laissié,
Car l'empereres lor avoit deviié ;

Saint Denis jure qu'il n'iert plus respitié
De la bataille dont ont gaiges laissié :
« Cil ait l'onor cui Dex l'a otroié.
« Qui vaincus iert, fait aura fol marchié ;
« Pendus sera, mi baron l'ont jugié. »
Savaris l'oit, si a en haut huchié :
« En nom Deu, rois, mal avez esploitié.
« Se Ferraus est de noient empiriez
« Par traïson c'on li ait porchacié,
« Ogiers sera malement harbergiez. »
Lors est montez, plus n'i est atargiez ;
Dou roi s'en part, onques n'i quist congié,
Mais ansoiz a Ferraut .II. fois baisié.
Son hiaume avoit osté et abaissié ;
Plorant s'en torne, s'a son hiaume lacié.
Naynmes le voit, moult en ot grant pitié ;
Renaus en plore qui Ferraut ot plegié.
Savaris a parmi l'ost chevauchié ;
Tant a alé que il vint au vergier
Où li glouton estoient tuit mucié.
Savari voient, lors se sont desbuchié ;
Par devant lui sont ou chemin rengié,
Puis li ont dit et par mal reprochié :
« Par Deu, vassaus, vo mort avez chacié,
« Car maintes hontes noz avez porchacié.
« Hertaus, vos peres, noz éust bien vengié,
« Car il éust Ferraut tout detranchié
« En son chastel où l'avoit harbergié :
« De no grant duel fussiens bien esclairié. »
Dist Savaris : « Trop en fuisse aïriez,
« Se je éusse souffert si lait pechié. »

Dist Savaris : « Seignor, por Deu, merci !
« Vos parens sui, bien le savez de fi.

« Se li dus Gaydes le mien pere pendi,
« Si m'aït Dex, très bien le deservi.
« Car fussent or li traïtor ainsiz :
« Voz n'auriez mie au chaaingnon failli. »
Quant cil l'entendent, si en sont esmarri ;
Deu ont juré et le cors saint Remi
Qu'il iert pendus ainz le vespre seri.
Dist Savaris : « Glouton, je voz deffi,
« Car Dex et drois se tenra devers mi. »
A ces paroles a son espié brandi,
De son escu cointement se couvri,
Le cheval broche, qui grans saus li sailli.
Rigaus le voit, encontre lui guenchi ;
Par lor enarmes sont lor escu saisi.
Sa lance brise Rigaus li maléis,
Mais en la char pas ne l'aconsievi.
Et Savaris si grant cop le feri
Que son escu li copa et fandi
Et le hauberc desmailla et rompi ;
Ou flanc senestre le fer li embati.
Ja l'éust mort, mais li gloz resorti ;
Et nonporquant à terre l'abati.
Voit le Amboyns, à poi qu'il ne marri ;
Cuide mors soit, quant en piés resailli.
« Avois ! escrie, se il s'en va ainsiz,
« Dont serons noz à touz jors mais honni. »
Dist Amboyns : « Se Dex l'avoit plevi,
« L'ocisirai je, ainz que il part de ci. »
Dist Savaris : « Cuivers ! Deu annemis !
« Dex m'aura tost sauvé et garanti. »

Dist Amboyns : « Se Dex l'avoit juré,
« Ne verrez mais autre jor ajorné. »
Dist Savaris : « Losengiers deffaez,

« Tant gentil homme avez à mort grevé,
« Dex m'aidera cui avez adossé;
« Ainz que je muire l'aurez cher comparé. »
A ces paroles a le cheval hurté,
Devant lui a l'escu entraversé,
Brandist l'espié qu'il avoit recouvré.
Et Amboyns, qui tant ot de fierté,
Le cheval broche de corre entalentez;
Savari fiert, moult l'a bien assené,
L'escu li perce, l'auberc li a faussé,
Le fer li met .III. doies ou costé.
Mien anciant qu'il l'éust mort gieté;
Mais l'anste froisse, ce l'a de mort tensé.
Et Savaris li a tel cop donné
L'escu li a et le hauberc troé;
L'espié li mist par delez le costé.
Li vif diable si l'ont de mort tensé.
Le fer li a jouste le flanc rasé,
Que par derriere fiert en l'arson doré;
Tant durement l'a empoint et bouté
Que par .I. pou qu'il n'a le cuer crevé.
.III. fois se pasme ainz qu'il ait mot sonné;
Quant parler pot, en haut s'est escriez :
« S'il voz eschape, nos sommez avillé. »
Dist Savaris : « Felon larron prouvé,
« Cuidiez me voz si avoir atrapé ?
« Nenil, par Deu, ainz voz aura cousté,
« Se Dex me sauve mon branc d'acier trempé. »
Atant li viennent li troi tuit entesé;
Grans cops li donnent sor son escu bouclé,
Tout li ont fraint et l'auberc entammé,
Et enz an cors l'ont durement navré.
Dou cheval l'ont à la terre porté;
Mais il saut sus, s'a trait le brant letré,

Car au jouster ot son espié froé;
Son escu a devant son vis torné,
Bien se deffent à loi d'omme sené,
Fiert Griffonnet sor son elme gemmé.
Icil estoit bien de lor parenté ;
Maus traître est, si estoit niés Hardré.
Le maistre cercle li a par mi copé;
Mais li traïtres a le chief trestorné,
Car autrement l'éust deffiguré.
Li cops descent sor son escu boucler,
Devant l'arson à fin or noelé,
Au bon cheval a le chief tronsonné.
Li cheval chiet aval en .I. fossé.
Hanris et Miles, qui ce ont esgardé,
Cuidierent bien Griffonnet ait tué;
A lui en viennent, si l'ont plaint et ploré.
Et Amboyns et Richars sont levé;
Vers Savari s'en viennent tuit iré,
Les brans es poins de ferir entezé.
Mais Savaris a son cheval couvré,
Erramment monte par l'estrier d'or ouvré,
Puis lor a dit que cil fait grant bonté
Qui de .V. homes, qui ont sa mort juré,
Se puet deffendre et traire à sauveté :
« Par fole entente sont maint home afolé ;
« Je m'en irai, assez i ai jousté. »
Atant s'en torne, le frainc abandonné.
Li traïtor sont moult tost remonté ;
Aprez lui poingnent li cuivert deffaé.
Quant ne l'ataingnent, aprez lui ont rué;
Mais il ne l'ont touchié ne adezé :
As vis diables ont son cors commandé.
Et Savaris a point et galopé;
Tant chevaucha qu'il vint à la cité.

Vint à la porte, on li a deffermé ;
Il entra enz, puis a son elme osté.
Dex gart Ferraut, cil est à sauveté!

    Savaris est à Angiers revenus ;
Parmi les rues en va pensiz et mus ;
De plusors fu esgardez et véuz.
Dist l'uns à l'autre : « Nos niés s'est combatus;
« Il i pert bien, perciez est ses escus,
« Ses haubers est desmailliez et rompus. »
Ainsiz devisent, Savaris s'est téuz ;
Vint au perron, iluec est descenduz.
Por ombroier se fu assiz li dus ;
Ensamble o lui ot le mieus de ses drus
Qui s'aatissent, se Ferraus est tenus,
En grant destroit sera Ogiers chéuz.
A icest mot est Savaris venus.
Voit le Amaufroi, erramment sailli sus,
Encontre lui corrut les bras tendus,
Puis li demande se Ferraus est tenus.
Dist Savaris : « Par Deu qui fait vertus,
« Mes sires est en trop mal point chéuz,
« Ja voz en iert li voirs amentéuz. »

    Savaris vint devant le duc Gaydon ;
Il a parlé, que bien l'entendit on.
« Sire, dist il, je vieng dou roi Karlon ;
« Vostre messaige li dis jusques en som.
« Ferraut éust cuité de sa prison,
« Mais qu'il réust Ogier, le sien baron,
« Quant avant vinrent li traïtor felon
« Qui Ferraut ont reté de traïson ;
« Dient qu'en murtre a ocis Haguenon.
« Hui est li champs, car jugié les a on.

« Ferraus voz mande, por Deu et por son non,
« Qu'à Ogier faitez tout ce que lui est bon.
« Se Dex le sauve en l'estor vers Guion,
« Randus sera por Ogier le baron ;
« Se n'en soyez en nulle souzpeson,
« Qu'il ne le doute vaillissant .I. bouton. »
Gaydes l'entent, si lieuve le menton,
Voit Savari qui sainne à grant randon ;
Li sans li file desci que au talon.
Voit le li dus, si l'a mis à raison :
« D'ont vient cil sans que je voi tel fuison ?
— Sire, dist il, pas ne voz mentirons :
« Quant je parti dou roial pavillon,
« Si m'agaitierent .V. traïtor felon.
« Il m'ont navré ; mais, par saint Siméon,
« Il n'i conquistrent vaillant .I. esperon :
« Maugré euls touz sui trais à garison. »
Quant li dus l'oit, si s'escrie à haut ton :
« Or tost, as armes ! n'i ait arrestison,
« Si noz ferons en celle ost à bandon ;
« Car, par l'apostre c'on quiert en pré Noiron,
« Mais n'iere liés, se Ferraut ne ravons. »
Et dist Riolz : « Or oi parler bricon ;
« Touz dis serez de fole aatison.
« Ce doient dire mentéor et garson ;
« Hom qui cuer a doit ouvrer par raison,
« Quant au dessus est de sa mesproison. »
Gaydes l'entent, si baisse le menton,
Puis li dist : « Sire, vostre commant ferons ;
« De vo conseil ne me vient se biens non. »
Riolz apelle Bertrant, le fil Naynmon,
Estoult de Lengres, et Renier, et Milon,
Et Vivien, et Girart, et Hoedon :
« Or tost, as armes ! sans faire aatison,

« Ensamble o voz .ıı^m. compaingnon.
« Issiez voz ent chascuns sor l'arragon ;
« Delez ces vingnes, en cel broillet irons
« Tuit embuschié, coiement, à larron.
« Quant de Ferraut sera la chaplisons,
« S'autres que Guis li faisoit mesproison,
« Sel secorrez, n'i ait arrestison.
« Et noz tandis noz rappareillerons ;
« S'avez mestier, bien voz i aiderons. ».
Li anfant dient : « A Deu benéison. »
Lors sont armé, chascuns monte où gascon.
N'i a celui n'ait au col le blazon,
La lance au poing, à tout le confanon ;
.II^m. sont tuit par election.
Trosqu'au broillet les mena .I. witons
Si coiement qu'ainz nes aperciut on.

EMBUSCHIÉ sont li bacheler de pris;
Li traïtor se sont d'autre part mis.
Li un les autres n'ont séuz ne oïs.
En la cité s'est li dus fervestis,
Riolz li viex et li preus Thyorins.
Rispeus i fu, de Biaufort li cuens Guis,
Hugues d'Auvergne, et Morans li gentiz,
Et Amaufrois qui tant par est hardis.
Li vavassors Gautiers, o ses .III. fiz,
Bien fu armez, sor .I. cheval de pris,
D'auberc et d'iaume et de bon escu bis.
.I. roit espié li bailla Savaris;
Legiers li samble, si en fu engramis,
Giete la jus, si qu'en .II. est croissiz,
Puis li a dit : « De Deu soit il maudis
« Qui fist tele arme ! ne vault pas .II. espis. »
Prent sa massue au materon faitiz;

Devant fu grosse com teste de brebis,
Li manges fu fors et durs et burnis.
Il jure Deu, le roi de paradis,
S'il ataint Karle, le roi de Saint Denis,
Tel li donra sor son hiaume burniz
Ne li vaudra vaillant .II. parisis
Que ne li froisse le chief desci qu'an pis.
Li baron l'oient, durement en ont ris.

EN la cité sont armé coiement.
Li empereres cui douce France apent
Dist à Guion : « Je voi bien et entent
« Que de la pais n'i aura il noient. »
Dist Ferraus : « Sire, laissiez cest parlement.
« Par cel Seignor cui touz li mons apent,
« Ainz que Guios voie l'avesprement,
« Li cuit tant faire au brant saingnié d'argent
« Que il n'aura de combatre talent.
— Gloz, dist Guios, par Deu omnipotent,
« Mais n'iere liés s'à mes mains ne voz pent. »
Dist l'empereres : « Baron, je voz deffent
« Que ja n'i ait tanson ne parlement,
« Mais voist s'armer chascuns delivrement.
« Savoir voldrai qui dist voir ou qui ment.
« Foi que je doi au baron saint Climent,
« Qui vaincus iert pendus sera au vent. »
A uloris dist et Hardrez coiement :
« Mal dehaiz ait qui fait tel sairement! »
Ferraut enmainne Naynmes isnellement,
Et d'Aubespin Renaus o le cor gent.
Messe li chante l'abes de saint Vincent.
Ferraus l'escoute, de cuer, moult doucement,
Et prie Deu, de bon cuer, vraiement,
Qu'il le deffende de honte et de torment

Si voirement com Guis vers lui mesprent.
En crois se couche, quant vit le sacrement,
Que le cors Deu vit lever proprement;
Si a parlé, oiant touz, hautement :
« Douz Jhesu Cris, tout si veraiement
« Comme je sai et le croi fermement
« Que c'est vos cors que on tient en present,
« Si me gardez mes membres de torment,
« Car Guis m'apelle de murtre faussement. »
Naynmes souzpire quant la parole entent ;
Renaus en plore, et baron plus de cent.
Aprez la messe n'i font delaiement;
Sor une coulte, ouvrée soutilment,
L'arma dus Naynmes et Renaus ausiment.
Chauces li chaucent blanches com .I. argent;
Esperons d'or ot ouvrez richement;
Sor l'auqueton vest l'auberc jazerant,
Fort et legier, maillié menuement.
Cuirie ot bonne, ferrée largement,
Cote à armer d'un cendel de Melant :
Plus est vermeille que rose qui resplent,
A .III. lyons batus d'or, richement.
Et ceint l'espée, se li rosles n'en ment,
Qu'ot Alixandres, quant conquist Orient.
L'iaume li lacent qui fu au roi Florent;
Son bon destrier li tinrent en present,
C'est Ataingnans, plus est noirs d'arrement.
D'un bon dyaspre frazé menuement
Estoit couvers moult acesméement;
Desoz paroit li noirs avennamment.
Ferraus i monte qu'as estriers ne si prent,
L'escu a prins et la lance ausiment;
.I. eslais fist isi très cointement
Cex qui le voient plaisoit très durement.

Gaydon.

Quant il l'ot fait, repaire belement,
Ses piés esgarde, de fin aïr enzprent.
Naynmes li dus, qui moult ot encient,
Le prent au frainc bel et cortoisement,
Et, d'autre part, Renaus qui plus n'atent;
Au tref le roi l'enmainnent sans bobant.
Presentez s'est bel et cortoisement;
N'a si bel home desci en Bonivent,
S'envers tel home venoit à chaplement,
Qu'il nel déust redouter durement.
Guiot enmainnent d'autre part si parent;
Por oïr messe devant son tref descent;
Ne fust por honte il n'i alast noient.

Dedens son tref en est Guioz entrez;
Ensamble o lui fu ses grans parentés.
Messe li chante li evesques Guirrez;
Ses parens fu, de Maience fu nés.
Ainz de Guiot ne fu Dex appellez.
Quant li services fut pardis et finez,
Li bons evesques si a les dras ostez;
Dist à Guiot : « Biau niés, or entendez :
« Se voz volez faire mes volentez
« Et mon commant, la bataille vaintrez.
« Et tout avant à Dammeldeu voez
« Que ja à home ne tenras loiautez;
« Vo seignor lige ja foi ne porterez,
« Les loiaus homes traïssiez et vendez,
« Le mal hauciez et le bien abatez.
« Se voz à home compaingnie prennez,
« En devant lui tout adez le loez,
« Et en derrier à la gent le blasmez.
« Les povres gens laidengiez et gabez,
« Les orphenins à tort desheritez,

« Les vesves dammes lor doayres tolez,
« Les murtrissors, les larrons souztenez.
« Et sainte eglise adez deshonorez,
« Prestres et clers fuiez et eschievez,
« Rendus et moinnes, par tout les desrobez,
« Et cordeliers et jacobins batez.
« Petits anfans en la boe gietez,
« Et coiement les prennez et mordez ;
« S'on ne voz voit, as mains les estrainglez.
« Les vielles gens empoingniez et boutez,
« Ou an visaiges au mains les escopez.
« Les abéies escilliez et gastez,
« Et les nonnains toutes abandonnez.
« En touz les lieus là où voz esterez
« Hardiement mentez et parjurez,
« Que ja vo foi nul jor ne mentirez
« Devant ice que voz la main perdrez.
« Se voz ce faitez que voz oï avez,
« Ja à nul jor desconfiz ne serez.
— Oïl, dist il, encore pis assez. »
Dist Auloris : « Cist est bien confessez ;
« S'il moroit ores, il esteroit sauvez. »
Et dist Hardrez : « Bien ait tex ordonnez ! »
Guis s'ajenoille, à terre s'est clinez ;
Et li evesques, qui de mal fu hordez,
Li pardonna toutes ses faussetez.
Qu'il onques fist ne où fu entrapez,
Mais qu'il ne soit de ranchéoir lassez.
Guios se dresce, baus et asséurez,
Desor .i. paile qui fu moult bien ouvrez;
Là est assiz o son riche barné.
Les chauces chauce blanches com flors de pré ;
Les esperons li a chauciez Hardrez.
Lors saut en piés, si a ses bras levez

Sor l'auqueton qui d'or fu pointurez;
Vesti l'auberc qui fors fu et serrez.
Cuirie ot bonne, d'un cuir qui fu tennez;
Cote ot moult bonne, plus bele ne verrez,
D'un drap tout ynde qui fu à or frezez,
A .1. lyon vermeil enclavinné.
Puis ceinst l'espée dont l'aciers fu trempez;
D'or fu li poins, d'argent fu enhoudez,
Li brans en fu forbis et acerez,
Grant demi pié et trois doie ot de lé.
L'iaume li ont à quatre las noé.
Ses chevaus fu devant lui amenez,
Et fu couvers de .II. pailes roez;
Selle ot moult riche, bien estoit affautrez.
Guis i monta qu'à estriers n'en sot grez,
Puis prinst l'escu et son espié quarrez,
Le cheval broche, en l'escu s'est moslez,
Fait .I. eslais tout contreval les prés,
Et puis s'en est belement retornez.
Grans fu et joins sor le cheval armez.
Fransois l'esgardent des loges et des trés;
Ferraus méismez dist as barons : « Véez
« Comme Guios est cointement moslez!
« Pléust à Deu, le roi de majestez,
« Que je fuisse ores par samblant autretez,
« Autressi biax, si grans et si formez!
« Ne douteroie ne rois ne amirez. »
Et dist dus Naynmes : «Ferraut, voz le doutez.
— En nom Deu, sire, voz ditez veritez.
« Moult seroit cil fox et desmesurez
« Qui à tel home seroit en champ meslez,
« S'il nel doutoit; fox esteroit prouvez.
« Mais nonporquant, ainz le vespre, verrez
« Li quex sera d'armes plus alosez.

« S'il éust droit, moult fuissè espoantez;
« Mais il a tort, s'en sui asséurez,
« Et Dammeldex, qui est mes avoez.
— Certez, dist Naynmes, moult par iestez senez. »
A ces paroles vint Guios arroutez,
Et ses lyngnaiges, qui i estoit alez.
Devant Karlon s'est moult bel presentez.
Et l'empereres a les sains demandez,
Et on li a erramment aportez.

Li empereres, qui tant a le vis fier,
A fait les sains aporter sans targier
De saint Martin et dou cors saint Ligier.
Desor .I. paile, ouvré à eschaquier,
Les fait li rois tout erramment couchier,
Que les reliques voit on enz fremier.
Qui s'i parjure, bien le puis tesmoingnier,
Ja n'istera dou jor sans encombrier.
Li dui baron se vont ajenoiller,
Lor elmes ostent et font desatachier,
Et les ventailles font un poi alaschier.
Dist l'empereres : « Dus Naynmes de Baiviers,
« Des sairemens deviser voz requier :
« Devisez lor, car je n'i voil boisier. »
Dist à Guiot : « Tendez vos mains premiers. »
Sa main li fait vers les sains abaissier :
« Ditez aprez, car je doi commencier :
« Ce oiez, Dex, que Ferraus li princiers
« Que il murtri à Orliens le portier,
« Quant il ala le messaige nuncier
« De par Gaydon, qui l'i fist envoier;
« Et, quant ce vint arriere au repairier,
« Qu'en felonnie fist Foucart mehaingnier,
« Et vos couzins, Haguenon et Rayer,

« Fist par agait ocire et detranchier.
« Si voirement voz puist hui Dex aidier,
« Et tuit li saint c'on doit glorefiier,
« Et tuit li autre c'on doit por Dieu proier!
— Voire, dist Guis, et dou tout consillier,
« Si me laist Dex dou champ torner arrier. »
Il s'abaissa, si volt les sains baisier;
Mais ainz li glouz ne les pot aprochier.
« Fel, dist Ferraus, par Deu le droiturier,
« Comme parjure voz en doi redrescier! »

FERRAUS jura, Naynmes li eschevi;
Desor les sains sa destre main tendi :
« Ce oiez, Dex et Guios autressi,
« Que li portiers tout avant me feri,
« Et mon cheval à genouls abati,
« Et por itant la teste li toilli.
« Aprez, quant j'oi mon messaige forni,
« Seuls m'en aloie, quant l'agais me sailli
« De .v. gloutons qui m'orent envaï.
« La merci Deu, si bien m'en deffendi
« Les .II. tuai et le tierz malbailli;
« Li autre dui eschaperent de mi.
« Si m'aït Dex et li saint qui sont ci
« Et tuit li autre qui por Deu sont sainti,
« Que je n'i ai d'un tout seul mot menti,
« N'onques par moi n'i ot agait basti.
— Gloz, dist Guios, vos i avez menti!
— Certez, mais voz. » Ferraus li respondi.
Ferraus s'abaisse, vers les sains s'estendi,
Baisiez les a, en estant resailli,
Dresce sa main, de Deu se benéi,
El cheval monte, et Guios autressi.
Chascuns relace son vert elme burni

Et la ventaille dou blanc hauberc tresli.
[ᶜDehors les tentes], enmi le pré flori,
.C. chevalier armé et fervesti,
De la maisnie à l'Ardenois Thierri,
Gardent le champ; li solaus est partiz.
Li empereres a fait criier son cri
Qu'il n'i ait force ne un seul mot tenti
Devant ice que li uns iert fenis.
El champ estoient li dui vassal hardi.
Et dist Guios : « Ferraut, je voz deffi !
« Mar m'i avez mes .II. couzins murtris ;
« Ansoiz le vespre voz estera meri. »
Et dist Ferraus : « Dex qui en crois pendi
« En soit au droit qu'à tort m'as envaï. »
Lors s'entresloingnent .I. arpent et demi,
Puis se requierent com mortel annemi.
Les chevax brochent, de grant ire aati ;
Si fort les corrent, quant les ont envaïs,
Que des chaillouz feus et flamme en sailli.
De son escu chascuns bien se couvri,
A l'aprochier chascuns l'espié brandist.
Grans cops se donnent, car ne sont pas ami,
Sor les escus où li fins ors rougi ;
Desor les boucles les ont frains et malmis,
Et les haubers desromps et dessartis.
Mais poi se sont en la char consievi,
Et nonporquant li sans en espandi,
Et ambedui sont li escu croissi.
A l'aprochier s'entrehurtarent si
Que li escu sont ensamble flati :
Ausiz les froissent com un gastel rosti.
Li cuirs des jointes et des genols rompi,
Et li cheval sont ensamble quati.
Et li baron se sont si envaï

Cuident qu'il ait tonné et esparti.
On alast bien .III. arpans et demi
Ainz que nus d'euls saiche ses piés à lui.
Les gardes virent que tuit sont esmarri ;
['Poux] ne alainne de nul d'euls nen issi ;
Cuident qu'il soient andui mort et parti.

Li baron jurent andui el champ armé ;
Les gardes cuident mort soient et finé.
Dist l'uns à l'autre : « Chascuns a tant alé
« Que chascuns a ores maistre trouvé. »
Li plusor ont de la pitié ploré.
Uns chevaliers, c'om tient à moult sené,
De l'iaue froide a moult tost demandé.
On l'en aporte volentiers et de grez ;
Tout maintenant les en a arousez.
Et Ferraus a .I. petit souzpiré ;
Mais il ne s'est tant ne quant remuez,
Par .I. petit qu'il n'a le cuer crevé.
Guis d'Autefoille est moult mal atornez ;
Au chief de piece a .I. grant plaint gieté.
Andui cuidierent que il éust tonné,
Les chiés drecierent, s'a l'uns l'autre esgardé ;
Dont s'apercieurent que il orent jousté.
En piés se drescent, quant il sont respassé.
Li uns a l'autre par ire resgardé ;
Les brans ont trais as acerins trempez,
Pas contre pas s'en viennent apansé.
Des escus ont lor enarmes doublé ;
Mais au jouster estoient tuit froé.
Guis d'Autefoille a le brant entezé,
Ferraut feri .I. cop desmesuré,
Et, bien sachiez, durement l'a grevé :
Plus de .II. doies de la char a osté,

Que lonc le test li a li brans razé;
Le pan atainst do bon hauberc saffré,
Plus de .c. mailles en a aval porté.
Por le grant cop a Ferraus chancelé,
De l'ungenoil s'agenoilla el pré;
Mais il saut sus, durement s'est hastez,
Si a parlé ainsiz com voz orrez :
« Sainte Marie, roïne de biautez,
« Deffendez moi par vos saintes bontez
« Que je ne soie honis ne vergondez! »
Et dist Guios : « Desà voz ai tasté.
« Ainz que voiez le soleil esconssé,
« Voz aurai si malement confessé
« Que voz aurai le chief dou bus sevré.
— Gloz, dist Ferraus, ainz voz aura cousté.
« Se .I. petit m'avez ores navré,
« Desci qu'à poi voz iert guerredonné. »

Ferraus ot ire, quant la parole entent;
De fin aïr tramble moult durement,
Bras et espée en contremont estent;
Envers Guion vint aïréement;
Dou branc le fiert si vigourousement
L'escu li tranche, com .I. rains de sarment,
Et aprez l'iaume et la coiffe ausiment :
Plus de .III. doies la teste li porfent.
Li gloz ganchi; li brans aval descent,
Desor la hanche, dedens la char li prent,
Grant plainne paume, par le mien ancient,
Li a copé, si que la piece i pent.
Guis giete .I. brait, car grant angoisse sent;
A .II. genouls chaï moult durement.
« Gloz, dist Ferraus, de vo fol sairement
« Voz rendrai je loier prochiennement.

« Honnis doit iestre qui traïson emprent. »
Et dist Guios : « Deu et son sacrement
« Renoi je tout, se n'en preing vengement. »
Lors s'entreviennent fort aïréement,
Commencié ont .I. si fier chaplement
Lor escus tranchent qui sont point à argent ;
Elme et hauberc sont d'euls trestuit sainglent.
L'uns requiert l'autre et menu et souvent,
Souvent se fierent à estoc durement.
Tant ont chaplé entr'euls .II. fierement
Que il estoient si las et si suslent
Que li plus fors affoibloie forment ;
Arrier se traient por .I. poi coillir vent.
Les gardes sont en merveilloz torment,
Qu'il ne savoient par nes .I. encient
D'euls .II. eslire le meillor voirement.
Li traïtor, de lor embuschement,
Les voient bien combatre apertement.

Li baron sont à pié anz en prael ;
N'i a celui n'ait sainglente la pel.
Estoffé sont andui li jovencel,
Puis se meslerent avennament et bel.
Les brans empoingnent, dont d'or sont li coutel,
Les escus mettent sor lor chiés moult isnel,
Puis recommencent le chaple li donzel.
L'uns requiert l'autre, à estoc, an muzel ;
Des elmes tranchent les fons et maint cercel
Des blanches coiffes, dont blanc sont li noel.
Ainz de .II. homes, puis le tans Daniel,
Ne vit on mais nul si gringnouz cembel.
Chascuns avoit paor dou haterel.
Et dist Ferraus : « Guiot, par saint Marcel,
« Voz comparroiz ancui vo faus apel.

— Oiez, dist Guis, de cel garson bedel !
« Ancui auraz mis en col le hardel. »

Li baron sont enmi la praerie ;
Souvent requiert l'uns l'autre à l'esquermie,
Trenchent ces elmes où li ors reflambie.
Il n'i a coiffe, tant soit à or sartie,
Qui de lor cops ne soit rompte et tranchie.
Des chiés lor cort li sans delez l'oïe,
Touz li plus fors durement affoiblie,
Sans et suors durement les cuivrie.
Arrier se traient sor l'erbe qui verdie
Tant que chascuns ait s'alainne coillie.
Guios apelle Ferraut, sel contralie :
« Par Deu, garsons, ta vertus est faillie,
« Vostre face est durement empaillie,
« Trambler te voi de fine coardie ;
« La hars est faite qu'an col auraz lacie.
« Connois le murtre et la laide folie,
« Ou ja t'aurai la teste réoingnie.
— Gloz, dist Ferraus, la vostre jainglerie
« Ne pris je pas la monte d'unne aillie.
« Ansoiz que voies passée la complie,
« T'averai je l'arme dou corps saichie ;
« Car Dex et drois se tient à ma partie,
« Et voz avez traïson et boisdie.
« Vostres lyngnaiges a la mort desservie ;
« Par euls est France des barons agastie,
« Dou duc Rollant et de sa compaingnie,
« Que Ganelons vendi par sa boisdie.
« Li empereres a fait grant desverie,
« Quant il point croit voz ne vostre lyngnie.
« Or, voz gardez ! li miens cuers voz deffie ;
« De l'un de noz iert ja l'euvre fenie. »

Chascuns a trait le brant d'argent seingnié,
Et son escu desus son chef drescié.
Pas contre pas s'en viennent tuit irié,
Par grant aïr se sont entraprochié.
Guis fiert Ferraut, ne l'a pas espargnié,
Que son escu li a par mi trenchié,
Et .I. quartier de son elme vergié,
Et la coiffe a dou hauberc desmaillié;
Jouste la face est li cops adresciez.
Ferraus guenchi, si abusce dou pié
Que par .I. poi qu'il n'est jus trebuchiez.
Naynmes le voit, le cuer en ot irié.
« Hé! Dex, dist il, mort l'a ou mehaingnié. »
Tuit li pluisor en ont moult grant pitié.
« Garsons, dist Guis, or voz ai essaié ;
« Ainz qu'il soit nuis ne li solaus couchiez,
« Aurez en col le chaaingnon lacié. »
Ferraus l'entent, tout a le sens changié;
Seure li cort à loi d'omme enraigié.
Dou branc forbi l'a durement plaié,
Parmi le chief li a tel cop paié
N'i vault li elmes la monte d'un denier,
La coiffe blanche, un cendel deliié.
Diable l'ont à icel cop aidié,
Car autrement l'éust à mort traitié.
Et nonporquant durement l'a plaié;
Au bras senestre l'a si prez mehaingnié
Que jusqu'à l'os li est li brans glaciez;
Et par .I. poi qu'il ne l'a esmoingnié.
Guios chancelle, si s'est agenoilliez.
Ferraus l'ahiert, quant le vit trebuchier;
De soi l'empoingt, puis l'a à lui saichié,
Jus à la terre l'a adens envoié,
Dou chief li a son bon elme ensraigié;

Le brant li a an visaige estochié,
Que par mi outre les iex li a fichié.
Bien an éust son mautalent vengié,
Le chief dou bus li éust réoingnié,
Quant de l'agait se sont tuit desbuschié
Li traïtor qui ensamble ont brochié.
Li fel Guimars tint l'escu embracié,
Devant les autres tint l'espié aloingnié,
A haute vois a à Ferraut huchié :
« Par Deu, Ferraut, vo mort avez chacié;
« Noz n'avons mie si Guiot oublïié.
« Je le raplege au fer de mon espié ;
« Voz saurez ja comment l'ai aiguisié. »
Ferraus l'oï, si a le chief drescié,
Et vit venir Guimart tout eslaissié.
« Ha! fel, dist il, toz jors avez trichié,
« Maint home avez honni et engingnié;
« Mais, se Deu plaist par cui tout est jugié,
« Vos guerredons en estera paiez. »
Ferraus as gardes a doucement proié :
« Seignor, por Deu, or n'i ait mauvaistié !
« De moi aidier ne soiez deshaitié.
« Se m'i failliez, voz i auriez pechié ;
« Vilainnement voz sera reprochié. »
Lors vint Guimars, qui a le fer haucié.
Ferraut l'éust parmi le cors lancié;
Mais il guenchi, si qu'il ne l'a touchié :
Encontre terre a son espié froissié.
Les gardes poingnent, que plus n'ont atargié ;
Entor Ferraut se sont tuit arrengié.
Li .c. as mil ont l'estor conmencié.
« Avois! s'escrient, traître renoié,
« Le ban le roi avez fraint et brisié ;
« Voz en seroiz honni et escillié,

« Et li ostaige honni et mehaingnié. »

Li traïtor sont à esploit venu,
Les gardes ont en grant destroit tenu,
Trente en ont mors, Karles dolans en fu.
Tuit sont li .c. à force desrompu;
Ferraut éussent le chief sevré dou bu,
Quant Bertrans vint, qui iert en bois ramu,
Richiers ses freres, sor le baucent quernu.
Berars venoit à plain frainc estendu,
Estouls de Lengres n'i a plus arrestu,
Et Girardins n'i a plus atendu.
Et li .II. mil, qui avec sont corru,
Brochent ensamble si ont levé le hu.
Ja iert Ferraus, ce m'est vis, secorrus.
Li traïtor furent tuit esperdu,
Quant virent ceuls qui dou bois sont issu.
« Voir, dist Guimars, noz sommez decéu,
« Que noz n'avons Ferraut prins et pendu;
« Mais noz noz fumez trop tart apercéu. »
Ez voz Bertrant apoignant par vertu
Sor le cheval qui randonne menu.
Brandist la hanste de l'espié esmolu
Et fiert Guimart sor le doré escu;
Desor la boucle li a fraint et fendu
Et le hauberc desmaillié et rompu,
Le fer li passe tout par milieu dou bu,
Jambes levées l'a à terre abatu.
N'est mie mors, maufé l'ont deffendu;
Bien garira, mais angoisse a éu.
Et Richiers fiert Guinemer le chenu.
Ne li vault arme la monte d'un festu;
En cors li met le tranchant fer agu,
Mort l'abati, li auquant l'ont véu.

Berars a mort Huon de Tamaru,
Estols a mort Fromont doû gaut foillu,
Et Viviens, Hatonnel le menbru;
Niés fu Rigaut et fiz damme Gertru,
Par cui maint mal sont haucié et créu.
Girars feri Joibert de Montagu;
Le fer li a si prez dou cuer couzu
Les vainnes rompent, mors est en .I. palu.
Chascuns i fiert qui i est avenuz.
Tant ont entr'euls le chaple maintenu
Qu'il ont Ferraut son bon cheval rendu.
Li ber i monte, l'estrier li ont tenu.
Guiot avoient remonté li sien dru.
Grans fu l'estors enmi le pré herbu.
Li traïtor ont le cri entendu,
Plus de .xx^m. s'en sont lors fervestu;
Es chevax montent, de mal faire irascu.
Ainz que l'estors soit dou point remainsuz,
I aura moult et jousté et feru.

Des tentes issent li traïtor felon.
Berangers broche, et Forques, et Sansons,
Li fel Hardrez, Amboyns et Milons,
Et Auloris, qui ot béu puisons
Qui de son bras li donna garison.
A lor enseingnes sont bien .x^m. glouton;
En haut s'escrient : « N'i garirez, garson;
« Tuit serez prins et mené en prison.
« Pendu serez por vo grant traïson,
« Qui embuschié estiiez à larron.
« Ferraus aura an col le chaaingnon,
« Qui se devoit combatre à Guion;
« Mais Guis l'éust ocis, bien le set on. »
Respont Ferraus : « Voz ditez mesproison ;

« Mauvaisement fist vostre champions.
« Jamais sa bouche ne menjast de poisson,
« Bien le poez demander à Haton,
« Et à Guimart, qui voz fist tel frison,
« Qui a jousté à nostre compaingnon.
« Encor i pert: el cors a le penon;
« Demandez lui s'il garira ou non. »
Sor une coute le couchent d'auqueton,
Car à malaise se gist li loiaus hon.
Il vaulsist mieus pendus par le chaon,
Delez son frere, le conte Ganelon,
Qui les .xx^m. vendit Marsillion.

AULORIS a la parole escoutée;
De son escu a l'enarme doublée.
Ferraus li vint toute une randonnée;
Escu et lance ot li ber recouvrée.
Li uns vers l'autre s'en vint teste levée;
Desoz les elmes orent chiere menbrée.
Grans cops se fierent par ire deffaée.
Lances ont fors, de fraisne, bien planées.
Soz le menton est chascune enferrée.
Andui s'abatent envers enz an la prée;
En piés resaillent, n'i ont fait arestée.
Ja i fust d'euls moult dure la meslée,
Quant de .II. pars poingnent de randonnée;
Des .II. vassaus ont fait la dessevrée.
Chascuns remonte en la selle dorée.
Bertrans feri Rainfroi de la Valée;
Arme qu'il ait li ont poi de durée;
Fer et penon parmi le cors li guée.
Richiers ocist Henri de Pierrelée,
Mort l'abati; l'arme s'en est alée.
Berars a mort Galerant gorge enflée,

Et Viviens, Garin le fil Gondrée,
Girars, Humbaut à la teste meslée,
.I. traïtor qui ot male pansée,
Qui sa mere ot par poisons enherbée,
Sa fame avoit murtrie et estrainglée,
Por ce qu'elle iert en Deu servir voée.
Grans fu l'estors, li cris et la huiée,
Mais cil dedens ont la force doutée;
Restraint se sont au pié d'unne valée.
Bertrans s'escrie à moult grant alenée :
« Or, dou ferir, franche gent honorée !
« Car qui fuira, c'est bien chose prouvée,
« Joie d'ammors li doit iestre véée. »
Et dist Estolz, cui li ferirs agrée :
« Tex sermonners ait bonne destinnée ! »
Atant brochierent, si lievent la huiée.
Mais Auloris a sa gent aünée;
Sore lor corrent au travers d'unne prée.
Là a Bertrans moult grant painne endurée.
« Dex, dist Bertrans, sainte vertus nommée,
« Com li dus Gaydes fait longue demorée !
« S'il auques targe, c'est la moie pensée
« Jamais la perde n'estera restorée. »
Gaydes li dus a la noise escoutée,
D'Angiers s'en ist, s'a sa gent ordonnée,
Sa baniere a au vent desvolepée.
Tel .xxx.^{m} ont la porte passée,
Ainz qu'il retornent ne que soit l'avesprée,
I aura il mainte teste copée,
Dont mainte damme sera vesve clanmée.
Mainte pucelle, de haut paraige née,
En remainst puis orpheninne clamée,
Qui ne pot iestre onques puis mariée.
Par gent traïtre, de mal enlumminée,

Gaydon.

Est mainte terre destruite et desertée.

 GAYDES li dus a ses conrois partis;
Forment se haste, ne s'est mie alentis.
Serré chevauchent les galopiaus petis,
Car Bertrant ont traïtor assailli,
Richier, son frere, et Girart de Nouis,
Estolt de Lengres et Berart le hardi,
Et Vivien d'Aygremont le gentil.
Ferraus estoit abatus an larris.
Ja les éussent li traïtor ocis,
Quant Gaydes broche et l'anfes Savaris,
Et Amaufrois, Riolz et Thyorins,
Rispeus de Nantes, qu'est vaillans et hardis,
Morans et Hugues, sor les chevax de pris.
Li vavassors Gautiers, o ses .III. filz,
En lor conrois se sont aprez euls mis;
Les lances baissent as penons de samis,
Les traïtors ont durement requis.
Et Gaydes broche, fiert Amaugis el vis,
L'escu li fent, l'auberc li dessarti,
Fer et penon li mist parmi le piz,
Mort l'abati, en poi d'eure est ocis.
Amaufrois a Rombaut si entreprins
Que anz an cors li a son espié mis;
Mort l'abati enmi le pré flori.
Savaris l'anfes a mort Heudré d'Alis;
Bien feri Hugues et Morans, ce m'est vis;
Riolz li viex ne s'est asséouris,
Ne Thyorins, ne Rispeus li floris.
Des lances fu moult grans li feréiz.
« Valye! » escrie li dus, bien fu oïs.
Bertrans l'entent, moult s'en est esjoïs:
Secorrus iert sans faire lons detris.

Li vavassors Gautiers s'est acoillis ;
Ses fiz escrie : « Or, ne soiez failli ;
« Se bien nel faitez, par foi le voz plevis,
« Ancui serez au mengier mal assiz :
« Dou lait aurez qui ert sans [*b* hues] boillis,
« Ja d'autre mes n'iert vos ventres farsiz.
« Se bien le faitez, par Deu de paradis,
« Assez aurez de moutons, de brebis,
« Pois et fromaige, bien iert chascuns servis ;
« G'en proierai vostre mere Aelis. »
Quant li baron ont entendu ses dis,
Durement rient soz les elmes burnis.

Li vavassors a ses fiuls escriez :
« Or sà, mi fil, de bien faire pensez ;
« Se bien le faitez, très bien servi serez,
« Ou se ce non, voz en jéunerez. »
Et cil ont dit : « Mar voz esmaierez :
« Noz voz sieurrons quel part que voz irez ;
« Aiderons voz, se mestier en avez. »
Et dist li peres : « Je m'en vois, or movez. »
Le cheval point, en l'estor est entrez,
Prent sa masue, mains cops en a donnez.
Cui il ataint moult est mal assenez ;
Mar querra mire por iestre resanez.
Fiert Hardoyn, qui d'Autefoille est nés,
Couzin Guiot, de grant terre est fievez ;
L'iaume li fant, qui d'or est noelez,
Trosques en pis li a les os froez.
Thiebaut ocist et Hermenfroi dou Mez,
Plus de .XIIII. en a escervelez.
Vit les anfans liiez et atrapez ;
Il vint à euls, les liiens a ostez,
Des traïtors les a touz delivrez.

Plus d'un arpant les a batant menez
Les traïtors, moult les a malmenez.
Vint as anfans, quant les ot delivrez;
Si fil lor ont les chevax amenez.
Bertrans remonte, et chascuns est montez.
Et dist Bertrans : « Biaus rois de majestez,
« Hui en cest jor cest home noz gardez !
« De grant peril noz a or delivrez;
« Dex le garisse par ses saintes bontez ! »
Auloris a ses homes apellez.
« Seignor, dist il, cist vilains est desvez.
« Autre foïe noz a il moult grevez ;
« En val de Glaye fui par lui atrapez.
« Les .II. neveus Gaydon que là véez,
« Avoie je si au desouz tornez,
« Et bien .VII^{xx}. de lor meillors privez
« Touz les éusse mors et emprisonnez,
« Quant cil vilains i vint touz forsenez,
« A tout .VII. fiz laidement atornez.
« Là ot il tant de mes homes tuez,
« Dont moult grans diaus m'en est an cuer entrez ;
« Mais de ses fiz i out .IIII. tuez.
« Vez ent là .III. qui le sievent au lez,
« A ces grans haches, qui les fers ont si lez ;
« Corrons lor sus environ, de touz lez.
« Se il sont prins, tantost les ociez ;
« Se longues vivent, touz sui desheritez. »

Li traïtor, cui Jhesus maléie,
Vinrent poingnant trestuit à une hie.
Bien sont .XX^m. en une compaingnie,
Et touz jors vint lor force et lor aïe.
Voient Gautier qui la presse a partie,
Et ses .III. fiuls qui fierent à grant hie ;

Contre lor cops n'a mestier esquermie.
Voit le Auloriz, touz li sans li fremie ;
Ja lor fera une fiere anvaïe ;
Sa gent assamble, à haute vois escrie :
« Or au vilain ! n'en portera la vie. »
Et dist Gautiers : « Par Deu, le fil Marie,
« Cil est vilains qui fait la vilonnie.
« Je n'amai onques traïson ne boisdie,
« Ne sor autrui n'oi onques nulle anvie,
« Ainz ai vescu de ma gaaingnerie ;
« Mais on set bien qu'en voz est felonnie.
« Touz jors as fait et feras tricherie,
« La hart avez grant pies'a desservie ;
« De par Gaydon li miens cors te deffie. »
Le cheval point, des esperons l'aigrie,
A .II. mains a sa massue haucie,
A euls se fiert à plain cop d'esquermie.
Fiert Bancelin grant cop delez l'oïe ;
Ne li vaut arme une pome porrie ;
Le test li fent et les os li esmie.
S'unne perriere l'éust aconsievie,
N'éust il pas la teste plus croissie.
Puis a ocis Guiot de Rochepie,
Et Galerant et Joibert de Norbrie.
Voit le Auloris, à poi qu'il ne marvie.
« Par foi, dist il, je voi grant desverie
« De cel vilain cui li cors Deu maudie,
« Qui ainsiz a ma gent estoutoïe. »
Le cheval broche, s'a la lance empoingnie,
Et fiert Gautier sor l'escu qui flambie,
Que il li perce ; mais la broingne treslie
Est si serrée maille n'en est mal mise.
Sa lance froisse, toute l'a pesoïe.
Gautiers se tint, ne verse ne ne plie ;

De mautalent touz li cors li fremie;
Sa mace encharge, aval l'a deschargie.
Voit le Auloris, paor a de sa vie;
Ne l'atendist por tout l'or de Pavie:
Atant s'en vait, moult sot de renardie.
L'arson derriere de la selle entaillie
Atainst Gautiers par si grant arrammie
Qu'il l'a froé si comme une ais porrie,
Et au cheval a la crope froisie;
Mort l'abati enmi la praerie.
Mais or oiez con faite diablie,
Car sa masue est très par mi brisie.
« Las! dist Gautiers, bien voi que Dex m'oublie,
« Quant au besoing ma massue est faillie. »
Li traïtor li font une envaïe;
Desor lui ont la grant presse partie.
Si .III. fil ont fait grant charpenterie;
Jouste lor pere, lez une roche antie,
Se trait chascuns, s'a la hache empoingnie.
Cil les assaillent qui font grant huerie;
La noise lieve et l'os est estormie.
Li empereres a la nouvelle oïe.
« Baron, dist il, or monte la folie.
« Or tost, as armes! que, par saint Yzaye,
« Se je Gaydon puis maitre en ma baillie,
« Mis estera en telle enfermerie,
« Dont ja n'istra par hom qui soit en vie,
« Ainz i aura la teste si florie
« Com est ma barbe qui au pis me ballie. »
A ces paroles a la broingne vestie.
Li baron s'arment, que nus ne s'i detrie,
Puis sont monté, si ont lor gent rangie;
Serré chevauchent comme gent enseingnie.
Gaydes revint, l'enseigne desploie,

Ensamble o lui vint sa bachelerie,
Qui tuit desirrent pris de chevalerie.
De lor d'Arrabe la terre reflambie.
Ansoiz que soit passée la complie,
Iert mainte terre de seignor desgarnie.

GRANS fu li cris quant vint à l'assambler;
Là oïst on enseingnes escrier
Et sor les elmes les brans nus resonner,
Si qu'il en font le feu estanceler.
Là véist on maint escu estroer,
Haubers desrompre, lances en trox voler,
Maint chevalier chéoir et adenter,
Que la mort fait iluecques afiner.
Dex! quel dolor que tant bon bacheler
Convint cel jor morir et devier
Par [cle linaige que Dieux ne pot amer.]
Gaydes li dus lait le cheval aler,
Sor son escu ala ferir Guimer,
I. traïtor, fiz fu au duc Fromer
Qui tint en fief le chastel de Biaucler.
Le jor devant l'ot on fait adouber;
Armes ot bonnes, bien les sai deviser:
Escu d'azur, d'argent l'ot fait frazer,
A .I. lyon de goules souzlever;
Tout autressi fu sa cote à armer.
Gaydes li va sor son escu donner,
L'escu li fent, l'auberc li fait fausser,
Parmi le cors li fait le fer passer.
Li dus l'empoint, si le fait jus verser,
S'enseingne escrie, ne s'i volt pas celer;
Puis si a dit : « Bien devroie desver,
« Quant l'empereres me weult desheriter,
« Por le lyngnaige que Dex puist vergonder,

« Qui France ont fait en tel dolor entrer.
« De son neveu li déust bien membrer,
« Et d'Olivier qui tant fist à loer,
« Des .xii. pers que tant devoit amer,
« Qu'en Ronscevaus vi à dolor finer,
« Et les .xx^m. qu'il devoient garder,
« Que Ganelons vendi au roi Escler.
« Onques li rois n'ot chevalier ne per
« Qui Ganelon en volsist apeller,
« Quant je alai mon gaige presenter
« Vers Pynabel, qui le voloit tenser.
« Dex et li drois me fist le glouz mater;
« Puis fist Ganon as forches encroer
« Vilainnement, par le cors saint Omer. »
Quant Karles l'oit, si prinst à souzpirer;
L'aigue dou cuer prinst as iex à monter,
Aval la face li prinst à degouter.
« Hé! Dex, dist Karles, qui tout as à sauver,
« Car me donnez en tel maniere ouvrer
« Que je me puisse à cel duc acorder,
« C'on ne m'en puist vilainnement blasmer;
« Car à grant tort ving sa terre gaster,
« Dont je faz moult voirement à blasmer. »

Grans fu l'estors devant nonne et aprés.
Bertrans lait corre, qui estoit moult engrez,
Richiers ses freres, et Estoulz qu'est aprés,
De Montdisdier Berars, et Alygrés,
Cil de Venis, Girars s'est avant traiz,
Et Viviens qui tint l'espié ahiers,
Ferraus li preus, qui n'est mie mauvais,
Et Amaufrois à l'escu de cyprès.
Tuit cil se fierent enz traïtors cuivers,
Grans cops i fierent d'estoc et de travers;

Contre l'acier ne puet durer li fers.
Là véist on tant penons blois et pers;
Des traïtors i chaï mains envers;
Muerent et braient, permis lor est anfers.
Li vavassors a tant de cops souffers
Qu'il ot les os dolirouz et les ners ;
Se Dex n'en pense, ce tesmoingne li vers,
Ocis sera à torment moult disvers.

Li vavassors Gautiers forment se doute,
Car sa masue li est brisie toute ;
La piece en tient, forment empoint et boute.
Et Auloris li saut o sa gent toute.
« Avois! escrie, moult est vo vie courte! »
Oit le Gautiers, li cuers li hauce et monte ;
A bien deffendre a mis sa force toute,
Si que d'ahan touz li cors li degoute
De grant suor, si qu'à painnes voit goute.
De son tronson .I. traïtor affronte ;
Touz mors chaï par delez une croute.
Autressi fait com s'il ne véist goute;
A la mort trait, n'a pooir qu'il souzgloute.
« Voir, dist Gautiers, mauvaise gens estoute,
« Cil donne trives le blanc pain et la crouste,
« Car dou cervel li ai brisié la crouste.
« Fil à putain, je ne sai rien de [ʼjouste],
« Mais à .II. mains ferir en la grant route. »

Li vavassors tint le tronson estraint ;
Mal est venus cui il bien en ataint.
Si fil i fierent, qui en ocient maint ;
D'aidier lor pere n'est nus d'euls qui s'en faint.
Gautiers les voit, boute, fiert et empoint,
Puis s'escria : « Par Deu, qui là suz maint,

« Se je eschape, encor en morront maint
« Des traïtors, se par pais ne remaint.
« Karles est sos, qui que saige le claimt,
« Quant il a cuer de quoi traïtor aint.»
Auloris l'oit, de duel fremist et taint,
Sa gent escrie, si ont Gautier ataint.
Lancent et fierent, son escu li ont fraint,
Durement l'ont navré desoz le ceint,
Abatu l'ont ; moult durement se plaint.
Desor lui saillent, à poi ne l'ont estaint,
Les mains li lient, durement l'ont estraint,
Commandé ont que on au tref l'enmaint.
Quant li fil voient que lor pere ont estraint,
Por lui secorre sont celle part empaingt ;
Mais il ne pueent, car force les sorvaint.
Or en penst Dex et sa mere et si saint !

Prins ont Gautier li traïtor puslent ;
Les mains li ont loïes durement,
Au tref l'enmainnent tost et delivrement,
Emprisonner l'ont fait vilainnement.
Si fil en mainnent moult grant dolousement :
« Hé ! Gaydes, sire, or noz va malement ;
« Perdu avons à cest tornoiement
« Nostre chier pere, qui noz amoit forment.
« Hui li avez aidié trop povrement. »
Gaydes fu loing, nes entendi noient,
Car vers Karlon tenoit le grant content.
Ja fuissent prins li frere à grant torment,
Quant vint Bertrans entre lui et sa gent.
Richiers ses freres venoit premierement,
L'espée ou poing, qui tranche durement.
Berars le sieult tost et delivrement
Sor le vairon qui grans saus li porprent.

Estouls de Lengres sor le morel destent,
Et de Nouis Girars, qui plus n'atent,
Et d'Aygremont Viviens au cors gent.
Et Amaufrois vint armez gentement,
Et Savaris qui escrie souvent :
« Ferez, baron, por Deu omnipotent !
« Que cil glouton, cui li cors Deu cravent,
« Ne puissent dire qu'en cestui chaplement
« Aient dou nostre sans achater noient.
« Par Deu ! en moi ont il felon parent.
« S'un en puis panre, par cel Deu qui ne ment,
« Je le ferai morir vilainnement.
« Ha ! traïtor, li cors Deu voz cravent !
« Se voz estiés mené par jugement,
« Voz seriez ja, certez, pendu au vent.
« Si m'aït Dex, l'empereres mesprent
« Quant en sa cort tant ne quant voz consent.
« Bien puet savoir, se Dex ne l'en deffent,
« Que par vos mains morra prochiennement,
« Ni déust pas avoir affiement
« En nul de voz, se li cors Deu m'ament,
« Puis que Thiebaus envoia le present
« Dont il reta Gaydon vilainnement.
« Mais Dex et drois le sauva voirement :
« Thiebaus en fu pendus et encor pent.
« Autel loier voz doinst Dex temprement !
« Si fera il, se loiautez ne ment. »
Auloris l'oit, moult ot le cuer dolent ;
S'enseingne escrie à sa vois hautement.
De .ii. parties vinrent iriéement.
Estouls de Lengres fiert Joibert de Clervent,
Et Richiers fiert Robert de Saint Florent,
Et Viviens, Hue de Bonivent.
Berars feri Ragon de Montayglent.

Reniers et Miles i viennent vistement;
L'uns fiert Roger, et li autres Climent;
Cil ont receu dolirouz paiement.
Li nief Gaydon vont ferant malement,
A celle empointe en trebuchierent .c.
N'i a celui qui n'ait le cors sainglent.
Les fiz Gautier ont trais à sauvement.
Voit le Auloris, à poi d'ire ne fent;
Hardré apelle, se li dist coiement :
« Cil soudoier noz mainnent malement;
« Ne sai d'ont Gayde vient tex enforcement.
« Il noz convient faire tout autrement :
« Se traïsons nel m'enseingne et aprent,
« Ja de Gaydon n'averons vengement. »
Et dist Hardrez : « Bien le voil et consent;
« Noz ne serons ja si legierement
« Vengié de lui comme traïtrement. »
Ja lor tornaissent les dos vilainnement,
Quant l'empereres i vint iriéement,
Thierris et Naynmes, qui servent loiaument,
Li dus Richars, à cui Ruem apent,
Qui por Gaydon ploroit moult tenrement;
Ses parens est, si s'en doutoit forment.
Les gens le roi viennent si durement
Com li grezils qui des nues descent.
Gaydes revient d'autre part fierement
Sor son destrier, armez moult richement.
Riolz venoit moult acesméement,
Morans et Hugues, qu'ont escus à argent,
A .II. lyons ouvrez diversement.
Guis de Biaufort revint avenamment,
Rispeus de Nantes, qui moult fiert noblement.
Là commencierent .I. tel assamblement
Dont tant preudons i fist definement,

Dont mainte damme fu vesve longuement,
Et si en orent moult grant dolousement.

    Devant Angiers ot merveilloz estor;
Percié i ot maint escu point à flor,
Et abatu maint vaillant poingnéor.
A lor enseingnes s'alient li pluisor.
Gaydes li dus broche le missoudor,
Brandist la lance, qui fu faite d'aubor,
Et fiert Guimart, le cuivert traïtor;
L'escu li perce, qui fu à or coulor,
L'auberc li fausse comme chape à pastor.
Li glouz guenchi, qui ot de mort paor,
Car autrement ne menjast jamais jor.
Et nonporquant le fiert par tel vigor
Jambes levées l'abat enmi les lor.
Et de cel poindre fiert le fil sa seror;
Ainz d'armes nulles n'ot garant ne trestor;
Parmi le cors li passe l'oriflor,
Mort l'abati, que le virent plusor.
Sa lance brise, et li dus fait son tor;
En l'estor est repairiez à baudor.
Trait Hauteclere qui giete grant luor,
Que li donna Oliviers par amors
En Ronscevax, quant morut à dolor.
Escuiers fu Rollant à icel jor;
Dont l'apelloient Thierri grant et menor;
Mais por .i. gay, ce dient li auctor,
Qui sor son elme s'assist sans nul trestor,
Quant on l'arma por aler en l'estor
Vers Pynabel, le felon traïtor,
Très puis cel tans, n'en soiez en error,
L'apell'on Gayde, li duc et li contor.
Li dus se fiert en l'estor par vigor,

Fiert Goudoyn, .I. cuivert traïtor,
Desci enz dens mait le brant de coulor,
Mort l'abati el pré sor la verdor.
Puis a ocis Dayn, le robéor,
Bernart de Hui et Aurri de Lambor;
.IIII. en a mort devant l'emperéor,
Puis s'escria à clere vois hautor :
« Forment me poise, par Deu le criator,
« Que pais ne puis avoir à mon seignor,
« Car volentiers revenisse à s'amor,
« Mais qu'enchacié fuissent li traïtor. »
Quant Karles l'oit, s'en ot ire et ardor;
Sa gent assamble delez un quarrefor.
Dès or puet Gaydes tornoier à folor,
Car Karlemaines avoit force greingnor.
Quant le voit Gaydes, n'ot mie grant fréor;
Mais il voit bien que s'il fait lonc sejor,
Que de l'estor n'aura pas le meillor.
Très bien s'en puet repairier à s'onnor;
Lors sonne .I. cor, si se mist au retor.
Dient si home : « Dex, con fait conduisor ! »

GAYDES li dus se mist au repairier,
Ferraut lez lui, et Berart et Renier.
Estouls et Miles, Amaufrois et Richiers,
Bertrans li preus, Savaris au vis fier,
Et Viviens, et Girars li guerriers,
S'en repairierent por lor gent convoier.
Et l'emperes se painne dou brochier.
Souvent trestornent li nouvel chevalier,
Qui se penoient de lor pris essaucier.
Cil se penoient forment de l'anchaucier.
Le cheval point Berars de Mondisdier;
En son escu va ferir Manesier,

Qui Rochepure avoit à justicier ;
Niés fu Hardré, Aulori et Rahier.
Parmi le cors li mist le fer d'acier;
Il l'a empoint, mort l'a fait trebuchier,
Que onques n'ot loisir de baaillier.
Et dist Berars : « Trop voz poez coitier;
« Trop tost venez l'estor recommencier. »
Giete la main, si a prins le destrier,
Car à son oste le voldra envoier.
Mais Auloris li voldra chalongier,
Qui moult se painne de son neveu vengier.
Qui li véist sa lance paumoier,
Son fort escu devant son pis saichier !
S'il fust loiaus, moult féist à prisier,
Car de sa main est moult bons chevaliers.
Le cheval point des esperons d'ormier,
Sor son escu ala ferir Gautier;
Couzins germains fu Morant de Rivier.
Les ais en fait desrompre et depecier,
Parmi le cors li fist le fer glacier,
Mort l'abatit, puis commence à huchier :
« Par mon chief, Gaydes, s'as mains voz puis [baillier,
« Je voz ferai laidement escillier.
« Ja vos donjons, qui siet sor le rochier,
« Ne voz aura encontre moi mestier :
« Vos murs ferai abatre et depecier,
« Devant vo porte voz ferai encroier,
« Pendus serez lez le vilain Gautier. »
Gaydes l'entent, n'ot en lui qu'aïrier;
Vers lui guenchi Clinevent le corsier,
Qui plus tost cort que ne vole esperviers;
Brandist la hanste, qui estoit de pommier,
Fiert Aulori en l'escu de quartier
Desor la boucle, li fait fendre et percier :

Faussé li a son bon hauberc doublier,
Mais en la char ne le pot empirier;
Selonc le flanc li fait le fer glacier.
Li fers feri en la char par derrier.
Si fort l'empoint li dus à l'approchier
Que il l'abat devant lui an sentier;
Sor lui s'arreste et prent à abaissier,
Puis li a dit : « Se gel puis esploitier,
« Voz en venrez avec moi prisonniers
« En la prison, o le danois Ogier.
« De vo service aurez vostre loier;
« Je voz ferai as forches balloier.
« Home traître doit on ainsiz paier. »
Hardrez le voit, s'apella Berangier,
Et Grifonnet, Amboyn et Fouchier,
Sanson et Hugue et Guion et Gautier :
« Or, dou secorre, por le cors saint Ligier!
« Se noz cel duc poons deschevauchier,
« Noz li ferons la teste réoingnier.
« Se Karlemaines le tenoit prisonnier,
« Tost le feroient si ami amaisnier,
« Si noz feroient honnir et vergoingnier. »
Et cil respondent : « Pensez de l'anchaucier ! »
Chascuns s'en va .I. graisle manoier;
Lor gent on fait ensamble raliier.
Ensamble poingnent plus de .IIII. milier,
Qui tuit desirrent le duc à detranchier.
Environné l'ont devant et derrier;
Auloriet li convint il laissier.
Ja le préissent li cuivert losengier,
Quant si neveu li sont venu aidier,
L'anfes Bertrans et ses freres Richiers.
Karles li rois i vint et si princier,
Thierris d'Ardenne et Naynmes de Baiviers.

Là véist on mainte selle wisdier,
Et maint baron à la mort baaillier.
Gaydes fust prins, n'i éust recouvrier,
Et avec lui maint jone chevalier,
Quant de la porte sont issu li archier,
Et li garson et li aubalestrier.
Quarriaus, saietes prennent à descochier;
Plus dru voloient que grezils en fevrier.
Les gens Kärlon font arrier esloingnier,
Mien ancient, le trait à un archier.
Le retrait sonne Gaydes sans atargier,
Puis sont entré en la cité d'Angiers
Il et si home, sans point de delaier;
Dou champ partirent, car prez est d'anuitier.
De .ij. parties se resont trait arrier;
Maint vassal laissent jesir mort estraier,
Car ainsiz va qui mainne tel mestier :
Souvent i pert qui cuide gaaingnier.

DEDENS Angiers s'en est Gaydes entrez,
Et li barnaiges dont il i ot assez;
En palais montent touz les amples degrez.
Mais por Gautier fut grans li diaus menez;
Si fil en plorent, lor chevox ont tyrez;
Cuident qu'il soit ocis et afolez.
Et dist Riolz : « Or ne voz desmentez;
« Ja por duel faire riens n'i gaaingnerez.
« Cil qui duel fait, c'est fine veritez,
« Fait esjoïr ses anemis mortex.
« Laissiez le duel, si voz reconfortez,
« Car, se Deu plaist, moult par tans le raurez.
— Dex, dist Bertrans, biax rois de majestez,
« Rendez le noz, s'il voz plaist, en santez,
« Car hui noz a de grant peril gietez !

— Voir, dist Estoulz, voz ditez veritez.
« Cui il feroit moult estoit affrontez,
« Ainsiz com fust d'un trebuchet tuez. »
Atant le laissent, si s'assist li barnez,
Car li soupers estoit touz aprestez.
Et Ferraus fu d'un mire resgardez ;
Ses plaies tante, car moult estoit navrez,
Bien l'apareille, bien fu estroit bendez ;
De ses amis fu souvent acolez.
« Biax niés, dist Gaydes, moult fui por voz irez
« Quant prins i fustez, à poi ne fui desvez ;
« Mais, quant voz ai, mes diaus est oubliez.
« Or iert Gautiers por Ogler rachatez,
« Et s'il l'ocient, Ogiers iert encroez.
« Ja por lingnaige n'estera restoré ;
« Car, quant vers Karle fui à tort encorpez,
« Ainz ne m'osa replegier, c'est vertez.
« Dehais ait hom qui ses amis charnez
« Faut au besoing, bien doit iestre huiez! »
Et dist Ferraus : « Biax oncles, or soupez,
« Ces jovenciaus compaingnie portez ;
« Aprez souper voz dirai mon panser.
— Niés, dist li dus, si com voz commandez,
« Servi seront tout à lor volentez,
« Vin et viandes auront tout à lor grez. »
Dou luminaire fu grande la clartez.
Quant ont soupé, si est Ferraus levez ;
Dist à Gaydon : « Biax oncles, entendez.
« En la cort Karle fui de murtre apellez,
« Ostaigiez fui de .II. princes chasez :
« L'uns fu Renaus d'Aubespin li membrez,
« Et l'autres fu dus Naynmes li barbez.
« Cil m'aplegierent desor lor heritez
« Qu'au jor seroie devant Karlon menez,

« Por moi deffendre de ce dont fui retez.
« Très bien me fui envers Guion provez,
« Car Dex et drois estoit mes avoez.
« Voz savez bien com li plus est alez.
« Por Deu voz proi qu'Ogier au roi rendez,
« Ou, se ce non, par Deu de majestez,
« Je m'en irai as loges et as trés
« Tant que j'aurai mes ostaiges cuitez;
« Car miex voil iestre .ii. ans enchaainnez
« Que par moi fuissent li ostaige encombré.
—Biaus niés, dist Gaydes, anuit mais voz souffrez,
« Et le matin le Danois i rendez;
« Car ne voldroie, por l'or de .x. citez,
« Que voz fuissiez mais de moi dessevrez. »
Dist Ferraus : « Sire, Dex voz en saiche grez;
« Car en la fin, ce dist l'autoritez,
« Vient au desuz cil qui fait loiautez. »
  D'euls voz lairai, de Karlemaine orrez,
Qui à ses tentes s'en estoit retornez,
Et à lor trés li siens autres barnez.
Les armes ostent, ez les voz desarmez.
Karles li rois est des conrois enflez,
Si que il samble iestre touz forsenez,
Tout por Ferraut qui li est eschapez.
Dont fut dus Naynmes et Renaus apellez.
« Seignor, dist Karles, Ferraut me ramenez,
« Ou le Danois qui est emprisonnez.
« Se l'un d'euls .ii. aparmain ne rendez,
« Par mes grenons dont li poils est meslez,
« Terres ne fiés de moi plus ne tenrez,
« Et en prison ambedui esterez,
« Et, s'on le juge, chascuns iert desmembrez. »
Dist Renaus « Sire, en respit le metez,
« Trosqu'à demain que le voir en saurez :

« Dont porrez dire tout ce que voz voldrez. »
Dist Karlemaines : « Ja si n'en gaberez ;
« Par saint Denis, quant voz m'eschaperez,
« Au departir por fol ne me tenrez.
— Drois empereres, ce li a dit Hardrez,
« Se droit noz faitez, voz les escillerez.
— Vassaus, dist Naynmes, or voz amesurez ;
« Vo felonnie mie ne descouvrez.
« Je ne cuit mie qu'encor soit li hom nés
« Qui noz volsist si avoir atornez.
« Qui voz croiroit, fel traïtres prouvez,
« Tost auroit fait grandes desloiautez. »
Li dus s'escorce, si est avant alez,
Hauce son poing qui est gros et quarrez.
Grant cop li donne dus Naynmes sor le nés,
Si que li sans en est aval coulez.
As piés le roi chaï touz enversez,
Et aprez crie : « Baron, or i ferez !
« Quant batus sui moult par sui avillez. »
Auloris l'oit, si est avant alez,
Et Berangers, Macaires et Hardrez,
Et Amboyns, Sansons et Forquerez,
Et Grifonnés, Miles et Yzorez,
Guis d'Autefoille, Hanris li bocerez,
Rigaus li fel, Bernars dou Sausoi nés.
Tuit cil s'escrient : « Naynmes, n'i durrerez ! »
Ja fust li dus malement atyrez,
Quant Hoedes saut et Thierris l'alozez
Hue à la barbe, Guerris li adurez,
Hoedes de Lengres, Richiers et Guinemers,
Et li dus Sanses, qui de Valence est nés.
Ja i éust mains ruistes cops donnez,
Quant l'empereres s'est en haut escriez :
« Par saint Denis, mar voz remouverez ;

« Qui se mouvra, au vent iert encroez. »
Ainz puis cel mot ne s'est nus remuez.
« Naynmes, dist Karles, o moi demorrerez,
« Renaus o voz, en prison esterez. »
Dist Naynmes : « Sire, vostre plaisir ferez.
« Legierement certez noz garderez.
— Thierri d'Ardenne, dist Karles, sà venez :
« Ces .II. vassax anuit noz garderez,
« Et le matin les me renvoierez. »
Dist Thierris : « Sire, si com voz commandez. »
O soi les mainne, moult les a honorez.
Et l'empereres est moult dolans remez.
Li traïtor s'en revont à lor trés ;
De fin argent ont .II. murlés trorsez,
Karlon l'envoient : moult lor en sot bons grez,
Moult par les tient por drus et por privez.

Li empereres fist panre le present ;
Convoitouz est, moult volentiers le prent.
Dist au messaige : « Amis, alez voz ent,
« Voz seignors ditez, .v^c. mercis lor rent.
« Guerredonné lor sera bonnement :
« S'il me requierent, je les orrai briement. »
Et cil s'en vont arriere isnellement ;
As traïtors ont conté l'errement,
Que l'empereres, qui a prins lor argent,
Lor aidera se nus vers euls se prent.
Dist Auloris : « Se je puis temprement,
« Seront cil don vendu moult chierement.
« Or escoutez, je voz dirai comment :
« Le matinnet, devant l'ajornement,
« Panrons Gautier, qui tant m'a fait dolant,
« En cel broillet l'enmenrons coiement,
« A unes forches le pendrons erranment,

« Ainz que le saiche li rois ne l'autre gent.
« Quant li dus Gaydes le verra pendre au vent,
« Ogier fera morir vilainnement,
« Car Gautier ainme desmesuréement.
« Et s'Ogiers iert mis à escillement,
« Li empereres, par nostre atissement,
« Panra de Naynme autretel vengement,
« Et de Renaut d'Aubespin ausiment;
« Car noz Ferraut requerrons vistement,
« Comme murtrier moult très crueulsement :
« Ainsiz porrons maitre France en torment. »
Dist Amboyns : « Dex, quel conseillement !
« Jhesus de gloire noz sauve tel parent ! »

Li traïtor ont lor conseil donné,
Et li baron ont parmi l'ost soupé.
Li empereres ot moult le cuer iré ;
Naynme menace et Renaut le membré,
Et dist qu'il ierent en tel prison gieté
Dont ja n'istront en trestout lor aé,
S'il n'a Ferraut tout à sa volenté,
Ou le Danois fors de prison cuité ;
Et il en a saint Denise juré.
.I. gars mauvais, qui tout a escouté,
As traïtors a tout dit et conté.
Quant il l'entendent, grant joie en ont mené,
Car bien cuidoient esploitier à lor gré.
Par l'ost se sont li baron reposé,
Car de l'estor estoient moult lassé.
Li traïtor ne se sont oublié ;
Si matinnet com il fu ajorné,
Ont prins Gautier, les poins li ont noé
Derrier le dos, et puis les iex bandez ;
Sor .I. roncin l'ont esramment levé,

De l'ost s'en tornent, coiement, à celé,
Et furent .xxx. moult richement armé.
Se Dex n'en pense, li rois de majesté,
Gautiers sera as forches encroez.
Li traïtor l'ont souvent ramposné :
« Sire vilains, ce li a dit Hardrez,
« Par vostre effort avez tant conquesté
« Que tel cheval voz avons apresté
« Dont l'eschinne a .xxx. piés mesurez;
« Tant a il bien, si com je l'ai visé. »
Et dist Gautiers : « Traïtres deffaez,
« De male hart soiez voz estrainglé !
« De tel cheval ne voz sai je nul gré ;
« Miex aferroit voz et vo parenté.
« A cel martyre com voz m'avez voé
« Soiez voz tuit, ainz que muiriez, livré. »
Quant Hardrez l'oit, d'un baston l'a frapé.
Et dist Gautiers : « De Deu de majesté
« Soit il maudis qui cestui m'a donné.
« Felons traïtres, tuit morrez en vilté,
« Car tuit serez, se Deu plaist, traïné. »
Dist Auloris : « Ainz l'aurez comparé. »

 D'euls lairai ores, .I. poi voz escoutez
Dou preu Ferraut comment il a ouvré.

 Quant dou soleil vit luire la clarté,
Vint à Gaydon, et puis li a rouvé
Que le Danois li rende tout monté,
Et de ses armes ausi bien conraé
Com il estoit quant il fu amenez :
« Ou se ce non, ja m'en verrez torner,
« Si me rendrai à Karlemaine, as trez ;
« Car ne voldroie, por l'or d'unne cité,
« Que por moi fuissent mi ostaige encombré. »

Quant li dus Gaydes ot son neveu oï,
Cortoisement et bel li respondi.
« Biax niés, dist il, ce saichiez tout de fi,
« N'ai pas coraige que voz partez de mi ;
« Car ne voldroie, por le tressor Davi,
« Que l'empereres voz éust malbailli.
« Por voz rendrai Ogier, mais tant voz di
« Que vostre ostaige soient cuite por lui. »
Atant envoie por Ogier le hardi ;
Mais ansoiz sont dou palais departi
Tuit li anfant, si que nul n'en choisi,
Dont li Danois durement s'esbahi.
Quant de la chambre, dont il fors s'en issi,
Tout le palais a trouvé desgarni,
Moult s'en merveille, mais mot n'en a jehi,
Où cil estoient que en l'estor choisi,
Qui de bataille furent si aaspri.
Mais il estoient par les ostex tapi ;
El palais sont li viel home flori :
Riolz dou Mans, Rispeus et Tyoris,
Morans et Hugues, Simons et li cuens Guis,
Li preus Ferraus et Amaufrois ausiz,
Et li dus Gaydes, qui enmi euls se sist.
Dist li Danois : « Sire dus, je voz pri
« Que voz prennez la raenson de mi. »
Et respont Gaydes : « Sire Ogier, je voz di
« Que delivrez serez par tans de ci ;
« Ja n'i perdrez vaillant un parisiz. »
Tout maintenant l'a Ferraus revesti
De dras de soie, à grans bendes d'or fin ;
Tout son harnois, c'onques riens n'i perdi,
Li fait trourser desor .i. fort ronsin ;
Puis li amainnent Broiefort l'arrabi.
« Biaus sire Ogiers, dist Ferraus, par saint Pri,

« Or en irez touz cuites sans estri. »
Et dist Ogiers : « Karles en ait merci !
« Mais se au roi estiez bon ami,
« Tost averoie cest service meri. »
Et dist Ferraus : « Dex, qui en crois pendi,
« Confonde ceuls qui cest plait ont basti,
« Par quoi noz sommez vers le roi anemi !
« S'a fait Guimars, Hardrez et Auloris,
« Et Berangers, et Miles, et Hanris ;
« Mais, se Deu plaist, il en seront honnis,
« Car il l'ont bien grant pies'a desservi.
« Mal fist li rois qui ainz puis les créi
« Que Ganelons les .xii. pers vendi,
« Et les .xx^m. qu'à Marsille traï. »

Li dus Ogiers isnellement monta
Sor Broiefort, que merveilles ama.
Ferraus a dit qu'il le convoiera,
Tant que en l'ost à sauveté venra.
Et Amaufrois a dit qu'avec ira ;
Lor armes huchent, et on lor aporta.
Ferraus li preus et Amaufrois monta ;
Il font que saige : mestier lor estera.
Ainz qu'il reveingnent, li plus hardis dira
Qu'ainz en sa vie plus fort jor n'acointa.
Es chevax montent que on lor amena ;
Tuit .iii. s'en vont, mais Ogiers chevaucha
Touz desarmez, car pas ne se douta.
Parmi les rues li Danois resgarda,
Car les vassax bien trouver i cuida
Qu'en la bataille choisi et avisa.
Quant ne les vit, forment s'en merveilla.
Par les ostex la grans noise leva
Que dus Ogiers arriere s'en reva.

Tant biaus destriers enz rues esgarda,
Tant en i vit et de sà et de là
Que à grans painnes les rens en trespassa.
Vit les haubers, c'on rosla et frota,
Et tant escu couvert c'on enarma;
Lors pense bien que grans gens laienz a.
Quant ne les vit, durement l'en pesa;
Maix tex se coise qui par tans s'aparra.

Par la cité s'en vont li troi baron;
Les rues passent où avoit maint donjon.
La porte garde Hues li fiuls Hoedon,
Ensamble o lui .c. vassal de renon.
Cil lor ouvri, cil issent à bandon;
Ogier convoient desci en l'ost Karlon.
Ferraus li preus mist Ogier à raison :
« Sire, dist il, por Deu et por son non,
« Ditez à Karle que noz voz renvoions
« Et qu'il claint cuite et Renaut et Naynmon,
« Qui m'ostaigierent au roial pavillon,
« Quant je me duz combatre envers Guion,
« Qu'il me reta de laide traïson.
« S'il ne les cuite, je irai en prison,
« Et voz venrez arriere au duc Gaydon. »
Et dist Ogiers : « Certez, ce ferai mon. »
Ferraus repaire et vait notant .i. son,
Et Amaufrois disoit .i. lay breton.
Gardent sor destre, et voient .i. garson
Qui vint corrant moult plus que le troton.
Quant l'ont véu andui li compaignon,
Contre lui sont venu à esperons.
Ferraus demande : « Amis, as tu besoing ? »
Dist li gars « : Sire, pas ne voz mentirons.
« Je venoie ores, lez cel broillet réont,

« Iluec trouvai de chevaliers fuison;
« Bien furent .xxx., tuit par election,
« Moult bien armé, chascuns sor l'Arragon.
« Iluec avoient amené .I. larron;
« A unes forches pendre le devoit on,
« Gautier l'oï nommer, par saint Simon.
« Moult regretoit et Ferraut et Gaydon,
« Et Amaufroi, .I. autre donzillon.
« Mis li avoient an col .I. hardillon;
« A jenouls fu, si faisoit s'orison.
« Pendu l'ont ores, car moult le hastoit on. »
Quant Ferraus l'oit, si tainst comme charbon.
Dist Amaufrois : « Celle part chevauchons.
« S'à tans i veing, si ait m'arme pardon,
« Ou g'i morrai, ou noz arrier l'aurons. »

Li .II. couzin ont la novelle oïe
Que li garsons lor a dite et nuncie ;
Quant que chevax puet corre d'escoillie,
De lui se partent, s'ont lor voie acoillie,
Une viés voie, par une adevancie,
Parmi le bois dont haute est la foillie.
Droit à l'issue de la lande foillie,
Voient les forches, dont la feste est drecie,
Voient Gautier, qui l'eschielle ot puiie,
Qui la corde ot entor le col lacie.
Ja fust pendus, mais l'eschielle est brisie :
Il n'est si male qui à la fois n'aïe.
Gautiers chaï et hautement s'escrie ;
Souvent reclainme le fil Sainte Marie :
« Biax sire Dex, qui dedenz Bethanie
« Suscitas Lazaron qui la char ot porrie,
« Le don donnastez, Sire, [ᶜsainte Sophie],
« Que de l'eglise qu'avoit faite et bastie

« Rois Constentins par sa grant seingnorie,
« Fu en son nom sacrée et benéie;
« Si com voz iestez, Jhesu Cris, plains de vie,
« Dont sainte Eglise est par voz resclarcie,
« Deffendez m'arme qu'elle ne soit perie,
« Car je voi bien que ma vie est fenie. »

Quant li glouton virent Gautier chéu,
La corde prennent qui entor le col fu.
Et dist Gautiers : « Por Deu le roi Jhesu,
« Laissiez moi dire pater nostre et salu! »
Dist Amboyns : « Ne voz vault .I. festu
« Que ne voz pende, que trop avez vescu. »
Et dist Gautiers : « Traïtre malostru,
« A male hart soiez voz tuit pendu!
« Se je vequisce, tuit fuissiez confondu. »
Quant Amboyns a Gautier entendu,
La corde giete, n'i a plus atendu,
Outre la feste le bout a recéu.
Plus de .X. sont icelle part corru,
La corde prennent, si saichent par vertu.
Si ont Gautier de la terre esméu,
Les ners dou col li ont si estendu
Que par .I. poi [*b*qu'il ne li ont] rompu,
Car moult pezoit, grans estoit et corsus.
A ces paroles ez vos Ferraut venu,
Et Amaufroi sor .I. destrier quernu.
« Avois! s'escrient, traïtor mescréu,
« De par Gaydon voz aportons salu
« Qui est escrips en nostre espié molu. »
Li traïtor, quant il les ont véuz,
Laschent la corde, car paor ont éu.
Gautiers rechiet desor le pré herbu;
Bendez estoit si n'a goute véu.

Et Ferraus broche, brandist l'espié molu,
Fiert Amboyn sor son doré escu.
Desor la boucle li a fraint et fendu,
Et le hauberc faussé et desrompu.
Le fer li a ou costel embatu,
Le sanc en a à la terre abatu,
Jus à la terre l'a souvin estendu.
N'est mie mors, maufé l'ont deffendu.
Amaufrois fiert Guimart le viel chenu;
Arme qu'il ait ne li vault .1. festu.
Si prez dou cuer li a le fer couzu
Les vainnes rompent, mort l'abat estendu.
Li traïtor furent tuit esperdu.
Et Ferraus a tant l'estor maintenu
Qu'il a Gautier les liiens desrompus
Et le bendel jus des iex abatu.
Voit le Gautiers, ainz si joians ne fu;
Dammeldeu jure et la soie vertu,
Ainz qu'il mais muire, estera chier vendus.

Or fu Gautiers touz seuls enmi la prée;
Amaufroi vit qui la teste ot armée.
Et Ferraus ot ja sa lance froée;
Mais il tenoit el destre poing l'espée,
Dont il faisoit envers euls la meslée.
Voit le Gautiers, durement li agrée;
Devant lui a une perche trouvée,
Que li glouton avoient recoupée;
Mais il l'avoient trop courte mesurée.
As forches faire si estoit demorée.
Gautiers la prent, à .II. mains l'a levée;
[*b*Derrier fu graile] et devant fu quarrée.
Fiert Maudebert en la targe roée,
Toute li a et froissie et quassée;

Le pis li froisse le cuer et l'eschinnée,
Mort l'abati devant lui en la prée.
Puis fiert Gombaut à la barbe meslée ;
Onques n'ot arme qui li éust durée.
L'iaume li fent et la coiffe a faussée,
Le cors li froisse desci en la corée,
Mort l'abati : l'arme s'en est alée ;
As vis diables soit elle commandée !
Gautiers s'abaisse, s'a sa targe couvrée ;
A son col l'a par la guiche levée.
Une grant perche a Gautiers adossée ;
Devant son piz a sa targe tornée.
Là se deffent com orse enchaainnée
Cui si orsel ont morse et eschauffée.
Cui il consieult, il a fait sa jornée.
Voit le Ferraus, durement li agrée ;
En haut s'escrie, à moult grant alenée :
« Deffen toi, ber, par la Virge honorée ;
« Secorrus [^beres] par la vertu nommée. »
Hardrez le voit, sa gent a aünée,
Puis li a dit : « Ferraut, vostre posnée
« Comparroiz cher, ainz que soit l'avesprée.
« La hars est torse qu'aurez en col noée,
« Et Amaufrois aura autel soudée :
« Delez Gautier iert vo gorge tyrée. »
Oit le Ferraus, si a dit sa pansée :
« Par Deu, traïtres, tel chose avez brassée
« Dont voz aurez ancui male soudée.
« Par celui Deu qui fist ciel et rousée,
« Se gel puis faire, jus iert vostre posnée. »
A ces paroles brochent de randonnée,
An poing le brant à la pointe acerée.
Parmi son elme fiert Hanri de Guersée ;
L'iaume li tranche et la coiffe saffrée.

Trosqu'au menton est l'espée coulée;
Mort l'abati iluec enz an la prée.
Amaufrois fiert Guion de Roche Anglée ;
Ne li vault arme une pome parée.
Parmi le cors li a l'anste passée,
Mort l'abati, et l'anste est tronsonnée.
Il trait le brant, dont la lemelle est lée ;
Destre et senestre donne mainte colée.
Mais Amboyns, par male destinnée,
Fu remontez, s'a sa gent aünée ;
Sa gent escrie, si lieve la huiée :
« Ferez ! baron, car lor force est outrée. »
Atant lor viennent, chascuns lance levée.
Se Dex n'en panse et la vertus nommée,
Desci qu'à poi iert lor vie finée.

Amboyns point, li cuivers deputaire,
Le bon cheval qui ot la crope vaire,
Qui fu Garnier, le seignor de Valcaire.
Quant qu'il en pot, à esperons fors traire,
Le point li fel, car bien le savoit faire.
Brandist l'espié qui fu au roi Forcaire,
Vers Gautier vint, si commensa à braire :
« N'i durrerez, fel vilains deputaires !
« Je voz ferai essorber et detraire.
« Ferraut pendrai, cui qu'en doie desplaire,
« Et Amaufroi, ainz que la nuit repaire. »
Et dist Gautiers : « Fel traïtres murtraires,
« De traïson ne voz volez retraire ;
« Bien estez dignes c'on voz féist detraire.
« Vien là avant, encoste moi t'apaire,
« Si t'apenrai que mes leviers set faire. »
Li fel i vint com crueuls adversaires ;
Fiert le en l'escu là où li ors esclaire,

Ausi li perce com féist une haire.
Fiert le en costel, le fer embroie et maire
Bien plainne paume, que le sanc en fait traire.
Gautiers chancelle, mesure li fait faire;
Mais il saut sus, si jure saint Ylaire :
« Mar mi avez fait anui ne contraire. »
Hauce son fust, n'i quist autre examplaire.
Ja li féist la marrelle maltraire;
Mais li traïtres est lors mis au repaire :
Ne l'atendist por tout l'or de Biaucaire.

Or fu Gautiers à pié enz an prael;
Voit Amboyn, ne li fu mie bel,
Qui esloingniez li fu sor le poutrel,
Qui tel duel a à poi n'ist de sa pel.
Tint le perchant qui ot gros le tuiel,
Et va ferir Girart de Montrevel
Parmi son elme qui fu fais à noel;
Ausiz li fent com féist .I. gastel.
La coiffe blanche ne li vault .I. rosel;
Les os li froisse ausiz com .I. aignel,
Que à ses piés l'abat enz an prael.
L'arme emporterent maufé et Jupiter,
Qui tout roillant alerent le vaucel.
N'a si bon mire, desci à Mirabel,
Qui séust dire quel part sist li visel.
Et dist Gautiers : « Or tenez cest merel.
« S'Amboyn puis tenir, par saint Marcel,
« Je li ferai hummer autel chaudel. »
Ferraus tenoit d'autre part le cembel.
Et Amaufrois tint l'espée au pomel;
Fiert Giboyn .I. moult fier hatiplel,
Sor les espaules li rest le haterel,
Puis a ocis Anscelin de Rivel.

Ferraus a mort Hermant de Monbendel,
Huon de Troies et de Dijon Ansel;
Bien s'i aïdent andui li jovencel.
Li preus Gautiers, qui tint le plansonnel,
Cui il ataint, moult resoit mal merel;
Ausiz l'affronte com féist .i. porcel.
Li traïtor ne lor sont mie aingnel;
Se Dex n'en pense, qui sauva Daniel
Dedens la fosse avec le lyoncel,
Tuit .iii. seront livré à lait maizel.
S'esploitier pueent li traïtor mezel,
Il les pendront touz .iii. à .i. hardel.

Li traïtor sont plain de desmesure;
Les .iii. barons ont requis sans droiture.
Hardrez li fel Deu et sa mere jure,
Et Amboyns, de la crois la figure,
Pendu seront, ja n'auront sepulture,
[*b*S'i dureront lonc tans] par aventure.
Et les requierent moult très grant aléure,
Lancent et ruent; moult fu grans la murmure.
Lor fort escu, dont d'or est la pointure,
Et lor haubers et lor autre arméure,
Sont moult malmis, ce est veritez pure.
Gautier ont mis par force à terre dure.
Amaufrois fu navrez soz la ceinture.
Le preu Ferraut ont fait moult de laidure;
Jus dou cheval l'ont mis à desmesure.
Chascuns saut sus, touz drois, en s'estature;
Adossé sont lez une haie obscure,
De lor escus font devant couverture.
Là se deffendent, moult sont en grant ardure;
Des cors lor cort li sans grant aléure.
Se Dex n'en pense, c'est la veritez pure,

Ja seront mis en grant desconfiture;
Mais on dist bien, ce est chose séure :
N'est pas peri quant qu'est en aventure.

Li .iii. baron furent en grant esmai;
Navré estoient, li sans lor cort à rai.
Ferraus reclainme Deu, de bon cuer verai,
Et Amaufrois, le ber saint Nicolai.
Et dist Gautiers : « Seignor anfant, bien sai
« Que de la mort voz voi en grant esmai;
« Soiez preudomme, et je voz aiderai.
« S'estoie armez, foi que doi saint Gervai,
« Nes douteroie la montance d'un glay.
— Voir, dist Ferraus, secorre voz cuidai;
« Or dou deffendre, que ja ne voz faudrai! »
Hardrez s'escrie : « Jamais ne mengerai
« Devant ice que pendus voz aurai. »
Dist Amaufrois : « Traïtres, sà te trai. »
Et dist Hardrez : « Vassal, je si ferai;
« La mort Thiebaut cruelment voz vendrai.
— Voir, dist Ferraus, tant comme je vivrai,
« A mon pooir touz tans voz destruirai. »
Dist Amboyns : « Or, à euls, sans delai!
« S'il noz eschapent, jamais liez ne serai. »
Et dist Hardrez : « Jamais Deu ne croirai
« Se il eschapent, quant ores ci les ai. »
Dist l'uns à l'autre : « C'or fier ou lance ou trai.»
Lor les requierent et demainnent grant brai;
Touz .iii. les ont abatus en .i. tai.
Des cors lor cort li sans à grant eslai.

En grant esmai furent li troi baron.
Moult les apressent li traïtor felon;
Lor escus percent, qui sont point à lyon.

Hauberc ne elme ne lor vault .I. bouton.
Gautier navrerent el cors jusqu'au pormon,
Et Amaufroi des cuisses el braon.
Ferraut navrerent el vis et en menton,
Et el costel d'un dart o le penon;
Li sans li cort dou cors à grant randon.
Gautiers tenoit en sa main .I. planson;
Gombert feri, qui fu niés Haguenon.
Hiaumes ne coiffe ne li fist garison;
Ainsiz l'affronte com féist un mouton.
Ferraus a mort Robert de Valbeton,
Et Amaufrois, Hombaut de Saint Droon.
Bien se deffendent tuit troi li compaingnon,
Mais lor deffense ne lor vault .I. bouton :
Abatu sont tuit troi à jenoillons.
Se Dex n'en pense, par son saintisme non,
Tuit troi seront mis à destruction.
Car prins avoient Gautier li mal glouton,
Fermé li ont an col le chaaingnon.
Li .II. couzin furent en grant frison,
Car Amaufrois chaï à jenoillons.
Ferraus dou sanc i perdi tel fuison
Qu'il est versez par delez .I. buisson.
Là furent prins andui li donzillon.
Les iex lor ont bendez comme larrons,
El col ont mis chascun .I. hardeillon,
As forches vont sans plus d'arrestison,
De l'eschielle ont rafaitié l'eschaillon.
En crois se couchent tuit troi à orison.
« Dex, dist Ferraus, qui souffris passion,
« Aiez de m'arme et merci et pardon !
« Dex, qui de mort suscitas Lazaron,
« Aidiez mon oncle, le riche duc Gaydon,
« Car je sai bien jamais ne le verrons ! »

Amboyns dist : « Voir, ce ne ferez mon.»
Lors a saisi li gloutons .1. tronson,
Gautier en donne .1. dolirouz froion,
A jenoillons l'abat sor .1. perron.
Gautiers saut sus sans nulle arrestison,
Les bras estent par telle aïrison.
Les liiens rompt dont liié l'avoit on.
Son bendel oste et resgarde environ,
Hauce le poing, qu'il ot quarré en som,
Amboyn donne .1. si grant orillon
Tout estordi l'abat lez .1. buisson :
« Tenez, traïtres! dist Gautiers d'Avalon. »
Par le frainc prent le bon destrier gascon,
Isnellement est saillis en l'arson,
Parmi le bois s'en va à esperon.
Tel .x. le sievent, qui crient à hau[t] ton :
« N'i garirez, vilains, par saint Simon;
« Ancui serez pendus par le chaon. »
Et dist Gautiers : « Voz i mentez, felons !
« Se armez fuissè, par saint Pol d'Avalon,
« Ja trouvissiez .1. felon compaingnon.
« Encor aurez, se Deu plaist, guerredon
« De vostre murtre et de vo traïson. »
Tout resgardant s'en va li vaillans hon.
S'il fust armez et éust le blazon,
Ja n'en tornast por fuir le talon.

VAIT s'en Gautiers à grant esperonnée.
Li .x. l'enchaucent très parmi la valée.
Se Dex n'en pense et sa vertus nommée,
Li .II. couzin Morant, sans demorée,
Et duc Gaydon, morront celi jornée;
Mais on dist bien, et c'est vertez prouvée :
Cui [*b*Dex aïde] ce est chose sauvée.

Mais or oiez con faite destinnée
A Dex Gautier otroïe et donnée.
Tant a corru qu'au pié d'unne valée
A encontré Claresme la senée,
Qui de Gascoingne fu roïne clanmée.
A Karlon vait [*b*recevoir sa contrée]
Et faire homaige, car elle estoit senée,
Et si avoit en cuer et en pensée
Que, se la guerre Gaydon estoit finée
Des traïtors qu'aient male durée,
Que le panroit et seroit s'espousée
Moult volentiers, par bonne destinnée,
— Ou autrement jamais n'iert mariée ;
Car tant l'amoit, por sa grant renommée,
Toute autre amor en avoit oubliée.
.XX. chevaliers, qui sont de grant posnée,
Mainne avec li, por iestre miex gardée ;
N'i a celui qui n'ait la teste armée.
Blonde, Eschavie i est et Esmerée.
La damme iert moult de haut paraige née,
De biauté samble moult très bien iestre fée.
Gautiers la voit, s'a la resne tyrée ;
Vers li a point, merci li a criée.
La damme sist sor la murle affautrée ;
Elle le prent, n'est plus avant alée,
Si l'a couvert desoz sa gironnée.
Li traïtor vinrent de randonnée.
Li fel Bernars, qui tenoit Pierrelée,
Brandist la lance à la pointe acerée ;
Gautier cuida ferir en la corée,
Le mantel perce, la pelice a troée
Que la damme ot sor le baron gietée.
Gautiers guenchi, qui la mort a doutée,
Et nonporquant la char ot entammée.

Li sans en vole fors de la char navrée,
Que la pelice en fu ensainglantée
Que la dame ot vestue et endossée.
Voit le Claresme, moult en fu effraée;
Elle s'escrie, comme fame aïrée :
« Se n'est vengiez, ja esterai desvée,
« Dou mal glouton qui a fait tel posnée,
« Qui si li a sa pelice atornée. »
Guis de Belin a la dame escoutée;
Le cheval broche, s'a la lance branlée,
Et fiert Bernart sor la targe roée.
Desor la boucle li a frainte et troée;
L'aubers n'i vault une toile cirée.
Le fer li passe très parmi l'eschinée,
En cors li mist l'enseingne à or frazée.
Gascoing i fierent et de lance et d'espée.
Li traïtor ont guerpi la meslée;
Fuiant s'en tornent tuit dejouste une prée.
Gautiers s'escrie : « Franche dame honorée,
« Secorru m'as et ma vie sauvée;
« Mais, por la virge qui de Deu fist portée,
« Secor Ferraut à la chiere membrée,
« Et Amaufroi à la chiere rosée,
« Que Hardrez tient et sa gent deffaée
« Delez cest bois dont la foille est si lée;
« Je cuit, par foi, que lor vie est finée. »
Lors a Gautiers la verité contée,
Comment des forches est la feste levée :
« Pendu m'éussent li traïtre à celée,
« Quant Ferraus vint, la ventaille fermée,
« Et Amaufrois sor le blanc d'Aquilée.
« Cil furent .xxx., n'i éusmez durée;
« Mais ainz i ot donné mainte colée.
« Onques .ii. home n'orent si fort jornée;

« Je cuit qu'il ont recéu tel soudée
« Com il m'avoient et jugie et donnée. »
La damme l'oit, la Touzsains a jurée ;
D'ire et de duel est toute tressuée.
Lors a sa gent, quant qu'elle puet, hastée.

La damme haste forment sa baronnie.
Et Gautiers a une broingne treslie,
Que cil li ont moult tost appareillie,
Et roit espié et fort targe florie ;
Elme ot moult bon, qui fu fais en Pavie.
Poingnant s'en vont par une adevancie.
Gautiers tenoit une hace empoingnie
C'uns escuiers li ot enz mains baillie,
Car son espié ne prisoit une aillie ;
Devant s'en va à plain cop d'escoillie.
Li traïtor, quant ont lor gent choisie
Qui s'en retornent afuiant par tel hie,
Moult s'en merveillent comment est estormie.
Voient Gautier, qui hautement s'escrie :
« Fel traïtor, vostre mors est jugie. »
Oit le Hardrez, touz li sans li fremie.
Ferraut avoit la corde au col lacie,
Desor les forches, dont la feste est drecie,
Avoit le bout de la corde lancie ;
Forment sachoit, Amboyns li aïe.
Quant Gautier voient, s'ont la corde laissie.
.XX. en i ot encor remez en vie,
Et li .x. sont ocis à grant haschie.
Gautiers lor vient, tient la hache aiguisie,
Point le destrier, qui li cort d'escoillie,
A ses .II. mains tient la hache empoingnie,
Et fiert Durant sor l'iaume de Pavie.
Ausiz li tranche comme toille porrie,

Tout le fendi enfresci qu'en l'oïe,
Mort l'abati enmi la praerie.
Guis de Belin fiert Ansel de Tubie;
Niés fu Hardré, fiz sa seror Marie.
L'escu li fent, la broingne a dessartie,
El cors li met l'enseingne qui baulie,
Mort l'abati enmi la praerie.
Gascoing i fierent, qui ne se faingnent mie.
Li preus Gautiers noient ne s'i detrie,
Vient as anfans, erramment les deslie,
Chascun livra bon destrier de Sulie.
Amaufrois monte, s'a l'espée sachie,
Et Ferraus a une lance saisie;
En euls se fierent, si escrient « Valye! »
La gens Hardré i fu moult desconfite;
Fuiant s'en tornent, s'ont la place guerpie.
Hardrez s'en fuit, qui pas ne s'i detrie,
Et Amboyns, cui li cors Deu maudie;
Lor gent laissierent sà et là esbahie,
Fuiant s'en vont par la forest antie.
L'anfes Ferraut Gautier doucement prie
D'ont cil secors lor vient et que li die.
Gautiers li a la verité jehie,
Com encontra Claresme et sa maisnie :
« Sachiez l'an gré, car, par le fil Marie,
« S'elle ne fust, vo vie fust fenie. »
Ferraus l'entent, s'a la resne sachie,
Vient à Claresme, doucement l'en mercie.
Et Amaufrois envers li s'umelie.
La bonne damme les acole et festie.
Atant ez voz Blonde et Eschavie :
N'avoit si beles desci jusqu'an Pavie.
Voit Amaufrois, s'a la coulor changie;
Piesa li a donné sa druerie,

Et par amors out sa manche envoïe.
Vers li se trait, tel parole a nuncie
Dont mainte lance fu puis frainte et croissie.
Et Esmerée por Ferraut se cointie ;
Por la proesce qu'elle en avoit oïe,
Se trait vers lui, sa pensée a gehie,
S'amor li donne, et il l'a recoillie.
Claresme fu por euls moult esbahie ;
Gautier apelle, se li dist en l'oïe :
« Amis, fait elle, par vostre cortoisie,
« Ditez Gaydon qu'il a moult belle amie ;
« Bien la connois, qu'elle est de ma maisnie.
« S'en lui ne faut, se Dex me benéie,
« En chief aura coronne d'or lancie. »
Et dist Gautiers : « Voz parlez de folie.
« Fame qui prie si fait grant desverie ;
« Tel chose emprent souvent par legerie,
« Qu'elle en cuide iestre miex amée et prisie :
« Par haste fait ce dont elle est honnie.
« Je ne sai riens de tel mareschaucie ;
« L'un de ces .II. en chargiez la maistrie,
« Car ja par moi n'en iert oevre jehie. »
Oit le Claresme, de honte an est rougie.

Seignor, oiez, por Deu le droiturier :
Voz avez bien oï en reprouvier
Qui dou feu a et besoing et mestier,
Que à son doi le doit querre an fouier.
La bonne damme en apella Gautier ;
Tout bellement le prinst à arraisnier :
« Gentiz hon sire, par amors voz requier
« Qu'envers Gaydon soiez mon messaigier ;
« Car je n'en voil ces .II. barons proier,
« Car je les voi de si prez dosnoier,

« A mes pucelles parler et acointier,
« Et Dex lor doinst telle amor commencier
« Que il me puissent envers lor oncle aidier !
« Itant me ditez au riche duc d'Angiers
« Que, s'à mon tref ose anuit chevauchier,
« Bien me porra acoler et baisier.
« Se gel pooie à Karlon amaisnier,
« Moi et ma terre auroit à son dongier,
« Se me voloit espouser à mollier. »
Dist Gautiers : « Damme, se Dex me puist aidier,
« Je ne me sai mesler de tel mestier,
« Fors tant, ma damme, par le cors saint Richier,
« Com li preudons doit faire à sa moillier ;
« Moult miex sauroie ma charrue chascier.
« Et cuer de fame resont mais si legier
« C'on ne se puet en elles affier.
« L'unne ainme lors [ᶜde ci à l'esragier]
« .VIII. jors ou .xv., puis la voit on changier,
« [ᵇQu'ele] se weult à .I. autre acointier. »
Oit le Claresme, de duel cuide esraigier ;
Bien voit qu'autrui li convient envoier,
Se elle weult sa besoingne esploitier.
Dist à Gautier : « Par Deu le droiturier,
« Vilainnement me savez chastoier ;
« Mais, tu chaitis, ne vauls mie .I. denier.
« Par celui Deu qui tout a à jugier,
« Cuers qui bien ainme est fors et enraigiez. »
Et dist Gautiers : « Bien savez praechier ;
« S'au duc Gaydon veniez au plaidoier,
« Ne voz convient avoir autre amparlier.
« Mais, quant de lui avez tel desirrier,
« Ne voz lairai mie de duel sechier,
« Ainz voz randrai, se je puis, le loier
« De ce qu'avez fait no mort respitier :

« Par tans porrez le franc duc embracier.
« Mais defors l'ost faitez vo tref drecier;
« Car moult redouz Sanson et Berangier,
« Si se convient porvéoir et gaitier,
« Contre voisouz convient estudier. »
Ainsiz s'en vont parlant, lez .I. sentier.
Commencié ont tel chose à plaidoier
Dont il morront maint vaillant chevalier.
Et li dus Gaydes en ot moult d'encombrier,
C'on voit maint home par amors foloier.

Oï avez plusor et li auquant
Que à maint home vient li anuis devant
Quant il plus a lié le cuer et joiant;
Ausi fait il Gaydon, le duc vaillant,
Com voz orrez, s'il est qui le voz chant.
Vers l'ost s'en va Claresme chevauchant.
Envers Angiers va Ferraus à itant,
Et Amaufrois au coraige vaillant;
De lor amies s'en partent souzpirant.
Claresme va de fine amor tramblant;
A Gautier proie, por amor Deu le grant,
Que à Gaydon die son convenant.
Dist Gautiers : « Damme, tout à vostre commant.»
Congié ont prins li troi vassal errant,
Vers Angiers vont moult tost esperonnant,
Droit à la porte en vinrent cheminnant.
On lor ouvri, enz entrent erramment.
Devant la sale, soz un pin verdoiant,
Treuvent Gaydon, le preu et le vaillant;
Por ses neveus s'aloit moult esmaiant.
Quant il les voit, moult s'en va esjoiant;
Quant vit Gautier, sa joie va doublant.
Touz .III. les va doucement acolant.

Il voit le sanc, moult s'en va merveillant,
Qui lor aloit fors des plaies corrant.

Quant li dus Gaydes vit ses neveus navrez,
Moult s'en merveille, si en est effraez.
Et vit Gautier qui moult estoit grevez;
Lors fu moult tost maistres Guerris mandez.
Les barons ont erramment desarmez;
Maistres Guerris les a bien remuez,
Lor plaies tante, puis si les a bendez;
Puis les couchierent en trois blans lis parez.
« Biaus niés, dit Gaydes, por Deu, or m'escoutez :
« Qui voz a si malement conraez ? »
Ferraus li conte toute la verité
De chief en chief, si com oï avez,
Comment Gautiers fu as forches menez.
« Pendu l'éussent Amboyns et Hardrez,
« Par .I. garson noz fu li plais contez.
« Por lui rescorre fumez mal atirez :
« [*Toz .III. nos prirent; mais par sa poesté]
« Lors fu Gautiers li vassaus eschapez.
« Puis encontra, quant de noz fu tournez,
« Une pucelle, cui Dex croisse bontez,
« Qui noz resqueust à vint de ses privez.
« De Gascoingne est, soie est la roiautez. »
Dist Gautiers : « Sire, s'il voz plaist, entendez :
« Celle pucelle, qui tant a de biautez,
« Par moi voz mande salus et amistez.
« De vostre amor est ses cuers alumez;
« S'elle dist voir, moult iestez bien amez.
« S'envers Karlon estiiez acordez,
« Encor seroiez par li rois coronnez,
« Et de Gascoingne sires et avoez.
« Par moi voz mande qu'anuit voz aprestez,

« S'alez o li dosnoier en ces prés,
« Sà defors l'ost, en l'oriere des prés;
« Là [^b fera tandre], assez tost i venrez."
— Sire, dist Gaydes, por Deu, ne me gabez.
« De ceste guerre sui forment apressez,
« Et assiz sommez assez prez, ce savez,
« Et hom qui doute perdre ses heritez
« Est moult souvent corrouciez et irez ;
« Si faitez mal quant voz me ramposnez.
« Par celui Deu qui en crois fu penez,
« Je n'i cuit pas à ceste fois aler. »
Et dist Gautiers : « Se s'amor refusez,
« Je n'i sai plus mais moinnes devenez.
« Quant la plus bele qui soit en .x. citez
« Voz a mandé que s'amor recevez,
« Recréans iestez quant amer ne l'osez,
« Ou voz de fame touz les deduis haez.
« De male flamme soit vostres cors lardez,
« Se voz s'amor por paor refusez,
« Qu'elle est plus belle que angres empennez !
« Qui de ses bras esteroit acolez,
« Sains paradis, où tant a de clartez,
« En devroit iestre, ce m'est vis, oubliez.
— Sire, dist Gaydes, se c'estoit veritez,
« Je ne lairoie, por .x. mars d'or pesez,
« Que ne féisse toutes ses volentez. »
Et dist Gautiers : « Sire, ne voz doutez,
« Car plus voz ainme que je ne di assez. »
Quant Gaydes l'oit, si fu enamorez,
De fine joie est ses cuers souzlevez ;
Dammeldeu jure, le roi de majestez,
Que [^b ces] amors comparra chier Hardrez,
Et Auloris et Miles et Guirrez :
« Car, ainz demain, ainz qu'il soit ajorné,

« Irai à li, puisqu'il li vient en gré,
« Maugrez en ait Karles et ses barnez. »
Et dist Ferraus : « Oncles, ne voz hastez ;
« Hom sans mesure est moult tost encombrez.
« Se il voz plaist, encores soufferrez :
« Se bien voz ainme, ja haïs n'en serez.
— Biaus niés, dist Gaydes, voire voz ne savez
« Com faitement l'afaires est alez,
« N'en quel destroit mes cuers en est entrez. »
Dist Amaufrois : « Dex en soit aourez !
« Vostres coraiges est moult tost remuez.
« Por Deu voz proi, quant dosnoier irez,
« Que Esmerée de par moi saluez ;
« Car, se g'estoie de mes plaies sanez,
« O voz iroie et Ferraus l'alosez.
« De .II. pucelles sommez asséuré,
« Il n'a si belles desci en Balesguez,
« Fors que Claresme dont voz l'amor avez.
« Or verra on se amor desservez
« En grant estor, quant venus i serez ;
« Por bele damme doit on coillir fiertez.
— Biaus niés, dist Gaydes, à itant voz tenez.
« Hom, puis qu'il ainme, est auques aweuglez ;
« Qui me donroit .M. mars d'argent pezez,
« Ne le lairoie, puis que g'i sui mandez,
« Que à li n'aille, mar m'i chastoierez. »

Si voz lairons ores dou duc Gaydon,
Si voz dirai dou riche roi Karlon ;
Dou duc Gaydon, quant lieus iert, voz dirons.
[*b*Messe ot] oie dou bon abé Simon,
Assiz se fu devant son pavillon,
Et ses barnaiges dont il i ot fuison.
Atant ez voz Aulori et Sanson,

Et Griffonnel et Renaut et Huon,
Ensamble o euls tex .xxx. compaingnons,
Tuit dou lingnaige Thiebaut et Ganelon.
Cil les maudie qui Longis fist pardon,
Qu'il ne desirrent se à mal faire non!
Auloriés commensa sa raison :
« Drois empereres, por Deu et por son nom,
« Faitez noz droit de Ferraut le felon,
« Cui Guis avoit reté de traïson.
« Guios l'éust ocis, bien le seit on,
« Quant de l'agait saillirent li glouton;
« Ferraut rescousent, or le voz demandons. »
Quant Karles l'oit, si fait mander Naynmon,
Renaut o lui por mener en prison.
Thierris d'Ardenne les prinst par les girons;
Karlon les mainne en sa possession.
« Naynmes, dist Karles, par le cors saint Simon,
« Voz et Renaus me rendrez mon prison,
« Ou mis serez en autretel broion.
— Sire, dist Naynmes, noz ferons vostre bon.
« Certez, je cuit, Ferraus est si preudom
« Que dou plegier bien delivré serons. »
Karles respont, par grant aïrison :
« Mestier voz est, par mon flori grenon;
« Car, ainz le vespre, se Ferraut ne ravons,
« Serez andui mis à destruction. »
Dist Renaus : « Sire, se Ferraut voz rendons,
« Serons noz cuite par tel devision ?
— Oïl, dist Karles, par saint Pol d'Avalon. »
A ces paroles estez vos un garson,
Qui vient criant clerement, à haut ton :
« Vez ci Ogier, soiez haitié, baron! »
Atant ez voz Ogier sor l'Arragon.
Grant joie en mainnent Fransois et Borgoingnon,

Karles méismez en dressa le menton.
Li traïtor en ont duel et frison,
Car bien volsissent que pendu l'éust on.
Mais .I. proverbe en dient li clerson,
Qu'en duel en ville n'a pas comparison ;
Quant li uns pleure, l'autre rire voit on.

GRANT joie mainnent as loges li Fransois,
Quant de prison est issus li Danois.
Naynmes se dresce, et Renaus as crins blois ;
Et dist Renaus : « Sire empereres drois,
« Delivré sommez ; Dex, qui est sire et rois,
« En soit loez, et Ferraus li cortois !
« Cui noz plejamez bien acuite nos fois. »
Et dist Ogiers : « De Deu, qui fist les lois,
« Soit li vassaus Ferraus touz benéois,
« Et li dus Gaydes, et li preus Amaufrois !
« Plus loiaus gens voz ne verrez des mois.
« Se por moi n'iestez cuite à ceste fois,
« Il revenra, et je arriere en vois. »
Et respont Karles : « Si m'aït sains Elois,
« Je ne voldroie, por .I. mui de mansois,
« Qu'en la prison fuissiez contre mon pois. »
Guis d'Autefoille s'escrie à haute vois :
« Sire empereres, moult me torne à anois,
« Quant en vo cort m'est defaillis li drois,
« Quant voz cuitez le traïtor renois
« Qui vo portier murtri par son boffois,
« Et Haguenon et Rahier le cortois.
« Bien li éusse abatu son boffois,
« Ne fust la gens qui me sailli dou bois ;
« Là m'assaillirent .II^m., voire trois :
« Se ce ne fust, Ferraut fust li sordois. »
Et dist Ogiers : « Nel tenez à gabois.

« Ferraus voz mande ne soiez en sozpois,
« Qu'à la bataille revenra demanois,
« Mais c'on ait prins bons ostaiges ansoiz.
— Ogier, dist Karles, tout ce ne vault .I. pois;
« Mais or me ditez, foi que voz me devois,
« Quex gens véistez ou palais maginois?
« Avec le duc sont Anglois ou Irois?
« Moult en i a, quant viennent as tornois,
« Bonne gent sont, moult a en euls deffois? »
Dist Ogiers : « Sire, ja par moi nel sauroiz.
« Par les ostex se tint chascuns si cois
« Nul n'en i vi, de verté le sachois,
« Fors damoisiax et danmes et borjois.

— Biax sire Ogier, dist Karles li nobiles,
« Si ne savez quele chevalerie
« Il a laienz, ne quel bachelerie?
— Non, dist Ogiers, se Dex me benéie,
« Q'ainz n'en vi .I. en rue n'en chaucie;
« Mais de chevax la trouvai si garnie
« N'en sai le nombre, par Deu le fil Marie.
« Ne sai se fu par art ou par boisdie,
« Ceuls qui me prinrent, par Deu, ne vi je mie;
« En une chambre fui mis sans compaingnie,
« Mais servis fui par moult grant seingnorie.
— Par Deu, dist Karles, qui tout a en baillie,
« Se Dex me sauve, ainz demain la complie,
« Verrai laienz la grant chevalerie
« Qui sà defors noz font tele envaïe. »
Dist Ogiers : « Sire, se Dex me benéie,
« Se voz persoit li dus ne sa maisnie,
« N'en partiriez sans grande vilonnie.
— Ogier, dist Karles, ne m'en chastiiez mie. »
Atant ez voz Claresme l'eschavie,

Gaydon. 17

Qui de Gascoingne avoit la seingnorie.
Devant le roi descent, plus n'i detrie,
S'ommaïge offri, lors s'est ajenoillie,
Puis joint ses mains, moult s'est humeliie.
Et li rois l'a en contremont drescie,
Puis prent l'ommaige, si l'a en foi baisie.
Guis d'Autefoille a la damme choisie,
Qui tant estoit et bele et eschevie;
Le roi apelle, moult doucement li prie,
Tout coiement li a dit en l'oïe
Que il li doinst Claresme l'eschevie.
Il li donra .I. murl de Lombardie
Chargié d'or fin, dou meillor de Roussie,
« Et si aurez .C. pailes de Pavie. »
Quant Karles l'oit, bonnement li otrie;
De la pramesse durement l'en mercie.
La dammoiselle a par la main saisie,
Guiot apelle où tant ot de boisdie.
« Gui, dist li rois, ceste aurez en baillie;
« Gascoingne aurez, quant l'aurez nosoïe.
« De voz sera maintenant fiancie. »
Claresme l'oit, à poi n'est enraigie;
Lors respondi com fame corroucie :
« Par ma foi, Gui, voz pensez grant folie,
« Que ja n'aurez de moi la seingnorie. »
Lors tent sa main devers une abéie :
« Par le seignor c'on laienz sacrefie,
« Que miex voldroie c'on m'éust enfoïe
« Que ja à fame m'aiez jor de ma vie;
« Mieus ainz ma terre soit et arse et bruïe. »
Dist l'empereres : « Voz ditez grant folie,
« Qu'il voz convient faire ma commandie. »
Quant elle voit que Karles si l'an prie,
Lors volsist bien qu'elle fust anfoïe.

Mais uns proverbes noz aprent et chastie :
Engiens de fame maint saige home cunchie.

Quant la pucelle ot le roi escouté,
Si li respont qu'ele fera son gré,
Car grant piece a qu'elle l'a enamé,
Por sa valor et por sa grant bonté;
« Mais n'en voloie descouvrir mon pansé,
« Devant ice que l'éusse esprouvé.
« Mais quant je voi qu'il en a volenté
« Que il me preingne, car moult l'ai enamé,
« A lui m'otroi, voiant tout le barné,
« Qu'en lui aurai moult vaillant avoé.
« De lui m'a on et dit et raconté
« Que il éust Ferraut mort et maté,
« S'on ne l'éust secorru et osté. »
Et dist Guiz : « Bele, voz ditez verité. »
Avant passa, si a le roi rouvé
Qu'esramment soient li sairement juré
De l'espouser, sans lonc terme passé.
Et dist Claresme : « Or avez bien parlé ;
« Mais ainz voldrai savoir vostre bonté,
« Vostre cors voir sor le cheval armé,
« Tant que aiez par devant moi jousté.
— Bele, dist Guis, tout à vo volenté ;
« Ainz demain vespre, m'en verrez atorné.
« Se nus en ose issir de la cité,
« Se nel voz ranz et vaincu et maté,
« Je ne me pris vaillant .I. oef pelé. »
Et dist Claresme : « Or ai je tant esré
« Que Jhesus m'a à cest home assené. »
La pucelle a Karlemaine apellé.
« Sire, dist elle. j'ai moult le cors lassé;
« Aler m'en voil, ci ai trop demoré. »

Son mareschal a moult tost apellé.
« Alez, dist elle, faitez tendre mon tref
« Par defors l'ost, là val, enmi cel pré,
« A la fontainne, desoz le pin rammé. »
Cil s'en tornerent, moult l'ont tost atorné,
Et Claresme a congié au roi rouvé.
Li rois li donne, puis li a commandé
Que le matin ait son cors conraé,
De riches dras vestu et atorné;
Et Guis aura son afaire apresté,
Si la penra, ja n'en iert trestorné,
Le matinnet, car trop ont demoré.
Elle respont : « Tout à vo volenté. »
Puis dist en bas, coiement et souef :
« Par cel Seignor qui tout a estoré,
« Moult miex voldroie avoir le chief copé
« Que cil traïtres jéust à mon costé.
« Trop a le cuer fel et desmesuré,
« Quant fame weult avoir outre son gré,
« Quant cil qui l'a prinse par amisté
« Et bien la sert et porte loiauté;
« Souvent a on véu et esgardé,
« Ansoiz qu'il aient granment ensemble esté,
« Le fait sa fame souventes fois iré. »
Atant s'en part, plus n'i a demoré.

La pucelle est partie atant dou roi,
Vint à son tref, qu'iert tendus en l'erboi,
Lez la fontainne, soz le pint, el chaumoi,
Par defors l'ost, à quatre arpans, ce croi.
Descendue est et si home entor soi,
Assise s'est desor un paile bloi,
Deffunblé a son mantel à orfroi,
Souffle et souzpire belement; en recoi.

L'anmors Gaydon l'a mis en grant effroi.
Lors se regarde, s'a véu Godefroi,
.I. escuier, fil Milon de Nobloi.
« Frere, dist elle, or me soiez de foi;
« Preu i aurez, par la foi que voz doi.
— Danme, dist il, por quant qu'à mes iex voi,
« Ne voz feroie traïson ne besloi.
— Frere, dist elle, sor tant le voz recroi.
« Tu t'en iras à Gaydon, fil Joiffroi,
« Et se li di, ne le teingne à anoi,
« Que anquenuit, quant fra seri et coi,
« Veingne à mon tref belement, sanz deloi,
« Et avec lui chevalier quatre ou troi.
« Tant li cuit dire, ainz que parte de moi,
« Dont plus hardis estera en tornoi,
« Et se li porte cest annel de mon doi. »
Et cil respont : « Ma danme, je l'otroi. »
Lors prent l'annel, atant s'en part de soi,
Isnellement monte an un palefroi,
Tout belement s'en va lez un [ᵇaunoi],
Tout oisillant, si com par esbanoi.

Tout belement s'en va li damoisiaus
Selonc le bois, assez prinst des oisiaus.
Une aigue passe, où il ot .II. ponciaus,
Vers la cité s'en vint li jovenciaus,
Tout coiement, par entre .II. monciaus.
Ainz nel perciut Fransois ne Prouvenciaus.
Vint à la porte par entre .II. fossiaus ;
Desor le mur choisi tant penonciaus,
Et tant escu portrait à lyonciaus,
Plus furent dru que en vivier rosiaus.
Li messaigers fu de parler isniaus ;
Huon choisi sor le mur as querniaus,

Le fil Doon, qui fu nés à Bordiaus ;
.I. aubalestre tenoit et .II. quarriaus.
Li mes l'apelle, qui ne fu pas muiaus.

Li messaigers en apella Huon ;
Moult belement li a dit sa raison :
« Ouvrez la porte, gentiz fiuls à baron,
« Parler voldroie au riche duc Gaydon,
« Se m'i envoie, pas ne voz mentirons,
« Qui ne li weult nulle riens se bien non. »
Et respont Hues : « Noz le voz ouverrons. »
Il descendi dou mur et dou donjon,
Vint au guichet erramment, à bandon,
La clef embat dedens le torillon,
Le guichet oevre ; cil entre enz à bandon.
Hues le fist mener jusqu'au donjon ;
Le duc trouva, sà defors, au perron,
Bertran le preu et Richier et Milon.
Ensamble o euls sont tel .c. donzillon,
Qui ne desirrent se la bataille non.
Chascuns faisoit pormener l'Arragon,
Et esclaircir son hauberc fremeillon.
Gaydes faisoit violer un Breton.
Li mes descent, que n'i quist ochoison,
Son palefroi fist panre à .I. garson,
Et l'esprevier li a mis sor le poing.
Gaydon salue, belement, à haut ton,
Et le barnaige entor et environ.

Li messaigers parla moult belement,
Le duc salue bel et cortoisement,
Et le barnaige environ ausiment,
Puis li dist : « Sire, s'il voz vient à talent,
« Parler voldroie à voz privéement. »

Li dus se dresce, quant la parole entent ;
Jouste .i. arc vol s'en vont isnellement.
Li messaigers li conta esramment
Comment Claresme le mande à parlement :
« Venez à li anquenuit coiement,
« Si n'en soiez ja en nul doutement,
« Mais venez i dou tout hardiement.
« Ainz soufferroit son cors maitre à torment
« Que elle ouvrast vers voz traïtrement,
« Si voz envoie cest anel en present.
« Moult doit liez iestre qui à s'amor s'atent ;
« Il n'a si bele desci en Orient,
« Et tant voz ainme, par le mien ancient,
« Que de dormir a perdu le talent. »
Gaydes soupire quant la parole entent ;
Il prinst l'annel que li vallés li tent,
Dedans son doi le mist avenamment,
Souvent l'esgarde, de fine amor ensprent.
Riol apelle et Rispeu ausiment ;
De chief en chief lor conte l'aisrement
Si com li mes li dist privéement :
« Aler i voil par vostre loement.
« Se g'i aloie sans vostre loement
« Et il m'estoit meschéu de noient,
« Blasmez seroie assez de voz souvent. »
Et dist Riolz : « Or sai certainnement
« Que voz irez auques doutousement ;
« Mais se amez auques entierement,
« Ja n'i aurez doute n'esmaiement.
« Mais cuers voz faut, par Deu omnipotent !
« S'avez paor, menez tant de vo gent
« Que voz puissiez revenir sauvement. »
Dus Gaydes l'oit, de fin aïr ensprent ;
Le Seignor jure à cui li mons apent

Que il ira droit à l'anuitement.
Ja n'i menra ne ami ne parent,
Fors .I. tout seul, armé moult richement,
« Et je méismez, armez moult noblement. »
Atant departent de lor conseillement.

Dou conseil part li dus sans delaier;
Par la main destre a prins le messaigier,
A ses barons est revenus arrier,
Puis sont monté sus en palais plenier.
Li dus commande à haster son mengier;
« Il est tout prest », dient li cuisinier.
Les tables maitent serjant et escuier,
L'aigue ont cornée à un cor menuier.
Quant lavé orent li baron chevalier,
Aval les tables s'alerent assegier.
Et li dus Gaydes, où il n'ot qu'enseingnier,
Fait le messaige devant lui assegier.
Ja de lor mes ne convient à plaidier :
Bien sont servi, que il n'i ot dongier.
Quant ont soupé, prez fu de l'annuitier;
La cors depart, quant tans fu de couchier,
As osteux vont et baron et princier.
Gaydes li dus ne se volt oublier;
En une chambre s'en va appareillier,
Puis a mandé le vavassor Gautier.
Et il i vint, ne s'en fist pas proier,
Car il estoit sains et saus et haitiez.
Et Amaufrois se pooit bien aidier;
Ferraus li preus se pooit ja drescier.
Gaydes apelle Gautier, cui tant ot chier :
« Gautier, biaus frere, alez voz haubergier;
« O moi venrez, car je voz en requier.
« Claresme m'a mandé, nel quier noier,

« Que à li voise parler et acointier ;
« Vez ci le mes qu'elle m'a envoié.
« Autrui que voz n'i voil acompaingnier. »
Gautiers l'entent, vis cuida enraigier ;
Ce li est vis, ainsiz l'a en cuidier,
Li dus le voille por aler dosnoier.
Et dist Gautiers : « Weuls me tu engingnier ?
« Ja sez tu bien que je ai ma moillier,
« Et tu me weuls faire à autrui pechier !
« Par icel Deu qui tout a à baillier,
« Ainz me lairoie trestout vif escorchier
« Que je volsisse vers ma fame boisier. »
Li dus l'entent, n'i ot qu'eslaiescier ;
Il l'en voldra .I. pou contraliier.
« Gautier, biaus frere, n'i ait point d'esmaier ;
« Nouvelle amor voz convient commencier.
« Une pucelle, qui voz vit avant ier,
« Voz ainme tant ne s'en seit conseillier,
« Si voz voldra acoler et baisier.
« Bien voz porrez deduire et solascier,
« Et en vos bras la pucelle embracier.
« S'elle voz puet tenir, par saint Richier,
« De voz voldra son cors rassaisiier. »
Et dist Gautiers : « Bien me saurai aidier.
« Li .C. diable la puissent atouchier !
« Se elle weult envers moi aprochier,
« Par le cuer beu, s'as mains la puis baillier,
« Je la ferai en eve refroidier
« Tant que n'aura talent d'omme acointier. »
Li dus en rist quant l'oï gramoier,
Puis li a dist : « Bien saurez engingnier,
« Se eschaper poez de si legier. »
Et dist Gautiers : « Je m'en revois arrier.
« Or i poez tout sans moi chevauchier,

« Puis que avez de tel besoing mestier ;
« Encor .I. jor en serez corrouciez.
« Je ne voil mie autrui fame à plaidier,
« Fors que la moie, que g'espousai premiers.
« Se g'i aloie, bien porroie empirier,
« Car fame seit très bien home agaitier;
« Elle sot bien Salemon engingnier.
« Autrui que moi poez voz corroucier. »

Quant li dus Gaydes oï Gautier jurer,
Et qu'il s'en weult par corrouz retorner,
Tout en riant le prinst à apeller :
« Gautier, biaus sire, quant ne volez amer
« La danmoiselle, si la lairez ester ;
« Autrui que voz voldra s'amor donner,
« Quant de la vostre la convient consirrer.
« Mais or voz voil par amors commander
« Que vos voz faitez fervestir et armer.
— Voir, dist Gautiers, je ne le voil véer ;
« Mais ja [ben] tref ne me verrez entrer.
— Non, ce dist Gaydes, se nel volez gréer. »
A ces paroles vait Gautiers endosser
.I. blanc hauberc c'on li fist aporter ;
Ceinte a l'espée, puis lace l'iaume cler,
Prent une hache qui pent à .I. piler.
Et quant se vit ainsinques atorner,
Environ lui a prins à resgarder,
Et à .II. mains sa hache à entezer ;
Dammeldeu jure, qui tout a à sauver,
Que, se il puet Aulori encontrer,
Sa traïson li fera comparer.
Et li dus s'arme, que n'i volt arrester,
Que tart li fu, n'i volt plus demorer.
Clinevent fist en la place amener,

Gautier a fait .I. cheval enseller;
Devant la salle vinrent andui ester.
Li messaigiers ne s'i volt arrester;
Errant monta por le franc duc guier.
Li dus a fait son escu aporter,
[*b*Au col le met, moult bien s'i sot moler;]
Il ne doute arme .I. denier monnaé.
Errant commencent tuit .III. à cheminner
Parmi les rues, sans noise et sans crier;
Jusqu'à la porte ne voldrent arrester.
Huon a fait et plevir et jurer
Que à nul home nes ira encuser.
Atant s'en issent, n'i voldrent arrester.
Se Dex n'en pense, qui se laissa pener,
L'anmor Claresme, ainz que soit l'ajorner,
Lor convenra chierement achater.

VAIT s'en li dus cui forment atalente,
O lui Gautiers qui pas ne s'espoente.
Et li messaiges les conduist une sente,
Lez .I. vergier où il avoit mainte ente.
Au chevauchier ont mise lor entente;
Tant ont alé qu'il vinrent à la tente
A la pucelle qui iert et bele et gente,
Qui por Gaydon estoit en grant entente.
Quant le perciut, ne fu mie dolente;
El voit le duc qui tant li atalente.
Li dus descent, qui pas ne se desmente;
L'iaume deslace qui fu fais à Otrente,
Isnellement à Gautier le presente.

LI dus descent, si a son elme osté,
Et la ventaille a aval avalé.
Voit le Claresme, si l'a bel salué :
« Cil Dex de gloire, qui tout a estoré,

« Il gart le duc et doinst joie et santé !
— Danme, cil Dex dont m'avez salué
« Voz doinst la riens que voz plus desirrez ! »
A icest mot l'a Claresme acolé,
Et li dus li belement et souef.
Atant s'en sont ou pavillon entré ;
Desor .i. drap à bendes d'or ouvré
Se sont assiz, assez i ont parlé.
La danmoiselle li a dit et conté
Comment Guis a le don de li rouvé :
« Li empereres l'en a le don donné
« Que il m'aura et ma grant herité ;
« Mais miex voldroie avoir le chief copé
« Que li traïtres m'éust à son costé,
« Car tant voz ainz en droite loiauté
« Tout i ai mis mon cuer et mon pensé.
— Et je voz, danme, par bonne loiauté,
« Que jamais d'autre n'averai l'anmisté. »
Li dus la baise, ainz ne l'en sot mau gré
Et elle l'a doucement enduré :
Si baisier sont durement savoré.
En baisant sont si forment enamé,
Que andui ont de fine amor tramblé.
Et dist la danme : « Or ne me soit celé
« Se voz m'avez point de fin cuer amé. »
Gaydes l'entent, s'a un souzpir gieté ;
Lors l'acola par moult grant amisté,
Et li a dit belement et souef :
« Certez, ma danme, m'amor voz ai donné. »
Lors sont andui assiz enmi le tref ;
Iluecques ont lor amors devisé.
Et quant il ont ainsiz assez parlé,
Puis li a dit : « Avez voz apresté
« Comment [ᵇserons] dedens Angiers porté ?

— Danme, dist il, tout à vo volenté
« Ferai je tout, ja n'en iert destorné.
« Je voldroie ores que il fust apresté
« Que noz fuissonz dedenz la fermeté.
— Sire, dist elle, cel chevalier armé,
« Que je voi là, est il de jone aé? »
Dist Gaydes : « Danme, .L. ans a passé.
« C'est cil qui m'ot le messaige aporté
« Que de voz iere moult durement amez.
« N'a plus preudome en une roiauté,
« Ne si hardi por ses armes porter.
« Ainz que il fust o moi acheminnez,
« Li jurai je, par sainte loiauté,
« Qu'il n'enterroit en tente ne en tref.
— Dex, dist la danme, il n'a talent d'amer. »
[^bUne pucele en prist à apeler] :
« Alez, fait elle, au chevalier armé
« Qui là fors est, soz cel aubre ramé,
« Et se li ditez que l'avez enamé,
« Et qu'il voz a le vostre cuer emblé. »
Elle s'en torne, n'i a plus demoré.

A Gautier est venue la pucelle,
Quant el [^ble] voit, cortoisement l'apelle;
Tout en riant, car moult iert gente et bele.
« Sire, dist elle, li fiuls à la Pucelle,
« C'est Jhesu Cris, qui pechéors apelle,
« Voz gart de mal et de painne nouvelle !
« Car venez sà au tref ma damoiselle ;
« Par aventure qu'il i a tel donzelle
« Qui mieus voz ainme que masles torterelle. »
Gautiers l'antent, touz li cuers li sautelle ;
Dist tel parole qui ne fu mie bele :
« Dame, dist il, par saint Pol de Tudelle,

« A moult petit m'est de vostre favelle.
« Alez voz ent aval celle praelle,
« Enmi cel pré, à une fontainnelle,
« Desoz cel aubre dont la foille ventelle;
« Clere en est l'eve, et clere la gravelle.
« S'avez trop chaut, si i alez, pucelle.
« De vostre amor ne m'est une escuielle,
« Car moillier ai et plus cointe et plus bele;
« Quantil m'en membre, toz li cuers me sautelle. »

Par grief parole se deffendi Gautiers;
Grant paor a c'on nel voille engingnier,
Que ne volt mie fausser à sa moillier.
Et la pucelle se prinst à embronchier;
Tel honte en a ne se seit conseillier,
Par mautalent li dist en reprouvier :
« Mes sires Gaydes, qui son siecle a arrier
« Qui à vilain se fist acompaingnier.
« Cist siet moult mieus à iestre charretier
« Et la charrue tenir et manoier
« Qu'à bele danme parler ne acointier. »
Elle ainz que pot s'en retorna arrier.
Dist Gaydes : « Danme, por Deu le droiturier,
« Que voz a dit nostres compains Gautiers?
« Ne volt il mie avec voz repairier?
— Sire, dist elle, Dex li doinst encombrier!
« Se j'éusse auques tenu le plaidoier,
« Il me féist en cel fossé baingnier.
« Il m'i rouva aler por refroidier,
« Trop iere chaude, de coraige legier;
« Plus grande honte ne me pot il nuncier.
« Par icel Deu qui tout a à baillier,
« Je voldroie ores qu'il fust en cel vivier
« Desci à tant que l'iroie saichier,

« Qu'ainz mais ne vi si vilain chevalier.
« Nus gentiz hon qui d'armes weult prisier
« Ne déust ja tel home acompaingnier. »
Dist Gaydes : « Danme, je n'ai d'autre mestier;
« Cist n'ira mie moi toillir mon marchié. »
Ainsiz vont ores devisant de Gautier.
Se Dex n'en pense, li pere droituriers,
Fort lor sera arriere à repairier,
Car iluec ot .I. garson pautonnier.
Danme Claresme l'avoit batu l'autrier;
Or li voldra li gloutons vendre chier.
Tout belement s'en va par .I. sentier,
Jusqu'au tref Gui ne se volt atargier.
Soupé avoient, si aloient couchier.
Et li gloutons s'en va agenoillier
Devant Guiot d'Autefoille le fier;
Il l'en resgarde, sel prent à arraisnier :
« Que weuls tu, gars, garde nel me noier ?
— Sire, dist il, entendez mon cuidier :
« Que voldriez voz de vostre avoir paier
« Qui le duc Gayde voz voldroit enseingnier,
« Que par voz tierz le porriez liier,
« Et rendre à Karle l'emperere au vis fier ?
« Si m'aït Dex, li peres droituriers,
« [ᵇLi dus Gaydons est venuz donoier
« Au tref Claresme, qui le menda dès ier,
« Et li a dit, de loial cuer antier,
« Qu'ainz se lairoit toz les menbres tranchier
« Que en sa vie fust la vostre moillier. »
Quant Guis l'antant, le sans cuide changier,
Et d'autre part n'i ra qu'eléescier :
Bien cuida Gaide toz les menbres tranchier.
Dame Claresme comence à laidangier :
« Desloiax fame, Dex te doint ancombrier !

« Si durement me sauriez huier!
« Qui fame croit, on le devroit noier;
« Quant on la cuide avoir, lors s'en covient gaitier »
Lors dit an bas belement, senz noisier :
« Or ai grant tort, par le cors seint Ligier;
« Par avanture qu'ele a mendé Gaydier
« Por lui deçoivre et por lui angignier,
« Qu'el wet m'amor avoir et recovier.
« Je l'ai blasmée à tort, au mien cuidier. »
Dit li garçons : « S'en aurai mon loier ?
— Oïl, dit il, senz plus de l'atargier.
« Aulori, frere, car li alez paier
« Si que jamais n'en oie plus plaidier. »
Et cil le va par les flans anbracier,
En .I. fossé l'est alez trebuschier.
Ainz qu'il poüst si qu'au fonz apoier,
Li covint il le col à peçoier.
L'eve est parfonde, si s'est alez baignier.
Dit Auloriz : « Or as tu ton loier;
« Quant revanras, si seras chevalier. »
Se Dex n'en panse, li peres droiturier,
Mar vint Gaydons as dames dornoier ;
Ainz qu'il soit jorz, jel vos di senz targier,
Auroit il bien de mil homes mestier.
Trop costera, ce cuit, icist baisier ;
Onques mais nul nen fu vanduz si chier.

AULORIS s'arme sanz nule demorance,
Et Guis ses frere, où il a grant fiance,
Tex .XXX. awec, n'i a cel qui n'ait lance.
Dex gart Gaydon par la soie puissance,
Car de morir est il en grant balance!
Et Guis si fu defors en atandance.
Et dit Claresme : « Par les corsainz de France,

« Alons nos en, fox est qui ne s'avance ;
« En la cité ferai asséurance.
« Se tant c'au jor faz ici demorance,
« Guis, qui qu'en ait éu duel et pesance,
« Me pora bien fere descovenance,
« Et vos méismes seroiz mis en viltance.
« Mielz voudroie estre percie d'une lance
« Que éussiez par moi tel mesestance.
— Dame, dit Gaydes, en vos ai grant fiance. »
.III. foiz la baise par bone asséurance.
Gautiers regarde delez une garance,
Et vit de hiaumes flanboier la luance
Contre la lune, qui de corre s'avance.
Oit des destriers la noise et la bruiance ;
Deci qu'au tref est venuz senz faillance.
Où voit Gaydon, si li dist s'esperance.
« Sire, dit il, mal ait male acointance ;
« Vostres donoiz tornera à grevance.
« Vez ci de l'ost venir une semence,
« Qui ne vos aiment le tronçon d'une lance :
« Or verra on anuit vostre provance.
« Par icel Deu qui ses amis avance,
« Ainz que j'an muire d'espée ne de lance,
« Por ma moillier i ferai tel vaillance,
« Que j'esposai quant ele [^byssi d'enfance],
« Qu'il n'a si bele el roialme de France,
« Ja n'orra dire que face coardance. »
De plaine terre sus el cheval se lance,
Et tint la hache, dont liez fu li menches ;
Forment l'estraint, et par tele aïrance
Que toz li poinz li torna à suance.

GAUTIERS s'aïre, de maltalant s'arguë,
Et tint la hache qui bien fu esmolue.

Dist à Gaydon : « Vez ci fole atandue,
« Vez ci François venir tote une rue ;
« De cels d'Angiers n'i aurons ja aüe :
« Ceste acolée nos sera chier vandue.
« Ahi ! Lorance, dame bien conéue,
« Gentil moillier, toz jorz vos ai éue ;
« Se me perdez, ce est chose séue,
« Tote joie est de vostre cors issue.
« Vos soliez venir à la charrue
« Aporter moi la grant crote cornue,
« En la toaille la grant tarte fessue.
« Quant vos véoie, s'iert ma joie créue,
« Puis vos tenoie au vespre tote nue ;
« La vostre pais n'estoit pas à créue.
« J'ai por mon sire fait grant desconvenue,
« Quant j'ai laissié ma terre et ma charrue,
« Et ma moillie[r], por coi li cuers m'arguë ;
« Por soie amor la guere ai maintenue. »
Gaydes saut sus, cui proesce salue ;
L'iaume li lace cele qui est sa drue ;
Es arçons saut de la sele volue.
Dame Clareme li a lance tandue.
Et Guis chevauche, de l'esploitier s'arguë,
Gaydon menace à sachier la véue.
Or le gart Dex qui pechéors salue,
Car moult grant poinne [<i>li</i>] ert par tans créue !

 Guyoz venoit devant sa conpaignie,
L'escu au col et la lance anpoignie.
La lune luist, qui est clere et serie ;
Desi au tref ne si aresta mie.
Quant il i vint, à haute voiz s'escrie :
« Par Deu, Gaydon, ce fu grant legerie
« Quant çà venistes donoier à m'amie.

« Ma foi li ai et jurée et plevie,
« Et ele à moi, qu'ele n'en faudra mie ;
« Vostres voiages tornera à folie. »
Dist Gaydons : « Dame, ne vos celerai mie,
« Or puis je dire, par Deu le fil Marie,
« Que vos m'avez ceste chose bastie.
« Moult par est fox qui en fame se fie ;
« Tout son pansé ne descuevre ele mie.
— Sire, dist ele, por Deu le fil Marie,
« Ainz me laissasse dou cors traire la vie
« Que je pansasse envers vos tel folie.
« J'ai ci .xxx. homes qui sont de ma maisnie ;
« Ne vos faudront, nes por perdre la vie. »
Es chevaus montent, nus d'aus ne s'i detrie.
Estes vos Gui et sa chevalerie.
Devant les autres le trait à une archie
Gaydes lait corre le cheval d'Orcanie,
Et Guiz à lui, qui ne l'espargna mie.
Chacuns a bien sa force anploie ;
Lor lances brisent, chacune en est froissie,
Et lor escu ne valent une aillie,
Ne lor haubert une sarge porrie.
Mais en la char ne s'antamarent mie ;
N'i a celui n'ait la sele vuidie.
Gaydes saut sus, tint l'espée forbie,
L'escu anbrace, où li ors reflanbie,
Et fiert Guion sor l'iaume de Pavie ;
Le cercle cope come pome porrie,
La blanche coife de la broigne sartie.
A mi le test est l'espée glacie,
Que des chevox aracha grant partie.
Au resachier qu'il fist par aastie
Li est s'espée très par mileu froissie.
Guios chancele, ne se pot tenir mie ;

A genolz chiet sor l'erbe qui verdie.
Li dus Gaydons hautement li escrie :
« Puisque tu es venuz véoir t'amie,
« Va la baisier, si feras cortoisie ;
« S'ele vos aime, por vos sera marrie.
« Or avez vos ma proesce essaïe ;
« Ce est Gaydons qui si bien vos mercie. »
Guiz sailli sus, la teste ot estordie,
Ausi chancele com oisons qui tornie.
Atant ez vos venir sa conpaignie.
Dex gart Gaydon, li filz seinte Marie,
Car sa besoigne li est moult anpoirie !

LA gent Guion vienent à grant essorz ;
A Gui rameinnent son cheval ['Maigredos].
Li gloz remonte es arçons qui sont fort.
Gaydon assaillent et le fierent en dos ;
Se Dex n'en panse, mar issi d'Angiers fors.
Gautiers le voit, à poi n'est de duel morz ;
Le cheval broche plus tost que les galoz,
Que de l'eschine li fait croistre les os.
N'ot plus fort home tant qu'au pui de Matos ;
Charruer fu, bien sot mettre les sos,
A harz puchier sus les jumenz des dos.
Mais par proesce ot bien créu son los,
Car Gaydons l'aime tant que toz en est soz.
Vient à son sire qui paor ot de mort ;
Il li escrie hautement, à briés moz :
« Ne t'esmaier, venuz est li prevoz
« Qui as genz Challe fera merrer les os. »
Fiert Anquetin, qui fu nez de Monfors,
Que par l'eschine saillent li boel hors.

GAUTIERS i fiert par ire deffaée,

De la grant hache qui bien fu acerée.
Et Gaidons monte en la sele dorée,
Prant .i. espié à la point[e] acerée,
Fiert Auboïn en la targe listée.
Nevous fu Gui de sa seror l'ainnée;
Plus sot d'angin que fame de fusée,
Mainte male huevre avoit il compassée.
Gaides le fiert par tele destinée
Arme qu'il ait li a pou de durée.
Parmi le cuer est la lance passée;
Li cors s'estant, l'arme s'en est alée.
Se mal a fait, se vanra sa dossée.
Quant Guiz le voit, s'a la color muée;
Por son nevou li est s'ire doblée.]
« Ahi ! biax niés, com dure dessevrée !
« Mais ne sera par vos puisons temprée. »
Il fiert Gaydon par ire deffrenée
Desor la targe qui à or fut listée;
L'unne moitié li a par mi copée.
Li cops descent sor la selle dorée,
Au bon cheval a la teste copée.
Li chevax chiet, Gaydes fist la tumée;
Si grant flat prinst que la terre a croslée,
Prez que la pance ne li a effondrée.
Tout ot le cors et la teste estonnée;
En piés resaut, mais il n'ot point d'espée;
De cuer reclainme la pucelle honorée :
« Sainte Marie, qui es cieuls iez rousée,
« Garissiez moi, roïne coronnée !
« Bien oi la gorge et la chiere aweuglée,
« Quant je issi d'Angiers à recelée,
« Quant n'amenai de ma gent ferarmée.
« Dame Claresme m'a brassé tel porrée
« Qui laidement sera escuelée.
« Qui fame croit, s'arme soit tormentée ! »

Ainsiz dist Gaydes coiement, à celée;
Mais à grant tort à la danme blasmée,
Que nel féist por iestre desmenbrée.
Auloris broche par ire deffrenée;
Vint à Gaydon par moult grant randonnée,
As puins le prent par la cercle dorée,
Par grant aïr li a dou chief ostée.
« Avois! escrie, vostre mors est jurée,
« Demain sera vo gorge souzpesée.
« Je n'en panroie d'or plainne une valée
« Que voz n'aiez la hart en col fermée. »
Quant Gautiers ot ceste chose escoutée,
S'il ne s'en venge, poi prise sa posnée.
Entr'euls se fiert, s'a la hache entesée;
Cui il ataint, tost est sa vie alée.

Quant Gautiers vit son seignor esmarrir,
Entr'euls se fiert par merveillouz aïr.
Fiert Amaugin, bien le sot consievir,
Que il li fait la cervelle boillir.
A Gaydon rant le bon destrier braidi.
De plainne terre est enz arsonz sailliz,
Prinst .I. espiel qu'à terre vit jesir;
S'il ne s'en venge, poi prise son aïr.

Devant le tref fu la bataille grans;
De l'ost Karlon oit on [ᵇle noisement],
Les cops ferir et le chaploiement.
Karles s'esveille, qu'iert en son tref gisant.
L'ost s'estormist et arriere et avant;
Vestent gambais porpoins menuement.
Plus de .III. mil s'en vont appareillant;
N'i a celui n'ait bon cheval corrant.
Or est dus Gaydes en aventure grant.
Danme Claresme en apella sa jant:

« Seignor, dist elle, trop voz voi tenir lant.
« Par icel Deu à cui li mons apant,
« Se voz n'aidiez à Gaydon mon amant,
« Ja de vos terres ne tenrez mais plain gant. »
Dist Hanris : « Danme, livré sonz à torment ;
« Se le seit Karles, par le mien enciant,
« Toute vo terre voz metra en torment.
« Ne voz chaurroit, par le cors saint Amant,
« Se Karlemaines noz metoit à torment :
« Legiers seroit li vostre acordemens.
« Voz avez mises vos amors folement. »
Claresme l'oit, à poi d'ire ne fent ;
Elle s'escrie quant qu'elle puet corrant,
Dou tref-saut hors moult aïréement,
Au duc s'escrie moult amiablement :
« Frans chevaliers, por Deu, alez voz ent !
« Se voz morez par mon acointement,
« N'aurai mais joie nul jor en mon vivant.
« Je ne volsisse, por quant qu'à moi apant,
« Que voz éusse mandé à parlement.
— Dame, dist Gaydes, por vostre acointement,
« Ferrai .I. cop ainz que soie fuiant. »
Le cheval broche des esperons d'arjant,
Fiert Erchembaut par tel aïrement
Que l'escu perce, qui fu poins à argent ;
Le roit espiel parmi le cors li rent,
Par tel vertu dou cheval le descent
La teste en fiche enz an pré verdoiant.
Et Gautiers fiert Lambert de Monferrant
De la grant hache qui tranche durement ;
Par les espaules si ruiste cop li rant
Toute l'eschinne li desrompt et porfant ;
Bras et espaulles li fist voler ou champ.
Li cops descent, qui va tout porfendant,

La cuisse tranche dou bon destrier corrant,
Tout estendu abati l'aufferrant.
« Avois ! escrie, biax sire, alons noz ent;
« Vez ci de l'ost venir l'efforcement.
« Je ne voil mie ci panre finement ;
« Dame Lorence, ma moillers au cors gent,
« Auroit le cuer moult triste et moult dolent.
« Se noz moriens ici à encient,
« Jamais vers Deu n'aurienz acordement. »

Li jors esclaire, si reluist el prael,
Et li dus Gaydes vit venir le cembel,
De la gent Karle .i. merveillouz tropel ;
N'i ot celui n'ait lance ou penoncel.
Adont s'en torne, ne li fu mie bel.
Il voit Claresme desoz .i. aubrissel ;
Le cheval broche, qui li cort moult isnel,
Claresme embrace, qui tant ot le cors bel.
Elle s'ahiert devant à l'arsoncel,
Et s'est assise sor le col dou poutrel ;
A grant effort s'en vont vers le chastel.
Et Guis s'en torne, qui fist un duel nouvel
Por ses neveus qui gisent el prael.
Au plus haitié paroient li boel ;
Mais n'ont talent de geu ne de revel.

Vait s'en dus Gaydes à la chiere membrée,
O lui Gautiers, à grant esperonnée.
Et dist Claresme : « Par la vertu nommée,
« Se Dex ce donne et la Virge honorée
« Que noz venonz en la cité loée,
« Voz me panrez à moillier espousée ;
« Toute ma terre voz iert abandonnée,
« Coronne d'or voz iert el chief posée. »

Et Guis s'escrie à sa vois haut levée :
« Par Deu, dus Gaydes, folie avez pansée
« Qui la pucelle avez si haut levée;
« Metez la jus, voz l'avez trop portée. »
Et Gaydes broche tout contreval la prée,
Forment en va à grant esperonnée ;
Car moult desirre à véoir la jornée
Que la pucelle fust laienz ensarrée.
Mais or li vient pezante destinée,
Grans encombriers et moult très fors jornée.
A grant effort en vont par une arée,
.I. fossé trouvent dont la terre iert ostée ;
Lor cheval chiéent enz el fons à volée.
Et Claresme est durement malmenée,
A bien petit qu'elle n'est deviée ;
.III. fois se pasme en une randonnée.
Gaydes saut sus à la chiere menbrée;
Vint à la danme, contremont l'a levée :
« Danme, dist il, par la vertu nommée,
« Je croi que l'arme voz soit el cors crevée.
— Sire, dist elle, à poi n'en est alée.
« Por vostre amor aurai moult fort jornée;
« N'oi mais si male dès l'ore que fui née. »

Grant angoisse ot et fort la danmoiselle ;
De la paor touz li cuers li sautelle.
Ferraus li preus fu en une tornelle ;
Voit les Fransoiz venir par la praelle,
Et voit son oncle, lui et la danmoiselle,
Gautier le preu à cui li cuers sautelle,
Qui chéu sont en la fosse nouvelle.
« Dex, dist Ferraus, cui pecherres apelle,
« Se pers mon oncle, ma dolors renouvelle ! »
Ses armes crie à sa vois haute et bele.

Ferraus escrie à sa clere raison :
« Hé ! or as armes, franc chevalier baron !
« Alons aidier au riche duc Gaydon.
« Se perz mon oncle, jamais joie n'aurons. »
Es chevax montent, par fiere contenson,
.II^m. ou plus, n'i font arrestison.
Ferraus les guie, qui ot cuer de baron,
Et avec lui Richiers, li fiz Naynmon,
Bertrans li anfes à la clere fason,
Berars li preus, Sanses et Nevelons.
Torné s'estoient devers le duc Gaydon
Tel .IIII^m. de damoisiaus guitons
Qui ne desirrent se la meslée non.
Moult malement alast ja à Gaydon,
Car Guis estoit ja venus à bandon,
Ensamble o lui .II^m. compaingnon
De la maisnie au riche roi Karlon.
Tuit li pluisor sont parent Ganelon ;
De toutes pars ont assailli Gaydon.

La danmoiselle ne fu mie esbahie ;
D'Angiers choisi venir la baronnie,
Isnellement contremont s'est drescie,
Dou fossé ist, bien s'estoit escorcie,
Fuiant s'en vait vers la cité garnie,
Et jure Deu, le fil sainte Marie,
Que mieus weult perdre toute sa manantie
Que Guios l'ait en la soie baillie.
En une vingne est la danme mucie
Où il avoit de rezins grant partie ;
Mais dou mengier n'ot point de couvoitise.

La damoiselle estut soz .I. noier ;
Moult se desmente et prent à gramoier.

Et Gaydes fu montez sor son destrier ;
Nel rendist mie por .c. libres d'ormier.
Encoste lui fu li vassaus Gautiers.
Voient la force qui leur venoit aidier ;
Cuers et coraige lor prinst à enforcier.
Gaydes commence entor lui à gaitier,
Mais ne vit mie Claresme au cors legier ;
Esbahis est, si se prinst à saingnier.
Guis d'Autefoille le va ferir premiers ;
L'escu li perce, ne li vault .1. denier.
Mais li haubers le gari d'encombrier ;
La lance brise, si l'estut depecier.
Le duc Gaydon ne volt mie espargnier ;
De son escu li fait le taint percier,
Le bon hauberc desrompre et desmaillier.
Par tel vertu le fait jus envoier
Le cuing dou hiaume fist en terre fichier.
Gaydes saut sus, vis cuida enzraigier ;
L'escu embrace et tint le brant d'acier ;
A grant merveille s'en savoit bien aidier.

Guis d'Autefoille tint l'escu en chantel,
L'espée au poing, dont brun sont li coutel ;
A Gaydon donne merveillouz hatiplel
Que tout l'escu li abat en prael.
Par les espaules a conséu Morel,
Le col li tranche ainsiz com .1. rozel,
Que à la terre fist fichier le muzel.
Gaydes saut sus, à cui ne fu pas bel.
Ja fust li chaples moult grans et moult isnel ;
Ez voz Fransois, par delez .1. ruissel,
Plus de .IIII^m., chascuns sor le poutrel.
Là véissiez maint penon à noel,
Et maint escu portrait à lyoncel,

Maint bon destrier qui de corre iert isnel.
A Gui ramainnent son bon cheval Morel.
Li glouz i monte, à cui il en fu bel;
Devers Gaydon tornast ja li mezel,
Quant Gautiers fu issuz fors dou fossel,
Qui au chéoir ot brisié le muzel,
Et de sa bouche ot rompu le noel.
Ja fuissent prins, cui fust lait ne cui bel,
Quant Ferraus vint poingnant tout le vaucel,
Et Amaufrois et Guis de Monbendel,
En lor compaingne tel .iii^m. jovencel
Plus ainment guerre que nus vaslés chapel.

Cil d'Angiers issent à force et à bandon.
Devant les autres ez Ferraut le baron;
Cil estoit niés au riche duc Gaydon.
Au dos le sieult Richiers, li fiz Naynmon,
Bertrans ses frere, sor le cheval gascon.
« Avois! escrient, deffendez voz, baron! »
Li ber Ferraus ala ferir Simon,
Richiers fiert Hue, et Bertrans Amandon.
Cil .iii. ne porrent avoir confession.
Et Ferraus broche, si prent un Arragon;
Parmi la resne le randi à Gaydon :
« Montez, biaus oncles, de cestui voz faz don,
« Maugrez en ait Auloris et Guions,
« Et li lingnaiges au cuivert Ganelon,
« Et Karlemaines qui a blanc le grenon. »
Gaydes l'entent, tel joie n'ot nus hom ;
De plainne terre est saillis en l'arson,
S'enseingne escrie : « Ferez avant, baron! »
Là véissiez de lances maint tronson,
Maint chevalier abatu de l'arson,
Qui n'ont puissance d'aidier lor compaingnon.

GRANS fu li chaples et li estors mortal.
Ferraus i fiert com chevaliers vassal.
Et Gaydes tint le brant poitevinal ;
Cui il ataint il a mauvais jornal.
L'erbe an roujoie dou sanc qui cort aval ;
Des .II. parties i fu li diaus coral.
Estez voz Karle corrant par .I. costal ;
Plus vaillans hom ne monta an cheval,
Bien .II^c. ans avoit en son estal.
O lui fu Naynmes, qui avoit cuer loial,
Ogiers li preus sor Ferrant son cheval.
Et tint l'espée d'acier poitevinnal,
Lez son seignor menoit grant baptestal ;
Cui il ataint il a mauvais jornal.
Karles s'escrie : « Ferez avant, vassal !
« Se puis tenir Riol le desloial,
« Gayde son nief, qui tant m'a fait de mal,
« Qui m'envoia le fel present mortal,
« Qui me cuida murtrir en mon ostal ;
« Se Dex ce donne, li pere esperital,
« Que je le teingne dedens mon tref roial,
« Li jugemens en sera moult crual. »

GRANS fu l'estors et la bataille fiere.
La gens Gaydon ne fu mie lasniere ;
Chascuns i fiert d'angoissouse maniere,
Dou sanc des cors vermoille la poudriere.
Dus Naynmes garde delez une joinchiere ;
Voit ses anfans ferir de grant maniere,
Qui des gens Karle font faire mainte bierre.
Bien les connut as escus de Baiviere,
A lor grans cops, à lor hardie chiere.
Il lor escrie à sa vois qu'ot plenniere :
« Glouton, dist il, trop par iestez trichierre,

« Quant n'aidiez Karle, vostre droit justicierre.
« Se iestez prins, par les sains de Baiviere
« Ne foi que doi la riens que plus ai chiere,
« Plus crueulment voz i ferai maisiere
« Que nesun home qui soit en ceste herbiere. »
Richiers l'entent, si dist parole fiere.

« Par Deu, biax pere, dist Richiers li menor,
« Trop par avez le cuer plein de folor,
« Qui tant créez Karlon l'empereór,
« Qui des traïtres fait ses consilléors,
« Qui touz jors ont mis France à deshonor.
« Onques voir Gaydes ne fu jor traïtors,
« Vos couzins est, ce sevent li pluisor;
« Bien déussiez maitre voz en labor
« Que li dus Gaydes éust pais et amor
« A Karlemaine, son droiturier seignor.
« Par icel Deu qui fait et foille et flor,
« Ainz me lairoie torner à deshonor
« Que au duc Gaide faille ja à nul jor.
« Mes couzins est, et je l'ainz par amors.
— Va glouz, dist Naynmes, Dex te doinst desho-
« Je ne doi mie faillir à mon seignor,   [nor!
« Ne por nul home ne li faudrai nul jor. »

Ainsiz parole et Richiers et Naynmons,
Ne n'i esgardent nulle riens se bien non.
A ces paroles ez voz venu Ferron,
Et fu montez sor Ferrant l'Arragon,
L'escu au col où ot point .I. lyon,
Et en sa lance fermé un confanon,
Et sor son elme la coe d'un paon.
A grant merveille resambloit bien baron;
En haut parole, à sa clere raison,

Que on l'oit bien entor et environ :
« Gui d'Autefoille, li parens Ganelon,
« Et où iez tu, fiuls à putain, gloutons,
« Qui te vantaz au Charlon pavillon,
« Que bien m'avoiez tenu en ton broion,
« Ocis m'éussez et rendu à Charlon ?
« Car te trai sà et si nouz rassaionz. »
Dient Fransois : « Bien est drois et raisons. »
Ainsiz remest toute la chaplisons.
Por esgarder la jouste de Guion,
A une part se trait la gens Karlon,
Et d'autre part la maisnie Gaydon.
Ferraus lait corre le bon destrier gascon,
Qui plus tost cort que ne volent faucon.
Devant son pis a torné le blazon,
Brandist l'espié qui fu au roi Othon,
Ainsiz se joint com uns alerions.
Moriaus li cort par grant devision,
Que li esclot en volent contremont.
De l'autre part vint contre lui Guions.
Grans fu et gros, bien resamble baron ;
Se il ne fust si plains de traïson,
En toute France n'éust si bel baron.
Fauvel lait corre par merveilloz randon,
Brandist la hanste où il ot .I. penon,
Son escu torne devant en quarrillon,
Vers Ferraut vint par merveilloz randon.
Par tel vertu se fierent li baron
Des escus percent le taint et le blazon,
Mais li hauberc lor ont fait garison.
Guios à fait de sa lance tronson,
Que les esclices en volent contremont
Assez plus loinz que le giet d'un baston.
Ferraus le fiert par tel devision

L'escu li perce, né li vault .1. bouton.
Les mailles tranche dou hauberc fremillon,
Et la cuirie, la cote et l'auqueton.
Enz el costé li a prins tel braon
Dont il poïst bien repaistre .1. faucon.
Si fort l'empoint Ferraus, li gentiz hom,
Que par derriere li fist brisier l'arson.
Parmi la crope l'en envoie el sablon,
Que en la terre li fiche li mentons,
A bien petit que li cols ne li rompt.
Ferraus cria quant qu'il pot, à bandon :
« Gui d'Autefoille, li parens Ganelon,
« Or seiz tu bien comment jouster savons.
« Gaydes li dus, qui ait benéison,
« Il noz seit bien donner grant livrison :
« Bien sont servi à sa cort li baron,
« De quant qu'il welent ont il à grant fuison,
« Com s'il sorsist enz enmi sa maison;
« Mais tu languis à la table Karlon :
« Plus de .XIIII. assiet on d'un chapon;
« Nes dou bon pain n'ont il mie à fuison.
« Tex gens ne pueent faire se petit non.
« Encor a Gaydes, laienz, en sa maison,
« Trestout par conte, plus de .VII^m. bacons,
« Et .II^m. bues que bien norris avons,
« Et si a plus de .XIII. mil chapons.
« Chascuns en a laienz plain sa maison,
« Et si i a des poissons à fuison;
« Dou bon forment ne sai devision.
« Moult par est Karles musars et folz bricons,
« Qui si noz cuide tenir en son broion.
« Encor a tel danmoisel à guiton
« Qui ainz aura tout flori le grenon
« Que ja par force entre an la cit Gaydon.

« Haut sont li mur et li fossé parfont ;
« Chascuns quarriaus est saielez à plonc. »
Fransois l'entendent, s'en tiennent lor sermon ;
Dist l'uns à l'autre : « Moult est Ferraus preudom ;
« Comment a il jousté contre Guion !
« Ainz plus bel cop ne feri mais nus hom. »
Adont repairent Fransois et Borgoingnon ;
Guiot enmainnent desci au pavillon.
Duel ot et ire, touz li cuers li confont.
Dedens Angiers en est entrez Gaydons,
Ferraus o lui et li autre baron.
Gautiers venoit derriere, li preudom,
Qui vint as dames parler avec Gaydon ;
Derrier venoit desor .I. Arragon.
En sa main tient d'unne lance .I. tronson.
Il resgarda par delez un buisson,
Et voit Claresme à la clere fason.
Si la tenoient iluecques dui garson ;
Faire en voloient lor talent et lor bon.
El se deffent et escrie à haut ton :
« Car me venez aidier, sire Gaydon !
« Je sui honnie ici par .II. garsons,
« Je me ferrai d'un coutel el pormon. »
Elle saisist une pierre à bandon,
En sa main destre la lieve contremont,
Parmi le chief en feri l'un garson,
Que de la teste li sailli à bandon
Li sans vermaus enfresci qu'au talon.
Gautiers la voit, tel joie n'ot nus hom ;
Bien la connut au vis et au menton,
As iex rians et au vert syglaton.
Celle part vint corrant à esperons,
Par les chevox a saisi l'un glouton,
[*b*Tot contreval] l'enmainne le troton.

Gaydon.

Cil li escrie : « Ne m'oci, gentiz hom ! »
Gautiers le laisse gisant sor .I. perron,
Arrier revint à la danme au chief blont.
« Dame, dist il, por le cors saint Simon,
« Venez en tost, de demorer n'ai soing.
« Vez des gens Karle tout couvert cest roion ;
« S'il m'apersoivent, n'i aurai garison.
« Se voz amez de riens le duc Gaydon,
« Si en venez lassuz en son donjon.
— Oïl, fait elle, plus que nului dou mont. »
Elle s'eslance devant sor son arson ;
Aprez les autres s'en vont à esperon,
En Angiers entrent par la porte Doon,
Devant les autres descendent au perron.
Iluec s'assamblent danmoisel et garson,
Qui li venoient entor et environ :
Por la pucelle est chascuns en frison.

DEVANT la sale est Gautiers descenduz
Et la pucelle, ainz tant gente ne fu.
Li escuier furent iluec venu ;
Il l'en apellent par moult ruiste vertu :
« Sire diables, maufez et malostruz,
« Quel .c. diable voz ont or ravestu
« De tel pucelle, ainz tant gente ne fu.
« Por soie amor, aurez le dos batu ;
« Se voz gronciez, mal voz est avenu. »
Uns escuiers en est avant venus,
C'on apelloit Aliaume de Montnu.
Lez la pucelle est cil arrestéuz,
Sor les espaules li a le bras tendu,
Baisier la volt, qui qu'an fust irascuz.
Voit le Gautiers, ainz si dolans ne fu ;
L'espée saiche dont li brans est molus.

Parmi la teste éust celui feru;
Mais cil se laist chéoir touz estendus.
La noise lieve et li cris et li hus.
Gaydes l'entent dou palais où il fu;
Celle part vint acorrant par vertu,
Vit la pucelle, bien l'a reconnéu,
Si l'a saisie par le paile boffu.
Gautiers hausa le brant d'acier molu,
A bien petit que il ne l'a feru.
Gautiers li dist .II. mos aperçéus :
« Laissiez la danme, n'i avez .I. festu.
« Je l'ai conquise au brant d'acier molu;
« Voz n'i avez vaillissant .I. festu.
« Voz la laissaistez, que petit voz en fu.
« Dex la confonde et la soie vertus!
« S'elle m'en croit, qui sui vieuls et chenus,
« Mais ne gerra à vostre costel nu.
— Sire, dist Gaydes, trop voz iestez téuz;
« Trestuit vo dit me resamblent salu.
« Ja envers voz ne serai irascus. »

Dist Gautiers : « Sire, entendez ma raison,
« Je ne voz sai plus faire lonc sermon :
« Par ma proesce l'ai mise à garison.
— Voire, dist elle, Dex voz face pardon!
« Preu i aurez, se longuement vivons. »
Atant s'en tornent, n'i font arrestison.
Ainz ne finarent jusqu'au maistre donjon
Où il avoit de danmes à fuison.
Grant joie mainnent et aval et amont.

Or voz lairai d'euls .I. poi la chanson;
.I. petitet noz en relascherons,
Si voz dirai dou riche roi Karlon,

Qui fu venus arriere au pavillon.
Entor lui ot Alemans et Bretons.
Il en apelle et Ogier et Naynmon,
Girart de Blaivies et le conte Simon,
Et .xx. des autres privé de sa maison.
« Seignor, dist il, entendez ma raison :
« Amenez moi le mien ami Guion.
« Grant paor ai, si en sui en frison,
« Qu'il n'ait malmis le col et le chaon,
« Et en son ventre le foie et le pormon,
« Quant dans Ferraus l'abati el sablon ;
« Se il i muert, jamais joie n'auronz. »
Ogiers s'en torne si a bouté Naynmon,
Puis li a dit belement, en bas son :
« Bien est tornez cist rois à folison ;
« Qui bien le sert, s'a pire guerredon.
« Bien a torné son cuer à cel glouton
« Qui ainz ne fist nul jor fors traïson. »
A ces paroles ez voz venu Guion.
Karles se dresce, si le prinst par le poing,
Lez lui l'assist, si l'a mis à raison.
« Amis, dist il, avez voz se bien non ?
« Moult ai esté por voz en souzpeson.
— Sire, dist il, je n'aurai se bien non ;
« De cest danmaige ne m'est il .i. bouton,
« Que ja ne fuisse chéuz de l'Arragon,
« Se de ma selle ne fust brisiez l'arsons.
« Mais or voil je que me donnez mon don
« De la pucelle que requis voz avons.
« Si la panrai, voiant maint haut baron,
« Maugrez en aient et Gautiers et Gaydons,
« Qui la voloient porter en lor maison ;
« Mais je lor fis maitre jus de l'arson.
« Envoiez la querre à son pavillon. »

A ces paroles ez Gautier d'Avalon ;
Cil estoit hom Claresme o le chief blont.
Devant le roi se met à jenoillons.
« Sire, dist il, por Deu quel la ferons?
« Mal m'a bailli li riches dus Gaydons :
« Dedens Angiers, en sa maistre maison,
« En a menée ma damme en sa prison ;
« Or en fera son talent et son bon. »
Quant Guis l'entent, si tainst comme charbons ;
Ne déist mot por l'avo[i]r Pharaon.
Ogiers s'en rist, si apelle Naynmon,
Et li a dit belement, à cler ton :
« A bonne proie a failli cis faucons,
« Mais de cest mois n'en fera livrison.
« Karles li vieuls o le flori grenon,
« Qui en devoit avoir le guerredon
« Chargié .I. murl d'or fin et de mangons,
« N'en aura mie, par le cors saint Simon.
— Seignor baron, dist Karles de Loon,
« Moult puis avoir à mon cuer grant frison.
« Je ai tant jor porté mon confanon ;
« [b.II^c. ans a], que de fit le seit on,
« Que je chausai premiers mon esperon.
« Abatu ai l'orgoil de maint glouton.
« Onques nus hom ne mut vers moi tenson
« Qui en la fin n'éust son guerredon ;
« Mais moult me doit annuier d'un garson
« Que j'ai assiz à Angiers sa maison.
« Or me déust venir à jenoillons,
« Nus piés, en langes, en sa main .I. baston,
« La hart en col, com .I. autre larron :
« De cest afaire n'a talent ne raison,
« Ansoiz le truis orgoillouz et felon,
« Et touz ses homes hardis comme lyons.

« Or ne lairoie por .1. mui de mangons
« Que je ne[l] voise espier à larron :
« Lor contenance verrai en lor maison,
« Et de Claresme voldrai oïr renon,
« S'elle panra à espousé Gaydon. »
Dist Ogiers : « Sire, par le cors saint Simon,
« Se i alez, ce sera folisons :
« N'en revenrez sans avoir sozpeson.
« Se voz persoivent par nesunne ochoison,
« N'en estordrez sans avoir marrison,
« S'aucunne paiś ne faitez à Gaydon.
— Ogier, dist Karles, voz parlez en pardon.
« Je n'i ai garde que m'i connoisse l'on ;
« Quant l'ai emprins, por riens ne le lairons.
— Sire, dist Naynmes, voz ferez vostre bon.
« Puis qu'est ainsiz tenir ne voz poonz,
« O voz irai à tout mon chaperon,
« Que ja sans moi n'irez, par saint Simon.
— Naynmes, dist Karles, bien le voz otroions. »
Adont s'atornent sans point d'arrestison.

CHARLES li rois à la barbe chenue
Avoit sa robe maintenant desvestue ;
Une esclavinne, qui fu noire et velue,
Vest en son dos sans nulle arrestéue.
Son vis a taint de suie bien molue,
Prent .1. chapel de grant roe tortue,
Et .1. bordon dont la pointe iert aigue,
L'escharpe au col qui bien estoit couzue.
Fransois en rient, quant l'ont apercéue.
Naynmes s'adoube par autel connéue.

NAYNMES s'adoube, li sires de Baiviere,
De l'esclavinne qui fu grans et plenniere ;
Son vis a taint de suie de maisiere.

Andui s'en vont parmi une charriere,
Hueses enz jambes, de diverse maniere;
N'i a celui qui ait semelle antiere.
Franc les commandent à Deu le justiciere
Qui les ramaint et sains et saus arriere.

CHARLES s'en va à guise de paumier,
Il et dus Naynmes, où moult se pot fiier.
Chascuns tenoit le grant bordon plenier;
Barbes ont grans jusqu'au nou dou braier,
Et sont plus noires que mores de morier,
Huezes enz jambes où il n'ot fil entier;
Jusqu'à la porte ne voldrent detrier.
Naynmes apelle en basset le portier:
« Ouvrez, biaus frere, por Deu le droiturier.
« Chevalier sommez et si sommez paumier,
« Si revenonz dou sepulcre proier.
« En no païs volionz repairier;
« Parmi la ville [*bnos covient*] adrecier,
« Et nonporquant bien averienz mestier
« Que li frans dus noz donnast à mengier.
« Car parmi l'ost n'osommez repairier,
« Car tant i a garsons et pautonniers
« Tost noz feroient trestoz nus despoillier,
« Et noz tolroient sans nesun recouvrier
« Nos esclavinnes, por couvrir lor destriers,
« Et de tel chose n'avonz noz nul mestier.
— Je l'otroi bien, ce respont li portiers.
« Or venez ens, por Deu le droiturier.
« Que Jhesus laist dant Gaydon le guerrier
« A Karlemaine son seignor apaier! »
Karles l'entent, le chief prinst à hocier;
Et cil lor va l'uisset desverroillier.
Karles i entre, l'emperere au vis fier,

Et avec lui dus Naynmes li Baiviers.
Cil le referme, ne se volt atargier.
Karles s'en torne par la cité d'Angiers,
Naynmes o lui, qui ne le volt laissier.
Parmi ces rues choisirent tant destrier,
A ces fenestres tant bon hauberc doublier,
Et tant vert elme luire et reflamboier,
Tante baniere portraite de quartier,
Et tant escu sain et fort et entier,
Et tant vassal vigourouz et legier
Qui par ces sieges joent à l'eschaquier.
N'i a celui n'ait le hauberc doublier,
Et au costel le riche brant d'acier,
Par delez lui le bon chapel vergier
Por.iestre pres, se il en a mestier.
Karles les voit, si se prent à saingnier;
Au duc Naynmon a prins à conseillier.
« Biaus sire Naynmes, dist Karles au vis fier,
« Si m'aït Dex, moult me puis merveillier
« Et en mon cuer durement corroucier:
« J'ai sis là fors bien a .i. an entier,
« A la jalée, au vent et au tempier;
« Et cist se font aisier et solascier.
« Vez com sont prest de lor armes baillier.
« Si m'aït Dex qui tout a à jugier,
« Se les puis panre, il auront mal loier :
« Je les ferai trestouz vis escorchier.
— Sire, dist Naynmes, laissiez vo menacier;
« Mieus voz venroit à Dammeldeu proier
« Qu'il voz laissast sain et sauf repairier. »
Naynmes dist voir, bien le seit conseillier.
Atant s'en vont droit au palais plennier,
Où li dus Gaydes se séoit au mengier.
L'aigue ont cornée à .i. cor menuier ;

Les tables maitent serjant et escuier.
Li viex Riols s'estoit assiz premiers,
Gaydes aprez et Ferraus au vis fier,
Et Amaufrois et li vassaus Gautiers,
Et li barnaiges qui tant fait à prisier,
Li uns avant et li autres arrier.
Les mes aportent et Bertrans et Richiers ;
Cil furent fil duc Naynmon le Baivier,
Et aprez euls tel .XL. escuier
N'i a celui n'ait chastel à baillier,
Et plus desirrent estor à commencier
Que il ne font en chambres dosnoier.
Naynmes esgarde son ainsné fil Richier,
Bertran aprez, qui fu biaus chevaliers ;
Dou cuer dou ventre commence à sozpirer,
Si que la face en convint à moillier.
Apoiez est sor son bordon plennier,
Que par .I. poi que ne le fist brisier.
Moult se regarde et avant et arrier.
Et li dus Gaydes l'en apella premiers :
« Dont iestez voz, bel pelerin paumier?
« Moult voz voi or plorer et larmoier.
— Sire, dist Naynmes, n'en devez merveillier;
« Pelerin sommez d'un estrange regnier.
« Ja fu tele hore noz noz poienz aidier ;
« Chascuns avoit grant terre à justicier,
« Chevax et armes, quant en avoit mestier :
« Or noz convient par autrui mendiier.
« Quant m'en ramembre, n'i a que corroucier ;
« Je ne me puis tenir de larmoier. »
Gaydes a dit : « Ne redoutez, paumier ;
« Dex est moult grans, qui bien voz puet aidier.

« SEIGNOR, dist Gaydes, ne soiez adolé :

« Prennez en grace la vostre povreté,
« Que tex a moult grant avoir amassé
« Qui en poi d'eure chiet en grant povreté,
« Et tex est povres qui puis en a plenté.
« En grant duel faire ne gist mie santé.
« Alez séoir, bien serez conraé
« Et bien servi tout à vo volenté.
« Se voz volez en vo païs raler,
« Dou mien aurez, se panre le volez,
« Chascuns .c. sols de deniers monnaez.
« Que Dammeldex, li rois de majesté,
« Doint Karlemaine tel cuer et tel panser
« Qu'il me pardoinst sa très grant cruauté,
« Dont il m'a si traveillié et pené !
« Ce est à tort, ce saiche Damledex ;
« Mais, par celui qui tout a estoré,
« Quant ne retruis envers lui amisté,
« Ainz que mais soit li mois d'avril passez,
« Le cuit je faire si dolant et iré
« Que plus ne fu nul jor de son aé.
« Se gel puis panre, par sainte Trinité,
« Ne sera mies de legier eschapez ;
« Touz li danmaiges sera bien restorez,
« Que il m'a fait et yver et esté. »
Et dist Gautiers : « Par la foi que doi Dé,
« Se gel tenoie en cest palais pavé,
« Ja li auroie le sien grenon plumé,
« Car nus plus fel ne fu de mere nés.
« Tant a traïtres entor lui à plenté
« Que loiaus hom n'i puet iestre escoutez. »
Karles l'entent, à poi que n'est desvez ;
Les sorcilz lieve, si a le chief croslé,
Les dens estraint, bien samble home desvé.
Tint le bordon qui fu gros et quarrez ;

S'il ne cuidast iestre mal ostelez,
Ja l'en éust parmi le chief donné.
Sor le bordon est si fort aclinez
Que les esclices fist contremont voler.
Touz li barnaiges l'en a moult resgardé ;
Dist l'uns à l'autre : « Cist paumiers est desvez ;
« Li vis diables li est ou cors entrez. »

Grant duel ot Karles, bien savoir le puet on,
Quant il oï menacier son grenon.
En sa main tint moult estroit le bordon ;
Ja en ferist Gautier enz el chaon,
Mais trop redoute la maisnie Gaydon.
Si fort s'apuie sor le ferré bordon
Que les esclices en volent contremont.
Et dist Gautiers : « Par le cors saint Simon,
« Cist paumiers a en cors la passion,
« Raige l'a prins ; seignor, car le lionz :
« Il porroit faire ja tele desvison
« Qu'il tourbleroit bien tost ceste maison. »
Karles l'entent, s'en fu en souzpeson ;
Bien volsist iestre dedens son pavillon.
Et dist dus Naynmes : « Estez en suz, baron ;
« Mon compaingnon ne faitez se bien non.
« Par celle foi que je doi saint Simon,
« Ja fu tele hore qu'il fu de grant renon.
« Se il éust souffraite ne besoing,
« Il éust tost .M. chevaliers barons.
« Et il méismez avoit cuer de lyon ;
« Plus vaillans hon ne chausa esperon.
« Or se voit povre, s'en a au cuer frison,
« Que par .I. poi que li cuers ne li font. »
Dist l'uns à l'autre : « Bien pert à sa fason
« Qu'il a esté as armes moult preudom. »

Or fu dus Naynmes enz an palais listé,
Et Karlemaines qui ot le cuer iré.
On les anmainne à .i. buffet quarré,
Si lor aportent blans gastiaus buletez,
Et plain barril de vin et de claré,
Et .i. poon rosti et empevré.
Bertrans, li anfes, au gent cors honoré
(Cil estoit fiz duc Naynme le barbé),
An une coupe lor verse le claré.
Son pere esgarde, souvent l'a remiré,
Et par .i. poi qu'il ne l'a ravisé ;
Mais trop le voit taint et descouloré.
Souvent l'esgarde, tant i a son pansé
Que il en a le cuer tout eschauffé.
Ne seit que faire, tout i a son pansé ;
Petit s'en faut, tant fort l'a enamé,
Que il ne l'a baisié et acolé.
D'iluec s'en torne, n'i a plus demoré.
Richier son frere en avoit apellé,
Et en l'oreille li conseilla souef :
« Richier, biax frere, par sainte charité,
« A grant merveille ai le cuer trespansé
« De cel paumier qui ceienz est entrez.
« Par icel Deu qui en crois fu penez,
« Je nel croiroie, se il n'est esprouvé,
« Que ce ne fust Karles au poil meslé
« Et nostres peres, dus Naynmes li barbez.
« Mien anciant qu'il sont atapiné
« Por espiier ceste noble cité,
« Le duc Gaydon et son riche barné.
« Bien est nos peres et li rois assoté. »
Et dist Richiers : « Voz ditez verité ;
« Se ce sont il, bien sera esprouvé.
« Et se c'est Karles, qui tant noz a pené,

« Ainz qu'il s'en part, sachiez par verité,
« Li sera tart que il soit eschapez,
« Ou il sera à Gaydon acordez,
« Ou bien li poist ou en ait mauvais grez. »

Dist Bertrans : « Frere, di moi quel le ferons ?
« Irons le dire au riche duc Gaydon
« Que Karles est dedens ceste maison ? »
Et dist Richiers : « Nenil, par saint Simon ;
« En autre guise esploiter en voldronz.
« Noz i ironz, sans point d'arrestison,
« Et je et voz, belement, sans tanson. »
Atant i va Bertrans li fiuls Naynmon,
Richiers ausiz, sans autre compaingnon ;
Jusqu'à la table n'i font arrestison.
Naynmes les vit, si le moustra Charlon.
« Sire, dist il, por Deu quel le ferons ?
« Vez la mes fiz, por voir le voz disonz ;
« Je me douz moult parcéu ne soionz. »
Karles respont : « G'en ai au cuer frison.
« Folie fu d'entrer en cest donjon,
« Car j'ai grevé forment le duc Gaydon,
« Et de ses homes mis à destruction.
« Se il me tient, ja n'aurai raenson ;
« Trenchera moi le chief soz le menton.
« Ha ! Dex, dist Karles, qui souffris passion,
« Et mort souffristez por no redemption,
« Et suscitastez, que de fi le set on ;
« D'anfer brisastez les portaus à bandon
« Por vos amis qui ierent en prison,
« En ciel montastez au jor d'Ascension,
« Et li apostre praicherrent vostre non
« Par toutes terres, que de fi le seit on,
« Et il le firent par bonne entencion,

« En ciel en ont moult riche guerredon ;
« Si com c'est voirs, et noz bien le créonz,
« Deffendez moi, vrais rois de tout le mont,
« Ne m'apersoive li riches dus Gaydon ! »
A ces paroles vint Richiers li frans hom,
Bertrans ses frere à la clere fason.
A ces paroles se baisse dus Naynmons ;
Son vis apoie desor le roi Karlon,
Samblant fait d'omme qui soit en sozpeson
Qu'il ait béu dou vin outre son bon.

ATANT ez voz et Bertrant et Richier.
Richiers resgarde Karlemaine au vis fier,
Devant Karlon se vait agenoillier,
Et prinst la coupe qui fu faite d'ormier,
Dou vin versa, qui fu et bons et chiers.
« Tenez, biax sire, dist li anfes Richiers,
« A plus haut home de voz nel puis bailier :
« Voz iestez rois de France le regnier.
« Bien voz connois, par la vertu dou ciel ;
« Voz compains est dus Naynmes li Baiviers.
« Il a ceienz .II. biax fiuls chevaliers :
« L'uns est Bertrans, et li autres Richiers. »
Par l'esclavinne va son pere saichier :
« Biaus sire pere, por le cors saint Legier,
« En quel termine devenistez paumier?
« Souef poïstez outre la mer naigier ;
« Poi avez fait [ᵇles paiens] empirier.
« De truandise voz savez bien aidier,
« Moult savez bien tout le païs cerchier ;
« Mais ci endroit ne voz aura mestier.
« Par celui Deu qui tout a à baillier,
« N'en irez mie sans mortel encombrier ;
« Mar i venistez mon seingnor espiier.

— Vaglouz, dist Naynmes, Dex te doinst encom-
« Iez tu venus por noz contraloier ? »   [brier !
Hauce la paume dont li doit sont plenier ;
Tel buffe en donne son ainzné fil Richier
Toute la face li a fait roujoier.
Richiers le voit, le sens cuide changier ;
Se Dex n'en panse, li peres droituriers,
Ja se voldra de la buffe vengier.
Et nonporquant ne se volt atargier,
Ne son coraige ne pot asozploier :
Par la poitrinne va son pere saichier,
[Tout le descire decy ens el brayer,]
Que la poitrinne li voit on blanchoier.
Karles le voit, vis cuida enraigier ;
Ne set que faire mais que Naynmon aidier.
Ne connut mie le fil Naynmon, Richier ;
Prent le baston duc Naynme le Baivier,
Les iex roeille, bien resamble adversier,
Richier feri parmi le hanepier,
Que à la terre en fist le sanc raier.
Voit le Bertrans, n'ot en lui qu'aïrier ;
Il saut avant sans plus de menacier,
Parmi la barbe va Karlon empoingnier.
Par tel vertu le va Bertrans saichier
Plus de .c. pols en a fait enraigier,
Le roi Karlon a fait tout embronchier.
Li rois se dresce, n'ot en lui qu'aïrier,
Bertran saisi, ne le volt espargnier.
Par les chevox l'est alez empoingnier,
Vers lui le saiche nostre empereres fier,
Que tout envers l'abati el fouier.
Puis li a dit : « Dex te doinst encombrier,
« Quant venis Karles par la barbe saichier !
« Se nel comperes, moult me doit anuier. »

As poins se tiennent et Bertrans et Karlon,
Quant les departent et Richiers et Naynmon.
De toutes pars assamblent li baron;
Karlon ahierdent entor et environ.
Maint cop éust de fust et de baston,
Quant Naynmes dist : « Estez en suz, glouton!
« Ce est Karlon, li rois de Montloon.
« Qui feru l'a, n'avera raenson ;
« Deservi a c'on li cope le poing. »
Ferraus l'entent, qui ot cuer de baron,
Ne fust si liez por l'avoir Pharaon;
Desrompt la presse, venus est à Karlon,
Et le saisi au pan dou syglaton;
Moult belement li a dit sa raison.
Il li demande ne li fist celison
Se il est Karles, li rois de Montloon.
« Par Deu, dist Karles, celer ne le poons.
« Bien m'engingna Pylates et Noirons,
« Quant vins véoir le duc en sa maison;
« Béu avoie, par le cors saint Simon.
« Ainz n'en volz croire chevalier ne baron;
« Se honte en ai, bien deservi l'avonz. »
Dist Ferraus : « Sire, n'en aiez souzpeson;
« N'aurez ceienz, se Deu plaist, se bien non.
« Tout ce volt Dex, par son saintisme nom,
« Que venissiez à Angiers sa maison.
« Or ferez pais, s'il voz plaist, à Gaydon.
— Hé Dex! dist Karles, comment le ferion?
« Comment porroie faire pais au glouton
« Qui me voloit murtrir en ma maison ? »
Dist Ferraus : « Sire, voz parlez en pardon.
« Tant en fera com esgardera l'on,
« Com jugeront vo per et vo baron.
« Car voz ramembre, por le cors saint Simon,

« De la contraire et de la traïson
« Que ja voz fist li cuivers Ganelons
« En Ronscevax, au roi Marsilion,
« Dont France fu en tribulacion,
« Et mainte danme i perdi son baron.
« Par vostre terre en ot grant plorison,
« Puis avint chose que prins fu Ganelons ;
« En vostre cort n'ot .I. tout seul baron
« Qui l'apellast de nulle traïson,
« Fors seulement le preu conte Gaydon,
« Qui dont estoit escuiers jones hon ;
« A icel tans avot Thierris à non.
« Il apella Gane de traïson,
« Combati s'en à un cuivert felon ;
« Niés estoit Gane, Pynabiaus avoit nom.
« Il le conquist, que de fit le seit on.
« Adont fu Ganes traïnez com larrons,
« Pendus en haut, voiant maint bon baron.
« Grant honte en orent Auloris et Guions,
« Et Berengiers et Thiebaus d'Aspremont ;
« Dont porchacierent la mortel traïson,
« Por voz ocirre coiement, à larron.
« Desor Gaydon tornerent l'ochoison.
« Voz l'en chassastez, ce fu male raisons ;
« Or li avez gasté tout son roion.
« Voz amez mieus les parens Ganelon,
« Hardré le fel, Amboyn et Milon,
« Et le lyngnaige qu'ainz ne fist se mal non
« Que nul preudomme qui soit en vo maison. »
Karles l'entent, si baisse le menton ;
D'unne grant piece ne dist ne o ne non
Li preus Ferraus l'en a prins par le poing,
Et avec lui le vaillant duc Naynmon ;
En une chambre les enmainne à bandon.

Laver lor fait les vis et le menton,
A chascun baille .i. hermin pelison,
Robe de paile, dont d'or sont li bouton,
De frez hermines forré jusqu'au talon,
Et bons mantiaus forrez de syglaton.
[*b*De la chanbre ist] sans nulle arrestison;
Ainz ne fina desci au duc Gaydon,
Qui fu encor en son maistre donjon.

El donjon fu Gaydes au cuer loial,
Et entor lui maint chevalier vassal.
Mieus ainment guerre et estor communal
Que il ne font ne carole ne bal.
Atant ez voz le bon baron Ferral;
Gaydon apelle cui ne voloit nul mal.
« Sire, dist il, entendez à moi sà :
« Moult dois loer le roi celestial,
« Qui tant d'onnor voz fait hui cest jornal,
« Ainz plus n'en fist à nul home charnal.
« Véistez voz le paumier natural.
« Qui vint ceienz o un autre vassal?
« Par celui Deu qui fist et mont et val,
« C'est Karlemaines, l'emperéor roial,
« Vers cui avez si grant ire mortal.
« L'autres est Naynmes au coraige loial :
« Espiier viennent ceiens vo general. »
Gaydes l'entent, si saut en son estal;
Ne fust si liez por l'or Constentinnal :
« Et où est il, sire couzin Ferral?
« Je ai tel joie onques mais n'en oi tal.
« Or remanra la grans guerre mortal
« Dont il sont mort tant nobile vassal,
« Ou, par cel Deu qui fist home charnal,
« Ainz qu'il eschape jamais de cest jornal,

« Li ferai traire .I. moult mauvais jornal. »

Li viex Riolz en est en piés levez,
Gaydes li preus et Ferraus li membrez,
Et Amaufrois au gent cors honoré,
Richiers ausiz, qui ot le chief bandé,
Cui Karlemaines ot dou bordon frapé,
Bertran son frere, qui ot Karlon tyré
Par les grenons, .c. poils en ot osté.
Icil se sont tuit ensamble arrouté ;
Jusqu'à la chambre ne se sont arresté.
Riolz li viex en est avant alez,
Et tint Gaydon par l'ermin engoulé.
Dont s'agenoillent sor le maubre listé ;
Le roi saluent de Deu de majesté.
Riolz parla, qui fu touz li ainznez :
« Cil Danmledex, qui en crois fu penez,
« Il saut Karlon, le fort roi coroné,
« Comme celui qui est nostre avoez,
« Cui noz devons et foi et loiauté !
« Biaus sire rois, s'il voz plaist, entendez :
« Trop par aura ceste guerre duré ;
« Maint gentil home en sont à mort livré,
« Et mainte eglise et maint monstier gasté,
« Et mainte danme chaüe en vesvéé,
« Qui voz maudient chascun jor ajorné.
« Il est merveilles, sachiez de verité,
« Terre ne fent où voz iestez passez.
« Gaydes mes niés est chevaliers menbrez ;
« Plus loiaus hom ne fu de mere nés.
« Mal voz ramembre de la très grant bonté
« Que il voz fist por Gane le desvé ;
« Qu'en vostre cort n'avoit nul home né
« Qui ja l'éust de traïson reté,

« Quant por voz, sire, fu son gaige donné
« Vers Pynabel, le traïtor prouvé.
« Et l'en rendi recréant et maté,
« Et dont fu Ganes à chevax traïnnez.
« Grant honte en ot trestouz ses parentez ;
« Le duc Gaydon en coillirent en hé,
« Sor lui en orent la traïson gieté
« Dont voz l'avez si fort coilli en hé,
« Et son païs escillié et gasté.
« Or voz ont si li traïtre enchanté,
« Que voz avez vers euls vo cuer torné,
« Que [^bloiax hom n'en] puet iestre privé.
« Por celui Deu qui en crois fu penez,
« Pardonnez Gayde vo male volenté !
— Voire, dist Gaydes, se il li vient à gré,
« Tant en ferai volentiers et de grez
« Com jugeront li baron alozé.
« Gentiz hom, sire, dist Gaydes, entendez :
« Par celui Deu qui en crois fu penez,
« A trop grant tort m'avez coilli en hé.
« Saiche le Dex, li rois de majesté,
« Ainz ne pansai envers voz cruauté,
« Ne traïson, ne nulle fausseté.
« Tant en ferai com jugeront li per. »
Li rois l'entent, si l'en prinst grans pitez ;
Il li respont com ja oïr porrez :
« Par Deu, dus Gaydes, dist Karles li membrez,
« Ausiz sui prins com ors enchaainnez,
« Si m'estuet faire auques vos volentés.
« Par tel couvent voz iert acréantés
« Qu'au jugement mes barons voz tenrez,
« Soit de bataile, s'en iestez apellez,
« Ou de joïse, s'il voz est devisé.
« Et si me soit li gloutons amenez

« Qui mes grenons a laidement tyrez.
« .II[c]. ans a acomplis et passez
« Que je fui primez chevaliers adoubez,
« Puis ai conquisez .XXXII. roiautez,
« Dont je sui sires partout et rois clanmez ;
« Ne trouvai mais home de mere né
« Qui mes grenons ait saichiez et tyrez :
« Deservi a que le poing ait copé. »
Bertrans l'entent, si est avant passez,
Et s'agenoille sor le maubre listé.
Envers le roi se trait, n'a demoré ;
Le poing li tent par grant humilité.
« Gentiz hon sire, dist Bertrans li senez,
« Vez ci mon frere qui a le chief bandé,
« Cui voz feristez dou grant bordon ferré.
« Quant je le vi, moult en fui aïrez ;
« Se li aidai, n'en doi iestre blasmez :
« Mais ne savoie rois fussiez coronnez.
« Vez ci mon poing, voiant tout le barné ;
« Se il voz plaist, maintenant soit copez.
— Voir, dist li rois, trop seroie desvez ;
« Je nel feroie por une roiauté.
« Gel te pardoinz et ci et devant Dé ;
« Se tu vis auques, moult auraz de bonté.
— Gaydes, dist Karles, puis qu'avons tant parlé,
« Et que avons tout ainsiz devisé
« Qu'au jugement mes homes voz tenrez,
« Venez o moi as loges et as trés. »
Et dist li dus : « A vostre volenté ;
« Mes sires iestez, si doi faire vos grez.
« Non pas por ce, ja mar en douterez,
« Que je le face por nulle lascheté :
« Qu'encor ai je dedens ceste cité
« Assez viande jusqu'à .I. an passé,

« A tant de gent com voz véoir poez.
— Voir, dist li rois, je l'ai bien esprouvé;
« Par maintes fois ont nostre gent grevé. »
A ces paroles sont es chevax monté.
Or consaut Dex Gaydon au cors moslé,
Et Karlemaine, le fort roi coronné;
Car se Guis puet et Miles et Hardrez
Et Auloris et li fel parentez,
Ansoiz le vespre auront les chiés copez.
Car Gaydon héent plus c'omme qui soit nés ;
Car par lui fu Ganelons traïnnez,
Dont [ᵇot] grant honte trestoz lor parentez.

A Karlemaine, l'emperéor puissant,
Ont amené .I. palefroi amblant,
Et à Naynmon .I. soret avenant.
Karles monta tost et isnellement;
Gaydes li tint l'estrier moult bonnement;
Karles le voit, moult li vint à talent.
Riolz monta, qui ot le poil ferrant,
Et li dus Gaydes entre lui et sa jant.
Ainz n'i ot lance ne espée tranchant.
D'Angiers issirent, ne s'i vont atarjant,
Vers l'ost chevauchent souef et belement.
Guis d'Autefoille, li cuivers souduiant,
Et Auloris et Hardrez ausimant
Karlon choisirent, qui venoit chevauchant,
Et le duc Gayde, qui ot proesce grant,
Et aprez lui ses barons et sa jant.
Et dist Guios, li fel outrecuidans :
« Par celui Deu cui touz li mons apant,
« Karles revient et Naynmes ausimant.
« Acordez est, je le sai vraiemant,
« Au duc Gaydon, o lui vient simplement;

« Je n'i voi lance ne fort escu pezant.
« Se pais est faite, alé sonz à noiant.
« Gaydes noz het, et noz lui ausimant ;
« Par lui fu mis nostre pere à torment,
« Dont noz avonz vilain reprochement.

« SEIGNOR, dist Guis, entendez ma raison :
« Par celui Deu qui estora le mont,
« Miex voldroie iestre mis à destruction,
« Pandus as forches à guise de larron
« Que ainz le vespre, que solaus soit escons,
« Ne fiere Gayde parmi la crois dou front,
« Et Karlemaine, le roi de Montloon.
« Il a passé mainte longue saison
« Que de Karlon vengier noz déusson. »
Dist Auloris : « Par Deu, trop noz souffronz.
« Noz avons fait mainte grant traïson,
« Et maint grant murtre et mainte ocision ;
« Or prennons garde comment noz le ferons,
« Que Karlemaine ocirre péussonz,
« Et le duc Gayde cui tant haïr devons.
« Se m'en créez, par le cors saint Simon,
« Trestout maugrez l'emperéor Karlon,
« De douce France coronner te ferons ;
« Tu seras rois, par les iex de mon front.
« Je ai pansée toute la traïson :
« Noz ferons tendre le nostre pavillon,
« Qui tant est riches qu'esprisier nel puet on ;
« Delez cel bois, dont li ombres est bons,
« Là le tendrons sans nulle arrestison.
« Puis manderons l'emperéor Karlon,
« Et nostre gens iert el bois en escons.
« Dont ferons prendre l'emperéor Karlon,
« Si en ferons no talent et no bon,

« Ou de l'ocirre ou dou maitre en prison.
« Tant a vescu qu'il torne à folison ;
« Moult est grans hontes que vivre le laissonz,
« Quant enherbé ou murtri ne l'avonz. »
Et cil respondent : « Cist consaus est moult bons.
« Se Guis est rois, en grant pris monterons :
« Noz serons tuit baillif de sa maison,
« Et nos lyngnaiges, dont noz plenté avons,
« Noz aidera à tenir le roion.
« Et se nus est, tant soit de grant renom,
« Qui en parolt, maintenant le pendons. »
Tuit l'ont juré li traïtor felon.
Or gart Dex Karle, par sa redemption,
Qu'il en morra, se Dex n'en a pardon,
Et li dus Gaydes, qui tant par est preudom,
Qui ainz nul jor ne pensa se bien non !
Et Guis s'en torne, qui ait maléison,
Et ses lyngnaiges, qui tant estoit felons ;
Le tref tendirent, sans nulle arrestison,
Qui tant est riches plus bel ne vit nus hom.
De soie furent tuit li maistre giron,
Et mainte estoire trouver i poïst on ;
Sor le pomel ot assis .I. dragon,
Li oil li luisent ausiz com .I. charbons ;
Par nuit obscure moult cler en véoit on ;
Là s'assemblerent li traïtor felon ;
Lor conseil prennent qu'il feront de Karlon,
En quel maniere delivrer s'en puet on.
Dist Auloris : « Tout devisé l'avons.
« Par celui Deu qui estora le mont,
« Se pais est faite au riche duc Gaydon,
« Envers le vespre, quant souper deverons,
« Amenrons Karles dedenz cest pavillon.
« Il i venra par bonne entencion ;

« Quar plus se fie en moi et en Guion
« Que il ne fait en nulle riens dou mont.
« Quant il sera dedens no pavillon,
« Si le panrons entor et environ,
« Loierons lui et les piés et les pons,
« En nostre chartre maintenant le metrons ;
« Ja nel sauront Fransois ne Borgoingnon.
« Tout maintenant nostre tref destendrons ;
« La lune luist, toute nuit en irons.
« .II^m. somz tuit d'unne nascion
« Et d'un lyngnaige, forment noz entramons ;
« A chascun poise de Thiebaut d'Aspremont.
« Par Gaydon fu ocis, bien le seit on ;
« Mais chierement ancui li venderons.
« Quant de l'ost Karle delivré esterons,
« Dou remenant ne donroie .i. bouton ;
« Qu'en no lyngnaige n'a .i. tout seul baron
« Qui n'ait le cuer moult plus fier d'un lyon.
« Touz les Fransois o noz ajousterons,
« Et trestouz ceuls qui contre noz seront,
« As brans d'acier trestouz les ocirrons.
« Se m'en créez, ainsiz en ouverrons. »
Et dient tuit : « Certez, noz l'otroions. »
Ainsiz s'acordent li traïtor felon.
Or gart Dex Karle par sa redemption,
Qu'il ne seit mot de ceste traïson,
Ainz vient d'Angiers avec le duc Gaydon !

CHARLES chevauche à la barbe florie,
Riolz o lui, cui Jhesus béneie,
Et li dus Gaydes, l'ambléure serie.
Desci à l'ost ne s'atargierent mie.
Encontre euls vont moult grans chevalerie,
Que Karlemaine avoit souef norrie.

Guis d'Autefoille ne s'asséura mie;
Devant les autres en va plus d'une archie,
A pié descent enmi la praerie,
Où voit le roi, contre lui s'umelie.
« Sire, dist il, Jhesus, li fiuls Marie,
« Gart vostre cors de mort et de haschie
« Et touz iceuls, nel lairai nel voz die,
« Qui bonnement sont en vo compaingnie!
« Est la pais faite? por Deu nel celez mie.

« SIRE, dist Guis, por Deu omnipotent,
« Est la pais faite? nel me celez noient.
« Se elle est faite, ce est aumosne grant;
« Trop a duré la guerre et li torment :
« Ja en sont mort maint chevalier vaillant,
« Dont orphelin sont remez li anfant. »
Puis dist en bas c'on ne l'oï noiant :
« Par celui Deu où touz li mons apant,
« Voz en morrez à duel et à torment,
« Et li dus Gaydes avec voz ausiment!
— Gui, ce dist Karles, par Deu omnipotent,
« N'avons pas faite la pais outréement ;
« Mais Gaydes vient à moi à parlement,
« Et si s'est mis en nostre jugement.
— Sire, dist Guis, il fait bon encient,
« Car Gaydes a maint anemi puissant,
« Ne je méismez ne l'ainme de noient.
« Mais se il fait qu'il soit vos bien voillant,
« Je l'anmerai de fin cuer loiaument,
« Pardonrai lui trestout mon mautalent.
— Moult ditez bien, ce dist Karles li Frans;
« La pais iert faite, se Deu plaist le puissant. »
Adont s'en vont en l'ost moult belement.
Guis li traïtres va le roi costoiant;

Naymes le voit, si ne li plot noiant.
Au tref descent chascuns de l'aufferrant.
Li bons dus Naynmes, qui ot bon enciant,
Gaydon apelle, se li dist bonnement :
« Ja sera vespres, li solaus va baissant,
« Et Guis voz het, et trestuit si parent.
« Il ont ja fait maint mal encombrement ;
« Je me douz moult, sachiez à encient,
« Que ne voz voillent faire aucun nuisement.
« Prennez congié par le mien loement,
« Et, le matin, à l'aube apparissant,
« Venrez à Karle oïr son jugement.
— Sire dist Gaydes, grans mercis voz en ranz.
« Dex voz garisse à cui li mons apant,
« Qu'il n'ot en voz onques engingnement! »

— Sire, dist Naynmes au riche roi Karlon,
« Ja sera vespres et li solaus escons ;
« Donnez congié au riche duc Gaydon
« Jusqu'à matin, et noz voz en proions.
« Sor quant que j'ai le voz ostaigerons
« Qu'il fera droit, voiant touz vos barons.
— Naynmes, dist Karles, voz iestez moult preu-
« Onques en voz ne trouvai se bien non ; [dom,
« Gel voz recroi par tel devision
« Qu'à moi reveingne demain li dus Gaydon.
— Sire, dist Gaydes, noz le voz otroions. »
Les mains a jointes li riches dus Gaydon,
Merci cria l'emperéor Karlon :
« Gentiz rois sire, ce dist li dus Gaydon,
« Prennez conseil, Jhesus le voz doinst bon !
« Ne créez mie les parens Ganelon ;
« Li lor conseil ne furent onques bon.
« Je n'i sai plus, à Deu voz commandons. »

Atant s'en part Gaydes dou tref Karlon.
Quant Guis a veu retorner le baron,
Lors a tel duel à poi d'ire ne font;
Bien le cuidoit ocirre en traïson.
Or si gart Karles li rois de Montloon,
Car desor lui tornera l'ochoison!
Tuit ont juré li traïtor felon
Qu'il ocirront l'emperéor Karlon.

GAYDES s'e[n] va, et Karles est remez.
En son tref entre qu'est de paile roé;
Lez lui fu Naynmes de cui il fu amez,
Et li barnaiges dont il i a plenté.
Li bons Danois se sist à son costé :
« Sire, dist il, comment avez ouvré
« De cest voiaige où voz avez esté?
— Ogier, dist Karles, par la foi que doi Dé,
« Je m'en alai espiier la cité,
« Puis fu tele hore, ja ne voz iert celé,
« Que volentiers volsisse avoir donné
« .M. mars d'argent que je fuisse en cest tref.
« Je fui forment laidis et ramposnez,
« Quant fui laienz percius et avisez;
« Mais, merci Deu, noz avons si ouvré
« Demain venra Gaydes dedens cest tref;
« Comme preudom sera à loiauté
« Ou de bataille ou de joïs porter
« De celle chose dont je l'ai tant blasmé.
« Si m'aït Dex li rois de majesté,
« Je me douz moult, ja ne voz iert celé,
« Que je ne l'aie à moult grant tort grevé;
« Car li lyngnaiges Ganelon et Hardré
« Ont maint grant mal et dit et porparlé. »
Dist Ogiers : « Sire, voz ditez verité;

« Trop les avez en vo cort eslevez.
— Certez, dist Karles, n'en seront plus privé,
« Fors que Guions li vassaus adurez,
« Car en lui a vasselaige et bonté.
« Point ne resamble Aulori ne Hardré,
« Ne Ganelon ne l'autre parenté,
« Ainz est preudom et plains de loiauté ;
« Certains en sui, je l'ai bien esprouvé. »
Ogiers l'entent, si a Naynmon bouté.
Hé ! Dex de gloire, vrais rois de majesté,
Ne savoit pas la très grant cruauté
Que li traïtre ont entr'euls empansé.
Se Dex n'en panse, ainz qu'il soit ajorné,
Sera li rois murtris et enherbez.

Li empereres Karles de Saint Denis
Sist en son tref de soie cordéis.
La barbe ot blanche et les grenons floris ;
Bien ot d'aaige .II^c. ans acomplis.
Tuit li baron ont à lui congié prins,
Et à son tref est chascuns revertiz.
Karles remest auques à escheri ;
Avec lui furent et Guis et Auloris.
Forment les ainme li rois de Saint Denis,
Et il le héent assez plus d'Antecris.
« Sire, dist Guis, entendez mon avis :
« Foi que je doi le roi de paradis,
« Je voz pri moult, de quant c'onques je puis,
« Venez esbatre en mon tref cordéiz.
« Monsterrai voz que m'a esté tramis :
« .XII. butors et .IIII. vins perdris,
« .IIII. faisans et hairons .XXXVI.,
« .XII. bons lievres et .XIIII. connins,
« Et .II. saumons qui valent .I. païs,

« Et de lamproies ne sai ou .V. ou .VI.
« Venez i, sire, moult serez bien servis. »
Et respont Karles : « Volentiers, biaus amis. »
Li rois se lieve, qui fu vieus et floris.
Guis d'Autefoille par la main le saisi,
O lui l'enmainne le petit pas seri.
Par devant lui ont les cierges espris,
Que clerement ont le sentier choisi ;
Desci au tref ne prinrent onques fin.
Les tables maitent, n'i ont essoingne quis.
Li rois lava, qui bien estoit traïs ;
Ainz mais nus hom ne fu si entreprins.
Au maistre dois l'ont li gloton assiz ;
Moult richement l'avoient fait servir.
Tant a béu que touz fu estordis.
A Guiot dist li rois de Saint Denis
Qu'il a .I. an passé et acompli
Que il entra premiers en cest païs,
Ainz puis ne fu si richement servis.
Ha ! Dex de gloire, vrais rois de paradis,
Il ne set mies le dolirouz engin
Que on li a et porchacié et quis.

CHARLES se sist qui ot dou vin béu.
Moult richement l'ont servi et péu ;
Mais à cort terme li sera cher vendu.
Guiz se leva, n'i a plus atendu,
Vint à son frere là où il l'a véu :
« Aulori, frere, n'i ait plus atendu,
« Gardez nostre home soient tuit fervestu,
« Et no sommier trorsé à grant vertu,
« Si en ironz, n'i ait plus atendu.
« Encor anuit ferons Karle irascu :
« La mors Ganon li sera cher vendu,

« Et l'anmors Gayde qu'il a vers lui éu.
« Demain doit iestre ses amis et son dru ;
« Mais Karle en iert ocis et confondus,
« Il et dus Naynmes et Ogiers li membrus,
« Se cil n'en panse qui en ciel fait vertus. »

Auloris a toute sa gent armée
Tout belement, onques n'i ot criée.
Et Guis saut fors sans nulle demorée,
Qui cele chose avoit bien devisée.
Ou tref entra comme beste effraée ;
Où voit Karlon, se li dist sa pansée :
« Sainte Marie, roïne coronée,
« Bons rois de France, mal est la chose alée :
« Vostre gens est honnie et vergondée,
« Se Dex n'en panse, vostre mors est jurée,
« Vez ci Gaydon et sa gent qu'est armée ;
« Toute la terre en est acouvetée.
« Alons noz ent, vostre ost est vergondée.
« Ne voz faudrai, c'est veritez prouvée,
« Ainz averai l'arme dou cors sevrée. »
Karles l'entent, s'a la coulor muée :
« Hé ! Dex, dist il, sainte Vierge honorée,
« Garissiez moi, roïne coronnée ! »

Guis d'Autefoille, cui Dex puist mal donner,
A fait Karlon sor .I. cheval monter ;
Li glouz le prinst moult à desconforter.
Entor lui prinst sa grant gent aüner ;
Plus sont de .M., Dex lor puist mal donner !
Tuit traïtor felon et parjuré.
A Karlon vont les nouvelles conter,
Que mors est Naynmes, que tant soloit amer,
Et li Danois qui fu nés outre mer,

Et li barnaiges qui tant fait à amer :
« La gent Gaydon les ont fait decoper ;
« Fuiez voz ent, se voz volez sauver :
« Bon fait fuir por sa vie tenser. »
Karles souzpire, ne s'en pot consirrer.
« Vrais Dex, dit il, qui tout as à sauver,
« Comment poez souffrir ne endurer
« Que .I. garsons se porra or vanter
« Que il m'a fait ainsiz desbarreter,
« Et mors mes homes que tant soloie amer ? »
Adont commence li rois à souzpirer.
Et Guis li fel, li traïtres prouvez,
Karlon enmainne, cui qu'en doie pezer,
Que n'en sot mot de France li barnez.

Or s'en va Guis, cui Jhesus maléie ;
Karlon enmainne, par la resne l'en guie.
Et l'empereres en son cors moult se fie,
Et Guis le het de mortel felonnie.
Il chevauchierent à la lune serie,
Et li rois plore, n'a talent que il rie ;
Sa blanche barbe en est toute moillie.
Or le gart Dex, li fiz sainte Marie,
Car cil l'enmainnent qui sa mort ont jugie.
Ainz demain vespre l'ocirront à hascie,
Qu'il ont sa mort et jurée et plevie.
Mais Dex de gloire, li fiuls sainte Marie,
Sauvera lui ses membres et sa vie :
Ja n'iert honnis qui bien en lui se fie.

Seignor, oiez (Dex voz croisse bontez,
Li gloriouz, li rois de majestez) !
S'orrez chanson de grans nobilitez,
De grant miracle, que Dex a demonstré

Por Karlemaine remaitre à sauveté,
Et por Gaydon faire de lui privé,
Qui à nul jor ne pensa mauvaisté.
Li dus se dort en son palais listé,
En une chambre de grant nobilité.

GAYDES se dort en un lit cordéis,
Sor une coulte qui fu de paile bis,
Et fu couvers d'un couvertor d'ermins.
Une clarté li tramist Jhesu Cris
Et une vois qui vint de paradis.
La chambre est clere, qui fu de maubre bis,
Com s'il i eust .XXX. cierges ensprins ;
La chambre est clere c'onques mais ne fu si.
Li dus s'esveille, si a saingnié son vis,
Dresce sa main, de Deu s'est benéis.
Et dist li angles : « Ne soiez esbahis ;
« Jhesus te mande, li rois de paradis,
« Que tu te lievez maintenant, biaus amis.
« Et fai armer ta gent et tes amis,
« Et va secorre Karlemaine au fier vis.
« Se tu nel fais, Karles est malbaillis ;
« Car Guis l'enmainne et ses frere Auloris,
« Et li lyngnaiges qui tant est enforcis :
« Mener l'en cuident en estranges païs.
« Je n'ai congié que plus oies mes dis ;
« Je m'en revois, ne soiez alentis,
« Par tans seraz à Charlon bons amis. »
Gaydes l'entent, à Deu en rent mercis.
Isnellement est chausciez et vestis,
Sa gent esveille par le palais voltis.
As armes corrent, ne se sont alenti.
« Seignor, dist Gaydes, ne soiez esbahi.

« Seignor, dist Gaydes, franc chevalier membré,
« Jhesus de gloire noz a touz visité;
« Ancui seronz manant et assasé,
« Que Guis s'en va, li traîtres prouvez,
« Et avec lui trestouz ses parentez.
« Karlon enmainnent, le fort roi coronné,
« Murtrir le cuident li felon parjuré;
« Secorrons le, si ferons grant bonté,
« Et noz venjons des traïtors mortez. »
Et cil respondent : « Si com voz commandez! »
De la ville issent, les frains abandonnez.
La lune est clere, qui lor donne clartez,
Com Dex éust le soleil haut levé.
Et li glouton qui ont Karlon mené
Ont si espois et si grant obscurté
Que il ne sevent où il sont arouté.
A mie nuit, com li gauls ot chanté,
Sont li glouton lez .I. bois arresté.
Karlon arrestent li traïtor prouvé,
Et sont ensamble à un conseil alé,
Et ont entr'euls et dit et devisé
Que il feront de Karlon le barbé,
Qui lor lyngnaige lor a si avillé.
Dist Auloris : « Se croire m'en volez,
« Ainz que soit jors, aura le chief copé;
« Si en serons bien trestuit delivré. »
Ainsiz devisent li traïtor prouvé.
Dex les confonde, li rois de majesté!
Car, ainz qu'il soit au matin ajorné,
Auront paor d'iestre tuit desmembré.
Gaydes chevauche o son riche barné;
Dex le garisse, qui maint en Trinité!
Par tans verront les gloutons deffaez.
Et li dus Gaydes a bien sa gent guié;

Dist à ses homes : « Seignor, or entendez :
« Ci devant sont li traïtor prouvé
« Qui tiennent Karle, nostre droit avoé :
« De bien ferir ne soiez effraé. »
Et cil respondent : « Si com voz commandez. »

GAYDES chevauche, cui Jhesus moult ama,
O sa maisnie que li dus moult ama.
La nuis trespasse et li jors ajorna,
Li solaus luist, qui grant clarté gieta ;
Li hiaume luisent et de sà et de là,
Et mains escus d'or i reflamboia.
Gaydes s'escrie à sa vois que il a :
« Par Deu, Guiot, mauvaisement voz va ;
« Cuivers traïtrez, n'en eschaperez ja !
« Fox fu li rois quant en voz se fia ;
« Mais, se Deu plaist qui le mont estora,
« Se Dex me sauve, bien vengiez estera. »
Le destrier hurte, qui grans saus li donna,
.I. traïtor dus Gaydes assena,
Dedens le ventre le cuer crevé li a.
Li glouz chaï, à terre trebucha.

LI glouton voient Gaydon venir poingnant ;
As armes courent tost et isnellement.
Là véissiez .I. estor moult pezant.
Cil d'Angiers fierent d'espées et de brans,
Des traïtors abatent maint sainglans.
Guios le voit, à poi d'ire ne fent ;
Ceuls d'Angiers voit venir espoissement.
Auloriés s'escria hautement :
« Ferons sor euls, n'i ait arrestement ! »
Et Guis brocha le destrier aufferrant ;
Fiert Amaurri sor son escu devant

Que il li perce et trestout li porfant :
Plainne sa lance l'abati el pendant.
Voit le Richiers, si broche l'aufferrant,
La lance empoingne et l'escu mist avant,
Fiert Aulori en son escu devant ;
L'escu li perce, ainz ne li fist garant.
Bien li copa .c. mailles en tenant,
Delez le flanc vait l'espié conduisant,
Sus de l'arson l'abati el pandant.
« Avois ! escrie, ce est Richiers li frans,
« Qui si fait geu voz seit aler monstrant. »
Et Gaydes broche le destrier aufferrant,
Et fiert Griffon en l'escu par devant
Que il li perce et l'auberc li desment.
Parmi le cors va le fer conduisant,
Jus l'abati dou destrier aufferrant.
« Avois ! escrie Gaydes au cors vaillant,
« N'i garirez, fel glouton souduiant. »
Mais à Gaydon tornast ja malement,
Quant venus est dus Naynmes li vaillans,
Et avec lui li barnaiges des Frans.
Quant Guis le voit, à poi d'ire ne fant,
En fuies torne le chief de l'aufferrant,
Et Auloris li cuivers souduians ;
Lor gens laissierent, puis s'en tornent fuiant.
Et Karles sist desor un aufferrant ;
Vit les traïtres fuians et esmaians.
« Ha ! Dex, dist Karles, vrais rois omnipotens,
« Ne sai que face, moult me vois esmaiant. »
Où voit Gaydon, si li vint au devant :
« Hé ! Gaydes, sire, frans chevaliers vaillans,
« Se tu m'ocis, ce sera pechiés grans ;
« Honte i auront tuit ti apartenant.
« Je te clainz cuite trestout mon tenement ;

« Trop ai vescu, bien est apparissant. »
Gaydes l'oï, moult grans pitiés l'en prent ;
Mait pié à terre dou destrier aufferrant,
A genoillons se mait, voiant la jant,
Devant Karlon, l'emperéor puissant,
S'espée torne, par le pomel li rant.
A ces paroles ez voz esperonnant
Ogier et Naynme sor les chevax corrans.
Et li barnaiges les va aprez sievant ;
Mar ont les cuers corresouz et dolans.
Et quant il voient l'emperéor puissant,
Grant joie mainnent li petit et li grant.
Li rois baisa Naynmon premierement,
Et puis Ogier qu'il ama durement ;
Aprez lor conte tout son contenement,
Et comment Guis, li traïtres puans,
Li avoit dit et fait à entendant
Que mort estoient tuit si baron vaillant,
Ses ot ocis Gaydes li combatans.
« Certez, dist Naynmes, fel sont et souduiant ;
« Laissié voz ont com felon recréant.
— Voire, dist Karles, par mon grenon ferrant,
« Se je les tieng, je les metrai au vent. »
Et cil s'en fuient à grant efforcement.
Grant partie ont laissié de lor parens ;
Gaydes les fist liier estroitement.
Par vive force les ont demené tant
Que il jehirent, voiant toute la jant,
Que il voloient Karlon murtrir errant.
« Dex, dist li rois, à voz mercis en ranz,
« Et à Gaydon le chevalier vaillant.
« Par lui ai je, certez, de mort garant ;
« Moult l'ai grevé, si ai fait pechié grant. »
Par la main destre l'a prins molt doucement.

« Gaydes, dist Karles, entendez mon samblant :
« Je voz ranz ci trestout vo tenement,
« M'anmor avez d'ui cest jor en avant. »

Li rois parole, qui France a en baillie :
« Biaus amis Gaydes, sauvé m'avez la vie.
« Bien me cuidierent ocirre par envie
« Li traïtor cui Jhesus maléie ;
« Se je vif longues, il morront à haschie :
« Je destruirai et euls et lor lingnie.
« Et je voz doins, par fine druerie,
« De douce France la grant seneschaucie. »
Et dist dus Naynmes : « C'est assez cortoisie ;
« Merciiez l'en, voiant la baronnie. »
Et li dus Gaydes durement s'umelie ;
Ja li baisast les piés, nel laissast mie,
Mais Karlemaines ne li consentit mie.
Amont l'en dresce par moult grant druerie,
Se li pardonne son mautalent et s'ire.
Puis sont monté, sa gens est resbaudie ;
Droit à Angiers ont lor voie acoillie.
Li saint sonnarent par trestoute la ville ;
Ou palais monte Karles de Saint Denise,
Gaydon apelle, si li a prins à dire :
« Gaydes, biax sire, nel me celez voz mie,
« Où est Claresme la bele, l'eschavie,
« Que amenastez par force en ceste ville ?
« Moult par est bele, cortoise et bien aprinse,
« Moult a grant terre, d'amis est enforcie ;
« Faisonz en noces, por Deu le fil Marie.
— Sire, dist Gaydes, je nel contredi mie. »
Dont l'amenarent en la sale voltie.
Vestue fu d'un paile d'Aumarie,
Moult par estoit bien fainte et bien taillie ;

Il n'ot si bele jusqu'as pors de Roussie.
Li rois la prent, par la main l'a saisie :
« Ditez moi, bele, nel me celez voz mie,
« Volez voz Gayde qui tant a baronie ?
« Meillor de lui ne poez avoir mie.
— Sire, dist elle, Jhesus voz benéie !
« Soie serai, s'il le weult et otrie. »
Et dist li dus : « Il ne me desplaist mie.
— Par Deu, dist Karles, il ne remanra mie,
« Puis que chascuns le créante et otrie. »
Au monstier vont o bele compaingnie ;
On les espeuse el nom sainte Marie.
Grans fu la feste et la joie esbaudie ;
.VIII. jors dura icele compaingnie,
Et au nuevisme est la cors departie.
Karles en va en France la garnie ;
Gaydon commande au fil sainte Marie
Qu'il li deffende son cors de vilonnie.
Andui plorerent à cele departie.
Gaydes remest en Angiers la garnie
Avec sa fame que il ne haoit mie ;
Mais moult petit dura lor compaingnie,
Qu'elle morut, ainz .I. an perdi vie.
Gaydes en ot grant duel, n'en doutez mie.
Ainz nus confors n'i valut une aillie ;
Ainz jura Deu, le fil sainte Marie,
Jamais nul jor ne tenroit seingnorie.
L'estoire dist et la laitre le crie
Qu'il en ala en une desertie :
Là fu hermites touz les jors de sa vie,
Et servi Deu, le fil sainte Marie.
Quant il morut, s'arme en ala florie
Devant le roi qui toute chose crie.
Puis fu Guis bien de Karle, n'en douz mie,

Par grant avoir et par losengerie,
Et par sa geste qui moult fu enforcie.
Tant li donna li fel cuivers traïtres
Que il refu dou miex de sa maisnie,
Et puis li fist mainte grant tricherie.
   De Gaydon est ci la chansons fenie;
Ja n'iert nus hom qui avant voz en die,
Se il n'i weult trouver nouvelerie.

EXPLICIT
LI ROMANS DE GAYDON.

NOTES ET VARIANTES

a désigne le manuscrit de la Bibl. Imp., Fr. 860.
b — Suppl. Fr. 2510.
c — Fr. 1475.

P. 5, v. 21 :
Après ce vers, *b* et *c* en donnent le premier quatre, le second cinq autres, que nous n'avons pas insérés dans notre texte parce qu'ils ne sont pas indispensables à la suite du récit. Voici ceux de *b* :

> Voit l'Auloriz, vers le garçon cort droit,
> A soi l'apele belement et am pes.
> Mielz li venist reculer à Biauvais,
> Qu'il en morra ains que fine la pes.

On lit dans *c* :

> I l'en appelle, si est celle part trays,
> Si ll' araisonne bellement et en paix.
> Si[l] vient à lui vestus de draps mauvais ;
> Mieulx lui venist reculer à Beauvais,
> Qu'il en morra ains que fine ly plais.

P. 7, v. 20 : [*b*Le claré]. *a* : *lesclaire.*

P. 9, v. 23 : [*b*Li mes.] *a* : *D'entr'euls*, leçon qui laisserait croire que Charlemagne est le sujet de la phrase. Ce passage est plus développé dans le manuscrit *b* ; mais la leçon de *a* nous paraît suffisante.

P. 12, v. 16 :
> Cil s'en repairent qui le duc ont guié.

Il faut prendre ici *guier* au sens de *guetter*. Var. de *b* : *gardé*.

P. 14, v. 7 : *por .1. jay*. Var. de *b* : *gay*. C'est encore ainsi que le mot se prononce dans certaines parties de la France.

P. 14, v. 12 :
> [*b*Servirai vos à coite d'esperon.]

Le vers est alexandrin dans *a* :
> Et tant vos servirai à coite d'esporon.

P. 14, v. 27. Nous empruntons ce vers au manuscrit *b*, pour le substituer au vers alexandrin qu'on lit dans *a* :
> Que li cuers de son ventre li fu partis en trois.

P. 16, v. 8 et 9 :
> Que doit [*b*or ce que tu si me deçoiz
> Quant]....

Cette leçon offre un sens très-net, tandis que celle de *a* nous semble obscure :
> Que doit ce ores que tu si me haois·
> Que......

Que doit est pour *que dit*, *que signifie ?*

P. 16, v. 21 : [*b*Se je cuidoie.] *a* : *Cuidoie ja*, leçon bien moins nette.

P. 20, v. 29 :
> De Toardois est l'evesques levez.

Var. de *b* : *li visquens*, ici et ailleurs, par exemple p. 39, v. 33. Cette leçon serait préférable si, comme nous le pensons, *Toardois* désigne *Thouars*, qui était vicomté, mais non évêché.

Leçon de *c* :
> De tout Artois s'en est li coms levez.

P. 23, v. 2 : *sor [bchastiax] et sor fiés. a : sor membres*, faute évidente, comme le prouve le vers suivant.

P. 27, v. 13 :
Desor le dois. Var. de *b* : *Desor la table*.

P. 27, v. 18 :
S'estor commence si soit li champs finez.
C'est-à-dire *avant que la bataille soit terminée*, ce qui est exprimé plus clairement dans *b* : *ainz le champ afiné*.

P. 27, v. 33 : *Ne [bfaudra guerre] ... a : Ne li faut guere*, leçon beaucoup moins claire.

P. 28, v. 10 : *[bCuer] voz faudra. a : Que voz faudra*, leçon inintelligible.

P. 28, v. 27 : *Si se musa*. Var. de *b* : *muça*. (se cacha.)

P. 31, v. 15 : *qui [bà cort] fu posez. a : de Tors* (ou *de cors*) *fu posez*, leçon beaucoup moins satisfaisante.

P. 32, v. 4 :
Li .VII. traître furent en pavillon.
C'est-à-dire *dans le pavillon*, ce que *en* ne suffit point à exprimer. Il faudrait *el, eu* ou l'équivalent de *eu, ou*. Mais, dans le manuscrit *a*, les *n* se distinguent fort bien des *u*. Il est donc impossible de lire *eu* comme nous y étions disposé. Sans doute le copiste, ici comme dans beaucoup d'autres passages analogues, aura lu *en* au lieu de *eu* dans l'original qu'il transcrivait.

Le manuscrit *b* donne ici : *el* pavillon. Ailleurs, p. 82, v. 26 : En *vavasor*, de notre manuscrit principal, se lit dans *c* : *el* vavasor. — P. 94, v. 14 : en *palais plenier. b* et *c* : *el*. — P. 167, v. 25 : an *palais principel. b* : *en*; mais *c* donne *el*. — P. 300, v. 1 : *enz* an *palais listé. c* : *el*.

Lorsque notre manuscrit donne *an*, nous supposons que l'original portait *au*, qui pouvait s'employer au même sens que *el* ou que ses formes contractes *eu* et *ou*.

P. 34, v. 31 : miedis est *moiez*. Il est midi et demie. Var. de *b* : *miedis est muez*. Midi est changé, c'est-à-dire passé ? *c* donne ici une leçon inintelligible : *mais est ramoiés*.

P. 37, v. 3 :
Tantost com pot d'alaitier consirrer.
Var. de *b* : *consisrer*; de *c* : *de mere consieurer*.

P. 37, v. 7 : [*ᵇplut*]. *a* : *prinst*, qui ne se comprend point.

P. 37, v. 16 : [*ᵇpoïst*], omis dans *a*.

P. 39, v. 26 : *Baissa le* coute. *a* et *b* semblent donner *conte*; mais c'est *coute* qu'il faut lire, selon nous (cubitus, *coude*.)

P. 42, v. 18 et 19 :
Les menus saus vers son seignor s'en vint,
De plainne terre est en cheval saillis.

Il nous paraît que ces deux vers sont transposés et doivent se lire ainsi :

De plainne terre est en cheval saillis,
Les menus saus vers son seignor s'en vint.

Les deux manuscrits *b* et *c* donnent la leçon ci-après, où est maintenu l'ordre des deux vers, mais avec une variante qui en change le sens :

Les menuz sauz vers son destrier en vint,
De plaine terre sus es arçons sailli,
Devant le roi .II. ademises fist. (b)

Les menus saulx vers son destrier s'en vint,
Isnelement est es arçons saillis,
Devant le roy son arrest avoit pris. (c)

P. 43, v. 23 :
> Et voz li pardonnastez volentiers, de cueur fin.

Ce vers a douze syllabes dans *b* comme dans *a* ; mais on lit dans *c* :
> Pardonas li, doulx pere Jhesu Crist.

P. 44, v. 31 : *Quant si ainsiz ouvra. c :* quant il.

P. 45, v. 30 :
> [*b*Met hante en fautre, s'a le hiaume encliné].

Leçon de *a* :
> Quant iert la hanste frainte et l'iaumes enclinnez.

Vers de douze syllabes, qui d'ailleurs se rattache mal au précédent. Le vers de *b* s'en détache nettement, et forme un sens à part, très-net et très-intelligible.

P. 46, v. 1 :
> Et li dus Gaydes ne l'a asséuré.

Var. de *b* : *ne l'a point redoté.*

P. 47, v. 4 et 5 :
> Il se porpanse ja le duc ne faudra ;
> Ne fuï mie, envers le duc s'en va.

Var. de *b* :
> Il se porpanse ja le duc ne fuira ;
> Ne ganchist mie, mès ancontre lui va.

P. 48, v. 32 : *Enz an costel.* Var. de *b* : *Enz el costé.*

P. 50, v. 11 : *ne voz aura fuison.* Var. de *b* : *besoig. c : besong.*

P. 52, v. 29 : *ge voz di sans cuidier. ge* est la leçon de *b. a* donne *gel*, qui ne s'adapte pas aussi bien au *que* qui commence le vers suivant.

P. 55, v. 26 : [*b*Gaydes.] *a* : *Naynmes*, faute évidente.

P. 55, v. 28 : *vit les coutiaus adrois*. Var. de *b* : *les costez toz droiz*. Ce vers manque dans *c*.

P. 55, v. 29 : *quel coutel ai en toi!* Var. de *b* : *quel compaigne*.

P. 55, v. 32 : *prent la Thiebaut*, « prend celle de Thibaut, l'épée de Thibaut. »

P. 56, v. 4 : [*b*descoloré]. *a* : *des que lorrai*, faute grossière et manifeste. *c* : *descoulourés*.

P. 56, v. 7 :

Dusqu'à ne gaires portaisse tés conroiz.

Var. de *b* :

Tant qu'à ne gaires portasse mes conroiz.

Var. de *c* :

Dedens ung moys portasse mes conroys.

Cette dernière leçon explique les deux autres : « D'ici à peu je serais en état de porter mon armure. » (*Ne gaires*, non beaucoup, peu.)

P. 56, v. 12 :

Uns autres mires l'estanche à celle fois.

Var. de *b* :

L[i] uns des mires l'estanche à cele foiz.

P. 57, v. 11 :

Dex doinst qu'il s'en repente ainz que l'an soit outrez!

Ce vers de douze syllabes a la même mesure dans *b* :

Dex doint qu'il s'en repante ainz que l'an soit passez.

c exprime la même idée en deux vers de juste mesure :

Dame dieux doint, ly roys de majesté
Qu'il s'en repente encore en son aé.

P. 57, v. 24 : *Et* [*b*par] *rampone*. *a* : *Et puis rampone*, leçon bien moins satisfaisante. *c* : *par*, comme *b*.

P. 63, v. 14 :
« Quex gens estez ? que n'i ait celison. »
Pour que ce vers soit juste, il faut admettre que la finale d'*estez* n'était pas muette.

Leçon de *b* :
« Quex genz estes vos là ? or n'i ait celoison. »
Vers juste, mais de douze syllabes.

Leçon de *c* :
« Quelles gens estes ? dictes m'en la raison. »
Vers de dix syllabes exactement mesuré, mais la forme archaïque *quex* est remplacée par *quelles*.

P. 64, v. 18 :
« [*b*Forques, escrie]. *a* : *Forment s'escrie*.
Leçon bien moins nette. *c* : « *Fouques, escrie.*

P. 69, v. 6 : *les sieut de randonnée*. *les* est la leçon de *b* ; dans *a* on lit *le*.

P. 69, v. 26 et 27 :
Sa gent avoit devant lui arrestée,
Et Amaufroi, qui moult bien l'a gardée.

Var. de *b* :
Sa gent avoit devant lui arotée,
Et Amaufroi, qui moult bien l'ot guiée.

P. 70, v. 8 :
Vez com chascuns s'abaisse enz ou blazon.

Var. de *b* : *s'anbronche en son blazon.*

P. 71, v. 12 : [*b*i], mot omis dans *a*, et nécessaire à la mesure.

P. 72, v. 31 :
Mal dehaiz ait mener les en laira.

Var. de *b* :
.C. dahaz ait qui mener lor laira.

P. 73, v. 29. A partir de ce vers, il y a dans *c* une

lacune d'un feuillet, qui comprend jusqu'au vers 9 de la page 76 de notre édition.

P. 74, v. 13 : *une* chéue. Leçon de *b* : *cecue*. (Cigüe ?)

P. 75, v. 16 : *atant point l'ieve*. (La jument, d'*equa*.) Var. de *b* : *l'asne*.

P. 78, v. 18 : *ja orrez mon talant*. Nous corrigeons ici le manuscrit *a*, qui porte : *ja en orrez mon talant*. Cette leçon fausse la mesure. *b* ne reproduit point ce vers.

P. 79, v. 5 : *qui Toartois gouverne*. Var. de *b* : qui *proesce chaele. c*, ici comme ailleurs : qui *tout Artois gouverne*.

P. 80, v. 24 :

En grief point iert contre ses annemis.
Var. de *b* : *ainz qu'an fusse partiz*.

P. 81, v. 20 :

Car Auloris les fist as poins loier.
Var. de *b* :

Car Auloris ot fait les pris loier.

P. 81, v. 23 : [*puis*]. *a* : *oi*, qui n'offre pas un sens satisfaisant. Il faudrait *os*, comme on le trouve souvent : « Je vous l'*ose* témoigner. »

P. 82, v. 14 :

Grans fu l'estors, et fors et adurez.
La tirade qui commence par ce vers ne se trouve pas dans *b*, et celle qui la suit est, dans ce manuscrit, réunie à celle qui la précède dans notre édition.

P. 84, v. 23 :

Li uns ne prise l'autre .II. deniers monnaez.
Vers de douze syllabes, qui ne se trouve pas dans *b*, non plus que les 20 vers suivants. La leçon de *c* est toute différente.

NOTES ET VARIANTES. 337

P. 87, v. 5 : [*b*Nel] *conui mie.* a : *nen*, c'est-à-dire *ne* surmonté d'un signe d'abréviation. Il faudrait *neu* ou sa forme primitive *nel*, qui se trouve dans *b*. *c* donne *ne*, qui ne suffit point au sens.

P. 87, v. 33 : *qui le chief ot locu.* Var. de *b* : qui le *cuer ot locu.* *c* : *qui le chief ot chanu.*

P. 94, v. 5 : se [*b*guerroiez]. *a* : *guerre faisiiez*, qui fausse le vers ou lui donne douze syllabes.

P. 97, v. 7 : *or mande* [*b*au roi]. Leçon de *a* : *or mande Karle.* Il faudrait *Karlon*, mais le vers serait faux. La leçon de *b* convient à la mesure et rend le sens plus net. Celle de *c* répète la faute de *a*.

P. 97, v. 17 : *eschacirrer.* Var. de *b* : *eschaucirer.* Var. de *c* : fait *moult* mal *estriver*.

P. 97, v. 20 :
   Moult sera fors, se nel faz estroer.
Après ce vers on lit dans *b* deux autres vers, qui ne sont pas indispensables au sens, mais qui le marquent mieux :

   Quant Ferranz l'oit, le sanc cuide muer;
   Moult biau respont Renaut par amistez.

Leçon de *c* :

   Quant Ferraut l'ot, de sens cuide desver,
   De bel respondre se prent à aviser.

P. 97, v. 30. Var. de *b* et de *c* :
   Menacié m'as; or te garde de mi.

P. 100, v. 26 : *la traïson.* Var. de *b* : *et la raison.*

P. 104, v. 16 : [*b*Quant], mot omis dans *a*.

P. 107, v. 16 :
   [*b*Ne qui mains prist orguel ne traïson].

Leçon de *a* :

   Mains prise orgoil ne nule desraison.

Gaydon.

La leçon de *b* nous paraît mieux continuer le sens et le rendre plus net.

P. 108, v. 28. Nous empruntons ce vers au manuscrit *b*, où il est plus significatif que celui de *a* :

De la ville issent, que n'i voldrent targier.

Ce dernier hémistiche termine déjà le vers précédent. La leçon de *c* confirme celle de *b*.

P. 109, v. 25 : *n'est* pas vostre *hom. b* : n'est *maiz voz* hom.

P. 109, v. 28 : *ansoiz* l'enseri. *b* : *ançois le serin. c : ainçoys le matin.*

P. 109, v. 31 : *où estoit li* velins. *Velins*, poison, forme analogue à l'italien *veleno*. Leçon de *b* : *où mis avoit venin. c* : là *où estoit* le vin.

P. 110, v. 2. Corrigé d'après *b*. On lit dans *a* ce vers de douze syllabes :

Por Ferraut qu'iluec l'ot si vilment deffié.

Leçon de *c* :

Tout por Ferraut qui si l'ot deffié.

P. 112, v. 32 :

Ce qu'il a dit dist par commandement.

Il se rapporte au messager, bien entendu, ce qui apparaît mieux dans *b*, où on lit :

Laist le mesage aler séurement;
Ce qu'il a dist fist son comendement.

(Au lieu de *dist*, corrigez *dit*.)

P. 113, v. 12. Ce vers est de douze syllabes dans *b* comme dans *a*. Leçon de *c* :

Mal fait servir homme à fol escient.

P. 114, v. 34. Après ce vers s'ouvre dans *b* (fol. 64 v°) une lacune qui s'étend jusques et y compris le vers 26 de la page 116 de notre édition. Le premier vers du fol. 65 du manuscrit *b* est donc celui-ci :

A ancontré .1. moult biau chevalier.

P. 116, v. 33 : *à* ombroier. Var. de *b* : *anbroier.* Leçon de *c* :

Du chief devant commença à broier.

P. 118, v. 32 : delez un *termissel.* Var. de *b* : *tretrosel.* Leçon de *c* : *par delez .1. ruissel.*

P. 124, v. 5 : [*b*Au] *boisquillon.* Leçon de *a* : *en.*

P. 126, v. 6 :

Tant a esré qu'encontre un anuitier.

Leçon fort peu nette, et que nous comprenons ainsi : il a tant marché qu'il trouve un gîte pour la nuit. Le manuscrit *b* donne cette leçon très-claire :

Tant a erré qu'il prant à anuitier.

Il a tant erré qu'il se prend à faire nuit (que la nuit survient).

P. 129, v. 8 : *Par Deu, or jehirez!* c'est-à-dire sans doute : « Par Dieu, j'aurai votre aveu maintenant; vous reconnaîtrez votre tort. » A cette leçon il faut probablement préférer celle de *b*, où on lit : *Par Deu, or jurerez!* La femme de Hertaut lui répond, comme dans notre texte :

Sire, fait ele, vostre plaisir ferez.

Mais *b* ajoute ce vers, qui ne se retrouve pas dans *a* :

Ele l'afie et il s'en est tornez.

Ces mots *ele l'afie*, et ceux qu'on lit plus bas (v. 27) : *mes sairremens*, indiquent que *jurerez* est la bonne leçon. De quel serment s'agit-il? On le devine sans peine; mais il faut le deviner Le texte de *c* est plus explicite :

Puis ly a dit : « Par Dieu, vous jurerés
« Qu'au chevalier vous ne m'encuserés.

— *Sire, dist elle, vostre plaisir ferés.* »
Celle l'afie, et cil s'en est tournez.

P. 129, v. 34 : *ont les* adourz *combrez* (sic), pour *adoubs, adous.* Leçon de *b* : *adobs* (d'adouber). Leçon de *c* : *adous.*

P. 131, v. 3 : *sor voz* tonrra *li pis.* (sic) (sur vous tournera le pire); *tourra* serait, selon nous, la bonne leçon. Leçon de *b* : *vanra* (viendra). *c* : *viendra.*

P. 131, v. 10 : *li siens maris.* Savari, sans doute, entend ici parler de sa mère; mais le passage manque de clarté. On lit dans *b* :

Et quant vos onques en fustes esmariz.

Mais *c* donne cette leçon excellente :

Ne qu'à ma mere fustes oncques maris.

P. 133, v. 27 : *en* larrencin (furtivement). *b* : *larrecin.*

P. 134, v. 27 : *la porte* close. *b* : la porte *puie. c* : *la porte a close.*

P. 135, v. 19 : *Cil qui sont là.* Ce passage est plus clair dans *b* : *Cil qui là baignent. c* : *cilz qui là boivent.*

P. 136, v. 11 : *Merel* (sic) dans *a* et dans *b*. C'est sans doute une altération de *maisel* ou *mesel*, puisque deux vers plus bas on lit *maisel*, au même sens. V. Du Cange, au mot *Mereau.*

P. 136, v. 17 : [*b*J'anterrai anz]. Leçon de *a* : *g'en tornerai*, qui n'est guère satisfaisant. V. d'ailleurs plus bas, v. 23 : *l'enfes i entre. c* : *g'y entrerai.*

P. 136, v. 24 :

Tant a nagié li enfes son travel.

Var. de *b* : *sor travers*, qui semble meilleur. Cependant *travel*, au sens de voyage, est admissible.

P. 136, v. 26 :

Savaris monte par desor Ataingnant.

Avant cette tirade on lit dans *b* quatre vers qui préparent celui ci :

Vint à l'estable là où sont li poutrel,
Sor Ataingnant, le bon cheval isnel,
A mis la sele et le fraig à noel,
Puis est montés par l'estrier à noel.

Ces vers n'étant pas indispensables au sens, nous n'avons pas cru nécessaire de les ajouter au texte de *a*. Leçon de *c* :

Qu'arivés est par delez ung boschel,
Prent son cheval qui valoit .I. chastel.
Il monta sus vistement et isnel.

P. 137, v. 15 :

Tout sans aïde, n'i avoit estormant.

Leçon de *b* :

Seul, senz aïde, n'i avoit estrument.

Leçon de *c* :

Seul, sans aïde de nul homme vivant.

P. 138, v. 18 :

Et Ferraus a mainte pierre gietée.

Après ce vers le manuscrit *b* (fol. 77 et 78) et le manuscrit *c* (fol. 69, 70) en contiennent douze que nous n'avons pas ajoutés à notre texte, parce qu'ils ne sont pas nécessaires au sens.

P. 139, v. 6 : *la mort* beu, ici et ailleurs, pour *la mort Dieu. b* et *c* : la mort Deu.

P. 139, v. 15 : [*b*ont menée]. Leçon de *a* : *enmeneuent. c* comme *b*.

P. 142, v. 1 : [*b*Gaydes]. *a* : *Naynmes*, faute manifeste. *c* confirme la leçon de *b*.

P. 145, v. 30 : *la harevale oïe*. Var. de *b* : *le haren en l'oïe*.

P. 147, v. 28 : *a[l] lambu*. Var. de *b* : *a lanbrun*. Il faut lire sans doute dans les deux cas : *al lanbu, al lanbrun*, au sens où on lit ailleurs : *au palais el planchier. Lambu* ou *lanbrun* ont le sens de *planchier*.

P. 151, v. 21 : *li nuisi. a* porte : *la* nuisi ; mais *b* donne *li* ; *c* : *luy*.

P. 155, v. 16 : *le cuer* ronffart Var. de *b* : *gaillart*.

P. 156. La tirade en *el* qui commence à cette page manque dans le manuscrit *c*.

P. 158, v. 32 :

A tart seront secorru de lor roi.

La tirade se termine à ce vers dans *a* et dans *b* ; *c* ajoute :

Lors point et broche le destrier par desroy.

La tirade suivante commence de la même manière dans *a* et dans *b* ; mais dans *c* on lit un appel du jongleur à ses auditeurs et une sorte de résumé des événements déjà racontés. C'est précisément au milieu du poëme que se trouvent cet appel et ce sommaire de la première partie, ce qui nous fait penser que Gaydon, comme Huon de Bordeaux, se récitait en deux journées. Voici le passage de *c* qui ne se trouve pas dans les deux autres manuscrits.

Sengneur, oez pour Dieu, le roy amant,
Que Dieux de gloire vous soit à tous aidant!
Chançon moult bonne dont ly ver sont séans ;
Meilleur ne fu en cest siecles vivant.
Poy est jouglerre qui de ceste vous chant,
Car ilz n'en scèvent la montance d'un gant ;
Mais je la sçay dès le commencement
Jusqu'à la fin, car j'en ay le rommant.
C'est de Karlon, le riche combatant,
Le meilleur roy qui onques fu vivant

*En toute France ne après ne devant.
Or vous dyray dès huimès en avant
Du vaillant roy l'istoire et le romant,
Et du duc Naymes qui tant par fu puissant,
Cil de Baviere à l'aduré talent,
Et de Gaydon, que le roy ama tant,
Mais traistreurs felon et soubdoiant
Envers le roy alerent empirant
Par leur envie et par leur orgueil grant.
Cil d'Aspremont, Thibault le mestroyant,
Et son linaige, qui tant fu mal pensant,
Ung jour s'assemblent et se vont conseillant
Comment Gaidon feront grief et doulent;
Thibaut le fel les voit aresonnant.
« Seigneurs, dist il, entendez mon semblant :
« J'apris des lettres ja quant je fui enfant ;
« Telle poison sçay faire vrayement
« Il n'est nulz homs en cest siecle vivant,
« Se il le col en passe tant ne quant,
« Qui longuement peust estre vivant ;
« Je la feray trestout dès maintenant. »
Il prist parmains que il va entouchant.
Ly glous choisi devant ly .1. sergent :
« Amis, dist il, entendez mon semblant :
« Se tu bien veulx faire tout mon talent,
« Moult bon loyer auras prouchainement.
« Va t'en à Karle tost et isnelement ;
« De par (1) Gaidon ly feras cest present,
« Au revenir aras ton payement. »
Et cil respont : « Tout à vostre talent. »
Adonc s'en tourne tost et isnellement,
Au roy s'en vint, si ly fist le present
De par Gaidon, le chevalier vaillant,
Qui de tout ce ne savoit tant ne quant.
Ly rois le prist tost et isnelement,*

---

1. Manuscrit *present*, faute manifeste, corrigée par le 5e vers ci-dessous.

Puis en fu il moult forment repentant.
.I. parmain prist tost et isnelement,
Si le donna maintenant .I. sergent.
Si le receust (1) moult debonnairement;
Il en mourut moult très villainement.
Karles ly roys en fu forment doulent.
Et l'andemain, quant jour fut apparant,
Vint à la court Gaidon le combatant.
Ly traïstreur qui le corps Dieu cravent!
De traïson le vont lues appellant.
Bataille prist, ly et Thibault le grant;
Gaydes l'ocist, ce scevent ly auquant.
Quant en bataille l'ot occis à son brant,
Adont sailly son linaige le grant,
Gaidon assaillent et derrier et devant.
Il se deffent com chevalier vaillant.
La gent Gaidon s'en vont moult esmayant;
A l'estour viennent ly noble combatant.
Morant brandist la lance au fer trenchant,
Fiert ung traïstre en son escu devant,
Parmi le corps li meet le fer trenchant.
Mort le trebuche au bon destrier courant.
Hugues de Langres, quant vit jouster Morant...

Ce dernier vers répond au v. 1 de la p. 159 de notre édition. C'est là que se raccordent *c* et les deux autres manuscrits.

P. 160, v. 17 : [*b*li]. *a* : *lor*, faute évidente.

P. 161, v. 25 : *Et touz les pers*. Le manuscrit *a* donne : *Et touz les .II. pers. .II.*, faute évidente pour .XII., mais la mesure du vers exige la suppression de ce chiffre, fautif ou non.

P. 164, v. 13 : *en l'escu s'est* moslez. Var. de *b* : *molez*.

1. *Cil le receust* serait une meilleure leçon.

Notes et Variantes.

P. 164, v. 30 :

Dont maint[^bhaut prince et maint duc chevetaine].

Leçon de *a* :

Dont maint duc et maint conte et maint prince chataingne.

vers de 12 syllabes. En revanche, celui de *c* n'en a que huit :

Dont maint hault duc et maint chastaigne.

P. 165, v. 15 : *parmi le* chandelier. Var. de *b* : *très parmi le colier.*

P. 166, v. 17 : [^bA] *l'estandart*. Leçon de *a* : *et l'estandart*, qui ne nous paraît pas s'expliquer aisément.

P. 170, v. 27 : *.I. baston de* jaurris. *b* : *jarris*. *c* : *jardins*. (V. Du Cange, v° *Jarro*.)

P. 171, v. 7 : [^bs'il i est laidangiez]. Leçon de *a* : *se il i est touchiez*, répétition du second hémistiche du vers précédent. *c* comme *b*.

P. 171, v. 28 :

Devant ice que g'en serai vengiez.

Ce vers termine dans le manuscrit *b* le fol. 95 v°, à partir duquel s'ouvre, dans ce manuscrit, une lacune qui s'étend, dans notre édition, jusqu'au vers 20 de la p. 200. Le fol. 96 reprend :

Andui cuidierent que il éust toné.

P. 175, v. 22 : *De .M. homes armés*. Leçon de *a*, qui fausse le vers : *de .M. homes a armes*. Nous supprimons *a* et nous lisons : *armés*. Il faut pour la mesure lire : *mile homes*, sans élision. Leçon de *c* :

De .M. armez qui le corps Dieu cravent!

P. 180, v. 30 :

Por Ferraut raurez voz le bon Danois Ogier.

Vers de 12 syllabes, qui ne se retrouve point dans *b*, par suite de la lacune que nous venons de signaler. La leçon de c développe la même idée en deux vers de juste mesure :

> *Drois emperieres, Gaydes ly dus d'Angiers*
> *Vous a mandé, à celer ne vous quier,*
> Que li faciez son nepveu envoier ;
> Pour lui rarés le bon Danois Ogier.

P. 184, v. 27 : *laissor*, suivant nous, permission, loisir (de *licere*). c : *loisour*.

P. 194, v. 2 :
> Ses piés *esgarde, de fin aïr enzprent.*

La leçon *ses piés*, en deux mots ainsi divisés, est identique dans *a* et dans *c*. Elle ne nous en semble pas meilleure. Pourquoi *ses piés*? Pourquoi ce courroux en les regardant ? Il faut lire sans doute *s'espié* ou *s'espée*. La vue de cette arme peut enflammer un guerrier. Nous aurions lu *s'espiés* si l's qui termine le mot était admissible.

P. 195 v. 27 :
> *Qu'il onques fist* ne où fu entrapez.

Var. de *c* : *en dit ne en pensés.*

P. 197, v. 24 :
> *Dist à Guiot*, etc.

C'est du duc Naimes, non de Charlemagne, qu'il s'agit, puisque l'empereur vient de déléguer au duc le soin de recevoir les serments des deux combattants. Le passage serait plus clair cependant avec un vers de plus, qui se lit ainsi dans le manuscrit *c* :

> *Et dist dus Naimes : « Vous fait à ottroyer. »*
> *Dist à Guiot......*

P. 198, v. 11 : *Naynmes li eschevi.* Var. de *c* : *eschavi.*

P. 198, v. 24 :
> *Et tuit li autre qui por Deu sont sainti.*

Var. de *c* : *qui pour Dieu sont servi.*

P. 199, v. 2 : [*cDehors les tentes*]. *a* : *desor les aultres*, leçon qui nous paraît beaucoup moins satisfaisante.

P. 200, v. 5 :
[*cPoux*] *ne alainne de nul d'euls nen issi.*
Leçon de *a* : *Feus*, qui nous paraîtrait ici difficile à expliquer.

P. 200, v. 6 :
Andui mort et parti.
Var. de *c* : *peri*.

P. 200, v. 28 :
Des escus ont lor enarmes doublé.
Var. de *c* :
Des escus ont les enarmes conbré.

P. 202, v. 11 : *suslent*. *b* : *sullant*. *c* : *suant*.

P. 202, v. 22 : *Puis se* meslerent. *b* : molerent. Mot qui revient souvent dans ce poëme en pareille circonstance.

P. 207, v. 18 : dou point *remainsuz*. *b* : *del tot*. *c* : *du tout*.

P. 211, v. 5 :
Dou lait aurez qui ert sans [*bhues*] *boillis.*
« *Vous aurez du lait bouilli sans œufs* », c'est-à-dire une nourriture dont les fils du vavasseur devaient être dégoûtés pour en user trop souvent, tandis que les œufs ajoutés au lait en faisaient une friandise.

Le manuscrit *c* donne *œufs*, avec l'orthographe actuelle. La leçon de *a*, qui nous paraît inadmissible, est : sans *eue* (sans eau). On ne voit pas trop en quoi l'eau ajoutée au lait en aurait pu faire un régal.

P. 214, v. 33 :
Serré chevauchent comme gent enseingnie.

Après ce vers s'ouvre dans *b* (fol. 103) une lacune qui s'étend jusques et y compris le vers 26 de la p. 216 de notre édition.

P. 215, v. 16 :
Par [*c*le linaige que Dieux ne pot amer].

Leçon de *a* :
Par tel dolor qu'ainz nus oïst parler.

Dolor est déjà au commencement de la phrase : *Dex quel dolor!* La leçon de *c* nous paraît plus satisfaisante.

P. 217, v. 4 :
Permis lor est anfers.

Leçon de *b* : *parmis li est anfers*; de *c* : *com se ce fust enfers*.

P. 217, v. 25 : *je ne sai rien de* [*c*jouste].
Leçon de *a* : *goute*, qui ne donne pas un sens net comme celle de *c* et de *b*, où on lit *joste*.

P. 221, v. 32 : l'apell'on *Gayde* (on l'appelle Gaydon). La leçon de *b* est peut-être meilleure : *l'apelent Gayde li duc*, etc.

P. 224, v. 21 : amaisnier. Var. de *b* : *amoier*. *c* : *amesnier*.

P. 235, v. 20 :
Une viés voie par une adevancie.

Var. de *b* :
Une viez sante par une adrecie.

Leçon de *c* :
Une viez sente parmi la praerie.

P. 235, v. 23 :
Les forches dont la feste est drecie.

Sic dans *a* et dans *b*. *c* : *le feste*. (Le faîte?)

P. 235, v. 27 :
Il n'est si male qui à la fois n'aïe.

(Il n'est malheur qui parfois n'aide). A quelque chose malheur est bon.

P. 235, v. 31 :
Suscitas Lazaron qui la char ot porrie.

Vers de douze syllabes, qui se lit de même dans *b*. *c* rétablit la mesure, mais ajoute un autre vers :
*Cil suscitas qui la char ot pourrie,
Lazaron fu, de ce ne dout je mie.*

P. 235, v. 32 : [*c* sainte Sophie]. *a* : *saint Souplice*. *b* : *seinte Soplise*.

P. 236, v. 18 : Outre la *feste*. *b* et *c* : *parmi le feste*.

P. 236, v. 23 :
[*b* Qu'il ne li ont] *rompu*.

Leçon de *a* : *que il n'en ot rompu*, qui ne s'explique pas aisément. *c* : *qu'il ne luy ont rompu*.

P. 237, v. 31 :
[*b* Derrier fu graile] *et devant fu quarrée.*

Ce vers a douze syllabes dans *a*:
Graisle fu el tenant et devant fu quarrée.
c confirme la leçon de *b*.

P. 238, v. 19 : Secorrus [*b* eres]. *a* : *iez*, qui offre un sens moins satisfaisant. *c* identique à *b*.

P. 240, v. 4 :
Mesure li fait faire.

Leçon de *b* et de *c* :
Mesurer li fait l'aire.

P. 240, v. 15. Ce vers a douze syllabes dans le manuscrit *a* ; nous lui rendons sa juste mesure d'après *b* et *c*, en retranchant le mot *Gautiers* au commencement.

P. 240, v. 22 :
L'arme emporterent maufé et Jupiter.
Ce vers ne se retrouve ni dans *b* ni dans *c*.

P. 240, v. 25 : *li* visel. *b* et *c* : *musel*.

P. 241, v. 4 : *plansonnel*. *b* : *planconcel*. *c* : *panoncel*.

P. 241, v. 5 : *mal* merel. *b* : *mau bandel*. *c* : *mal vendel*.

P. 241, v. 18 :
[*bS'i dureront lonc tans*].
On lit dans *a* ce vers de douze syllabes, qui modifie entièrement le sens tel que le donnent les leçons de *b* et de *c* :

Si durement lor traient li fel par aventure,
Et les requierent, etc.

Le sens, au contraire, s'arrête dans *b* et dans *c* après le mot *aventure* : « Hardré le felon jure par Dieu et par sa mère, et Amboin par la croix, qu'ils seront pendus, privés de sépulture, et auront chance de rester là longtemps. »

P. 242, v. 25 :
Quant ores ci *les ai*.
Var. de *b* et de *c* : *Quant en piege les ai*.

P. 243, v. 6 : *randon*. Le manuscrit *a* donne *raidon*, mais *b* et *c* portent *randon*, qui est la bonne leçon.

P. 244, v. 33 : *Cui* [*bDex aïde*]. On lit ici dans *a* un vers de douze syllabes :

Cui Jhesus weult aidier ce est chose sauvée.

La leçon de *c* est conforme à celle de *b*.

NOTES ET VARIANTES. 351

P. 245, v. 6 :
> A Karlon vait [*b*recevoir sa contrée].

Leçon de *a* : *quel weult iestre doée*, beaucoup moins nette que celle de *b*. *c* : *recevoir sa souldée*.

P. 245, v. 19 :
> Blonde Eschavie i est et Esmerée.

Deux jeunes damoiselles qui accompagnent Claresme. Ce vers ne se retrouve ni dans *b* ni dans *c*. On lit dans *c* :

> N'y a celui qui n'ait la teste armée,
> Et .II. pucelles qui sont de la contrée;
> Chascune fu de hault parage née.

P. 248, v. 31 :
> Atant ez vos Blonde et Eschavie.

Ce n'est qu'une seule et même personne. Le copiste paraît n'en avoir pas jugé ainsi puisqu'il a ajouté un s a *bele* au vers suivant.

P. 248 v. 33 :
> Voit Amaufroi, s'a la coulor changie.

La leçon de *a* est ici fort mauvaise, elle donne :
> Voit le Amaufrois, s'a la coulor changie.

La leçon que nous avons adoptée est celle de *b*, qui porte :
> Atant ez vos Blonde et Eschevie.
> Moult par estoit graile et bien taillie;
> Voit Amaufroi, etc.

On lit dans *c*, après le vers :
> La bonne damme les acole et festie,
> Et la pucelle qui tant est eschevie,
> Que Claresme ot avec luy de mesgnie,
> Voit Amaufroi s'a la couleur rougie.

Il est bien démontré par ces diverses leçons que *Blonde Eschevie* ou *Blonde et Eschevie* est seulement l'une des suivantes de Claresme, et qu'il ne faut pas séparer ces deux noms communs devenus noms propres et réunis.

P. 250, v. 17 :
[*c*de ci à l'esragier].
Leçon plus significative que celle de *a* :
Tressi au commencier,
et plus claire que celle de *b* :
L'un aime lors trait si à l'estrangier.

P. 250, v. 19 : [*b*qu'ele]. *a* : *com el. c : et se reveult.*

P. 250, v. 27 :
Cuers qui bien ainme est fors et enraigiez.
Cette leçon nous paraît acceptable à la rigueur; mais celle de *b* et de *c* est, selon nous, préférable :
Cuers qui bien aime est forz à aragier(b).

c : *arachier*. Littéralement : « Cœur qui aime bien est difficile à arracher. » C'est-à-dire : « D'un cœur qui aime bien l'amour est difficile à déraciner. »

Il est à remarquer que la leçon de *a* introduit dans la tirade un vers qui ne se termine pas régulièrement en *ier* comme tous les autres.

P. 251, v. 8 :
Dont il morront *maint vaillant chevalier.*
Leçon de *b* : *dont il morra ;* de *c* : *dont puis mourut.*

P. 252, v. 19 :
Por lui rescorre fumez mal atiré :
[*b*Toz .III. nos prirent ; mais, par sa poesté]
Lor fu Gautiers, etc.
La leçon de *a* est mauvaise :
Por lui rescorre fumes mal atiré
Tuit troi; mais Dex, par ses grandes bontés,
Lors fu Gautiers, etc.
Construction fort louche, à laquelle nous préférons de beaucoup le sens de *b* confirmé par *c* :
Pour ly secourre fusmes mal atournés :

NOTES ET VARIANTES.

Tantost nous pristrent, tout droit fusmes menés
Droit au gibet qu'ilz avoient levez,
Les poingz lyez, les yeulx du chief bendez.
Gaultier le preux, ce saichés de vertés,
Leur eschappa par ses grans poestez.

P. 253, v. 2 : *en l'oriere des prés*. b. : *à l'oroille des prez*. c : *à l'entrée*.

P. 253, v. 3 : *Là [bfera tandre]*. On lit dans a ce vers de douze syllabes :

Là fra tendre son tref, assez tost i venrez.

Son tref est inutile au sens. On retrouve ces mots dans c; mais la pensée est exprimée en deux vers :

Là fera tendre la pucelle son tref;
Elle vous mande que par tant y alez.

P. 253, v. 18 : *lardez*. C'est aussi la leçon de b. c donne *brulez*.

P. 253, v. 25 : *Je ne lairoie*. C'est la leçon de b et de c. a donne à tort *nel*.

P. 253, v. 32 : [bces]. a : *les*. c : *ses*.

P. 254, v. 30 : [bMesse ot] *oïe*. On lit dans a ce vers de douze syllabes :

Karles ot messe oïe dou bon abé Simon.

Le commencement de cette tirade, dans b, est ainsi :

Ci vos lairons ore del duc Gaydon;
De si à poi vos en rechanterons,
Si vos dirai dou riche roi Challon.
Messe ot oïe, etc.

P. 256, v. 13 :

Cui noz plejames bien acuite nos fois.

b : *acuite sa foi*. c : *aquitte sa fois*.

P. 256, v. 14 :

Et dist Ogiers : « De Deu qui fist les lois », etc.

Gaydon.

La leçon de *b* et de *c* est différente :

> *Et dist Ogiers : « Par Deu qui fist les loiz,*
> *« Plus loial prince ne verrez vos des mois.*
> *« Se por moi n'estes cuite à ceste foiz »*, etc.

P. 256, v. 26 :

> *Quant voz cuitez le traïtor renois.*

Nous corrigeons ici la leçon des trois manuscrits, qui portent *les traïtors*. C'est une faute évidente : il s'agit du seul Ferraut, comme le prouvent d'ailleurs au vers suivant les mots *abati* et *son*.

P. 256, v. 32 :

> *Se ce ne fust, Ferraut fust li sordois.*

Même leçon dans *b*. Var. de *c* : *fust mors tous frois*.

P. 257, v. 6 : *maginois*. Sic dans *a* et dans *b*. *c* : *marbrinois*.

P. 261, v. 20 : *lez un [bαunoi]*. *c* : *aulnoy*. *a* : *ansnoi*, leçon inadmissible.

P. 261, v. 21 : *tout oisillant*. *b* : *gibetant*.

P. 267, v. 6 :

> [b*Au col le met, moult bien s'i sot moler*].

Var. de *c* : ... *bien le sot ens moler*. On lit dans *a* ce vers de douze syllabes :

> *A son col l'a pendu, puis l'a envolepé.*

P. 268, v. 22 :

> *En baisant sont si forment enamé.*

Var. de *b* : *si fort enamoré*, leçon qui nous paraît meilleure.

P. 268, v. 34 : [b*serons*]. *a* : *serai*. *c*. donne aussi *serons*, qui s'accorde beaucoup mieux avec le mot *porté*.

P. 269, v. 16 :

> [b*Une pucele en prist à apeler*].

c : *Sa damoiselle a Claresme appellé.* On lit dans *a* ce vers de douze syllabes :

> *Esmerée apella, si li dist : « Sà venez. »*

P. 269, v. 23 :
> *Quant el [ble] voit.*

a : *la*, faute évidente, corrigée aussi par *c*.

P. 270, v. 16 et 17 :
> *Mes sires Gaydes, qui son siecle a arrier*
> *Qui a vilain se fist acompaignier.*

La construction de cette phrase ne nous paraît pas fort nette ; elle ne l'est pas davantage dans *b* :

> *Mes sires Gaydes, qui se siet là arrier,*
> *Qui à vilain se fist acompaignier.*

Dans la rédaction plus moderne de *c* on a ainsi corrigé ce passage :

> *Mes sire Gaydes, qu'est si preux chevalier,*
> *Fait moult forment, certes, à blastengier.*
> *Qui à villain se fist acompaignier.*

P. 271, v. 25. Ici s'ouvre dans *a* une lacune que nous comblons à l'aide de *b*, et qui s'étend jusques et y compris le vers 14 de la page 277.

P. 272, v. 1 :
> *Si durement me sauriez huier !*

Var. de *c* :
> *Si durement m'as offert courroucier.*

P. 272, v. 3 :
> *Quant on la cuide avoir, lors s'en covient gaitier.*

Vers de 12 syllabes, qui en forme deux dans la rédaction de *c* :

> *Quant l'en se cuide de li aprivoisier,*
> *Adoncques prismes s'en convient il gaitier.*

P. 272, v. 8 : *et recovier. c : à recovrier.*

P. 272, v. 26 : *nen* pour *ne*. *c* donne *ne*.

P. 272, v. 33 : *corsainz* pour *cors sainz*. Les deux mots réunis comme dans *Toussaint*.

P. 273, v. 25 :
   Quant ele [ʿyssi d'enfance].
b : *quant ele su en France*, leçon insignifiante, répétée d'ailleurs en partie par le vers suivant.

P. 273, v. 29 :
   Dont liez fu li menches.
Var. de *c* : *dont gros estoit le manche*.

P. 274, v. 10 :
   La grant crote cornue.
Var. de *c* : *la grant tourte croustue*.

P. 274, v. 26 : [ʿli]. *b* : *lor*.

P. 276, v. 13 : *essorz*. *b* : *esforz*.

P. 276, v. 14 : [ʿMaigredos]. *b* : *Murgados*.

P. 276, v. 22 :
   Charruer fu, bien sot mettre les sos,
   A harz puchier sus les jumenz des dos.
Le manuscrit *c* ne permet pas de contrôler cette leçon. Il faut comprendre, sans doute, *mettre les socs*, dans le premier vers, et lire ainsi le second :
   Et harz puchier sus des jumenz les dos.

P. 277, v. 12 :
   Se mal a fait, se vanra sa dossée.
Au lieu de *dossée*, il faut sans doute lire *sodée*. Voici la leçon de *c* :
   S'il a mal fait, or treuve sa souldée.

P. 277, v. 14 Ici se ferme la lacune du manuscrit *a* signalée ci-dessus (note sur la page 271).

P. 277, v. 22 : *tumée*. *b* et *c* : *tumbée*.

P. 278, v. 25 : [*b*le noisement]. *a* : *la noise grant.* Ce dernier mot termine déjà le vers précédent.

P. 282, v. 12 :

Tel .IIII^m. de damoisiaus guitons.

C'est le même mot sans doute qu'on a déjà vu sous la forme *viton*. On retrouve *guitons* dans *b*; dans *c* on lit :

Et troys mils hommes, tout jone dancelon.

V. encore *guiton* ci-après, p. 288, v. 32; qui se lit de même dans *b*, tandis que *c* donne :

Encore est tel enfes et dancellon.

P. 287, v. 19 : *li* esclot. *b* : *esclox*. *c* : *esclas*.

P. 289, v. 34 : [*b*Tot contreval]. Leçon beaucoup plus satisfaisante que celle de *a* : *contre cheval*.

P. 292, v. 4 : *Girart de* Blaivies. *b* : *Blaives*.

P. 293, v. 22 : [*b*.II^c. ans a]. Leçon plus régulière que celle de *a*, où manque le verbe : *Bien .II^c. ans*.

P. 294, v. 2 : *Ne*[l]. Cette correction est indiquée par *b*. *c* donne : *que ne les voise*.

P. 294, v. 21 : *barbe* chenue. *b* : *mossue*.

P. 294, v. 26 :

Un *chapel* de grant roe tortue.

b : *à grant corne cretue*. *c* : *à grant roe crestue*.

P. 294, v. 33 : *de suie de* maisiere. *b* : *de suie de bruiere*. *c* : *de suie et de bruiere*.

P. 295, v. 18 : [*b*nos covient]. C'est aussi la leçon de *c*. *a* donne *volionz*, qui forme un sens très-peu satisfaisant.

P. 296, v. 14 : *chapel* vergier. *b* : *vergié*.

P. 302, v. 27 : [ᵇles paiens]. C'est aussi la leçon de c. *a* donne : *le païs*, qui nous semble moins bon.

P. 303, v. 12 :

[ᶜTout le descire decy ens el brayer].

Leçon de *a* :

Jusqu'an braier l'a trestout descirrier.

Pour *descirrié*. Le texte de *c* est plus régulier.

P. 306, v. 6 : [ᵇDe la chanbre ist]. *a* :

Ferraus ist de la chambre sans nulle arrestison.

Vers de douze syllabes.

P. 308, v. 12 :

Que [ᵇloiax hom n'en] *puet estre privé.*

On lit dans *a* ce vers de douze syllabes :

Que nus autre hom de voz n'i puet estre privé.

P. 310, v. 12 : [ᵇot]. C'est aussi la leçon de *c. a* donne *ont*, qui va moins bien au sens.

P. 314, v. 29 :

Pardonrai lui trestout mon mautalent.

Après ce vers on lit dans *b* :

Granz merciz, sire, dist Gaydons li vaillanz;
El sera faite, se Dex plaist le puissant.

Ces deux vers remplacent dans *b* et dans *c* ceux que le manuscrit *a* met dans la bouche de Charlemagne. Ils terminent le manuscrit *b*.

P. 316, v. 34 :

Dist Ogiers : « Sire, voz ditez verité. »

Le manuscrit *a* donne cette leçon :

Sire, dist Naynmes, voz ditez verité.

Mais le mot *Naynmes* a été rayé et remplacé en interligne par un autre nom fort peu lisible que nous croyons être celui d'Ogier. Nous corrigeons, en conséquence, pour rétablir la mesure du vers : *Dist Ogiers : Sire*, etc. Le manuscrit *c* maintient la leçon primitive : *Sire, dist Naymes*.

P. 317, v. 20. Ce vers se lit ainsi dans *c* :

Chascun s'en va, n'y ont plus terme quis.

ADDITIONS ET CORRECTIONS.

P. 35, v. 10 :
Celui dou Perche en a moult anvié.
Lisez : *anuié* (ennuyé).

P. 53, v. 19, au lieu de :
Li cuers li ment, ne puet avoir baillie,
lisez, sans virgule :
Li cuers li ment ne puet.
Le cœur lui dit qu'il ne peut avoir le dessus. (Il sent qu'il ne peut être vainqueur.)

P. 64, v. 19, au lieu de :
[*bForques escrie*]:« *Secor moi...,*
lisez :
« [*bForques, escrie*], *secor moi...*

P. 78, v. 1 et 2, au lieu de :
Sachiez de Gayde com lui est convenant,
S'il a vaincu Thiebaut le souduiant.
Transportez le point à la fin du premier vers, et la virgule à la fin du second.

Gaydon.

P. 94, v. 9, lisez ainsi, précédé d'un —, pour marquer le changement d'interlocuteur, ce vers :

— *Ferraus, mes niés, qui tant a vassellaige.*

P. 164, v. 24 et 28 :

La *Champaigne*, lisez : la *champaigne* (campagne).

P. 166, v. 14 :

Car *ils* avoient, lisez : *il* avoient.

P. 183, v. 13 :

Foi que je doi Gaydon et Amaufroi.

Ce vers doit être précédé d'un —. Il commence la réponse de Ferraut à la proposition de Savari, comme l'indique le sens. Le manuscrit *c*, plus explicite que *a*, porte ici, après le vers :

« *Et puis Ferraut, le vassal avec moi.* »
Ferraut l'entent [et] dit tout sans recoy :
« Sire, dist-il, par cel Dieu où je croy,
« Qui me donrroit tout l'avoir de Rebloy (1),
« N'y mectray je nul autre homme que moy. »

P. 201, v. 5 : de *l'ungenoil*, lisez : de *l'un genoil*.

P. 227, v. 4 :

Voz savez bien com li plus est alez.

Sic dans *a*; mais il faut lire *plais*, que donnent les deux manuscrits *b* et *c*.

P. 235, v. 13 :

Dist *Amaufrois* : « Celle part chevauchons. »

Sic dans *a* et dans *b*; mais *c* donne : Dist *Amaufroi*. Suivant qu'on adoptera l'une ou l'autre version, on

---

1. Peut-être pour d'Arabloi (d'Arabie).

ADDITIONS ET CORRECTIONS. 363

maintiendra ou l'on modifiera le sens du passage. Dans le premier cas, c'est Amaufroi qui prend la parole; dans le second, ce serait Ferraut qui parlerait à Amaufroi.

P. 242, v. 32 :

> Lor escu percent qui sont point à lyon.

Et non à *Lyon*, comme on serait tenté de lire. Voyez les vers ci-après du même poëme :

> Et tant escu portrait à lyonciaus. (P. 261.)
> Et maint escu portrait à lyoncel. (P. 283.)
> L'escu au col où ot point .I. lyon. (P. 286.)

P. 245, v. 19, au lieu de *Blonde, Eschavie,* lisez : *Blonde Eschavie,* sans virgule.

P. 273, v. 25, au lieu de : [byssi d'enfance], lisez : [cyssi d'enfance].

P. 283, v. 13 :

> Le duc Gaydon ne volt mie espargnier.

D'après notre texte, c'est toujours Gui qui continue à assaillir son ennemi, et qui lui fait vider les arçons, comme le prouve le vers 18 de la même page :

> Gaydes saut sus, etc.

D'après *b* et *c*, c'est Gaydon, au contraire, qui désarçonne Gui. Les vers 13 et 18 se lisent ainsi dans *b* :

> Li dus Gaidons n'i volt pas espargnier.
> . . . .
> Et Guiz saut sus.

: Le duc Gaidon ne le volt espargnier.
. . . .
Guion sault sus.

Cette version de *b* et de *c* justifie le vers 2 de la page 284 :

A Gui ramainnent son bon cheval Morel,

vers qui ne s'explique dans notre version qu'en supposant que Gui a été aussi désarçonné ou est descendu de cheval pour lutter à l'épée avec Gaydon, ce que le poëte n'a pas dit.

www.ingramcontent.com/pod-product-compliance
Lightning Source LLC
Chambersburg PA
CBHW050601230426
43670CB00009B/1216